叢書・ウニベルシタス　1174

近代世界における死

トニー・ウォルター
堀江宗正 訳

法政大学出版局

謝辞

この本になんらかの形で影響を与えたすべての人に謝辞を述べることは不可能だろう。その影響は三〇年以上の間に受けたものなのだから。もちろん、彼らのうち誰もその結果について責任はない。

私の社会学的想像力を刺激し、広げてくれた多くの人々のなかで、とくに恩義を感じるのは、David Clark、Grace Davie、Christie Davies、François Gauthier、Allan Kellehear、Linda Woodhead、Michael Young、Shahaduz Zaman である。私はバース大学の死と社会センターに所属していることからも大きな恩恵を受けている。とりわけ、知見を広げてくれるセミナーや学会、世界中から学者たちが訪問することによる恩恵は大きい。図書館の豊富な蔵書といつも頼りになる職員も、計り知れないほどの価値がある。さらに大学外の志を同じくする学者たちとの定期的な会合によって支えられてきた。アルバ・ユリア（ルーマニア）、ダンフリース（スコットランド）、ナイメーヘン（オランダ）、シグトゥーナ（スウェーデン）、チューリッヒとフリブール（スイス）などで、そうした会合は開催されてきた。また、デンマーク、ドイツ、ルーマニア、日本、ニュージーランドでおこなった公開講演で得られたフィードバックは貴重だった。そこで私は本書の枠組みを概説したのだが、それが最終的にこの本に結実したのである。

たくさんの留学生や世界中の親切なホストたちのおかげで、他の国の人々がどのように「死を営む」のかに私は目を見開かれた。堀久美子や山崎浩司（日本）、See Mieng Tan（シンガポール）、Ruth McManus（ニュージーランド）、Kingston Kajese と Jenny Hunt（ジンバブエ）、Renske Visser（オランダ）である。いくつかの国では、ホスピス、葬儀場、火葬場、寺院、神社などを、その運営者が時間をかけて案内してくれた。専門知識がない友人や同僚もわざわざ本業を外れて、何らかの仕方で支援してくれた。Maya van Trier（ベルギー）、Jan Otto Anderson（フィンランド）、Bruce and Val Ayers-Wearne（オーストラリア）、Stephen Nickless と Peter Cressey（英国）などだが、彼らは頭に浮かぶ一握りの人にすぎない。授業ノートからの引用を許可してくれた、私の社会学の授業の学生にも感謝したい。

そして、この本自体にも感謝を。二〇〇九年にさかのぼるが、私に本書の執筆を提案したJoanna Wojtkowiak に感謝する。ＳＡＧＥ社の九名の匿名の査読者――そう九名も――は、企画原案に建設的なコメントを提供してくれた。その多くを私は取り入れている。また、次の人々が、さまざまな章で役に立つフィードバックを提供している。Candi Cann、Chao Fang、Cynthia Goh、John Harris、Ida Marie Høeg、Christoph Jedan、Annika Jonsson、Anne Kjaersgaard、Rebekah Lee、Nina Parish。

最後に、執筆のための時間と場所を提供してくれた Mandy Robertson に心から感謝する。

誰か忘れている人がいたら、お詫び申し上げたい。本書が扱う範囲の広さを考えると、間違いを避けることはまったく不可能だが、その責めを負うのは私のみである。

日本語版への序文

本書のオリジナルとなる英語版を脱稿したのは二〇一九年秋であった。つまり、新型コロナウイルス感染症COVID–19〔以下「コロナ」〕が到来する前である。今〔この序文を執筆しているの〕は二〇二三年八月である。そこでこの序文では、私がコロナを踏まえて本書の内容をどう見ているか簡単に振り返ってみたい。

地球という惑星も、そして近代性も、人間のいのちを支えると同時に、人間のいのちにさまざまなリスクを課している。これが本書で明らかにしたことである。とはいえ、二〇世紀を通してさまざまな時期にパンデミック級のインフルエンザが発生し、より新しい時期にはAIDS、SARS、MERSなどが発生している。それなのに、本書はグローバルなパンデミックが新たに発生するという重大リスクを考慮しなかった。狩猟採集民が定住して農耕牧畜民となって以来、疫病という形で人類を悩ませてきた感染症の多くを、近代性はコントロールすることに成功した。それがあまりにも目覚ましいものであったために、パンデミックが今なお発生していることは、忘れられやすい。比較的高所得とされる国々において今なお、感染症は虚弱な高齢者の多くにとって最終的な死因である。このことも同様に忘れられやすい。実際、認知症者の数が急増するとともに、「〔死神の〕最後の一撃」が感染症であるということもまた珍しくなくなっている。私はおそらく「感染症による死の否認」という罪を犯したと言ってよい（Horie 2023）。こうした否認があったために、コロナは高所得国で暮らす人々に多大なるショックを与えることになったのだろう。彼らが想定していた世界には、これほど多くの人々がパンデミック感染症で死ぬという可能性は含まれていなかった。死にゆく人々のほとんどが、すでにそうした状況で命を終えていたというのに。

本書は明らかにこのことを見誤っていた。パンデミック期間中、ほとんどすべての国において、感染症による死は重大な死因となった。だが、いまや死のあり方はコロナ以前の世界へと回帰しつつある。すなわち、ほとんどの高所得国で、ほとんどの人々が、主に心疾患や認知症や癌といった非伝染性疾患によって老年期に死ぬ世界である。高所得国および中高所得国は、本書で記述された世界へと回帰している（当面の間は）。そのような世界がどれくらい長く続くのか、そしてそれはどれくらいの間隔でまた中断されるのか、それはいつなのか。そんなことは誰も正確に予測できない。コロナや別のパンデミックを引き起こすウイルスが、また大混乱を引き起こす可能性はあるという認識は、今後おそらく少なくとも一世代は、人々の脳裏に焼き付けられたままであるだろう。それに加えて、世界は「複合危機 polycrisis」と呼ばれてきたものに直面している。複合危機とは、たとえば経済、政治、戦争、気候、エコロジー、移住などに関わるグローバルおよび／または地域的《リージョナル》な危機が同時に発生することである。これらはすべて超過死亡を引き起こし、通常はそれぞれ個別の危機を、それ単独で起きたときより悪化させる形で相互に作用する。

パンデミックはグローバルなものであったが、同時にグローカル化が起きた証拠も多分にある。グローカル化とは、グローバルな力が異なるローカル性のなかで異なる仕方で作用することである。パンデミックがどのように経験されたかは、地域共同体に依存するところが大きい。言うまでもなく、人々のミクロレベルの居場所、たとえば自宅に住んでいるのか（共同住宅か、庭付き一戸建てか）、介護施設に住んでいるのか、緑地空間が近辺にあるか、近隣住民を知っていたり信頼したりしているか、などの影響は大きい。だが、コロナの死亡率は、国民集団レベルでもかなり異なっている。二〇二〇年から二〇二三年にかけてコロナをどう経験したかは、どの国に住んでいたかによって、まったく異なってくる。

政府のコロナ対応の方法は、国民集団によって大きく異なる。各国の対応は、グローバル経済や世界保健機関の指示（つまりグローバル化）には、ほとんどまったくと言っていいほど左右されなかった。むしろ、国民集団内の政治、政治史、政治文化が決め手となったのである。中国には、過去のSARSの経験があり、権威主義的な政府があり、集団主義的な文化があり、法令を遵守する住民がいた。中国は、感染した市民と都市に対して、過酷だが効果的なロックダウンを発生当初から課したが、約三年も続けた結果、中国人民の堪忍袋の緒が切れた（政府に対する激しい抗議行動）。そこでロックダウンは緩和されたが、（中国のワクチン）より効果的な西洋のワクチンの恩恵が受けられなかったので、コロナ感染が急増した。

それに対して、英米などの高度に個人主義的な国では、一度に数ヶ月以上のロックダウンは決して課すことができなかった。英国の場合、政権が不安定であったことと、病院の予備の病床数が最小限しかなかったこともあり（二〇〇八年以来の緊縮財政のためである）、ワクチン量産が早々に始まったにもかかわらず、被害は著しく甚大なものとなった。米国ではトランプ大統領在任中に文化戦争が煽られ、ワクチン陰謀論が繁茂する沃野となった。ワクチン陰謀論はワクチン接種の信頼性に傷を付けた。ブラジルでもボルソナロ大統領がコロナの脅威を無視したため、ワクチン陰謀論は広まった。結果として、この三つの国（米国、英国、ブラジル）では、コロナの死亡率がきわめて高くなった。

その一方で、スウェーデン政府は、国民が責任ある行動を取ると信頼して、ほとんどまったく規制を課さなかった。島国（英国領を除く）のなかには、感染者数と死亡率が最低レベルの国もある。ニュージーランドは、国境を二年間閉鎖した。これは当初、文化的に受け入れられたし、感染者数を抑制する上で大いに功を奏した。だが、最終的には観光業界と、海外の親族に会いに行けない家庭から不満が出る結果となった。つまり、コロナとともに生きるという経験も、コロナによって死ぬという経験も、所属する国の文化や制度や政策や政治に大きく左右されるのである。

　コロナによるパンデミックは、ネクロポリティクス〔死政治〕（Mbembe 2003）についての問いを提起している。政府、メディア、そして市民は、老人と若者とで、どちらのリスクを重く見ているか。多数派住民と少数派住民とではどちらか、男女ではどちらか。若者の生存率と高齢者の死亡率のどちらを重く見ているか。コロナによる死と他の原因による死とではどちらか。健康と仕事のどちらを重んじるか。個人的自由と安心感のどちらを重んじるか。政府が生と死に関する権力を行使する方法は、誰によって、何によってコントロールされているのか。政府がリバタリアン〔自由至上主義〕の国なのに、後ろ向きな政府に、パターナリズム〔父権的温情主義〕[*1]的になれ、社会生活に制限を課せと世論が圧力をかけたとでもいうのだろうか。完全または部分的なロックダウンを課したことを機に、国家による市民の監視とコントロールをエスカレートさせた国はある。こうした国の多くで、政府はパンデミックを利用して恐怖の文化を植え付け、過剰な権力を行使する好機としたのだろうか（Agamben 2021）。政府は、特定の商業的あるいは医科学的な利益によって動かされていたのだろうか（Dingwall 2023）。二〇〇八年の経済危機に学んだ新自由主義政府は、パンデミック中の公債拡大に前向きだった。これは、公金によるサービスを減らすもっと新自由主義的な緊縮財政をコロナ後に導入する好機とするためだろうか。コロナ対応は、一部の国では少なくとも、死を価値の源泉に転じる災害資本主義の一例だったのか（Klein 2008; Skeggs 2021）。こうした問いへの答えは、国民集団によって異なる。

まとめよう。コロナは、この本がある一面において間違っていることを明らかにした。つまり、死の主要因としての感染症は、比較的高所得の国でも完全に過去のものとはなっていないということを。同時にパンデミックは、本書が別の一面では正しいことを明らかにした。つまり、死と死にゆく過程と死にゆく者へのケア、そして実際に死すべき運命を意識しながら生きるということ、これらを人々が経験する様態において、国民集団は決定的に重要だということである。さらに、もし私が今本書を書いている途中であったならば、国民集団ごとのネクロポリティクスについての議論をもっと多く含めただろう。

最後に、細心の注意を払って私のテクストを日本語に訳してくれた堀江宗正に、私は感謝の意を表したい。言葉や概念の意味について私たちが交わした多数の刺激的なEメールに感謝したい。彼が翻訳を進める間に、私たちそれぞれの国でウイルスとそれに対する対応は変異し、進化した。それに応じるような形で、私たちがコロナの経験について意見を交わせたことに感謝したい。

文献

- Agamben, G.（2021）*Where Are We Now? The Epidemic as Politics*. Lanham, MA: Rowman & Littlefield.
- Dingwall, R.（2023）'The Covid Inquiry will never admit it, but we had a strong pandemic plan'. *Mail Online, 4 Aug*. https://www.dailymail.co.uk/debate/article-12370977/The-Covid-Inquiry-never-admit-strong-pandemic-plan-went-wrong-Leftie-scientists-panicky-politicians-writes-PROFESSOR-ROBERT-DINGWALL.html
- Horie, N.（2023）'Necropolitics, Ageism and Naturalization of the Pandemic'. Paper presented to

the *CDAS (Centre for Death and Society) Conference*, Bath, 3 May.

- Mbembe, A. (2003) 'Necropolitics'. *Public Culture, 15* (1), 11–40.
- Skeggs, B. (2021) 'Necroeconomics: How necro legacies help us understand the value of death and the protection of life during the covid-19 pandemic'. *Historical Social Research, 46* (4), 123–142.

近代世界における死　**目次**

凡例

・〔 〕内は訳者による注記を示す。
・〃 〃記号は訳者が読みやすさのために挿入した。

序論　死のジグソー・パズル

死はすべての人間に訪れるが、死をどのように扱うか、象徴するか、経験するかは多様である。個人で異なるというだけでなく、集団によっても異なる。それでは、今日の社会が、死とその過程と死別とを管理するそのありようを規定するのは何だろう。近代諸国はすべて似通っているのだろうか。文化、物理的環境、国民の歴史[*1]、法律や制度、グローバル化は、どれくらい重要だろう。これら多様な要因全体が合わさって、近代世界の死とその過程をどのように形成しているのだろう。本書は、それを見渡す最初の本である。言わば、ジグソー・パズルの全体を完成しようとした最初の本である。

多くの書き手は、近代世界の死を前近代の死と対照させる。そこに見られるのは、近代的な医学と公衆衛生が感染症を駆逐し、人間の寿命を劇的に延ばしたという英雄物語である。さらにまた別の物語がある。それは医療化と専門職化によって、死にゆく人や死別経験者が共同体や宗教から切り離されたために、心理社会的リスクが増大したという物語である。この物語では、共同体と宗教がかつてはこれらの人々を支えていたということが、ノスタルジックに想定される。私はどちらの物語も請け売りしない。私が論じようとしているのは、近代的な死と悲嘆の過程の特徴とはどのようなものか、である。実際に近代特有の何かがあり、それが文化、環境、経済的（不）安定性、国民の歴史と諸制度と相互作用しながら、かなりの多様性を生み出している。

私が三〇年前に書いた本〔『葬儀とその改善の仕方』〕には、この分野への私にとって最初の冒険が含まれるが（Walter 1990）、執筆中には、自分の書いている文章が上滑りしたり、踏み外したりしているような感じになった。たとえば、ある段落は確かにイングランドには当てはまるが、おそらくスコットランドや北アイルランドには当てはまらないように思われた。次の段落は英語を話す社会のすべてに通じ、その次は世界中の高度産業社会のすべてに通じそうだった。次は北西欧諸国に当てはまるが、東欧諸国、地中海ヨーロッパ、米国には当てはまらず、もちろん日本や中国にも当てはまらない。こういうことが延々と続く。しかし、書いていたのは、正確さを不可欠とする学術書ではなかったので、私はかまわず執筆を続けた。

国民集団によって死の慣行が異なるという未解決の問題は、それ以来、私の心をとらえてきた。一九九〇年代中頃、私は死の社会学を学部で教え始め、ついで修士レベルでも教えるようになり、適切な教科書がないかと探し回った。その結果わかったのは、ほとんどの本の著者、とくに米国のような強国、または英国のようなかつての強国を出身地とする著者たちは、近代性をとらえようとすると自身の出身国の文化や諸制度と混同してしまうということだった。[1] さらに悪いことに、これらの著者たちは、そうした混同をしているという自覚すらないようだった。ブライアン・ターナー（Turner 1990 : 343）は、社会学の他の分野でこれを観察している。「社会学は一九世紀前半に正式に発足したが、それ以来およそ暗黙のうちに、特定の国民国家についての科学であることと、グローバルまたは普遍的なプロセスについての科学であることとの間の、緊張状態または矛盾のなかに置かれてきた」。ある集団（国民集団など）と下位集団（男女や社会階級など）を別の集団や下位集団と比較することは社会学的分析の本質である。そうであるなら、さまざまな死の道筋が近代性によるものなのか、それとも国民史や文化や権力関係によるものなのかという問題を学生が理解するのに、前述のような死に関する教科書は助けにはならないだろう。したがって、本書ではとくに国民性の違いを見定めることに取り組みたい。グローバル化と国境を越えた諸制度〔多国籍企業やＮＧＯ等〕に直面して国民国家が揺らいでいると考えるような人もいる時代ではあるが。

かなりの部分が時間と場所による。いつどこで生まれたかで決まるのである。世界全体で年間約五六〇〇万人の死が発生しているが、そのほとんどは「発展途上 developing」の社会で起きている（Clark et al. 2017）。場所について言うと、この本は地球全体の死から見れば少数派である「先進 developed」国で起きる死に焦点を当てる。世界の残りが私のレンズの周辺にすら現れないというわけではない。時間について言うと、私は現在に焦点を当てている。どのようにして現在が過去によって形づくられるのか、どのようにして経済、社会、歴史、地理、文化が複雑な仕方で相互作用し、人々の死にゆく体験と悲嘆の体験を形づくるのか、である。人々の経済的地位は私が分析の中心としたものである。分析の際には、社会階級という伝統的概念より、経済的不安定性という概念に重きを置く（Inglehart 1981; Standing 2011）。事例は多くの国から引いているが、平等な引用ではない。私自身の読書、旅行、連絡先が元となっているからである。たとえば、米国と英国については他国より多く書いている。インドより中国、韓国より日本、フランスよりオランダ、ノルウェーよりデンマーク、ブルガリアよりセルビアといった具合である。[*2]

死と社会に関する多くの本と異なり、この本は、死にゆく過程、葬儀、土葬や火葬、死別などに一章ずつ割くというスタイルはとらない。代わりに、各章では、死にゆく過程と喪失に関係する組織と経験を形づくる重要な要素（貨幣、通信技術、経済的安定性／不安定性、リスク、家族、宗教、戦争など）について論じる。次に、読者に自分の国または社会で各要因がどう機能しているかを解きほぐすようながし、それによって自分の社会が死をどう管理しているかを理解するようながす。私が読者の社会について言い当てるのではなく、読者が自分自身の社会を理解する助けとなる社会学的ツールを提供すること、これが私の目的である。まさにこのことを読者にうながすような一つの、または複数の質問で、各章は締めくくられる。本の章を死のさまざまな側面ではなく社会的要因に分割することは、ホスピス、慈悲共同体、葬儀、悲嘆などの重要トピックが複数の章に現れることを意味する。

これが読者にとって興味深い旅になることを願っている。読者のなかには、メキシコの死者の日やアイルランドの通夜について聞いたことがある人もいるだろう。あるいは、特定の国では安楽死が許されているのを知っている人もいるだろう。しかし、少数のそうした慣行は例外である。多くの人は、たとえば国による料理の違いにはすぐ気づく。だが、死とその過程への近代国民集団の対処法に大小かなり多くの相違点があることなど、まったく気にも留めない。これは人々が死について考えたくないからだとは思われない。私はこれまでに医療従事者やその他の分野の実践者を教えてきた。彼らは死にゆく人や死別経験者との仕事に情熱を燃やしてきた人たちである。それでも、外国出身の同級生が自国の死の道筋について説明すると、彼らは目を丸くして驚く。たとえばヨーロッパ諸国には、一〇年から二〇年ごとに墓を再利用するという慣行がある。これを採用していないのは英国だけであることを、多くの英国人は知らない。大多数の米国人は、自分の葬儀の習慣がどれほど米国特有のものであるかを、ほとんど知らない。

第一部と第五部では、高度産業社会に暮らすすべての人の死に大きな影響を与える要因について検討する。第二部、第三部、第四部は、社会内および社会間の差異について検討する。第一部では、ある特定の経済的発展および科学技術の発展が、どのような社会においても似たような形で近代的な死に方を形成するさまを示す。第二部では、リスクと不安定性に焦点を当てる。近代社会は一般に、以前より経済的に安定した生活を全住民にもたらす。しかし、とくに近代化の初期段階と、後の脱産業化やグローバル化が伝統的な重工業を侵食する時期に、かなりの不安定性を生み出す可能性がある。経済的安定性・不安定性は、死とその過程と悲嘆の過程の多様な側面に根本的な影響を及ぼす。また、飢饉やコレラによる早死《はやじに》premature death〔平均寿命より前に起こる早すぎる死〕などの昔からあるリスクを最小限に抑えるだけでなく、近代性は新しいリスク、とりわけ環境リスクを生み出す。そのため、近代性の影響は、まさにいつどこに住んでいるかによって大きく異なってくる。第三部では、文化、具体的には個人主義、家族、および宗教に注目する。国民国家を取り上げる第四部は、各国が近代化した重要な時期、戦争の長期的結果、国の制度（および公的制度をつねに巻き添えにするイデオロギーと政治）に焦点を当てる。全体を通して強調しているのは「経路《パス》依存性」である。つまり制度、政策、実践の始まり方、その後の続き方にどう影響するかである。簡単な例を挙げると、ある国民集団の「ホスピス」観は、その国のホスピスの出発点が癌患者だったか（英国）、虚弱高齢者だったか（オランダ）、エイズ患者だったたか（スイス）に、ある程度は左右される。第五部は、国民集団の間および内部のこうした差異を、グローバル化がどれくらい消し去っているのかを考察し、「死の未来はどうなるか」について問う。

死とその過程について書いている社会科学者のほとんどは、ほんのいくつかの要因、ジグソー・パズルのほんのいくつかのピースだけに焦点を合わせてきた。たとえば、アラン・ケリヒア（Kellehear 2007）は、経済構造がどのようにして数千年にわたって死の過程に影響を与えてきたかを示した。これについては第一部で考察する。歴史家のフィリップ・アリエス（Ariès 1981）は、観念と文化の力を強調した。これについては第三部で考察しよう。ルース・マクマナス（McManus 2013）は、グローバル化の諸理論を応用した。

これについては第五部で紹介する。これらのピースだけでなく、本書はジグソー・パズルに新しいピースをはめ込む。リスクと環境（第二部）、そして国民集団（第四部）である。また、これまで使用されていなかった理論（脱物質主義など）と視点（比較分析など）を応用し、私たち近代人が今のように人生最終段階を処理するように至った理由を明らかにする。

第一部　近代性

近代社会は、地平線を飾る泥壁の小屋ではなく、豊かで都会的で高層ビルが建ち並んでいるというイメージを持たれることが多い。そのイメージはあながち間違いではない。しかし、近代性が個人、家族、社会に与えてきた最も甚大な影響は、早死の減少にあった。疫病、飢饉、そしておそらく間違いなく戦争さえも制御されてきた（Harari 2015）。国が経済的に発展するにつれて、ほとんどの人にとっての死は老年期、多くの場合は後期老年期へと先送りされるようになった。これは、先史時代から歴史時代を通じて、ほとんどの人類が望むことさえできなかったことである。実際、産業革命前から産業革命後にかけての経済発展は、通常、出生時の平均余命[*1]を二倍以上にする。この驚異的な伸びは、経済と技術の発展、とりわけ食料の生産と流通、衛生、医学における技術の発展によってもたらされたものである。近代性による自然の飼い慣らしが最も深く個人や家族の生活に影響する領域は、人間生命の延長である。哲学者のスティーヴン・ケイヴ（Cave 2012）が言うように、文明とは一つながりの生命拡張技術を包含するものである。すなわち、農業、工学、公衆衛生、医薬品である。もちろん、環境破壊、地球温暖化、薬剤耐性菌などの心配すべき証拠は、近代性による自然の制御、ひいては死の制御に限界があることを示している。こうした限界については第二部で考察しよう。

さしあたって第一部では、平均余命だけでなく、死に至るまでの経験、葬儀を営むこと、死別経験者たちの規範、生者と死者との関係に、経済と科学技術の発展がどう影響してきたかを検討する。イランの首都テヘランでの調査によると、金銭と教育に恵まれている人々ほど、平均余命向上の恩恵を受けているだけでなく、「より個人主義的で、世俗的で、消費主義への関心が高く、喪失や悲嘆に直面したときに感情的抑制を示す傾向が高く、一般的に死に関連した儀礼を最小限に抑える」ことがわかった（Bayatrizi and Tehrani 2017: 18）。近代性は、死とその過程と悲嘆の過程に関わるあらゆることに影響を与えるのだ。

それにしても近代性とは何だろう。明らかにそこには、経済と科学技術の発展、都市化、官僚的組織化、構造的分化が含まれる。構造的分化によって医療、学校教育、宗教、家族などが、社会制度として分離する。近代社会では地方部に住む人々でさえ、きれいな水、近代的な通信技術、専門家による医療、その他の近代性の利益のほとんどを利用することができる。エリアス（Elias 1978）によると、近代性はまた身体とその情動に対する文化的、個人的なコントロールを高める。人生最終段階においては、この身体と感情の両方が苦境に立たされる。というのも、身体はもはやその所有者の指示には応答せず、情動はコントロール不能かもしれないからだ。かつて近代性は宗教を弱体化させるとも考えられていた。しかし、二〇世紀のヨーロッパならまだしも、二一世紀の地球全体に目を向けると、これはかなり怪しくなってきている（第一〇章）。

第一部は、経済的変化と科学技術的変化の間で揺れ動く。第一章では、経済的、物質的な状況の改善がもたらした大きな成果の一つ、すなわち産業化の前と後とで人間の平均寿命が二倍になった点に注目する。

第二章では、近代性において死にゆく過程、死体、服喪のとらえ方を決定づけている「健康に関する技法」に注目する。第三章は経済学に立ち返り、近代性が生、死、ケア・介護にどのような価値と価格をつけているかを探る。第四章は科学技術に戻り、二一世紀の死の過程と悲嘆の過程を作り直している新しい通信技術について論じる。第五章では、このこと全体が、近代特有の死とその過程の「否認」や「隔離」に合流するのかどうかを問う。

第一章　寿命

先史時代、そしてほとんどの歴史時代を通じて、人間の平均寿命は二五～三五年、珍しく健康な社会でも三〇～四〇年だった。これには乳児期の死亡が多く含まれている。近代西洋社会では、一九世紀後半にやっと成人の死亡率が大幅に低下し、二〇世紀初頭にやっと乳児の死亡率が劇的に低下した。世界を広く見ると、平均余命は一九世紀半ばから毎年三ヶ月近く伸びており、合計で約四〇歳寿命が伸びている。ただし、ほとんどの国では第二次世界大戦以降にはじめてこうした伸びが顕著になった。いまや地球全体で、新生児は七二歳まで生きると予想されている。最も経済的に発展した国のいくつかでは、この数字は八二～八四歳となっており、現在も増加している。とはいえ、米国のように所得分配が非常に不平等な高度産業国だと、寿命はいまだ八〇歳に達していない。一九六〇年から二〇一六年の間に、ネパール、アフガニスタン、エチオピアなど、世界の貧困国のほとんどでは、寿命が劇的に伸びており、ネパールでは三五歳から七〇歳へと倍増している（**図表1・1**）。二〇一五年には、世界の死亡者の五五％が六五歳以上だった。一九九〇年の四一％から、これだけ上昇したのである（United Nations 2017）。歴史的基準からすれば、これはきわめて驚異的な成果だ。

しかしながら、この傾向には例外がある（Seale 2000）。一九七五年から一九九五年の間に、平均寿命は一六カ国で下がった。主に、エイズの流行に巻き込まれたアフリカ諸国と、共産主義崩壊後に心臓疾患、中毒事故、自殺、殺人が増加した旧ソ連由来の新興独立国である。エイズが若年成人の主な死因となったウガンダでは、平均寿命が五六歳から四一歳に落ち込んだ。ロシアでは、男性の平均余命が共産主義崩壊とともに劇的に落ち込んだ。一九八五年から一九九〇年は平均六四歳だったのが、一九九四年には五七歳となった。これと対照的に、安定した共産主義政権を維持してきた国々は、はるかに良い結果を出した。

国	1960 年	2016 年
アフガニスタン	32	64
ネパール	35	70
ソマリア	37	56
ベナン共和国	37	61
エチオピア	38	65
インド	41	69
中　国	44	76
イラン	45	76
アルジェリア	46	76
バングラデシュ	46	72
サウジアラビア	46	75
モロッコ	48	76
ジンバブエ	52	61
南アフリカ	52	63
ブラジル	54	75
メキシコ	57	77
キューバ	64	80
アルゼンチン	65	77
ロシア連邦	66	72
シンガポール	67	83
ウクライナ	68	71
日　本	68	84
ドイツ	69	81
イタリア	69	83
スペイン	69	83
米　国	70	79
フランス	70	82
アイルランド	70	82
英　国	71	81
オーストラリア	71	83
カナダ	71	82
アイスランド	73	82
スウェーデン	73	82
オランダ	74	82
世　界	53	72

図表 1・1　平均寿命（現在の死亡率が続くと仮定したときに新生児が生きると予想される平均年数）（World Bank https://data.worldbank.org/indicator/SP.DYN.LE00.IN　2018 年 2 月 6 日アクセス）

一九六〇年から二〇一六年の間に、中国では平均寿命が四四歳から七六歳へと上昇した。そして、キューバでは、六四歳から驚くことに八〇歳へと上昇した。一人あたりの収入は非常に低いものの、世界的に見て最も平等な医療システムが、この国にはある。その数字は、キューバ以外だと、かなり裕福な国々でしか達成されていない。

ロシア、ウクライナ、ジンバブエ、ソマリアを見てもわかるように（**図表1・1**）、経済的停滞や衰退を引き起こすような政治的混乱は、寿命の伸びを抑えたり、下げたりもする。英国では、二〇〇八年の経済危機以来、緊縮財政によって医療や福祉にかけられる支出が抑えられた。二〇一〇年以降は平均余命が泥沼にはまり、いくつかの経済的に衰退している地域では下がってしまった（Smyth 2018）。薬物による死亡が増えている米国でも同じようなことが起きている（Tinker 2017）。経済変動や経済改革は人々が死ぬ原因になりうる（Schrecker and Bambra 2015)。たとえ、世界全体としては寿命が延びる傾向にあるとしても。

経済発展はこのように寿命と強い結びつきがあるが、唯一の要因というわけではない（Day et al. 2008）。国民全体がどんなに豊かでも、経済的不平等が甚だしければ、寿命は削られる。国民集団内の経済的不平等が大きいほど、ほとんどすべての死因において死亡リスクの社会階級差は大きくなる。そして、これが富裕層を含むすべての人に影響を与える（Wilkinson and Pickett 2009）。なぜそうなるのかは議論の余地があるが、一つの可能性として、不平等が社会的結束を弱め、それがすべての人のストレス、恐怖、不安定感を増大させるということが考えられる（**図表1・2**）。経済的平等が健康に有益な結果をもたらすことは、キューバの例を見れば明らかである。

平均寿命の単純統計で覆い隠されるのは、ジェンダーや社会階級やエスニシティの違いだけではない。一歳ごとの死ぬ確率が生涯全体でどのように分布しているかも覆い隠される。産業革命以前の社会では、

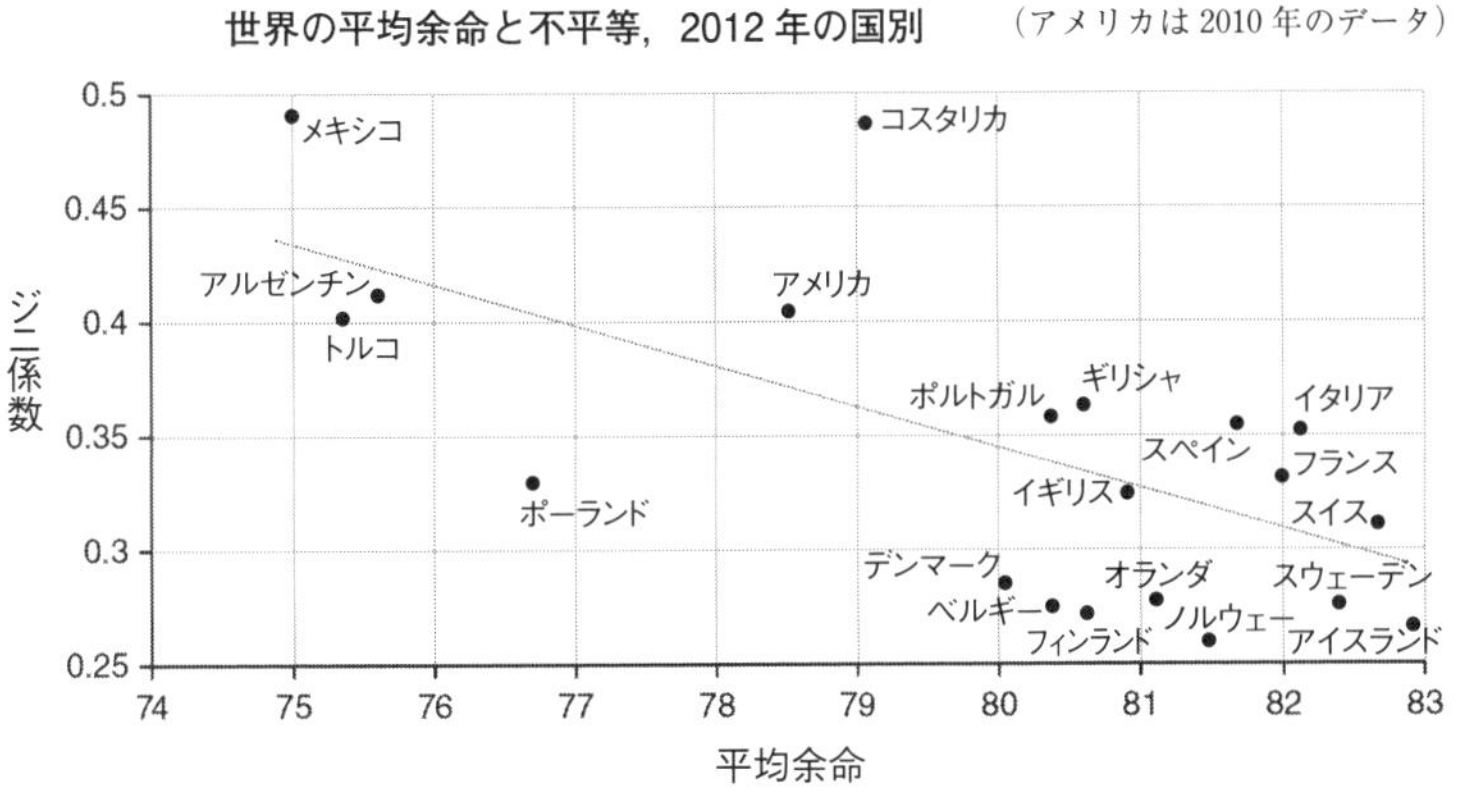

図表 1・2　不平等（ジニ係数によって測定）と平均余命[*1]

幼児期、とりわけ乳児期の子どもは、切迫した危険にさらされていた。その例として、私の地元のウィドカム Widcombe の教区教会の一八一三年の記録をあげよう。ウィドカムは、隣のバース温泉街を訪れる上流階級の観光客にサービスを提供する労働者と小売商の村だった。一一八人の連続する死亡者の記録をランダムに取り出すと、次のような死亡時の年齢となる。九ヶ月、一歳七ヶ月、五一歳、九ヶ月、二三歳、約七〇歳、七〇歳、六九歳、一五歳、二歳、一七歳、約八〇歳、七七歳、九歳、五歳、四歳七ヶ月、一一ヶ月、六週間、二一歳、六〇歳、三八歳、二八歳、四一歳、六ヶ月、二四歳、一歳八ヶ月、七三歳、一〇日間。

このパターンからいくつかのことが明らかになる。第一に、乳児期は最も危険な時期である〔二歳までに死ぬのが七人〕。第二に、乳児期を過ぎても幼児期に死ぬことは珍しくない〔三歳以上二〇歳未満が五人〕。第三に、幼児期を生き延びた人が七〇歳まで生きる確率はけっこう高い〔七〇歳周辺では六九歳から七三歳までが五人〕。第四に七〇歳をはるかに超えて生きる人はほとんどいなかった〔七七歳と八〇歳だけ〕。これは狩猟採集民の寿命に関するある分析と一致する。それによると、大人が死ぬ年齢で最も多いのは約七〇歳だという。「その年齢になるまで人間は精力的な生産者であり続け、それを過ぎると老衰があっという間に訪れ、人々は死ぬ。人間の身体は、私たちの種が進化した環境内では約七〇年間よく機能するように設計されているという仮説が立てられる」(Gurven and Kaplan 2007 : 322)。三〇〇〇年前に『詩編』九〇章〔一〇節〕を書いた人もこのことに言及している。

人生の年月は七十年程のものです。
健やかな人が八十年を数えても
得るところは労苦と災いにすぎません。
瞬く間に時は過ぎ、わたしたちは飛び去ります。[*2]

七〇歳を大きく超えて生きる人はほとんどいなかったし、いたとしても、それが喜びであるとは限らなかったのである。

1　早死——原因と治療

それでは、神や進化が私たちに種として割り当てたのが七〇年だとして、それよりも前に人々が死ぬ原因は何だったのだろうか。最も一般的な原因は感染症で、そのことはウィドカム教会の記録からもわかる。たとえば一七五二年から一七六四年までは年間四五人ほど埋葬していたが、一七六六年には八〇人を埋葬、一七七五年には九三人、そのうち五七人は子どものものであった。明らかにこの二年間に疫病——おそらくコレラ——が村を襲った。なかでも子どもたちが最も感染しやすかったようだ。ケリヒア（Kellehear 2007）は、感染症が主な死因となったのは数千年前からで、新石器革命のさなか、放浪していた狩猟採集民の小集団が定住して農民になったときだと論じている。彼らは一箇所に定住し、より多くの人数で身を寄せ合って生活するようになった。狩猟採集民が一団で三〇人ほどだったのに対して、それよりも多くの仲間の人間と、おそらく一つの村に一五〇人ほどで生活していた。また、初期の農民たちは、飼っていた動物のそばで寝泊まりしていた。これは、人から人へだけでなく、動物から人へ感染症が広がるのに好都合だった。共同体が一つか二つの作物に頼るようになると、飢饉が発生する可能性が高まった。不作は、前年の余剰作物を保管する余裕のある人々に利益をもたらす。その結果、彼らの権力は増し、余剰作物のない人々の困窮は深まった。このような状態では、困窮した人々は感染症と闘う体力を失い、飢えに屈して死ぬことになる。定住は富の不平等を生み出し、それが平均余命の差につながった[1]。

これまで次のような議論もなされてきた。平等主義的な狩猟採集民の社会は、どちらかと言えば平和を好んだが、恒久的な定住が進むと、暴力による死が生じやすくなった、と。人々は争いや自然災害から逃げにくくなった。中央集権的な権力が台頭すると、人々は戦いを命じられるようになったかもしれない。領土の境界は明確になり、それをめぐる争いが起こりやすくなった。作物の生産性が上がると、人口圧〔人口過剰〕も上がり、それに伴う争いが増えた（Ferguson 1997）。これとは別の主張をする人、たとえばピンカー（Pinker 2012）は、暴力のない狩猟採集民の楽園など決して存在していなかったと、熱心に論じた。彼によれば、実は、今日に至るまできわめて長い時間をかけて、暴力は着実に勢いを弱めてきたのだという。とはいえ、過去五〇〇年にわたるヨーロッパによる植民地主義と戦争挑発行為が、とりわけ暴力的だったのは明らかだ。国家の拡大は、部族集団を国や帝国へと融合してきたが、地域紛争を平定すると同時に、新しい形の国家間暴力を引き起こした。

疫病、飢饉、戦争からなる人類の長い歴史を見ると、細かいことを抜きにすればほとんどの時代において、人類を死に至らしめてきたのは主に感染症だった。このことは、人類が都市化や産業化を始める頃には明らかになってきた。また、近代性がこのような病気をコントロールした手段は、ハイテク医療ではなく、公衆衛生対策、とくに下水設備と栄養の改善だったことも明らかである。きれいな水、水洗トイレ、すぐれた下水道は、都市で暮らすにせよ農村で暮らすにせよ標準的な設備として付いてくる。これらは人間の健康に奇跡をもたらしてきた。いくつかの病気に対する予防接種も役立っている。二〇世紀にはペニシリン、抗生物質、その他の治療医学的処置が開発されたが、早死との戦いにおいて果たした役割は驚くほど小さなものであった。

2　七〇歳を超えて生きること――原因と結果

早死は、高度産業社会で平時に発生する頻度が相対的にまれな現象となった（したがって実際に早死が起こると特別な悲劇とされる）。このような状況下で、幅広い分野の科学者が驚いているのは、老年期の寿命が伸び続けていることである。七〇歳まで生きるのがほとんどであることに加えて、八〇歳、九〇歳、さらには一〇〇歳まで生きる人がどんどん増えている。これはなぜだろう。まず明らかなのは、手術や薬品投与の形をとる治療医学が、たとえば慢性心臓病を持つ多くの人の命をある程度まで引き延ばしてきたということである。インフルエンザの予防接種や肺炎の抗生物質による治療は、それがなければこうした感染症に耐えられなかったであろう高齢者を生きながらえさせる。二一世紀の高齢者もまた、二〇世紀に起こった次のような改善の恩恵を受けている。すなわち、良質な栄養を生涯にわたって摂取すること、体を酷使する肉体労働から事務労働への移行、仕事中の事故の減少、都市部のスモッグの解消、（より最近では）喫煙の減少などである。これらのおかげで、人々はより良い健康状態で老年期を迎えることができるようになった。今日の高度産業社会の成員で六〇歳や七〇歳まで生きられても、八〇歳や九〇歳までは生きられない人は、タバコやアスベストなど、彼らにとっては規制が間に合わなかった近代性の産物からしっぺ返しを受けていることが多い。

原因が何であれ結果として前面に現れているのは、死が今では主に老年期の領域で発生しているということである。かつて七〇歳まで生きることが神に感謝する理由だったとすれば、今日では七〇歳まで生きられないことが自然の秩序に反すること、つまり悲劇とみなされがちである。

では、近代社会において感染症で早死する人が、それまでと比べてほとんどいなくなったとして、それ以外の人は皆、何が原因で死んでいるのだろう。彼らがいま罹患しやすい非伝染性疾患は、基本的に人生が長くなったことで起こっている。人生が長くなったからこそ、細胞が異常に増殖したり（癌のように）、老いの過程で体が衰えたりするのである（たとえば、心臓発作、脳卒中、肺疾患、認知症など）。

このことは、社会学者の言う「死に至る軌跡 dying trajectories」の更新につながる。感染症が一般的に数日から一〜二週間で死をもたらすのに対し、より高齢に至ってから死ぬ場合は、数ヶ月から数年かかることが多い。**図表1・3**は、高齢になってから死ぬ場合の主要なパターンを示したものである。

① 癌などでは、しばしば機能が数ヶ月または数年間維持されてから、最期より数週間前に急速に低下する。

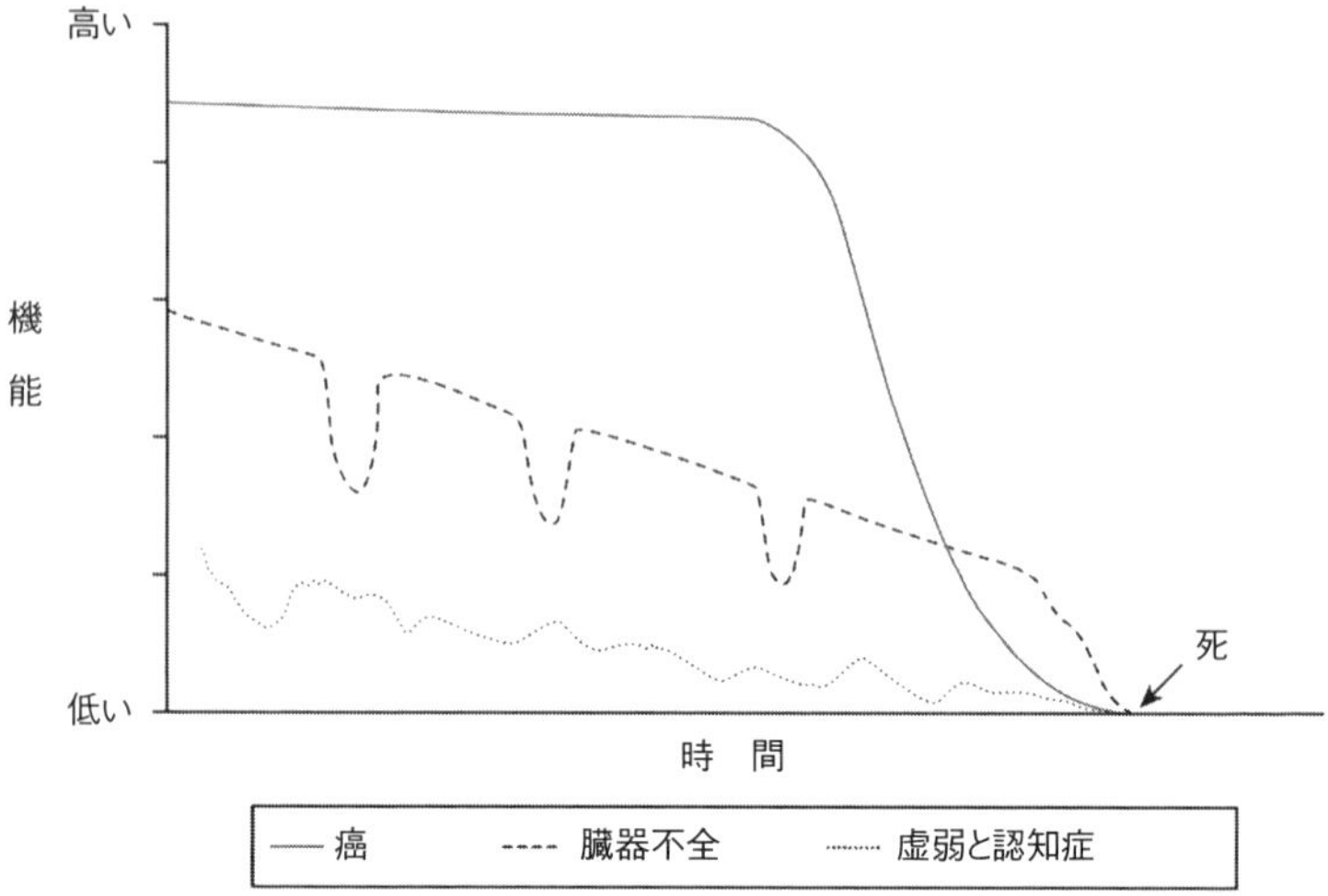

図表1・3　老年期における死に至る軌跡の三類型（Murray and Mcloughlin, 2012）

② 臓器不全は一連の発作（心臓発作や脳卒中など）で構成され、一つ一つの発作は致命的ではないが、発作後の機能を低下させ、それが死に至る最後の発作まで続く。そのような状態（一つの疾患とは限らない）で生活することが数年間または数十年続き、機能がかなり低下したり、生活の質と気力が低下したりすることがありうる。

③ 虚弱 frailty[*3] は、「日常活動のための予備力が年齢や病気とともに減少するにつれて起こる、複数の身体システムの脆弱性である」（Lynn and Adamson 2003: 5)。多くの場合、認知症を含み、「衰弱の引き延ばし」を伴う。予備力が少ないため、小さな後退はあっという間にエスカレートする。軌跡①②③は、高度産業社会で死亡する人々の約三割をそれぞれで占めている。軌跡②と③では、死がいつ来るかを予測することはまったく容易でない。ほとんどの高度産業国では、軌跡①（癌）で死ぬ人々の割合が減少し、一方、軌跡③（虚弱）で死ぬ人々が増加している。

私たちは長生きすればするほど、複数の症状を抱えながら老い、そして死ぬ可能性が高まる。ある同一人物が五〇代で関節炎を発症し、六〇代で二度の心臓発作を起こし、七〇代で肺疾患を発症し、八〇代で認知症を発症するかもしれない。それぞれの症状は他の症状に影響を与える。それは、生理学的、薬学的な影響と、生活様式の面での影響である。それぞれの状態は管理する必要があるが、主に薬を使った管理となる。また、その薬の組み合わせも管理が必要である。なぜなら、ある症状を緩和する薬は、他の症状を悪化させるかもしれないからだ。その人が結局どの病気で、いつ死ぬのかを予測することは難しく、終末期だという診断が下されないまま死ぬことも、決して珍しくない（Kellehear 2016）。

近代世界のあまりに多くの人々があまりに長く生きており、ゆっくりで、時には認識されないような死にゆく過程を経験している。このことが、どのような社会的かつスピリチュアルな帰結を招いているかをこれから見てゆこう。

3　死にゆく過程

アラン・ケリヒアの野心的な著作『死にゆく過程の社会史』（Kellehear 2007）は、歴史時代のすべてと先史時代のほとんどをカバーしている。狩猟採集社会に関する彼の分析の細部については異論が出ている。とはいえ、彼の本は、各時代に典型的な死に至る軌跡が、社会的かつスピリチュアルな帰結を大々的にもたらしてきたことを明示している。ケリヒアによれば、狩猟採集社会における成人の死は、たとえば出産や事故などの際に急に訪れることが多い。死に備える時間がほとんど、あるいはまったくなかったため、死にゆく過程 dying は主に肉体的な死の後に進んだと彼は主張する。このことを示すのが、狩猟採集社会に典型的な他界への旅という概念である。これは、魂が現世から最終的には来世へと旅をするというものである。シャーマニズムにおけるトランス状態での他界への旅は、これを反映したものである。

永続的な定住への転換は、村であれ古代都市であれ、社会組織の規模を拡大し、労働の分業を可能にした。自分自身の食料を生産する必要のない人々が従事した最初の専門分化による職業は祭司である。死にゆく過程も祭司が仕切るようになり、やがて今日では「世界宗教」と呼ばれるようになったものの儀式が仕切るようになった。したがって、この最初の死にゆく過程の「専門職化」には、死の床でほとんど何も提供できない医師ではなく、宗教の専門職者が関与した。感染症は、死にゆく人とその家族に死が間近に迫っていることを数日前に知らせる兆しとなった。それによって肉体的な死の前に準備することができた。これはヨーロッパの中世においては往生術 ars moriendi と呼ばれた。財産やその他の実用的な事柄について家族と話し合うだけでなく、霊的な準備がおこなわれることもあった。死後も、ほとんどの宗教が一続きの儀礼を提供し、魂の旅路を助ける。これは、近代人がしばしば「伝統的」または「前近代的」と考える類いの死に方である。

しかし、近年では長生きした上に死にゆく過程が引き延ばされるようになったため、この「伝統的」な死に方は徹底的に解体されてしまった。伝統的な往生術がわずか数日で終わるとしたら、転移性の癌、心臓病、慢性肺疾患、高齢者の虚弱（おそらく認知症や身体障害レベルの関節炎を伴う）を持つ現代人には、数ヶ月あるいは数年が残されている。その間に何をなすべきなのだろうか。この問いは、癌のケースと関連して、ホスピス・緩和ケア運動によって提起された。この運動は、自分が選んだように死ぬよう人々にうながす。「目標は、残されている時間がどれくらいであろうと、時間の量ではなく質を高めることである」(du Boulay 1984)。この考えは、高齢者の虚弱についての議論も支配している。同年代の仲間より長く生き、苦痛をもたらすが反応しない体によって、手や腕や脚のすべての動きをつねに支配されている人々にとって、どのような生の質が可能か、という議論である。それが安楽死や幇助死を求める声の原動力となっている。つまり、もしその人の余生の質が極度に低いのであれば、いま人生を終わらせるという選択をするべきではないか、という声である。

それはケリヒア(Kellehear 2007)が「恥ずべき死に方 shameful dying」と呼ぶものにつながることもある。緩和ケアや安楽死などの新しい「良い死」において、当事者が自分の生をコントロールして、自分の望むように死んでいるのだとしたら、コントロールできない人たちはどうなのだろう。たとえば、認知症をかかえる人、脳卒中や昏睡によって精神的機能や意思伝達機能を失った人、ヘロインや他の生命を脅かす嗜癖性薬物に生を乗っ取られた人、戦争や内戦に巻き込まれたり、そこから避難したりしている人など。彼らはどうなるのだろうか。天国への準備をする宗教的な祈りや儀式なら、彼らの死を十分に良い good enough ものにすることができたかもしれないが、コントロールと選択を重視する現代の世俗的な考え方だと、彼らは恥ずべき死に方で死んだと責められることになる。

死にゆく過程についての考え方、管理のための工夫がこれほど大きく変化した理由は、詰まるところある一つのことに求めることができる。すなわち経済発展である。私たちが現在直面している人生最終段階に関するジレンマは、経済発展を遂げた社会に特有のものである。発展途上の社会は、少し違った問題を抱えている。**図表1・1**が示すように、高齢化が急速に進むにつれて、彼らもまた近代世界特有の死に至る軌跡を経験し始めている。だが、そこには西洋が享受している医薬品による治療や緩和ケアが不足しているのである(Seale 2000; Berterame et al. 2016)。

4 悲嘆すること

❶ 早 死

一九世紀中頃までには、ウィドカムの私が住んでいるあたりはある程度都市化していた。それは、小規模だが無視できない上層階級および上層中流階級、かなりの数の小売商、そして大規模な労働者階級によって構成されていた。労働者の多くは不衛生な住居に肩を寄せ合って暮らしていた。英国が急速に産業化し、都市化していた当時にあってはありふれた光景である。以前より多くの人が密集して暮らすようになったが、公衆衛生の施策ではまだ困窮者支援が始まっていない。そのため、死亡率、なかでも子どもの死亡率が上昇した。新しい労働者階級のために造成されたウィドカム教会墓地のおびただしい数の墓石を見れば、このことは明らかである（図表1・4）。

ジェイン・ボーンは一三年間で五人の子どもをなくしたことが〔墓石から〕わかる。どんな気持ちだったのだろう。彼女は自分も病気になって一年後に亡くなるのだが、そのとき、何を思ったのだろう。自分の宗教的な救済を心配しただろうか。それとも残された子の世話を誰がするか心配しただろうか。彼女の後には誰が残されたのだろう。他の子どもたちや夫か。彼らはどう過ごしたのだろう。悲嘆のせいで何もできなかったか、それともひたすらできる限りの最善を尽くして頑張ったのだろうか。一人または複数の子どもが仕事に出て行ったり、上の子が下の子の面倒を見たり、夫が再婚したりしただろうか。

パーソンズ家（図表1・5）は、子どもたちが乳児期を生き延びたことに感謝していたのは間違いない。だがその後に、まず三歳の子ども、次に一五歳、そして一九歳と子どもを亡くす悲劇を経験した。また、「一家安寧〔無事家に集う〕Safely gathered home」や「起きよ、主は汝を召されん Rise, he calleth thee」などの宗教的な碑文はどう考えられるか。これらの碑文は、いくつかの歴史的研究が示唆しているように、これほどまでの喪失に直面しても信仰があれば慰められるということを示しているのだろうか（Rosenblatt 1983）。それとも、現代英国よりも宗教的だった時代に求められたありきたりの言葉にすぎないのだろうか。

周知の通り、一家のなかで乳児や子どもが何人も死亡する現象は、急速に都市化した一九世紀英国に特有のものではない。二〇世紀後半に都市人口が爆発的に増加したグローバル・サウス[*4]のスラム、ファヴェーラ[*5]、シャンティタウン[*6]などの貧民街でも見られる。歴史家（Dye and Smith 1986）や人類学者（Scheper-Hughes 1990）は、両親、とくに母親が複数の子どもの死にどのように対処していたかを調査してきた。彼

フレデリック・ボーン
1938年1月21日没，15ヶ月

エドウィン・ボーン
1842年1月6日没，1歳9ヶ月

アルバート・ボーン
1842年2月2日没，6ヶ月

マティルダ・ボーン
1850年7月21日没，4ヶ月

ルイーズ・ボーン
1851年9月16日没，6週間

ジェーン・ボーン，上の子供たちの母
1852年12月22日没，43歳

図表1・4　ボーン家の墓，バース市，ウィドカム

一家安寧

フランク・パーソンズ
1870年10月24日没, 3歳

エマ・パーソンズ
1881年1月31日没，15歳

サラ・パーソンズ
1882年5月12日没，19歳

ジョン・パーソンズ
上記の父
1896年6月26日没，55歳

ルイーズ，上記の妻
1902年3月13日没，63歳

「起きよ，主は汝を召されん」

図表1・5　パーソンズ家の墓，バース市，ウィドカム

らは確かに、幼い子どもの死が自然であり、物事の秩序の一部であることを知っていた。しかし、それがわかっていたからといって喪失感が薄れただろうか。フィリップ・アリエス（Philippe Aries, 1962）は、幼少期の歴史と死の歴史の両方について影響力のある本を書いたが、彼が論じた通り、子どもが生まれて数年間の危険な時期を乗り越えるまで、親は子どもへの愛着を抑えたのだろうか。たとえ深い愛情を持ってしまったとしても、服喪者には、生き残りのための現実的な問題が重くのしかかり、他にも養わなければならない子どもたちがいる。そのため、おそらくは無期限に悲しみを保留しなければならなかったかもしれない（Stroebe and Schut 2008）。

今日の高度産業社会における乳幼児の死はどうだろうか。私が一年生対象の社会学の授業でボーン家とパーソンズ家の墓石を見せると、学生たちはショックを受けたように静まりかえる。今日の若者は、兄弟や仲間、あるいは親になったときには自分の子どもが死ぬことなど予想だにしない。今日「自然」と思われている（しかし実は歴史的には最近の）親の務めとは、自分の遺伝子を再生産するのに十分な子どもだけでなく、自分の子どもは全員、成人まで育てるべきだというものである。子どもの死は、かつてあまりにもありふれていたが、いまや不自然とみなされている。近代の親は子どもを失うと、神はこんなことを引き起こすべきではないとして、神への信仰まで失う可能性がある。一六世紀のフランスの哲学者モンテーニュは、「私は二〜三人の子どもを亡くした。後悔がないわけではないものの、大きな悲しみはない」と書いている。モンテーニュのような人は、仮にいたとしても滅多にいるものではない。おそらくモンテーニュは、自分の子どものうち何人かは死ぬと想定することで回復力《レジリエンス》を持てたのだろう。

それとは対照的に、長寿が当たり前になった今日において隠されていることがある。早死が醜聞になったということである。それは、パークス（Parkes 1988）が服喪者の「想定された世界」と呼んだものを揺るがす。この場合、人は老いるまで生きるはずだという想定である。子どもを亡くした親には、それまで親しかった他の親から避けられるようになったと報告する人もいる。というのも、自分たちが、口にできないことを思い出させる存在になってしまったからだという。これは「公民権を剝奪された悲嘆 disenfranchised grief」(Doka 2002)、つまり認められない喪失の一例だと思われがちだが、そうではない。むしろ私なら「超特権化された悲嘆 hyper-enfranchised grief」と呼ぶところである。つまり、あまりにも恐ろしいので、それを抱えている人に近寄るのが怖くなるほどの悲嘆、ということである。その結果、子どもを亡くした親のための支援グループや、子どもの死後に近代の親たちがどのように対処しているかについての調査研究は、大きな成長分野となっている。悲嘆に暮れている家族を周囲の人がどう支えたらよいかわからないとしても、特別な知識を持った人たち——他の悲嘆する親や専門家——なら支えられるかもしれない(Riches and Dawson 2000)。かつてはまったく当たり前すぎるように思われたことが、専門家の分野になった。その場合の専門家とは、専門職者であってもよいし、他の悲嘆する親であってもよい。

❷ 親密な悲嘆の台頭

社会が近代化し、乳児期や幼児期の死亡率が劇的に下がると、出生率も下がり、家族の規模も小さくなる。家族や社会が元の規模を再生産するために五人、六人、七人も出産する必要はなく、一家族につき約二人だけ出産すればよい。その結果、親密で人格的な愛着(親子、兄弟姉妹同士、祖父母・孫)は少人数で構成され、何十年も続くと予想される。親が最終的に亡くなるときには子ども世代は六〇代になっているかもしれない。兄弟姉妹の関係は、最終的に死(または認知症)によって引き裂かれるまで八〇年、九〇年と続くかもしれない。孫と祖父母の関係でさえ、数十年続く可能性がある。そのため、親しく付き合っていた家族の誰かが死んだとき、悲嘆は比較的ごく狭い範囲でしか感じられないかもしれないが、非常に強いものとなる。これはとくに、核家族が大家族より一般的な社会では起こりやすい（Lofland 1985）[*7]。

しかし、矛盾がある。老人の死は、少数の親しい人たちによって深く悲しまれるかもしれない。だが、老人がいなくなったことでできる社会的、経済的、政治的な穴は、家族・親族のなかでも職場のなかでも、ごく小さなものに留まることが多い（Blauner 1966）。子どもたちはとっくの昔に家を出て大人になり、経済的に自立している。老人の死は職場に影響を与えない。なぜなら、すでに定年退職しているからである。それに官僚的な会社組織というものは、そもそも勤務中の労働者が死んだとしても、替えが効くような組織である。退職直後は社会的な活動が増えるかもしれないが、もっと年を取って、虚弱になり、引きこもりがちになり、友人も亡くなると、社会的なつながりは薄れてゆく。死ぬ前の数年間に至っては、老人は社会のなかでも家族のなかでも、大きな権力を振るうことはないだろう。もはや、幼い子どもの世話をする責任のある家長でもないし、共同体での指導的役割からも退いている。昔は稼ぎ手に先立たれた遺族は困窮したまま残されたが、年金、生命保険、福祉給付金が支給されている今ではそのようなことはない。そういうわけで、世界は以前とまったく同じように続いてゆく。それでも、伴侶に先立たれた人や、家族のうち一人二人は悲しみに打ちひしがれるかもしれない。昔、人々が労働者として、また子どもの養育者として「馬具《ハーネス》を付けたまま」〔働き盛りのうちに〕死んだときには、社会的・経済的な調整をおこなう必要があった。今日のセネガルの都市部でもそうだが（Ribbens McCarthy et al. 2018）、喪失はこうした調整という観点から話し合われるのが一般的だった。子どもたちは働きに出なければならず、他家の家族が育児の手伝いをしに来たりした（Marris 1958）。現在では、喪失は社会的・経済的な問題としてではなく、より内面的な心理的プロセスとして語られるようになっている。喪失は内面化され、個人化され、心理化されたのである。

この変化を見るために、クルーズ死別ケア Cruse Bereavement Care の例を取り上げよう。この団体は、英国の主要な遺族支援の慈善団体で、国際的評価も高い。一九五九年の設立当初、同団体は、働き盛りの夫を亡くした未亡人の社会的・経済的な不安に焦点を当てていた（Torrie 1987）。その最初の登録申込書には、所得税、住宅、健康・食生活、年金、保険、子どもの教育、職業訓練などを記載する欄があった。その後、老齢で亡くなる人が増え、福祉給付が拡大し、女性の就業率が上がってゆく。この段階になって初めて、クルーズの焦点は経済的福祉から心理カウンセリングへと移った。また、クルーズは死別経験をした人なら誰でも支援するようになった。そのなかには、年老いた親を亡くした成人の娘たちもかなり多く含まれていた。遺産相続があったため、彼女たちは、親の死によって経済的に苦しむよりも豊かになる可能性のほうが高かった。とはいえ、何十年も親しくしていた親を失うという個人的な苦痛は過酷なものになりうることがわかった。

現代社会では子育てにかかる費用が高くなっている。それゆえ、乳児や幼児を亡くした親たちもまた、死によって利益を得ても、当人は打ちひしがれており、その喪失が今日では最も悲痛なものと見なされがちな死別経験者の集団として際立っている。農業社会や、産業化が始まって数十年ほどの社会では、家族にとって子どもは働き手であり、経済的資産であった。高度産業社会になると、子どもは一家にとってきわめて大きな支出となった（おそらく住宅ローンの次に）。にもかかわらず、子どもの存在自体が、価格以上のものとして評価されるようになった（Ariès 1962）。そのため、子どもの死は脱産業社会の夫婦にとっておそらく最大の苦痛をもたらすものとなっている。

個人的な喪失感と社会・経済・政治の面での再調整〔埋め合わせ〕との間のズレは、葬儀にも現れている。

悲嘆の深さは個人的な愛着の深さによって決まるが、葬儀の規模は社会的な承認という別のものによって決まる。人類の歴史を通じて、葬儀の規模はどの社会においても、その費用と参列者の数によって測られてきた。つまり、本人が社会・経済・政治の面での生活において、どの程度の役割を果たしていたか、どの程度の社会的地位にあったたか、どれだけ多くの人に頼られていたかである。国王や貢献度の高い政治指導者の葬儀が、私の葬儀よりはるかに荘厳なものとなることは絶対に確実である。彼らの死は、より組織的な混乱と中断をもたらし、より組織的な再調整を必要とするだろう。その死によって空位となった権力の座をめぐって競争相手同士で駆け引きが起こることは言うまでもない。巨大な支持層を抱えているポップ・スターや有名人は、またその大勢のファンたちの人生に大きな穴を開ける。それは、彼らの葬儀やソーシャル・メディア上の服喪に反映される。

スペクトルの反対側には、九五歳の老人の葬儀がある。その子どもたちや、もしかしたらまだ生きているかもしれない兄弟姉妹は、老人の死を深く悼むだろう。しかし、その葬儀にはほんの少しの服喪者しか集まらない。故人と同年配の人たちも多くはすでに他界している。老人が衰弱のせいで引きこもりがちになったり、介護施設に移ったりすることで、友人、隣人などとのつながりは痩せ細っていくかもしれない。悲しみに満ちてはいるが小さな集まりには、一ダースほどの人しか来ない。彼らは火葬場に集まって別れを告げる。これは英国のように、人々が参列するのは自分が知っている人の葬儀だとされる社会の状況を描いたものである。しかし、近代社会のなかには、たとえばアイルランドや日本などのように、故人を知っているだけでなく、故人を知らなくても主たる服喪者を知っているのであれば、葬儀に参列するような国もある。米国でもある程度はそうだろう。そのため、一人の高齢者の葬儀に数百名の参列者が集うことになる。(私は学生に次のように尋ねることがある。「自分が知らない人の葬儀に参列したことがありますか」、または「自分の上司の母親の葬儀があったら参列しますか」と。多くの英国人学生は困惑したような、ギョッとした表情を浮かべる。少数の学生が手を上げて「もちろんです！」と答えるが、たいていアイルランド人か日本人である。）これは本書の中心的な主張の例示だと言える。つまり、近代性が作り出すもの、このケースでは親密な悲嘆と組織的な調整〔社会的地位の欠落の埋め合わせ〕との間のギャップだが、それは文化や国民史、その他の要因によって異なる形で応答される。近代性は死と喪失を構造化するが、決して人々の応答を決定するわけではない。

5 移住、家庭、仕事

現代の死別が社会経済的プロセスではなく心理的プロセスとして構築されている構造的理由は他にもある。それは寿命と近代世界共通の他の二つの現象との相互作用と関わる。つまり、移住と職住分離である。説明してみよう。

古代ローマ帝国は最盛期に一〇〇〇万の人口を抱えたが、産業革命以前の社会では、ほとんどの人々が小さくて変動のない農村共同体に住んでいた。その人口は、多くの場合、一〇〇から二〇〇名程度しかない。乳幼児の死亡率が高かったため、その人口を再生産するためには大家族が必要だった。そこで起こる死はたいていの場合、子どもの死か、独り立ちしていない子どもを抱える親の死であった。後に残されて喪に服す一家の構成員は、一人か二人の親、そしてたくさんの子どもたちである。彼らは一部屋しかない住居で困窮しながら生活するのが通例であった。そういうわけで、悲嘆が共有された経験となるのは避けられなかった。服喪者たちが同一の狭い空間にぎゅうぎゅう詰めになっているといった具合である。「共有」

は必ずしも良いことだとは限らないし、心地よいものだとも限らない。なぜなら、悲嘆の仕方は個人によって異なり、時には互いに相容れないこともあるからだ（Doka and Martin 2010）。そういうわけで、産業革命前の窮屈な小屋のなかで、服喪者たちの行動、感情、反応が、互いを傷つけ合う潜在的可能性は相当に高かったであろう。喪中の家の外には村人たちがいる。全員が故人と関係を持っていたわけではないが、少なくとも知り合いではある。そのため、悲しみの度合いはさほど深くないとしても、全員が共同の服喪者であると言える。ヨーロッパの農村では、教会の弔いの鐘が鳴り響き、家族と同様に村もまた一人のメンバーを失ったことを告げ知らせる。

寿命の延び、地理的な移動、職住分離は、都市化や産業化につきものである。これらは、服喪にとって根本的に新しい社会的コンテクストを作り出した。今日の老人の典型的な死を考えてみよう。家族にとって最初の死の場合、高齢の配偶者や成人した子どもが後に残される。子どもたちはそれぞればらばらに違う街、さらには違う大陸に住んでいるかもしれない。故人に会ったことがない同僚と働くために、家から出ることもある。このように、故人の喪に服す主要人物たちはもはや一緒に暮らしてはいない。彼らが日々のほとんどの時間を過ごしているのは会社であり、そこには故人を知る人は誰もいないだろう。それは、悲嘆がよりプライベートな経験になったことを意味する。普段顔を合わせる人のなかには、服喪者を「支援する」人はいるかもしれないが、故人を知らないのだから、悲嘆を共有するわけではない。彼らは共同の服喪者ではなく、潜在的な支援者として位置づけられる。私たちが見聞きする「遺族〔死別経験者〕支援」はこうした文脈で語られるものである。脱産業社会の多くで喪服〔葬儀のとき以外でも着用するような喪服を含む〕は廃れており（Taylor 1983）、当事者が悲嘆していることすら周囲にはわからないかもしれない。悲嘆は隠されるようになったのである（Gorer 1965）。

産業革命前の社会では、善し悪しはともかく、誰もが互いを知っていた。今日ではそれと対照的に、多くの人は共通点のない社会的ネットワークを持っている。家族や職場の同僚だけではなく、ことによるとスポーツクラブや退役軍人クラブや信仰共同体のメンバー同士、何十年も前に休日に会って、その後も連絡を取り合ってきた人たちなども含まれる。私の社会的ネットワークのなかの誰かが死んだとすると、そのネットワークの他のメンバーは共同の服喪者となる。しかし、別のネットワークのメンバーはそうならない。なぜなら、故人のことを知らないからだ。そういうわけで、私はスポーツの仲間が亡くなったら、他の仲間たちと一緒にその死を悼み、気持ちと記憶を分かち合うだろうが、私の家族や職場の同僚や、二四年前の素晴らしい休暇で知り合って以来連絡を取り合っている夫婦は、その故人を知らない。これは、大学に通うために遠方で暮らしている大学生にも当てはまる。大学の友人が亡くなっても、その悲嘆が家族や故郷の友人と共有されることはない。あるいは、大好きな祖母が亡くなっても、その悲嘆は大学の友人に共有されない。彼らがどんなに支えてくれたとしてもである。

悲嘆は、このようにプライベートで孤立した内的な体験として歴史上に出現した。それは、普段顔を合わせる他者によって「支援」されることはあっても共有されることはない。このような悲嘆を、近代特有の死の「否認」という観点から説明する必要はない。これまでの説明のように、経済変動の社会的、地理的な影響という観点から、もっとシンプルに、もっと実証的に説明できるのである。

❶ ソーシャル・メディア

このような悲嘆の「私事化」は、ここ最近に登場した技術の発展によって部分的には巻き戻されている。それはソーシャル・メディアである。文字を書くことの発明以来、あらゆるコミュニケーション・メディアが登場したが、そのおかげで離れた人に意思を伝える《コミュニケートする》ことができるようになった。さらに二一世紀のソーシャル・メディアは、コミュニケーション史上、最新の飛躍を成し遂げた（これについては第四章でより深く掘り下げる）。実際、フェイスブックのように広く用いられているソーシャル・メディアのおかげで、たとえば私に関係する別々の社会的ネットワークのメンバー同士が知り合うことが可能になり、互いにやりとりを始めることすら可能になった。私が死んで、この人たちが私の服喪者になったら、その様子は、ソーシャル・メディア前の近代の服喪者たちとは異なり、産業革命前の村の服喪者たちのようになるだろう。彼らは悲嘆とお悔やみのメッセージを投稿するのだが、その投稿は他人に読まれ、それに対してレスポンスが付くこともある。そして、ちょうど産業革命前の村がそうであったように、悲嘆の流儀の食い違いが問題になる可能性もある。新たに問題となりうるのは、たとえば近親者の深い悲嘆が、その死にまったく深く動揺していない人たちの軽快なソーシャル・メディア投稿によって、量的に圧倒されてしまうといった事態である。このことは、故人のソーシャル・メディアのページを誰がどのように管理するかという問題を提起する（Walter 2015a）。地理的移動、職住分離、ばらばらの社会的ネットワークが引き起こした断片化を、ソーシャル・メディアは乗り越える可能性をもたらす。これらの現象は、近代世界においてあまりに多くの人の生と死に影響を及ぼした。深刻でない服喪者が広範囲に分布することを浮き彫りにしたことによって、ソーシャル・メディアは、近代特有の悲嘆の親密さを解体するのである。

6　長寿の社会的帰結

乳幼児の死亡率が急激に落ち込み、大部分の人は、長生きをして老年期に死ぬことが見込まれるようになった。その帰結は、死の過程と悲嘆の過程だけでなく、死の現象と必ずしも関連しない他の多くの生の領域にも及んでいる。たとえば教育や家庭生活やフェミニズムなどである（Goldscheider 1971）。

❶ 老人

第一に高齢者はもはや希少価値を持っていない。それによって、社会における彼らの地位や権力は減少する面もあれば、高まる面もある。一方において、その数の増加は、労働人口にとって「重荷」と見なされるようになった。その可能性が高いのは、とくに一九四五年以後のベビーブームを経験した国である。それは、今後数十年すると高齢化と死のブームに転じる。それを支えるのは、一九六〇年以降に生まれた、人口規模のより小さな世代である。日本国民は未曾有の高齢化を経験しているところである。それと並んで、中国は一九七九年から二〇一五年にかけての一人っ子政策のために、このまま行けば、比較的少数の生産年齢に頼る超高齢社会を迎えるだろう。他方、とてつもない数の高齢者は、経済的、政治的な勢力を形成する潜在的可能性を有している。たとえば二〇一六年の国民投票で欧州連合からの離脱に投票した人々の内訳を見ると、若者より高齢者のほうが多い。ということは、「ブレグジット」〔英国の欧州離脱〕は老人票 grey vote によってもたらされた面もあるということである。国民投票の後に指摘されたように、「民主的」な一人一票制は、あと数年しか生きられない老人に、まだ六〇年も生きる若者と同等の影響力を持たせた。そして、それが一国の長期的未来を決したのである。ポジティブに見るかネガティブに見るかはともかく、今日の高齢者は経済や政治を現実的に左右する存在となっている。

❷ 若者

第二に、前述のように、親世代は人口再生産のために多数の子どもを産む必要はもはやなくなり、出生率は劇的に低下した。子どもたちはもはや働き手として評価される存在ではなく、宝物としてかわいがられ、消費の主要な原動力となっている。伝統社会では、子どもの死は公的な注意を向ける必要がほとんどなかった。いまや、子どもが亡くなったときに社会的に予想される服喪の悲しみは、高齢者が亡くなったときの悲しみを大きく上回っている。歴史的に見ると、乳児死亡率の低下と乳児に向けられる心配の増大とは、互いにもう一方の原因となってきた。子どもが将来も生きると想定するからこそ、親は子どもに喜びや楽しみを見出すことができるようになったし、子どもを世話する際の注意が増したことで、子どもはより長く生きられるようになったのである。

❸ 教育、キャリア、離婚

第三に、家族の規模の縮小は、思春期から死ぬまで六五年以上も生きられるという期待と相まって、あらゆる種類の新しい社会性の形成を可能にした。[*8] 人々を二〇代半ばまで教育することは、合理的な投資となった。また思春期後の六五年以上の人生から見ると、就学前の育児に割かれるのは、ほんの数年になった。それによって、今の女性は子どもの出産・育児だけでなく、あるいは実際それをしなくても、自分の人生を使って何をするべきかを計画することができるようになった。死亡率の低下した社会だからこそ、高等教育、フェミニズム、女性のキャリアが、大衆レベルでも選択肢として浮上したのである。その一方で多くの結婚の終わりは死別ではなく、離婚によってもたらされる。というのも、長寿のせいで、前近代社会の夫婦なら大部分が経験したことがないような緊張状態に、今の夫婦は直面することになったからで

社会性の編成	1813 年	2013 年
出産	危険	安全
子どもの数	6〜10 人	2 人
乳児	何人か死ぬ	ほとんどまったく死なない
結婚	離婚の余地はない	半分が離婚
	通常は死別	半分が死別
配偶者の死	結婚後 5〜20 年	結婚後 40〜60 年
結婚の平均年数	10〜20 年	10〜20 年
子ども	死別によって親を失う	離婚によって親を失う
	両親より先に死ぬ可能性	両親より後に死ぬ見込み
親の死	子どもが若いうちに	子どもが中年になってから
赤ん坊への専念	女性の成人後の人生すべて	思春期後 65 年のうち 5 年以内
仕事	7 歳から死ぬまで	16〜22 歳から 60〜65 歳まで（全人生の半分）

図表 1・6 死亡率革命の社会的帰結

ある。

これらの新しい社会性の編成 social arrangements を引き起こしたのは長寿ではない。というより、長寿はそれらを可能にしたのである。ソーシャル・メディアと同様、それは可能性の余地を与える《アフォードする》のだ。まず宗教、文化、その他の要因が人々の態度を形づくる。さらに、たとえば自由な離婚や中絶に関する法、高等教育、そして職場での女性のための平等などといった可能性のうち、いずれを個々人、あるいは社会全体が取り入れるべきかに、先の諸要因が影響を与える。

こうした新しい社会性の編成を可能にした死亡率革命 mortality revolution は、**図表 1・6** のようにまとめられるだろう。これは、一八一三年とその二〇〇年後とを比較したものである。この一八一三年という年は、私が地元の教会の記録から典型的な死亡年を抽出する際に出発点とした年である[*9]。各欄の数字は正確ではないが、かつてと今とで一般的だったし、それゆえそうなると想定されていたものを示している。それは私の住む地元だけでなく、一九世紀と二〇世紀に都市化と産業化を経たほとんどの国に当てはまるだろう。

7　結論

この章では、多産多死から少産少子へと置き換わる人口学的転換が近代化によってどのように引き起こされたかを簡潔に概観してきた。長生きして老年期に入ってから死ぬことは、先進国の住民のほとんど、そして発展途上国の住民の多くにとって、理想ではなく現実になった。感染症で亡くなる多くの場合がほんの一週間や二週間しかかからないのと異なり、今日では変性疾患で死ぬ場合、通常は数ヶ月か数年かかる。このことがまったく新しい「往生術」(Lofland 1978) を必要とする。

人口学的転換は悲嘆の形にも大きな影響を与える。小さな家族においては、親子と兄弟姉妹の間でより強い愛着が育まれる可能性がある。経済活動と育児を終えた老人の死は、感情と対人関係の面では遺族に大きな穴を空けるかもしれない。しかし、前近代において生産年齢の親の死が服喪者たちにもたらした経済的損失とは異なる。また、移動性の高い小家族の場合、家族たちは外へ働きに出ている。服喪者が互いに離れているため、悲嘆はより私的で内的な体験となる。人生の他のさまざまな領域でも、長寿者の急増は新たな可能性をもたらしている。たとえば、高齢者が政治的権力を持ち、子どもに手間や世話がかけられるようになり、高等教育が大衆化し、男性と同様に女性にも職業が開かれた、などである。死にざまの変化は、人生に幅広い影響をもたらしたのである。

読書案内

- Blauner, R.（1966）'Death and social structure', *Psychiatry*, 29: 378–94.
- Goldscheider, C.（1971）'The mortality revolution', in C. Goldscheider (ed.), *Population, Modernization and Social Structure*. Boston, MA: Little Brown.
- Kellehear, A. (2007) *A Social History of Dying*. Cambridge: Cambridge University Press.
- Lofland, L.（1985）'The social shaping of emotion: the case of grief', *Symbolic Interaction*, 8 (2): 171–90.
- Riley, J.（2001）*Rising Life Expectancy: a global history*. Cambridge: Cambridge University Press.
- United Nations（2017）*World Mortality 2017*. New York: United Nations Population Division.

議論のための問い

- 老年期まで生きられる人がほとんどいないような社会で、自分が生きていると想像してみよう。このことが、生きること、死にゆくこと、悲嘆することにどのような影響を与えるだろうか。
- 乳児の死亡が珍しくない社会を考えてみよう。そこでは赤ん坊が死んでも母親が悲嘆に暮れることがないということが起こると思うか。

第二章　医学

本章で論じるのは、健康に関する技法《テクニック》である。薬品、ＭＲＩスキャナー、下水処理システムなど、医学や健康に関する特定の技術《テクノロジー》ではない。健康に関する技法とは、死にゆく過程と死と死別を、医学・医療の範囲内に、全面的ではないにせよ緊密に位置づけるような実践・政策・組織形態・権力を指す。このような実践ならびに組織形態は、専門家だけでなく一般人が死にゆくことと喪失についてどう考えるかに影響する。重病患者の家族が、その容態を聞かれたときの答えが、医学用語をまじえた体調の報告になっていたり、あるいは少なくとも含んでいたりすることは珍しくない。「看護師がモルヒネを投与してくれているのが効いた」とか「手術が失敗して、急に衰弱している」などの表現である。医学的ではない答え、たとえば「司祭が最後の儀式をしに来てくれたので喜んでいる」とか「自分がもう長くないことを受け入れている」などは、他の医学的な答えの補足として出てくることもあるが、出てこないこともある。

本章はまず、死にゆく過程、死、物理的な遺骸の管理、さらには悲嘆までもがすべて、医学と健康に関連する体制の下に位置づけられる様を概観する。いわゆる「死の医療化」と呼ばれるものである。そこからさらに、合理化、専門職化、施設化〔制度化〕といった関連するプロセスを探索する。そして、これが「死のシステム」にどのように付け加わっているのかを見た上で、死の過程と悲嘆の過程を家族と共同体の中心に戻し、医学を主人ではなく僕《しもべ》として従わせようとする最近の試みを検討する。

1 医療化

❶ 死にゆく過程

一九世紀まで、司祭は死にゆく魂の天国行きを助ける大役を担っていた。医師は身体の苦痛と症状を改善する務めを果たしたが、司祭の力には及ばなかった。そういうわけで、死にゆく人の臨終に立ち会うように家族が呼ぶのは医師より司祭であることが多かった。今日では対照的に、司祭より医師のほうが役立つと考える人のほうが多い。身体だけでなく心と霊《スピリット》を全体論的《ホリスティック》にケアすることにコミットするホスピスでさえ、初診の患者は医師の診断を受けるのが当然だと見なしている。宗教者〔宗教的な専門職者〕や「スピリチュアル・ケア提供者」は後からついてくるもの、オプション的なものと見なされている。支配的言説は世俗的かつ医学的である。宗教的基盤を持つホスピスにおいてさえ、宗教は追加オプションなのだ。

前近代においては、死は通常は自宅で起こるものであった。死に至る軌跡は感染症特有の、急速かつ直線的に下降する形をたどった。大人のほとんど、そして子どもですら死の現場をよく目撃しており、病に伏せている家族が死ぬかどうかを見抜くことができた。死にゆく過程についてのこの密やかな知は、ありがたいことに今日では滅多に習得されなくなった。だが、それはつまり、普通の現代人は、医師やその他の医療者がいなければ、愛する人が死ぬかどうかを見抜けないということである。それを告知されるかどうか、そして告知されるとしてもどのように告知されるのかは、また別の問題である。現代の英語圏の国々では、癌患者が終末期に達する頃には、本人も家族も適切なタイミングで告知を受けている。しかし、後期老年期の多臓器不全や延命状態での衰弱の場合、そのようにはうまくゆかない（図表１・３）。このシナリオで、あとどれくらい本人が生きられるかを予測するのは至難の業である（Christakis 1999）。そして、医療の専門職者たちは新しい症状が発生するたびに、しばしば患者や家族の求めに応じて、それを治療、または少なくとも管理することに意識を集中させるかもしれない。差し迫った死について何の話もしないまま、家族にとってサプライズのように、死が現実となって訪れる。たった数日、あるいはたった数時間しかありませんという通知を受けられれば、ましなほうである。この最終段階では、入院患者が意思決定に参加するほど状態が良くない場合がある。そのとき、医療者は、ショックを受けている家族と面会し、患者の利益優先の決定を下すために彼らと共同作業しなければならない。それは気の重い仕事となるかもしれない（Wilson 2017）。

死期は遅かれ早かれ判明するが、いずれにしても死にゆく過程は疾病という医学的な枠組みのなかで進行する。死にゆく人とその家族にとって重要な問題は、どのような医療支援を希望しているのか、あるいは支払う余裕があるのかということである。ケリヒア（Kellehear 2016）は、このような支援、彼が「医学的救援 medical rescue」と呼ぶものを四種類に分けて説明している。第一は緩和ケアである。これは苦痛や症状から患者を救うことを目的とした緩和ケアであり、それによって患者が問題を整理し、死が自然な経過をたどることができるようにするためのものである。第二は「安楽死を施す医学」だが、これは安楽死が合法であるような司法制度の下でおこなわれる。患者本人を長引く死から救う医学的幇助死とされる。第三は入退院の繰り返しで、臓器を次から次へと修復するという試みが失敗するまで続く。第四に、虚弱な高齢者は、見捨てられ、孤立することからの救援を希望して介護施設で死ぬことを経験するかもしれない。こうした施設に入所せず、見捨てられ、孤立すれば、身体的、認知的な能力が低下するかもしれないからである。想定外の突然死をする人は一〇％いるが、それを除いたこれらのケースのいずれにおいても、死にゆく過程は医療の専門職者によって管理されている。

イリイチ（Illich 1976）以降、近代的な死の様式を批判する人たちは、しばしば死の医療化への違和感を表明してきた。ここで二つの点を指摘しておかなければならない。第一に、批判者のなかで、近代的な疼痛緩和などの医学的支援手段が利用できなかった前近代へ戻りたいという人はほとんどいない。第二に、健康なときには、家族に囲まれて在宅の自然死を望むと言っていた人が、実際に死ぬ段階に入ると、病院で熟練した職業的ケアを受けたくなることはありうる。ドイツの死にゆく人々を対象とした最近の民族誌的研究によれば、こうした反応は珍しくないという。たとえば、在宅ケアを受けている女性は次のように語っている。

夫が私を愛しているって言ったって、それだけでカテーテルの替え方が覚えられるわけないでしょ。でも現に、私たちの間にはこういう装置がつねに存在している。夫にどうやったら正しく扱えるか説明して、彼ができないと、私もちょっと怒りっぽくなってね、そうすると夫は批判された、という感じになっちゃう。……私はベッドに横になっていて、夫は何もかもしなければならない。それならあえて私も口出しするものじゃないわね。彼は、自分が何もうまくできないと思っているのに、そういう状態で、私がちょっとでも何か言おうものならね、たとえば寝ている私の向きをこう変えるべきだとかね、そうしたら、かあっとなって、お前のために何だってやっているのに、お前はいつも俺のことを批判して、と言い返してくるわけ……。そうなるとね、

申し訳ないなあって思うの。……こんな状態のどこにいいところがあるって言うのよ。（Menzfeld 2017: 317）

依存は個人主義的な西洋人にとって最大の恐怖の一つだが、家族ではなく金銭を払って雇った専門職者へ依存する場合は、気楽に物事を言いつけることができる。息子や娘に裸を見られたり、洗わせたりするのは嫌だという人はいる。その他、家族にも仕事や育児や家事があるので、負担をかけすぎたくないという人はいる。

❷ 死

医療化は死ぬ瞬間にも、そして死んだ直後にも影響を及ぼし続ける。英国の国民保健サービスのウェブサイトには次のように書かれている。

死亡確認は、かつては単純明快でした。心停止、無反応、無呼吸の状態になった時点で死亡宣告がなされました。酸欠になった結果、血流が停止し、速やかに脳幹の機能が恒久的に失われたからです。

現代の死亡確認はもっと複雑です。なぜなら、脳幹が恒久的に機能停止した後も心臓の拍動を維持できるようになったからです。これを可能とするのが人工呼吸器で、患者本人をつないだままにすることで、身体と心臓に酸素を補給できるようになったのです……。

本人と家族を不要な苦しみから救うため、脳死が起こったという明らかな証拠が見られたら、人工呼吸器を

本人から外します。◉[1]

心肺機能よりも脳幹機能の停止をもって死とするこの新しい死の定義は、二つの医療技術からもたされた。一つは、引用にあるように人工呼吸器である。これはある特定の容態や外科手術の最中および術後にはルーティンとして装着されることがある。そのことが医療スタッフと家族に倫理的な問題と困難を引き起こす。なぜなら、人工呼吸器を患者に装着するのは感情的にも倫理的にも楽な決定であるが、それに対して、患者が亡くなりそうだとからいってそれを外すのは、さほど簡単ではないからである。もう一つの医学的革新は移植手術だ。重要な臓器の場合、死につつある／死んでいる人を、人工的に呼吸させておく必要がある。そうすれば、当該臓器が「収穫」できるようになるまで、酸素の供給が可能になるからである。

どのような死の場合であっても、死後は一人以上の医師による死因の確定と、死亡診断書の記入が必須となる。それがなされる前に、遺体の死後解剖が必要になるかもしれないし、法的に定められた状況の場合は検死官への照会も必要となる。死亡診断書には二つの目的がある。法医学的な目的と治療医学的な目的で、どちらも近代国家による人口統制と関係がある（Foucault 1973）。第一の目的は、直接的（殺人や放火など）、間接的（おそらくは医療放棄や職場の劣悪な安全対策など）を問わず、非合法的手段によって死亡が発生したのではないことを国家が確認するためのものである。第二の目的は、人口全体における死因の年次統計を後から照合できるようにするためのものである。それを通して始めて、医療サービスは、管轄内でそれぞれの死因が減少したかどうかを把握できる。人口全体だけでなく、さまざまな下位集団（年齢、ジェンダー、社会階級など）においてもそれが可能とならなければならない。死亡確認とそれに続く統計は、保健の鍵となる技法である。移植手術を通してであれ、死亡確認を通してであれ、個人として親しまれ、愛された死者たちは、社会の生きている成員の健康を増進するために利用されている。

家族は、死亡診断という形で、死後も医療化が続く状況をどのように経験しているのだろうか。それは苦痛にもなりうるが、前向きにとらえることもできる。まず、親しまれ、愛された個人には、歪みも凹凸もあったのに、すべて切り落とされ、データとして収集され、他のデータとともに統計へ落とし込まれる。家族や友人たちの人間味あふれる悲嘆と、国家や社会の非人格的な要求とのあいだには大きなミスマッチがある。家族は死因を正確に知ることを苦痛に思うかもしれない。あるいは、アルコール依存症などのような帰属要因が診断書に記入されるのを見るのが苦痛かもしれない。なぜなら、故人のライフスタイルに負の烙印を押されたように感じ、その人生に対して否定的な最終審判が公式になされたように感じるからだ。それとは別に、もっとポジティブに、本人がどのような理由で死んだのかを知りたいと思う家族は多い。原因不明の死を遂げることはありうる、などという考えを受け入れられる近代人はほとんどいない。その理由は、後ほど「合理化」の節で詳しく説明しよう。国家は死因を確定するあらゆる手が尽くされるまで、遺体の土葬・火葬を許可しようとしない。そのことが、どんなに社会的地位が低くても個人個人のことを政府が気にかけ、配慮してくれることの証拠だ。そう思う家族がいるかもしれない。ポジティブな経験であれ、ネガティブな経験であれ、いかなる近代的な国においても、国家が後ろ盾になった医療化が死後も続くのは避けられない。

❸ 遺体

死後に必ず求められる死亡診断に加えて、死後しばらくのあいだ医学的に有用な物体として存在し続ける遺体もある。死ぬ前に本人が、そして／または死後に家族が、移植手術のための臓器提供、医学研究・教育のための解剖への献体に同意することもある。

死体は生者の健康を益するだけでなく害する可能性がある。ほとんどすべての遺体――または解剖や臓器摘出の後に残された部分――は土葬・火葬など、国の法律によってこれなら生者を危険にさらすことはないと確証されている方式で処理される。何が法律や実情に即しているかは国によって異なるが、それはほとんどつねに法定の埋葬地、公認の火葬場（英国では crematorium、米国では crematory）での処理を意味する。火葬場や埋葬地の設計が宗教的要件を考慮しているかどうかはその場所によるが、近代世界では確実に公衆衛生や環境規制に従った設計になる。たとえば、墓は水路を汚染するべきではないし、火葬の排出ガスからは歯の詰め物に由来する浮遊水銀をきれいに除去しなければならない。つまり、死者の処理のせいで、生者の健康が脅かされてはならないということである。

❹ 服喪

遺体が安全に土葬・火葬された後ですら、医療化は続行する。コーピング〔ストレス処理〕が上手くできない服喪者は、他のどんな種類の職業（セラピストや司祭のような）よりも医師に相談する可能性が高い。服喪者が苦しみから医療の助けを求めているのかどうかとは無関係に、死別はますます精神医学的状況として見なされるようになっている。そして、精神医学は医学のなかでも死別を専門とする分野だと見なされるようになっている。前近代の服喪は宗教的な共同体規範に支配されていた。それに対して、近代の服喪は、というか服喪も、内的な心理的プロセスとして見られるようになった。その働きは、ジグムント・フロイト（Freud 1984）、ジョン・ボウルビー（Bowlby 1980）、コリン・パークス（Parkes 2008）など医師の資格を持った精神科医たち、さらにウィリアム・ワーデン（Worden 2003）、マーガレット・ストローブとヘンク・シュット（Stroebe and Schut 1999）など、医師の資格を持たない心理学者たちの研究によって明らかにされてきた。[◉2] ユダヤ教、ヒンドゥー教、ローマ・カトリシズム、東方正教会では、死後の定められた時間に宗教儀式が執り行われる。儀式に従って、服喪が時間通りに進むかどうかは別にして、今日では服喪はますます「悲嘆の過程」という時間的変動の観点から理解されるようになっている（Wambach 1985）。宗教や共同体と同様に、あるいはその代わりに、導きや時間の枠組みを提供しているのは心理学である。悲嘆を形態によって分類したり、特定の悲嘆の形態（たとえば複雑性悲嘆、遷延性悲嘆）[*1]を精神医学的な状態として分類したりすることには議論の余地がある。なぜなら、それは精神科医による治療へと導くものだからである。精神科医たちはこれを歓迎するかもしれない。なぜなら、それによって彼らのクライアント層は拡大するし、クライアントの苦痛の緩和を支援する可能性も拡大するからだ。しかし、医療機関や保険会社は、コスト面で歓迎しないかもしれない。第十三章では、このことをもう少し詳しく見る。

ここでは、医療化とつながっているいくつかのプロセス、すなわち合理化、専門職化、施設化を見てゆく。

2　合理化

❶ 統計に示された死

一七世紀ヨーロッパで科学革命が始まる前は、人の死は世界中で、神の仕業、超自然的な力の結果、悪行の結果、邪術の結果などと見なされてきた。たとえば、ユダヤ・キリスト教の聖典の冒頭で、創世記は死を自然なものとしてではなく人間の罪の結果として描いた。死がいつやってくるかを予想することなどできるわけもない。ヨーロッパ中世の後期には、意思を持って動く骸骨、すなわち死神 Grim Reaper として、死が描かれるようになった。ヨーロッパ絵画でよく描かれたのは、日々の仕事をこなしている男や女の側にいる骸骨である。この骸骨は死を擬人化しており、彼らのコートの裾を引っ張ったり、肩をたたいたりしている。「死神と乙女」と題されたさまざまな絵画では、骸骨が若い女性を抱き、犯している様子が描かれた。死に至る病には誰もが襲われる恐れがある。疫病が流行っているときだけではなく、ほとんど前触れもなく、ほんの数日で死は訪れるのだ。死は気まぐれ。その時期は神のみぞ知る。

このような状況が変化したのは、確率という数学的概念が一六八〇年に登場したときであった（Hacking 1975; Prior and Bloor 1992）。それはほどなくフランスの教会の死亡記録に応用され、死亡率はパターン化された。たとえば、早死する確率は、地方部より市街地のほうが高いといった具合である。統計学者の目から見れば、死は個人を苦しめるものというよりは、ある人口集団や下位人口集団を苦しめるものであり、その手口は気まぐれではなく予測可能である。このことが明らかになった途端、国家は死亡データの収集を重要視するようになった。また、私たちが今日「生命保険業」と呼んでいるものを開始することが可能になった。そして、死はもはや死神でも神の仕業でもなく、特定可能な医学的原因の結果だということを、普通の人々でも認識するようになった。人の死の原因が不明のままになる可能性を、受け入れがたく、時に嫌悪するようにもなった背景には、このような文脈がある。そういうわけで、今日、市民はそれぞれの死亡データを国家に与え、国家はそれと引き換えに家族に合理的で検証可能な死因を提供しているのである。

二〇世紀後半の社会哲学者、ミシェル・フーコーにとって、これは数学的成果であると同時に政治的成果であるように見えた。一九七六年コレージュ・ド・フランスでの講義の第一一講で、フーコーは、一八世紀後半のフランスが、個々人の生と死に及ぼす国家の長期的な主権的権力を補うためにとった手段を記述している。それは、生を統制するためのさまざまな技術《テクノロジー》であり、個人の身体ではなく人口の全体をコントロールし、出生率と死亡率に介入し、生物学的な障害をコントロールし、環境を操作する。「人口爆発と産業化の両方を経験していた社会の政体、経済体制を統治する」(Foucault 2003: 249) ために、こうしたことすべてが必要となった。公衆衛生対策と人口統制、つまり死と生が、近代国家による人口集団の規制と管理の実践の中心に据えられた。出生証明書と死亡診断書はこの規制技術の礎石である。

　科学は、国家と企業の後援を受けながら、死が偶然ではなく必然であることを示す知識を更新し続けている。プレートテクトニクス理論がようやく確かめられたのは、一九六〇年代初頭のことであった。それ以来「火山、地震、その他の地殻の隆起は、惑星の地殻変動を示す、正常かつ進行中の事象だと見なされるようになった (Clark, N. 2014: 23)。環境科学のおかげで、洪水は人災であるかもしれないことがわかってきた。たとえば、何百マイルも上流での森林伐採が洪水を引き起こすのである。これまで、そのような自然災害を、保険会社は「神の仕業」として保険の適用外に類別してきた。自然災害は依然として保険適用外かもしれない。だが、リスク地帯の保険料が、その場所の地学的、環境科学的な知識の増大によって値上がりしているところもあるだろう。

　科学も同様に医学に変革をもたらすことが期待されている。たとえばすべての乳癌は同じではなく、遺伝学的な個人差がある。このような個人差から、二一世紀の個人化された医学ではさらに研究が進展し、微生物学と遺伝学を用いて、疾病カテゴリーではなく個人に合わせて薬をあつらえるようになった。これによって、ある診断を下された統計学上の一定の割合の人々に効く治療に留まらず、各個人に狙いを定めて功を奏する治療が目指されている。このことは希望である。時代が進むとともに、ある共同体が地震や火山の危険にさらされるかどうかの予測、また個々人が特定の医学的治療に反応するかどうかの予測は、これからもますます正確になると見込まれる。個人や共同体がどんなに宗教的であろうとも、現在では人間理性、経験的証拠、科学的かつ統計学的な分析の応用を通して死は理解されコントロールされるようになった。

❷ 官僚制

死の合理化が起きたのは、科学的進歩だけでなく、医療の官僚的組織化にもよる。近代的な病院、開業医、虚弱だが在宅で生活している人向けの社会的介護は、官僚的な方針にのっとって運営されている。それ以外の運営方針が広く取り入れられることはほとんど起こりそうにない。人類学者のシャロン・コフマン（Kaufman 2005）は、米国において人生最終段階の形が病院によって決定されるあり方が、一九六〇年代以来、どのように変化したかを示した。一九六〇年代と言えば、グレイザーとストラウス（Glaser and Strauss 1965）やサドナウ（Sudnow 1967）が古典的ともいえる病院死の社会学的研究をおこなった時期である。変化を推し進めたのは、技術と資金体制〔医療費に関わる制度〕である。それは死を受動的に待つ姿勢を、倫理的に微妙な選択肢と重い金銭的負担をもたらす選択肢のなかから能動的に選択する姿勢へと転換した。

コフマン（Kaufman 2005: 17）の観察によれば、病院と医学的な言葉づかいは「問題解決と意思決定を強調する。……そのような言葉づかいは、気持ちの混乱、不安、虚脱状態、不定愁訴などの、合理性を欠いた感情表現の一切を無視したり、目をそらさせたりする」。好んで使われる「コントロール」や「選択」という言葉は、個々人の自律を前提とした巧みな抽象概念だが、コフマンはそれらが錯覚であることを示した。医師・看護師・患者・家族の情報共有の改善は、不適切な積極的治療や蘇生を減らさなかった。「第一に、……患者と家族は……一般的な意味での回復もしくは苦しみの終わり以外に何を望むべきかを知らない。第二に〔病院では〕……医療の専門職者は自信満々の態度で振る舞えるよう迫られている」(pp. 34–5)。患者と家族に許されている選択は「医師などが提示する選択肢によって導かれており、また制限されている。さらにそれらの選択肢は、施設側の指示体系の枠内に留まっている」(pp. 47–8)。患者と家族は選択するよう求められるが、ある特定の時間のみ、特定の選択のみ許される。患者、家族、そしてしばしばスタッフ自身も、こうしたことすべてを推し進めるシステムについて理解していないし、選択をめぐる組織的制約や金銭的制約も理解していない。

そのようなプロセスは、米国のホスピス・ケアでも観察されるかもしれない。ホスピス・ケアはメディケア[*2]によって払い戻し可能だが、半年内に診断を下された人だけに限られる。これはつまり、かなりの苦痛や症状があっても、予後が不確実で長引きそうな人は〔癌以外の条件ではよく起こる〕、ケアを受ける資格が認められないかもしれないということだ。それに対して、彼らより軽い苦しみしかないが、明確な診断があり、それが認められた時間枠に収まっている人は、ホスピス・ケアを受けられる。いかなる医療システムも、資源は無限ではないので、ケアを合理的で公平に割り当てる方法を考案しなければならない。そのため、個人によっては道理に合わない不公平な結果を被ることが避けられない。

❸ マクドナルド化なのか？

マックス・ウェーバーが合理的組織を西洋の近代性の鍵と見ていたとするならば、ジョージ・リッツァーは、マクドナルドのファストフード・レストランを現代の合理的組織の典型と見なしている(Ritzer 2018)。

マクドナルドのような組織は、世界中で組織化を重ねた結果、効率性、計算可能性、予測可能性、コントロール、非合理的なまでの合理性を特徴としている。それでは、医療、とりわけ死にゆく人と死者のケアとにおいてマクドナルド化は進んでいるのだろうか。死体やその一部の医学的管理は、確かにこの種の組織化を経ているように見える。死にゆく人のケアのほうは議論の余地がある。一方において、効率性、計算可能性、予測可能性、コントロールを確証するシステムは整っている。病床占有と手術室使用は、可能な限りほぼ一〇〇%管理されている。これ以上の積極的治療が意味をなさないような死期を間近にひかえた患者は、自宅や介護施設へ送られ、もっと治療の見込みがある患者のために病床を明け渡すことになるだろう。仮に患者が病院で亡くなるとしても（実際多くの患者はそうなのだが）、死体がその場で安らかに眠っている時間などない。次の患者がベッドを必要としているからである。遺体は速やかに霊安室へ移さなければならない。在宅死する人のための個人介護は「介護パッケージ」として費用がかかり、介護計画は介護《ケア》者の限られた時間を最大限有効活用できるように作成されている。そして、介護市場で競争力を維持するためには、費用削減がつきものとなる。

　他方で、マクドナルド化された介護システムが組み立てられている。その推進者は管理者や会計係であり、〔公的資金で〕社会化された医学〔医療〕の場合は政治家である。彼らは、現場での顔を合わせての介護、手と身体が触れあう介護から遠いところにいる。それに対して、現場で介護をおこなっている人たちは、現実に苦しんでいる個別の人間や苦労している家族と関わりを持たなければならない。そのような労働者たちが「介護パッケージ」の費用に含まれない人情 humanity を導入しようと試み、しばしば成功しているとしても驚くべきことではない。これはケア労働の研究で観察されていることである。支援者は利用者に成り代わって自律を実行している。そうすることで、利用者のためのケアと利用者を対象化したケアを同時におこなうことができる。ことによると、彼らは余計な――契約外の――努力をしていると言えるかもしれない（Brown and Korczynski 2017）。同様に、ある研究によれば、低報酬で働く葬儀場 funeral home のフロント係が、葬儀の手配のために来た家族へ人情をかけることはよくあるという。たとえば、会社が不必要に高い棺を売るターゲットにしているのを無視するといった具合である（Bailey 2010）。[*3]

ジグムント・バウマン（Bauman 1989）はその著書『近代性とホロコースト』のなかで、次のように論じている。非人格的（しばしば非人道的）な官僚制がはびこるのは、顧客・利用者・患者を相手にしている現場担当者と幹部との間に長い指揮系統がはさまっているような大組織である、と。結果として、組織の決定を下す人々は、その決定から影響を受ける人々に決して会うことがない。このような近代の巨大組織を、バウマンはナチの死の収容所にたとえた。もちろん、それと比べれば、二一世紀の医療で「歩兵」が非人間的な官僚制をひっくり返せる自由度はずっと大きい。最近英国のテレビ番組で、ある経験豊富な看護師が、いま看護師になる訓練を受けている娘にどんなアドバイスをするか尋ねられ、「ケアすることを決してやめないように」と答えていた。彼女は、ケアを妨げる組織の圧力と、その圧力に抵抗できることの両方を知っていたのである。

3　専門職化

死の医療化を批判する人は、医師が臨終の場面で権威を振るう第一の専門職者だと見なしていることが多い。医師は、素人から熟練技能を取り上げ、侵食していったというのである。しかし第一章で述べたように、ケリヒアの歴史的調査（Kellehear 2007）は、これに疑問を投げかけている。医師は、死にゆく過程に関する知識を持っていると主張する一連の専門職者のなかで、現時点において最も重要な職業であるにすぎない。近代における死をめぐる問題とは、したがって死が医療化したことよりも、むしろ長い間、専門職化されていることである。

近代社会で死を管理してきた専門職者は、医師だけでなく、保健その他に関わる専門職者に及び、その範囲は広がりつつある。「緩和ケア専門臨床看護師 clinical nurse specialist in palliative care」など一風変わった肩書きを持つ看護師もここに含まれる。この肩書きが明示しているのは、死にゆく人には相当の熟練技能が必要だということである(看護師というだけで実地上は十分だとしても)。人生最終段階に近い人のケアに同様に役立つのが作業療法士である。患者が健康上の問題から自分にとって大事な活動をすることができなくても、作業療法士はそれを支えてくれる。芸術療法や音楽療法のセラピストは、死にまつわる感情を患者が表現し、伝えるのを助ける。ソーシャルワーカーは金銭問題や家族問題についてアドバイスする。介護士《ケアワーカー》は介護施設や利用者の自宅で介護をする。言うまでもないが、高度な訓練を受けた救急隊員は、生命を脅かす事故や介護の危機に直面した瀕死の患者を病院へ搬送する。死後は、多くの国で葬祭ディレクターが、遺体を実際上可能な範囲で早く、死んだ場所から葬儀場へ移す。葬儀場での遺体ケアは、家族ではなく、葬儀場職員によって執り行われる。ただし、宗教によっては一般信徒による遺体ケアにこだわるところもある。専門職者、とくに死にゆく人や遺体に直接触れてケアする専門職者の言うことを、家族はますます聞くようになっている。つまり、そのようなケアが家族から引き剝がされているということである。そうなると、家族は死にゆく人を恐れ、とくに遺体を恐れるようになるかもしれない。

この分化過程で家族が持っていた機能(生と死の両面における)がどんどん引きちぎられ、分離した施設のなかへ収まってゆく。そして、施設のほうはより専門分化し、その中核となる機能に集中する。この細分化のプロセスが近代性の中核となる（Parsons 1966）。死に関わる専門職者の熟練技能の増殖を説明するからといって、死に関わる説明（たとえば想像上の「死を否認する」社会など）を持ち出す必要はない。社会の近代化とともに分業が進み、熟練技能の専門分化が進んだだけだと説明すればよい。

死にゆく過程が専門職化しても、死にゆく人が専門職者によってその時間の大部分をケアされているわけではない。逆にほとんどのケアは家族によってなされている。そして、とくにホスピス・緩和ケアを受ける資格があると最も認められやすい末期癌患者と、最も認められそうにない虚弱高齢者との間には大きな不平等がある。たとえばデンマークではこんな感じである。

ホスピスの看護スタッフは高度な訓練を受けているが、他の施設の看護スタッフもそうだとは限らない。とくに介護施設や在宅介護《ケア》のスタッフである。類似のことはスタッフの配置にも当てはまる。デンマークのホスピスの場合、一人のナースが一握りの患者を担当しているが、介護施設では、夜間に看護助手が二四人から四八人の入居者に（一人で）責任を持つ。そして、その約八割は認知症を患っているのである。（Timm 2018）

このような不均衡状態にあるのは、決してデンマークだけではない。近代世界ならどこでも、医療者や専門職者による死にゆく人のケアの熟練技能の高まりと、ひどく未熟で低報酬または無報酬の日常的介護《ケア》とが同時進行しうる。そしてほとんどの近代諸国において、ほとんどの家族が、死体へのケアを有給の職務担当者（たとえば葬祭ディレクターやその職員）に全面的に任せてしまっているのである。

4　施設化

死にゆく身体の所在、またとくに死んだ身体の所在はきわめて重い。というのも、遺体の占有とはある種の所有権の譲渡だからである（Sudnow 1967; Howarth 1996）。病院・介護施設・葬儀場で死にゆく身体や死んだ遺体のケアをおこなう有給の職員は、身体へのコントロール、したがって意思決定へのコントロールを強めることになる。それは患者本人の家で介護する人たちを凌駕するほどだ。病院・介護施設・葬儀場は自分たちが「オープン」だとアピールする。しかし、どんなにオープンだとしても、誰がいつ訪ねてよいのかは、施設がコントロールする。たとえ誰が入ってよいかを制限しないとしても、席を外すよう訪問者に要求する権利は職員の側にある。たとえば施設のスケジュールにしたがって、身体（生きていようと死んでいようと）は、夜に備えたり、医療的処置や死後解剖の処置に備えたりしなければならないからである。

死にゆく過程の施設化は近代を通して進展してきた。最初は療養所《サナトリウム》、次いで病院、看護施設《ナーシング》、そして昨今ではホスピスといった具合である（Elias 1985）。その結果、今日では多くの高度産業国で、人口の四分の三が施設で息を引き取っている（Gawande 2014）。介護施設はその名前にもかかわらず、人々が介護されるのと同じくらい死ぬ場所となっている。看護施設は、人々が看護されるのと同じくらい死ぬ場所となっている。また、患者を治療するために作られた病院は、遅かれ早かれ多くの人が死ぬ場所となっている。どの種類の施設が最も多く人が亡くなる場所となっているかは、国によって違うが、たとえばノルウェーでは看護施設で、英国では病院である。しかし、それがどのような施設であろうと、専門性を持った専門職者によって死にゆく過程が管理され、施設化されている点では類似しており、いずれも近代性の帰結なのである。

死にゆく過程がどことなく隠されたものになっているということは帰結の一つである。近代世界では、誰かが息を引き取る場面に立ち会う経験がないまま大人になり、さらには中年になるという人がたくさんいる。死の床が施設内にあるということは、長寿化、家族の縮小、地理的移動の増大と相まって、日々の生活の舞台から死の床を引き離す結果となっている。このように死の床をどこかに追いやり、死にゆく者を生きている者から「隔離」（Mellor and Schilling 1993）していることについてもまた、死の「否認」などの通念を持ち出して説明する必要はない。それは近代性に伴う社会的諸制度・諸施設の分化というシンプルな問題である。家族が持っていた機能が分割され、拡張されたのである。子どもは学校に入れ、死にゆく者は病院に入れるといった具合に。

❶ 施設化の限界

とはいえ、たいていの人が施設で息を引き取るとしても、死に至るまでの時間の多くは家で過ごされるか、または事実上の家、たとえば高齢者居住施設（Kellehear 1990, 2016）などで過ごされるかもしれない。ということは、近代世界で生きている者は、死にゆく者が息を引き取る最後の瞬間あるいは直前の数時間に立ち会わなかったとしても、死にゆく過程には立ち会ってきたことになる。ここでケリヒア（Kellehear 2014: 9）の死にゆく過程 dying の非医学的定義に注目してもよい。それによれば、死にゆく過程とは「死が差し迫った出来事だと本人が予期し、受容すること」であり、その場合の「差し迫った」という言葉は数秒（たとえば銃で撃たれた場合など）、数分、数時間、数ヶ月、数年（たとえばアルツハイマー病の場合など）を意味することもある。死にゆく過程とは、暴力であれ、事故であれ、病であれ、何かが自分を死に至らしめている killing と自覚することを指す。第一章で示したように、今日では私たちの大部分が施設を出たり入ったりして、長い時間を過ごすのである。

また、すべての施設が、社会学者アーヴィング・ゴフマン（Goffman 1961）の用語でいう「全制的」施設、すなわち部外者を排除し、入居者の地位を剝奪するような施設だと思い込むこともない。確かに、かつて多くの人がそこで生まれたり死んだりした旧式の病院や施設は、部外者、時には家族ですら入ることを拒んできた（Townsend 1964）。だが、そのような施設の非人間化作用を私たちは見抜けるようになった。これは、科学（この場合は社会科学）が初期近代的な生と死の管理によって引き起こされたリスク（この場合は非人間化）を明らかにした例の一つである（これについては第六章でさらに探索する）。その結果、後期近代における施設の境界は、ずっと多孔質のものになった（Walter 2017b）。たとえば訪問時間は以前と比べてはるかに緩和された。同時に、病院が医療サービスとともにホテルを提供するとは限らないインドのような国の場合、家族は病院のベッドサイドに付き添うのが当たり前である。病を患っている家族のために食事や排泄の世話をすることもある。

それに加えて、スマートフォン（この技術については第四章でさらに考察する）は、診察室の壁を破り始めている。スウェーデンの末期癌の女性たちについての研究によれば、化学療法や検査を受けるために病院の診察室を訪れた女性が自撮りをして、それをすぐに投稿し、〔絵文字で〕ハグ、ハート、スマイルなどの短い共感的なレスポンスがつくのは珍しくないという（Lagerkvist and Andersson 2017）。その女性患者は、たとえ物理的には孤立していて、まわりに機械や医療者しかないとしても、インドの入院患者のように、家族や友人からの大きな愛に包まれている。入院患者はソーシャル・メディアや他の通信技術を用いて、外界とつながることができる。夜間に長時間つながることも可能である。このような行動を制限する大きな要因は年齢である。いまやほとんどすべての人がオンラインにいると言ってよいが、一部のかなり高齢の人は例外である。そのなかには死にゆく人がたくさん含まれている。外界からの孤立という施設化がもたらす影響を、彼らはとくに受けやすい状態のままでいる。

5　死のシステム

医療化、合理化、専門職化、施設化を合計してゆくと、カステンバウム（Kastenbaum 2007）が国単位の「死のシステム」と呼んだものになる。それは、死にゆく者、次いで死体、そして悲嘆する家族を管理するための実践からなる一まとまりの集合体である。大部分の近代諸国の死のシステムは、その根本において類似しており、本章で説明してきたことの多くが該当する。その類似性は、各国が同じような人口学的問題に取り組む必要があったために生じたり、他国の対応策をコピーしたために生じたりしたものである（Beckfield et al. 2013）。しかし、各国の死のシステムには独自性もあり、その多くは国家制度の歴史に根ざしている（第一三章参照）。ほんの一例を挙げると、英語圏の国のすべてにおける検死官制度は中世イングランドの検死官にさかのぼることができるが、近代的な検死官の義務がどのように発生してきたかは各国によっていくらか事情が異なる。

カステンバウムの書きぶりだと、まるでどの国でも死のシステムが首尾よく死と死者を管理し、死が社会にもたらす混乱や中断を最小限に留めてきたかのようだ。しかしながら、近代的な法医学システムと、それと連動する死のシステムのほとんどが、現代の死の多くにあまりにもよく見られるいくつかの特徴と格闘してきたのである。

第一に、近代医学は、単一の疾患や病態を予防・治療・管理するのに秀でている。特定の疾患を防ぐために予防接種したり、折れた脚をギプスで固定したり、感染症を抗生物質で治療したり、糖尿病を管理したりする。だが、第一章で見たように、近代的な死に方は通常もっと複雑である。そこには、複数の病態で苦しんでいる高齢者がおり、その一つを治療したり管理したりすると、他の器官への影響が避けられないことが多い〔Kellehear 2016〕。このような状態に置かれた高齢者は、しばしば入退院を繰り返すことになり、単一の病状を治療するのに特化したシステムに足を取られてしまう。老年医学は、老人をホリスティックに見る医学的専門分野だが、多くの国でよりハイテクな治療専門の分野より低い地位に置かれており、熟練の老年病専門医は不足しがちである。

第二に、多くの国で、病院でのケアへの不満のほとんどが、死後に出てくる。いかなる死においても、自然なショックと怒りは湧き起こる。それが不条理にも、死亡時にケアをしていた人に向けられることはある。それを差し引いても残るのが、医原性の〔医療が引き起こした〕状態〔Illich 1976〕、医療過誤〔Makary and Daniel 2016〕、組織的な機能不全で、これが死因の部分または全体を占めるケースは多い。医学はなお精密科学とは言えない。医師本人としては誠実に過失がないように行動したとしても、後から見れば患者の死を早めるように行動していたということはありうる。この種の医療過誤 error〔治療しようとしたことで生じる過ち〕は、医学の実践では、遺憾ながら避けがたい一部をなしている。それに対して、医療過失 negligence〔不注意や怠慢による過ち〕は避けられるし、頻度もかなり低い。また別の可能性としては、組織のルーティンや経営優先が患者の死を早めることがある。

病院死にまつわる不服への対応は国によって違う。訴訟で対処するスタイルもあるが、これは保身医療 defensive medicine〔訴訟を避けるための検査・治療〕や開業医向けの高額保険につながる。あるいは、死の前と後の両方で、病院職員と家族の間でよりオープンなコミュニケーションを持つスタイルもある。だが、病院における致命的事故はあまりにも頻発するので、集中的調査がルーティンになることはない。それに対して、航空会社は重大事故が起これば徹底的調査をおこなうので、技術的欠陥より人為的、組織的な欠陥が明らかになることが多い。そのため、病院組織内で、死のずさんな管理が風土病のように蔓延する可能性がある。さらに厄介なことに、死亡確認は一一七カ国で世界保健機関（World Health Organization 2019）の『国際疾病分類 International Classification of Disease』に依拠しているのだが、これは医療過誤などの人的要因、システム的要因を取りこぼしている。つまり、医療過誤は公式に死因として認められていないのである。しかし、独立調査によれば、実際には米国では医療過誤が癌、心臓病に次いで死因の第三位を占めていると結論づけられている（Makary and Daniel 2016）。死亡につながった医療過誤の役割を公式に認めないことが、残された家族の怒りを買うのは無理もない。

第三に、多くの近代諸国の死後のシステムでは、専門職者がどんなに人間味を大事にしてシステムを運用しても、個人は端っこに追いやられてしまう。先の「合理化」の節で説明したように、これらのシステムは、生者の社会全体としての健康を守るために作られており、打ちひしがれ、傷ついた死別経験者の感情を和らげるために作られたものではない。死因の特定は、遺された人にとってどんなに苦しくても完遂しなければならない。同様に、自宅外で生じた死は家族に知らせなければならない。薬物が関係した不名誉な死の場合、家族に直接面会して通知するプロセスさえ、儀礼的な業務として遂行されるだろう。ある英国の研究によると、薬物・アルコール関連死で遺された死別経験者は、可能性としては三〇以上の異なる種類の機関（警察、検死官、葬祭ディレクター、聖職者、カウンセラー、開業医、病院など）からなる死のシステムを懸命に通り抜けていたという。彼らの関心は死者か死別経験者のどちらか一方に注がれる。このシステムに含まれないのは、事務弁護士、[*4] 銀行、公共料金、地元紙、あるいは「公的機関」に属さない人々、つまり家族、友人、故人に薬物を売っていた人などである（Valentine 2018: Fig. 6.1）。

近代の死のシステムは、こうした複雑さゆえに緊張をはらむ。とりわけ医療過誤や組織的な機能不全が生じると、死因特定という不可欠の機能すら果たせなくなる。死のシステムは、より大きな法医学のシステムの一部であり、前者は後者ほどの公的、政治的な関心を集めることはまずない。例外は、特定の死（または一連の死）が国民的スキャンダルになる場合である。英国の例としては、開業医のハロルド・シップマン博士がいる。彼が数百人の患者を殺害できたのは、死亡確認プロセスが開業医の正直さを前提としていたからである。もう一つは、リヴァプール・ケア・パスウェイ（緩和ケアをチェックリスト形式で標準化する試み）の失敗を問題化した『デイリー・メール』紙のキャンペーンである。このパスウェイは、死にゆく患者へ最期の数時間・数日に質の高いケアを提供することを目指した。それは十分な資源のある緩和ケア施設で開発され、そこではうまくいったものの、より重労働の医療施設では、信頼に足る働きをすることができなかった。そこでは、品質管理が表面的な「リストチェック」運動に退化していた可能性がある。しかし、スキャンダルによる改革で生まれた新しいシステムは、いわば馬が何頭かすでに脱走してしまった後で、首より上の空間が開いている馬小屋の扉に鍵をかけるようなものであった。このように作り出されたシステムが有効であったり、人間味あふれていたりすることは滅多にない。

6　医療化を超えて

死がますます医療化されるにつれ、死を「脱医療化」し、死を再び「自然」なものにしようとする運動が生まれてきた。例としては、ハイテクだが無益な医学的介入への抵抗、病院死ではなく在宅死を可能にするホスピス・プログラム、慈悲共同体のアプローチ、自宅葬や自然葬の運動などが挙げられる。ここでは、このような運動について、私が観察してきたほんのいくつかの例を述べたい。(1)運動の多くは、医師自身が始めたものであり、脱医療化の名を掲げているものの、医療化の拡大につながっていると言える。(2)他のものは、〔医師と〕連携している医療専門職者によって始められたものであり、彼らはある程度の脱医療化には成功するかもしれないが、その過程で死の専門職化をさらに進めることになる。(3)多くの場合、家族は死にゆく人のケアや悲嘆へのコーピングに適応しなければならなくなるだけである。

❶ ホスピスと全人的ケア

死をより自然なものにするための主要な取り組みの一つに、ホスピス・緩和ケア運動がある。この運動が拒否するのは、生の質がどうであれ可能な限り長く末期患者を生かしておこうとするような、大胆だが結局は無益な医療である。ホスピス・緩和ケアは、自然に死が訪れるまで当事者が生活の質を維持できるよう、身体的、さらには実存的な苦痛を管理する試みである。ホスピス運動は医師によって開始され、多くの国では現在でも大部分は医師によって主導されている。実際、一九六〇年代に最初の近代ホスピス、セント・クリストファーズ・ホスピスをロンドンで設立したことで有名なシスリー・ソーンダーズは、自分の試みがまともに相手にされるよう、ソーシャルワーカーから医師へと教育を受け直した。医学的権威に対抗するためには医学的権威が必要なのである（du Boulay 1984）。

三〇年以上前に、アメリカの社会学者アーニーとバーゲン（Arney and Bergen 1984）は、死とその過程を人間化しようとする運動が、医学の外ではなく内から来ていると観察している。アメリカの精神科医エリザベス・キューブラー＝ロスのベストセラー『死とその過程について』(Kübler-Ross 1969) は、癌で死にゆく過程の心理的、感情的側面についての知見を何百万人もの読者に伝えた。英国の小児科医であるヒュー・ジョリー博士は、死産や流産を経験した両親に対して医療専門職者がもっと共感的になるよう働きかけた。その影響力は、おそらく死別を経験した両親自身が働きかけるよりも大きかっただろう (Jolly 1976)。アーニーとバーゲンは、医療をより人道的なものにしようとするこのような医療起業家の試みが、それと同時に、医療による生の植民地化のさらなる領域拡大をはからずも可能にしてしまったのではないかと問うている。ホリスティックなホスピス医や小児科医は、いまや患者の身体的な症状だけでなく、患者の内面の感情的、スピリチュアルな生活についても調べるようになった。「具合はいかがですか、お気持ちのほうは?」と尋ねる医師は、私の身体のなかだけでなく魂のなかまでのぞきこもうとしている (Clark 1999)。聴診器、X線、CTスキャナーを、ホリスティック・ケアの技法が補っているのである。いまや英国の癌患者のための案内冊子は、診断と治療の手順に関する事実にもとづく情報とともに、癌に対する感情的反応がどのようなものになるかを、ある程度具体的に記述している。多くの患者や家族は、このようなよりホリスティックな医学の実践を歓迎するかもしれない。にもかかわらず、それは生の医療化のさらなる領域拡大となっている。

医師ではない医療専門職者が導入した技術革新もある。証拠づける調査はないが、私の印象では、ラディカルな在宅死運動を推進している人々の多くは、病院死の失敗を見てきた経験豊富な看護師やソーシャルワーカーである。彼らは、「システム」の外に出て、家族が患者の在宅死を可能にし、家で死後処置《ケア》を受けられるよう支援している。システム内部に留まりつつも、いくつかのホスピスのサービスは看護師主導である。彼らは、医師の手腕を認めつつも、医学主導ではないことを誇りに思っている。芸術療法士や音楽療法士は、患者が人生最終段階に直面したときに感情表現を可能にするという自分たちの熟練技能を売り込む。それは人生最終段階ケアをよりホリスティックにする方法だというのである。実際、ホスピス思想の前提によると、ソーンダーズの言う「全人的苦痛《トータル・ペイン》」――身体の苦痛だけでなく魂の苦痛と心の苦痛をも含む――に際しては、ホリスティックな学際的チームで人生最終段階ケアに当たらなければならないという。そこでは医師は役割の一つを担うが、支配的ではない。死にゆく過程へのより人間的なアプローチは、医学を「主人」ではなく「従者」として位置づけ直すのだが、その際に人生最終段階に寄り添う広い専門職者やセミプロのボランティアが持っている熟練技能を評価する。言い換えれば、人生最終段階ケアは、資源が許す限り、これまで以上に幅広い専門職者の熟練技能を必要とする。医療化は専門職化に取って代わられる。より自然な死という外見だが、かなり多職種の熟練技能が必要となるようだ。

❷ 慈悲共同体

医療による生の植民地化、ならびに専門職者による死の植民地化という金メッキの檻から脱出することはできないのか。[*5] そもそも、脱出は望ましいことなのだろうか。多くの人は、家族に代わって死にゆく身体や死んだ遺体の管理をしてくれる専門家や、アドバイスやサポートをしてくれる専門家に感謝している。「慈悲共同体」「健康推進」アプローチないし「共同体づくり」アプローチは脱出法の一つを提供する。このアプローチでは、共同体そのものが人生最終段階ケアや死別ケアに（より多くの）責任を負う力を構築することである（Karapliagou and Kellehear, n.d.）。狙いは、専門職者としての能力をさらに高めることではなく、共同体の能力を構築することである。「慈悲共同体」におけるすべての組織や非公式のネットワークは、メンバーが不死身ではなく死すべき者だということを想定した上で振る舞い、組織づくりをするようになっている。

例としては、死にゆく家族のケアや死後のケアのために休暇を取る必要がある従業員に対する温情ある人事措置がある。また、学校のカリキュラムに人生最終段階の論点を盛り込むこと、友人・隣人の既存の社会的ネットワークを利用して死にゆく家族のケアを支援できるようにすることなどである。このアプローチはオーストラリアで導入された。またとくに有名なのは、インドの（比較的繁栄しており、左翼的な）ケララ州である。そこでは、社会のあらゆる階層出身の多数の非医療ボランティアが直接的なケアを提供している。ボランティアたちは現場ですぐに、患者の心配事には医療的なものより社会的なもののほうが多いことを知った。つまり「学校を中退した子ども、医療費がかさんで貧困状態に陥った家族、飢餓、社会的孤立、スティグマ」などである（Vijay 2018）。ボランティアは患者や家族を定期的にサポートし、必要なときに限って医療専門職者を入れるようにしている。

人生の初めに起こる出産は、家族や社会にとっての重要事であり、そこでは医学的な熟練技能は価値ある役割を果たしているものの、必ずしも支配的ではない。同様に、人生最終段階も、社会的なもののなかにしっかりと位置づけ直す必要があると主張されている。たとえ、どのような経済発展段階の社会であろうとも。

それでは、このアプローチが死の脱医療化に成功する可能性はどれくらいあるのだろうか。その手段は「自然な」死という錯覚じみた概念の提案ではない。死も誕生のように、社会へとしっかり位置づけ直すということである。慈悲共同体アプローチのグローバルな広報担当者であるアラン・ケリヒア（Kellehear 2005）は社会学者だが、ケララのボランティア運動を一九九三年に起こしたのは二人の医師だった。二〇一〇年代に入って、この概念はいくつかの高度産業国で受け入れられつつあるが、受け入れているのは共同体組織ではなく、緩和医療とホスピス運動である。この概念が緩和ケア内での一流行の域を出て、「共同体自身が自らの人生最終段階のニーズに応じた政策や実践を自ら生み出す」運動へ移行するかどうかは、時間が経過しないとわからない(Karapliagou and Kellehear, n.d.: 13)。クラーク(Clark 2018)は、慈悲共同体が専門職者によるサービスの必要性を大幅に削る可能性が潜在的にあるという主張に疑問を呈している。第一四章では、英国のような脱産業社会にケララ・モデルを移植することを難しくするいくつかの障壁を明らかにする。

私の知る限りでは、慈悲共同体の運動は、安楽死や幇助死という厄介な問題をほとんど、あるいはまったく考慮していない。安楽死・幇助死を合法化した国での政策や、合法化していない国での議論は、通常、医学的な枠組みのなかでおこなわれており、倫理的次元は一般的に医療倫理の一部と考えられている。医師は、あらゆる個別の症例について安楽死が法的に許されることを証明しなければならないし、必要な実行手段を提供したり、実施したりしなければならない。なぜこれが医師の責任でなければならないのかという疑問が出てくるかもしれない。治療不可能な苦痛や症状を持つ末期患者は、本人が望むなら、死ぬ手助けをされるべきだ、と社会が考えているのに、ではなぜこの本質的に非医学的な〔治すのではなく死なせる〕行為を可能にする責任を医師に負わせるのだろう。それは共同体の責任ではないのか。仮に人生最終段階ケア全般を共同体の責任だと見なすのであれば、安楽死・幇助死もこれに含めて考えるべきではないか。これがどのような様相を呈するのかは、まだ突き詰めて考えられていない。

7 結 論

この章で見てきたのは、近代性のなかの死とその過程と死別とが、もっぱら医学的な熟練技能を必要とする健康問題ととらえられていることである。それを補おうとして他の専門職者が増加していることも見てきた。これらすべてが合わさって、複雑な「死のシステム」が出来上がっている。それは、死にゆく人のケアを管理し、死因を特定し、遺体ケアをおこない、死別経験者を支援する。つまり、非合理的で感情的なものを合理的かつ予測可能な方法で管理するための複雑な官僚的組織である。同様に施設化も重要である。それは病院、介護施設、葬儀場など、専門職者によるコントロールが最大限におこなわれる場所に、身体（死にゆく身体であれ、死んだ遺体であれ）を配置してゆく過程である。

　このような近代的な死のあり方を批判する人は、死にゆく身体／死んだ遺体を施設の外に移し、よりホリスティックで多職種のアプローチのケアを開発し、在宅死を推進し、人生最終段階ケアへの責任を共同体に戻してきた。しかし、これらの技術革新のほとんどは医師によって始められたものである。それは、脱医療化というよりも、医療や専門職による仕事を人間主義的な方向に広げたことを表していると言える。

　社会が近代化するのにつれて、物事を伝統的だからおこなうのではなく、合理的だからおこなうようになる合理化が進み、社会制度〔社会的施設〕が互いに分離する分化が進み、自然の馴致あるいは道具的支配が進む。これらの過程はいずれも、医学・医療の技法による近代的な死の管理に見出される。最後に、後期近代における死とその過程を人間化しようとする試みは、近代性の第四の特徴、すなわち個々人の人格に即した個人化を反映している（van der Loo and Willem 1997）。

読書案内

● Arney, W.R. and Bergen, B.J. (1984) *Medicine and the Management of Living*. Chicago, IL:

University of Chicago Press.
- Clark, D. (1999) '"Total pain", disciplinary power and the body in the work of Cicely Saunders, 1958–1967', *Social Science and Medicine*, 49: 727–36.
- Illich, I. (1976) *Limits to Medicine*. London: Marion Boyars.
- Kaufman, S. (2005) *... and a Time to Die: How American hospitals shape the end of life*. Chicago, IL: University of Chicago University Press.
- Makary, M. and Daniel, M. (2016) 'Medical error – the third leading cause of death in the US', *BMJ*, 353 (3 May).
- Prior, L. and Bloor, M. (1992) 'Why people die: social representations of death and its causes', *Science as Culture*, 3 (3): 346–74.

議論のための問い

- あなたの国の死とその過程および喪失の医療化には、どのような緊張関係があるだろうか。
- 社会が死者をどう扱うかは、生者の健康〔衛生〕によって決めるべきだろうか。
- 先進国でありながら、専門職者の熟練技能が、死にゆく過程と悲嘆を管理するための主要な権威とはなっていないような近代社会は想像できるだろうか。それはどのようなものだろう。それは望ましいことだろうか。

第三章　商品化

1　生命──商品化か神聖化か

近代性は二種類の人間生命を創造した。一方で、資本主義は、生命が企業や国家にとって利用可能になるような経済学的計算式、つまり生命そのものがコストの付くものとして扱われるような計算式を発達させてきた。一九世紀初頭のプランテーションの所有者のなかには、一人一人の奴隷を大切に扱うよりも、早死するほど奴隷を働かせてから新しい奴隷を買ったほうが安上がりだと計算した者もいた。奴隷は文字通り商品だったのである。二〇〇八年の金融危機の後、複数の新自由主義的な政府が医療費を削減した。それが超過死亡につながることを知ってのことである。過去の奴隷所有者と現在の政策立案者が、このように人間生命をコストと見なすことの倫理について悩むのかどうかはわからない。

より日常的なレベルでは、資本主義は、手工業や必需品生産から賃金労働への移行を加速させた。労働者はその生産物から切り離された。生産物は非人格的に売買することが可能になった。ますます多くのものが売買されるようになった。つまり商品化されるようになった。私たちは賃金労働者・消費者となることを余儀なくされ、自分が買えるものに頼らざるをえない。対照的に、「中世では、ある人の生存能力を決定したのは労働契約ではなく、家族や教会や領主であった」(Esping-Andersen 1990: 35)。このような古くからある形の社会的保護は、まず資本主義によって弱体化され、次いで福祉国家、保険、新種の慈善事業(その組み合わせは国によって異なる)に取って代わられた。これらは医療や教育などを無料で都合のよい場所で提供する。エスピン゠アンデルセンは、福祉と慈善事業を「脱商品化」と見なすが、すべてのものにはコストが発生する。健康状態が悪いときや人生最終段階では、私たちは多かれ少なかれコストを意識し、多かれ少なかれ支払いを要求される。それは、福祉/慈善事業/保険/市場の組み合わせに左右される。

もう一方で近代性は、すべての人間生命は聖なるものだという革命的な思想をも育んできた。個人の自由、人間の尊厳、市民権といった概念は、一六世紀のプロテスタント宗教改革と一八世紀の啓蒙主義以降、着実に力をつけてきた。最初は上流階級の白人男性だけに適用されていたこれらの概念は、次々と適用可能な集団を拡大し、とうとう二〇世紀には人権として国際法に明記されるようになった。この観点によれば、生きている身体は神聖不可侵である。反奴隷運動は、人間は売買されるべきではないと考えていた(し、今もそうである)。身体はそれを宿している人のものであり、他の誰のものでもない。

❶ 事例

これは、死の前後の身体の部分〔部品〕にまで広げられる。いくつかの高度産業国では、献血や臓器提供(腎臓など)は許されても、血液や臓器を売買することは許されない。そして、これらの国際的な取引が暴露されると社会は恐れおののく。死後の場合も同様で、身体まるごとが寄付されることは許されても、売られることはない。そして、手術、解剖、展示のために遺体やその一部が商取引されていることが、時折メディアで暴露されると、社会は仰天する。

現在の高度産業経済国の軍隊は、戦争遂行にあたって味方の人命損失を抑えようとするし、敵国の人命損失すら抑えようとする。その様相は、第一次世界大戦時の虐殺や、今なお非民主的な国々によっておこなわれている虐殺とまったく異なる。後期近代における生命の尊厳〔神聖性〕sanctity of life は、初期近代における祖国のための生命の犠牲 sacrifice という理想を次第に突き崩していったように思われる。とはいえ、高度産業国はいまだに経済的な理由、とくに石油供給の保護のために戦争を遂行しているのだが。

このように近代において、人間生命は神聖化されると同時に、ますます商品化されている。この二つは完全に対立するものではないかもしれない。ピンカー（Pinker 2012）の議論によれば、市場というものは、買い手が個人的によく知らない売り手を信頼することを要求する。それが歴史的には、自分の小さな部族の外の商人も自分と同じ人間だとする思考を生んだという。ピンカーによると、これが一因となって、何千年かかけて暴力が減少した。また、ここ数十年、暴力への不寛容が目立ってきたという（他にも理由はあるが）。

ピンカーの議論をどう評価するかはさておき、近代における死が、各人の生命の経済的計算と神聖性との矛盾のなかに置かれていることは明らかである。つまり、ケアの各項目に費用を課すことと、弱者のケアに国家がコミットすることとの間の矛盾、商品化と脱商品化との間の矛盾である。このことは医療にも反映されている。一方で、生命は聖なるものであるため、救命の努力がなされる。もう一方で、すべての医学的処置や治療計画には費用がかかる。そして、資源が逼迫していればいるほど、各人の生死は他者の生死との比較によって値を付けられてしまう。

しばしば患者とその家族は、この矛盾を十分すぎるほど思い知らされる。患者や家族は、自分たちの医療保険や社会化された医療ケアのおかげで、その場では支払う必要がない思い切った救命の努力に感動するかもしれない。あるいは、支払いをまったく求められないホスピス・ケアに深く感謝するかもしれない。しかし、遅かれ早かれ、ほんの数週間で、自分の保険プランで特定の病状が除外されていることや、死にゆく家族の在宅での入浴介助やトイレ介助が、一日わずか一五分枠で二つ分しか割り当てられていないといった事態に愕然とするかもしれない。

❷ ある古い物語

しかし、死者の商品化は新しいものではない(Jupp and Gittings 1999)。神学においては、一六世紀ヨーロッパのプロテスタント宗教改革が、次のような問いに乗り出した。魂が天国に達するのは、神の自由な恩寵によってのみではないか、と。言い換えれば、司祭が故人の魂のために祈ることに対して、遺族は金を払う必要があるのかどうか、という問いである。カトリック信者の魂が天国に向かう途中、煉獄で浄化されるのに費やす時間は、生前に教会から「贖宥状」を購入することで短縮することができた。たとえば、ローマのサン・ピエトロ大聖堂の再建のために喜捨をした者に、教皇レオ一〇世は贖宥状を与えた。したがって、この世を去った後も、中世の人々の魂の道行きは経済的連関に絡め取られていたのである。この権力濫用については、以前から多くの人が批判してきたが、宗教改革の修道士マルティン・ルターは、そこからさらに進んで教会そのものに異議申し立てをした。

ところで死体はどうなったのだろう。死体とその構成部分は長い間、聖なるものであり、かつ取引されてきた。中世ヨーロッパでは、聖人の遺体から取られたと噂される小さな骨が聖遺骸として崇拝されていた。同時に、それらは盗まれたり取引されたりもしていた。その目的は、巡礼者から得られる教会や修道院の収益を最大限に上げることである（Bynum 1991）。一八一五年のワーテルローの戦いの後、戦場付近の住民や野営地の従者たちは死体をあさり、歯科医に売れそうな歯を死者から抜き取った。一八世紀と一九世紀の博物館は、原住民の解剖学的標本を展示することに熱心だった。彼らは完全な人間だと見なされていなかったからである。その分、〔ヨーロッパ人より〕物扱いされやすく、その遺骸は商品へと転換された（Fforde 2004）。解剖学的展示のための死体の商品化には、長い仲介業の歴史がある（Knoeff and Zwijnenberg 2015）。今日、死体からの臓器提供は成立しやすくなったが、裏では提供後に商品として扱われ、金銭で取引されているかもしれないが定かではない。

身体〔遺体〕・生命・死・ケア・救済は聖なるものであり、売買するべきではないのか。この問いは、近代以前から、そして近代になっても、多くの人を煩わせてきた。しかし、生命を聖なるものとする通念がますます浸透する一方で、生命のあらゆる側面に市場が侵入し続けている。というわけで、この問いは、死、死にゆく過程、喪失の近代的管理にとって、これまで以上に意識されるようになっている。

2　脱商品化の多様な形態

エスピン＝アンデルセン（Esping-Andersen 1990）は、欧米の各種の福祉レジームが三種の脱商品化にもとづいていることを突き止めた。保守主義的なアプローチは、社会の安定が教会と家族にもとづくと考える。それゆえ、教会と家族が住民の福祉のための資源を安定的に提供し続けるべきだとする。商品化を最も許容する自由主義的なアプローチは市場に頼るが、市場がつねに取りこぼしてしまう隙間があると認識し、それは慈善事業と家族によって埋めるべきだとする。最後に、社会主義的なアプローチがある。それは、たとえば英国の国民保健サービス（ＮＨＳ）のような国費による全国民対象の医療（少なくとも最初の数十年間はそうだった）に見られる。

エスピン＝アンデルセンは死のシステムについて考察していないが、彼のアプローチを応用して考えるなら、死のケアのどの面が商品化され、どの面が脱商品化されるかは、国による福祉レジームの違いによって変わってくるかもしれない。たとえば、福祉に対する英米の自由主義／市場主義的なアプローチは、慈善活動の役割、とくに人生最終段階ケアにおける役割を重視している。それに対して、社会民主主義的なスウェーデンでは、税金で賄われたサービスを利用するほうが好ましいとされる。また、カルヴィン・クーリッジ大統領の「アメリカ人の本分 chief business はビジネスだ」[1]という一九二五年の明察を思い出すなら、死体や悲嘆で利益を得る葬祭業への好感度が、ヨーロッパ人よりアメリカ人において高いのも不思議なことではない。

どの国でも、死のシステムの一部が他の部分以上に商品化されている。たとえば英国では、ＮＨＳやホスピスによって提供される人生最終段階ケアは脱商品化されている。というのも、その場では支払わないので、無料のものとして経験されるからだ。死別ケアは主にボランティア組織によって無料で提供されている。しかし、その間に挟まれているのが葬儀である。遺族は葬儀のために、葬祭ディレクター、共同墓地、火葬場、花屋、聖職者、司式者などに金を払っている。言い換えれば、英国の葬儀は商品化の度合いがかなり進んでいるということである。おそらく葬儀後のお茶を除いて（この章で後述）。

しかし、死を迎える人のための介護《ケア》にはムラがある。ＮＨＳによる医療は脱商品化されている。だがＮ

HSは、在宅患者の洗濯や食事の介助などの社会的介護を提供しないし、虚弱高齢者のための居住型介護も提供しない。社会的介護にせよ居住型介護にせよ、営利企業が提供する場合は、家族が費用を負担しなければならない。自治体が低所得者を支援するとしても例外的である。無料で世話してもらえたかと思うと、介護費用を（しばしば苦労して）支払わなければならない。死にゆく人々とその家族は、このような揺れ動きを痛切に感じることがある。ハイテク病院でNHS医療を無料で受けた後に、在宅介護や居住型介護や葬儀の費用の請求が来ると、ある種の衝撃が走るかもしれない。（対照的に、発展途上国のなかには、人生最終段階に近い人々の薬代が、葬儀代を超えてしまうような国があるかもしれない。）

今日では、このように国と国の間にも、また国の内部にも多様な形態がある。中世においても聖遺骸や死者への祈りは商品化されていた。だが、前近代の商品化の度合いは、現在と比べればはるかに小さいのは明らかだ。中世および近世〔初期近代〕のヨーロッパで臨終のときに世話をしてくれたのは、自分の家の誰かであり、ことによっては慈善団体や宗教団体であった。介護のために特別に費用を支払わなければならないなどということは、たとえ支払い能力があったとしても、起こりそうになかった。理由として大きいのは、病気の期間がたった数日で、それを過ぎれば死によって解放されたことである。葬儀の際に遺族が金銭を支払ったとすれば、村の大工に棺を作らせ、教会の用務員に墓を掘らせたことくらいだ。それ以外の多くの仕事は、教会・家族・共同体によって提供された。付近の女性が故人を安置し、共有の手押し棺台が棺を教会に運ぶのに使われ、家族が棺を教会に運び、墓のなかに降ろすといった具合である。葬儀を劇的に商品化したのは一九世紀における葬儀屋の台頭であり、そのプロセスは今日多くの発展途上国で繰り返されている。

次に、近代的な施設・制度とその周辺の人々が、商品化と脱商品化の間で揺れ動くさま、より正確にはよろめくさまを、死にゆく過程、葬儀、悲嘆の管理に即して見ていきたい。

3　死にゆく過程

❶ 医療

第二章で見たように、死にゆく過程を管理する際に、近代西洋の一般市民は医療システムに依拠する。そのため医療システムにおける商品化の度合いが、人生最終段階ケアにまつわる人々の経験や、それへのアクセスを大きく左右する。医療システムが完全に社会化されていれば、課税や強制保険によって、その国に住むすべての人の医療がカバーされる。言い換えれば、医療や看護・介護を与えたり、受け取ったりする経験が脱商品化される。医療を社会化してきた英国では、家族が医療費に言及することはほとんどない（認知症は除く）。これと異なるのが、医療費がきわめて頻繁に話題となる米国である（Miller 2017 : 33–4）。とはいえ、ことはそれほど単純ではない。ケアがその場では無料で提供されていたとしても、商品化されている可能性はあるし、新自由主義イデオロギーの影響下ではその傾向が強まっている。これは、舞台裏でも表舞台でも起こっている。舞台裏では、「ケア」は動詞――ケアする活動や態度――から名詞、すなわち届けられる物、取引されるサービスへと変換されている。現代英語の用法では、家族が病人の介護《ケア》をする一方で（動詞としてのケア）、医療《ヘルスケア》はまるで小包のように「届けられる」（名詞としてのケア）。医療サービスに言及するときでも、「ケアする」と言わず、「ケアを届ける」、さらには「ケアを提供する」とまで言う。それは、サービスやそれに従事する労働者が実地でケアすると約束するのを、巧妙に避けるような言い方である。ケアを活動から物に変えるような言葉づかいが選ばれているのだ。英国では実際に家族に対して、在宅での社会的介護を「ケア・パッケージ」〔介護の小包〕だと説明している。パッケージを届ける人が実際に病人のことを気にかけている care about かどうかは、その人個人の姿勢による。それはパッケージの一部として契約されているわけではない（Bolton and Wibberley 2014）。このような商品化を生み出したのが言葉のあやだとしても、さらにそれを生み出したのは新自由主義経済学である。国家や保健機構の代わりに民間の斡旋業者が介護を提供する契約に乗り出す例が増えている。このような国内市場ができた時点で、介護《ケア》が実際に取引される商品になったことは明らかである。

表舞台では、ケアの商品化は消費者の台頭と並行して進んでいる。「患者 patients」とは、医師・看護師・介護士が与えるものを辛抱強く patiently 受け入れる人という意味だが、それが昨今では「消費者」に取って代わられた。消費者は、自分がどのようなケアを受け取りたいかについて十分な情報にもとづいた選択 informed choice をおこなう権利を持っており、その費用を支払う必要の有無は関係ない。「医師の命令」は「十分な情報にもとづいた同意 informed consent」に取って代わられた。ケアと治療は一つのメニューに別個のものとして割り振られ、そこから消費者が選べるようになっている。必要な時点で、あるいは前もって、事前指示を通して選ぶ形である。いくつかの品目はメニューから外されているかもしれない。とりわけ安楽死、さらに国家や保険プランがカバーしないような薬や治療である。世界の多くの国ではモルヒネも除外されている。

医療の消費化を歓迎するかどうか、またどの程度歓迎するかは、医療の専門職者によっても、患者／消費者によっても異なる。事前指示に関する前章での私の議論が示すように、ヨーロッパ人は北米人よりも自分たちを医療の消費者として見なさない傾向が強い。人生最終段階に近づいている人々も同様である。虚弱と複数の健康問題を抱えている老人は、肉体的に生き続けるための煩わしいルーティンを、毎日何時間もかけてこなしている。起き上がること、身体を洗われること、服を着替えること、食べること、休むこと、トイレに辿り着くことなどである。時間はこうした必要事項によって区切られる。未来のプランを立てること、そして人生最終段階ケアのプランを立てることより、一日一日を生きなければならないのだ(Bramley, Seimour and Cox 2015)。

人生最終段階ケアについては、メディア報道と家族・友人の体験談などから、健康な人も多かれ少なかれ正確な情報を入手できる。つまり、その可変性、有用性、質に関してであり、たとえば介護施設ごとの違い、病院とホスピスの違い、癌と認知症の違い、地域ごとの違い、また米国の場合、予後〔余命〕半年以内と半年以上での扱いの違いなどである。デンマークにおける緩和ケアの長期観察によると、このようなばらつきが存在する状況で死にまつわる不安の払拭に資する最善の方法は、自らの死すべき運命について議論することや、遵守されそうにない事前選択をおこなうことの奨励ではない。それより「時期が来れば適切にケアされると保証すること」だという(Timm 2018)。言い換えると、多くの人が人生最終段階に望みそうなこととは、選択ではなく、自分が世話されながら看取られるだろうと知ることである(Walter 2017b)。英国の場合、市民がＮＨＳに望んでいるのは、このように患者ケアの保証を支え続けることである(D. Davies 2015)。そして、これを消費者による選択の保証に変えてしまう動きに多くの人が疑問を持っている。

❷ ホスピスの経済学

ホスピスのサービスがどのような資金でまかなわれているかは国によって異なるし、時間の経過とともに変化する可能性がある。たとえば、英国のホスピスは慈善団体《チャリティ》である。平均して、ホスピスの資金の三分の一は政府からのもので、残りは寄付、宝くじ、投資からのものである。地域共同体の生きているメンバーによる寄付や、死後の遺贈による寄付が資金に占める割合は高い。ここから、ティトマス（Titmuss 1970）が献血に関する古典的な研究のなかで「贈与関係」と呼んだ特別な経済の形が明らかになる。ティトマスによれば、米国の献血者が謝礼を受け取るのと異なり、英国の献血者は謝礼を支払われないため、NHSの無料ケアへの感謝の気持ちを込めて献血を選択するという。英国のホスピスは、同様の、そして非常に感動的な、互恵的贈与のモデルに依拠しているようだ。ホスピスは、地域の人々が死にゆく際に、実に良いケアを提供している。それに呼応して、多くの人が遺言書を変更して財産の一部をホスピスに割り当てたり、葬儀の際の寄付をホスピスに送ったりすることも起きている。地域ホスピスのためにボランティア活動をおこなっている人の多くは、ホスピス・ケアの恩恵を受けた友人や家族がいる人や、あるいはシンプルにホスピスの評判が良いことを知った人である。彼らは、たとえばホスピスの庭の手入れをしたり、デイケアに患者を車で連れて行ったり、地域ホスピスのチャリティ・ショップの一つ（このような店が多数ある）の運営を手伝ったりしている。英国のホスピスでは、四〇〇〜五〇〇人の地域のボランティアがいることも珍しくない。かなりの割合のホスピスのボランティアは、自分自身も現役を引退している人たちである。彼らは年金収入が保証されているので、生きるために労働力を売る必要がない最大の成人集団となっている。言い換えれば、彼らの生は相対的に脱商品化されているのである。それが、ホスピスへの無償労働の提供を可能にする。このような豊富なボランティア資源は、国費によるNHSの地域サービスや営利の在宅高齢者介護などに利用できる資源をはるかに凌駕する。そのおかげで、ホスピス・ケアの質は向上し続け、好循環が続いている。

もちろん、それは人生最終段階ケアに格差をもたらす。ホスピス・ケアを受けるのに適しているのは、主に癌患者である。彼らが恩恵を受ける一方で、他の病状の患者は、見過ごされる恐れがある。しかし、互恵的贈与の経済的連関は、医療市場と社会化された医療の両方に取って代わる代替案を提供している。あるいは、それらを補完していると言ったらよいだろうか。私の地元のNHS病院には、四〇〇人以上のボランティアがいる。そして、病院は寄付から大きな収入を得ている。その寄付の多くは、感謝の気持ちを持った患者とその家族からのものである。対照的に、営利目的の高齢者介護施設で、多数のボランティアを抱えて運営しているところは英国の場合ほとんどなく、ボランティアを受け入れていないところも多い。検証は必要だが、どの国でも営利施設より非営利施設のほうが、寄付やボランティア活動は盛んだと推測される。互恵的贈与は、有給の専門職者のハイレベルな熟練技能と大規模なボランティア軍団を組み合わせたものである。このボランティア軍団は、家族や共同体の目からは、脱商品化されたケアに積み増しされたものの一部のように見える。家族や共同体がホスピス（または病院）に恩返しをするとしたら、それはホスピスが「良い人生最終段階ケアを送り届ける」からではなく、実際にケアしているからである。そのケアには十分なスキルが伴っている。ホスピスはその地域共同体を大切にしcare for、共同体は自分たちのホスピスを大切にする。それが脱商品化された好循環のなかで続いてゆく。

アメリカのホスピスは同様の経済的連関から始まった。一九八〇年代以降、メディケア〔米国の公的医療保険制度〕は、余命半年未満の患者へのホスピス・ケアに払い戻しをおこなってきた。この金銭面での優遇措置は、営利企業がホスピス・ケアに参入する呼び水となった。その評価は微妙なものとなった。死にゆく人のためのケアがビッグビジネスになったため、入院・入所する患者数を最大化し、ケアのレベルを最小化するという経済的論理が働くようになったからである（Whoriskey and Keating 2014）。

❸ 慈悲共同体

第二章では、過剰な専門職化に対する反動として、慈悲共同体運動を取り上げた。ここでは、死にゆく過程の脱商品化にとって、それが潜在的に有している可能性について考察しよう。

英国のホスピスは、脱商品化と専門職者による高度な熟練技能を組み合わせた。それに対して、他の取り組み、たとえば在宅死運動や慈悲共同体運動は、脱商品化と脱専門職化を組み合わせている。ホスピス・モデルへの批判の一つに、全人的苦痛への全人的なケアを約束したことによって、専門職者の権限拡大につながったというものがある。つまり、つねに拡大し続ける専門性と熟練技能を兼ね備えた有給の専門職者が増大したということである。それに対して、必要なのは共同体の包容力の拡大であり、共同体内で死を迎える人々の支援ができるようになることだという。これは、無給の労働者が一部の有給労働者に取って代わることを意味するので、ある程度の脱商品化を伴うことになるだろう。

慈悲共同体における脱商品化がどのようなものになるかは、現時点では不明である。現在、すべての高度産業国で、人生最後の年にかかる医療費が全体のかなりの割合を占めている。そのため、医療費削減を望む政府が、その埋め合わせのために慈悲共同体の理想を勝手に組み込む恐れがある。また、それが共同体をロマン主義的に理想化しているのではないかという疑いもある。ダニエル・ミラー（Miller 2017）は、イングランド農村部で死にゆく人々が、社会的なつながりをどう維持ないし喪失するのかをエスノグラフィーにまとめた。少なくとも彼が観察した村々では、神話的な過去の「共同体」の役に立たない不正確な理想化が起きていることがわかった。彼が当惑したのは、話をした村人のうち無視できない少数派の人、とくに男性高齢者が、人生のすべてまたは大半を村で過ごしてきたのに孤立しており、寂しさを感じていたことである。彼らは、居心地がよくて交流が密な村落生活というステレオタイプに当てはまらない。

イングランドの村人たちは、プライドやプライバシーを守りたがるので、隣人を家の中に入れない。そんな彼らも、専門職者が訪問するのには感謝する。それは、報酬のためにやってくる庭師や掃除人に感謝するのと同様である。彼らは庭の手入れや掃除をするだけでなく、友達のように時間をかけて親しげに話をしてくれる。イングランド人のなかには、年を取ると庭を耕すのに精を出す人がいる。それは人付き合いよりも比重を増してゆく。どんな人付き合いも、相手が死ねば途絶えてしまうからである。やがては、彼らも庭仕事ができなくなる。そこで中流階級の人たちは、地元の人にお金を払って庭仕事をしてもらうようになる。庭仕事に来た人も、自分が友人役を担っているのを理解していることが多い。雇用された時間の半分は、コーヒーを飲みながらおしゃべりをしたり、自らの配偶者に来てもらって家のなかのちょっとした修理をさせたりするのに費やされる。このようにして、「他の社会的接触が衰退しても、商業的接触は残る」(Miller 2017 : 175)。専門職主義と商品化にも、人から人へとなされる真のケアが伴うことはありうる。

ミラーの「イングランドの村」と対照的なのが、ホースフォールら(Horsfall et al. 2011)の記録したオーストラリアのシドニー西部の郊外の様子である。そこでは、死にゆく人々やその家族介護者《ケア》が、家庭外の社会的ネットワークを動員して支援を得ようとしている。私も自分が住んでいるイングランド南部の中流階級が多い市街地で、同じようなことを観察してきた(Walter 1999a)。隣人同士の介護とそれによる人生最終段階の部分的な脱商品化が、可能になったりならなかったりする条件とその度合いについては、現在のところ十分にわかっていない。商品化/脱商品化の緊張関係は、後期近代社会を生きる諸個人が人生最終段階に近づく〔高齢化する〕につれてそうした社会に特有の風土病のように広がっている。だが、脱商品化されたケアの実際の地理的分布は複雑で変化に富んでいる。

4 葬儀

産業革命以前の社会では、葬儀は手の込んだものになることもあった。ガーナ南部（西アフリカ）の葬儀は、少なくとも三世紀にわたり、社会経済的な地位を誇示するものであった。ファン・デル・ヘーストによれば、葬儀は「名誉と恥のゲーム」のなかで「自己賛美の形を取った家族儀式」であった（van der Geest 2000: 124）。いったんこの顕示的消費というゲームが社会的に規範化されてしまうと、一家族がそれを破ろうとするのは非常に難しい。では、社会が近代化するにつれて、葬儀の支出には何らかの変化が生じたのだろうか。ファン・デル・ヘーストは、一九六〇年代から一九九〇年代にかけて、ガーナの葬儀がどのように商業化され、専門職化されたかを示している。家族は、外部の人間を雇って、かつて家族でおこなっていた活動の遂行を委託した。すると、まさに部外者を雇用する能力それ自体が、威信に関わる問題となった。同様のパターンは、世界中の多くの社会で、グローバル・ノースでもグローバル・サウスでも見出されてきた。近代化が進むと構造的分化が生じ、生の領域と同様に死の領域においても、さまざまな制度や施設が新たに生まれる。家族がかつて自分たちだけでおこなっていたこと、あるいはそれまで決しておこなっていなかったことが、そうした制度や施設によって有償でおこなわれるようになる（Parsons 1966）。

❶ 地位不安定性

人類学者のゴードン・チャイルド（Childe 1945）は、何千年にもわたる証拠を吟味し、次のような結論を出した。すなわち葬儀費用の規模は、家族の社会経済的地位を反映したものではなく、その家族の地位不安定性のレベルを反映したものである可能性がある、と。地位が低下しやすく、それが死によってさらに低下しやすくなった場合、葬式は家族の資源を誇示する手段となる。たとえ借金をしてでも、家族は周囲から期待されている水準の誇示を実行しようとする。産業化が始まると、通常は数十年で地位不安定性が広まる。この時期には、何千人もの人々が地方部での定住生活を離れ、産業労働者としての道を歩み始める。つまり、封建経済や農民経済から、華々しくも不確実な新しい資本主義経済へと移行するのである。これは国内での移住という形を取ることもあれば、国外への移民という形を取ることもある。安定した収入を確保し、この新しい慣れない秩序のなかに居場所を確保しようとするなかで、「体裁を保つこと」や「品格を保つこと」への強迫が生まれる可能性がある。それは、家の前をきれいにしたり、日曜日にきちんとした身なりで教会へ行ったり、冠婚葬祭で「格好良く見せ」たりするという形で現れる。

この産業化の時期に、葬儀費用がとくに高くなることがある。ヴィクトリア期の英国では、何百万人もの人々が地方から都市へ引っ越してきた。その時期のこうした高い葬儀費用を、小説家のチャールズ・ディケンズは嘲笑した。二〇世紀半ばの米国には、何百万人もの貧しい移民が世界中から来て、アメリカという好機にあふれた地でどうにかして生計を立てようともがいていた。移民たち、またはその子どもたちが死ぬと、家族は派手な霊柩車と頑丈なマホガニーの棺を借り、自分たちが「成し遂げた」ことを誇示する。この「アメリカ的死の様式 American way of death」[*1]を、英国人作家ジェシカ・ミットフォード（Jessica Mitford 1963）は容赦なく批判した。彼女はその貴族の血統のせいか、はたまたその共産主義的理想のせいか、人々がこのように豪華な葬儀を望む理由が眼中に入らないようだ。その代わりに彼女は、ディケンズと同様、そうした高い支出は、完全に葬儀業界の強欲と抜け目のない販売戦略によるものだと非難した。戦後日本の平均的な葬儀費用は、現在二五〇〇ドル前後で[*2]、アメリカの三倍も高く、やはり急速な近代化と上昇傾向の社会的流動性の結果だと見られる。日本の葬祭業界に対しては、仏教のなかでも創価学会のように批判する人々がいる。創価学会は、はるかに質素な葬儀を提供しているだけでない。その信念体系は、シンプルな儀式を正当化し、周囲の期待する「名誉と恥のゲーム」から降りるよう家族を勇気づけている（van der Geest 2000 : 124）。

都市型産業主義への移行がおよそ完了し、人々が社会における居場所を自覚するようになれば、その後は葬儀費用が下落することが多い。米国の場合、ミットフォードのような考えに賛成する人々が一九七〇年代から登場する。たいていの場合、そのような人々は、工場労働者よりも法律家や医師などだった。最近の移民ではなく、アメリカに来て何世代か経っているような人々である。彼らは、儀式をまったくおこなわない特別価格の火葬を選ぶ。その社会的地位は生きている間に十分に確立されているため、死んでから見せびらかす必要がなかったのである。一九九六年に亡くなったミットフォード自身も、二〇一六年に亡くなったポップ歌手のデヴィッド・ボウイも、名声をこれ以上高める必要がない人たちだが、いずれも儀式なしの火葬を選び、費用はたった数百ドルだった。

❷ 個性重視の葬儀

次第にいくつかの高度産業国では、葬儀は、家族の地位を誇示するよりも、故人のユニークな個性や人生を祝福するものになってきている（Garces-Foley and Holcomb 2005）。個性重視は葬儀を部分的に脱商品化するかもしれないが、必ずそうなるとは限らない。英国と米国で私が見てきたのは、「大量生産された個人化」と私が呼ぶものである。そこでは、家族は葬儀の専門職者と個性的でユニークな儀式を共同で作り上げる感覚になれる（Holloway et al. 2013）。しかし、葬儀の専門職者たちがどんなに否定しようとも、彼らの多くは、個性を特別に表現した詩・歌・朗読を当てはめるための型を用意している（Cook and Walter

2005)。聖職者や葬儀司式者も、しばしば葬祭ディレクターと同様にこの方式で葬儀を営んでいる。個性重視が実際に軌道に乗り始めた一九九〇年代初頭、私があるアメリカの葬儀場を訪れた際には、葬祭ディレクターが誇らしげに最新の飾り棺を一通り見せてくれた。それぞれの飾り棺の天板の角には、故人によって異なる飾りをネジ止めすることができた。故人がスポーツマンならゴルファーや野球選手、自然を愛する人なら鳥、愛犬家なら犬といった具合だ。現代の自動車生産と同じ経済モデルである。ヘンリー・フォードの大量生産のモットーであった「黒であれば、どんな色でも〔注文できます〕」は、とうの昔になくなってしまった。今の顧客は、色だけでなく、ヴァリエーション（革シート、針金スポーク車輪、特定の音楽システム、衛星ナビなど）をいくらでも選択できる。その結果、他の誰の車ともまったく同じではない個性的な車ができあがる。それでいて、メーカーは大量生産の恩恵を受けられる。個性的なものが脱商品化を意味することはめったにない。

とはいえ、英国では、個性重視の葬儀を家族主体でアレンジして営むことは、部分的なら可能だし、珍しいケースになるが完全に家族だけで営むことも可能である。まとまった研究で確認されているわけではないが、葬儀の完全な脱商品化を目指す傾向が最も高いのは上流階級または中流階級のようだ。そのために彼らが選ぶのはＤＩＹ葬儀である。これは、葬祭ディレクター、共同墓地、司祭、司式者なしで準備を整える葬儀であり、自分で墓を掘り、私有地に遺体を埋葬する（Gittings and Walter 2010)。彼らはしようと思えば、普通の葬儀をする余裕があるが、脱商品化された葬儀のほうにより深い意味を見出している。ただし、すべての国で、自分でやること do it yourself〔ＤＩＹ〕が合法だというわけではない。

❸ 文化と制度・施設

地位不安定性を取り繕うために贅沢な葬儀が営まれているかもしれないという説だけで、葬儀の商品化や費用のばらつきをすべて説明することはできない。本書の後の部分では、文化が重要であることと、どの国でも制度・施設や慣習の発達過程が重要であることを強調する。これらの要因は、葬儀の商品化に確実に影響を与えている。

葬儀料理

この点を示す一例が葬儀料理である。すべてが商業化されていると思われる米国でも、多くの地域で、葬儀料理は友人や隣人の手作りである。それらは、葬儀後に遺族の家や教会のホールなど、非商業的な場所で食べられることになるだろう（Graham 2018）。米国より商業化されていないとされる英国では、葬祭ディレクターではなく家族が葬儀後の茶話会をアレンジする。しかし、食事そのものは商業的なケータリング業者から購入され、茶話会はホテルやパブのような商業施設で開催されることが多い。米国では共同体から家族に贈与されているものが、英国では家族によって商品として購入されている、ということは結構ある。

米国内にもヴァリエーションがある。たとえば、アングロ・アメリカ人の葬儀料理は自家製が多いが、メキシコ系アメリカ人の葬儀料理は、葬儀場で死者の傍に座っている服喪者を励ますために購入されることが多いようだ。また、英国では葬儀の前に隣人が家に手料理を持ってくることもある。だがこれは、たとえばユダヤ人共同体やアメリカ南部の場合と異なり、規範とは見なされていない。

❹ アメリカにおける葬祭ディレクターの役割

二〇世紀半ばのアメリカでは、白人の葬祭ディレクターはしばしば自らを共同体の有力者として見せる道を選んだ。たとえば、地元のライオンズクラブに参加したり、慈善事業のための資金を集めたりした(Pine 1975)。これは、彼らにとって思いやり caring と信頼のイメージを作るのに役立ったが、ビジネスにも都合が良かった。悲嘆する家族は、何よりも気にかけられている cared for と感じたいし、葬儀が信頼できる人に見守られていたのだと思いたがる。この経済モデルは次のように表されるかもしれない。ケア／搾取→利益→慈善的な贈与→思いやりのイメージ→より多くのビジネス→利益→以下続く。

黒人葬儀社 black funeral home の歴史からは、もっと複雑な両義性が見えてくる。キャン[2]が史料から示したところによると、白人の葬祭ディレクターは有色人種の遺体に触れるのを嫌った。そのため、黒人葬儀社が多くのアフリカ系アメリカ人にとって隣人同士を結びつける礎となった。そして、葬祭ディレクターを務めることが、アフリカ系アメリカ人が地位を上昇させる数少ないルートの一つになったという。人種差別的な殺人事件が起きると、黒人の葬祭ディレクターは、被害者の葬儀を仕切ることになる。それを通じて、彼らは、きわめて感情的かつ政治的な儀式の中核を担うことになる。その何人かは公民権運動の活動家になった。今日に至るまで、黒人葬儀社はアフリカ系アメリカ人のアイデンティティに目を向けさせる機会を提供し続けている。そういうわけで、共済によっておこなわれていたアフリカ系アメリカ人の葬儀[3]を、資本主義の製品に転換して売買した張本人が、すべての生命が聖なるものだという主張、あるいは今日の言い方なら「黒人の命を大切に black lives matter」という主張を、勇気をもって宣言しているというわけである。黒人の葬祭ディレクターたちは確かに死者を利用して金を稼いできたのだが、彼らはまた共同体を盛り上げ、公民権を擁護してもきた。とはいえ、葬儀を挙げる余裕のない貧困層を、彼らがつねに熱心に助けようとしてきたわけではない。商品化と脱商品化の関係はまったく複雑である。

❺ 葬儀への支払い

葬儀費用はかさみがちだが、低所得者層の家族はどのように支払っているのだろう。さまざまな方法が文化的に許容され、また規範となっている。どのような方法かは、当該社会によって異なる。それぞれに多かれ少なかれ脱商品化が含まれている。

葬儀が必要になったとき

近代化初期の数十年間には、何百万人もの人々が貧困に陥り、葬儀の費用を捻出するのに苦労する。このようなときに、他の貧困家庭と費用を分担することは解決策の一つである。これが葬儀の際に採用された例としては、現代ケニアのハランベーがある（スワヒリ語で「力を合わせて頑張ろう」という意味）。これは葬儀を共同出資でおこなうという共同体の自助の伝統で、他にも多数の行事や共同事業がこの方式でおこなわれている。他のアフリカ諸国にも同様のシステムがある（Bonsu and Belk 2003; Jindra and Noret 2011）。日本は、裕福であるにもかかわらず葬儀費用が世界で最も高いため、この方式で葬儀費用を賄っている。日本の葬儀の参列者は皆、喪家のために金銭的な贈与〔香典〕を持参する。数ヶ月〔たとえば四十九日〕後には、家族は少し値段の安い贈り物を返す。こうして、日本ではよく見られる互恵的贈与の儀式を通じて、社会的な絆は確かなものとなる。贈り主は、数ヶ月後に、あるいは自分で葬儀の手配をしなければならないときに、受け取る側に回るだろうと了解している。ここでは、商品化は贈与経済のなかに位置づけられている。

葬儀が必要になる前に

もう一つの集合的制度は、より形式的で、非人格的となりがちな、葬儀の財源の生前貯蓄である。労働運動の初期には、米国（Dowd 1921）でも英国（Richardson 1989）でも、地域の埋葬クラブや協同組合を通して、労働者は埋葬のための財源をプールすることができた。メキシコ系アメリカ人は自助のための自発的結社を持っている（Moore 1980）。一方、南アフリカの埋葬ストックヴェル stokvel[*3] のメンバーは、定期的に一定の額の金を共同プール金に積み立てている（Lukhele 2013）。そこから、葬儀のために支払う額を必要なときに引き出すことができる。

ヴィクトリア期の英国には、埋葬クラブがあった。これは、週に一ペニーの保険金で葬儀費用が必要なときに支払いをカバーするものであった。埋葬クラブは、定期的な保険金によって将来の経済的困難に備える社会保険の、最初の成功例だった（Richardson 1989）。それから二〇世紀に、英国は国家としてこの方式を取り入れ、社会保険を提供するようになった。まず老年期に備え（一九〇六年）、次いで失業、病気、障害、その他のリスクに備えるようになった。一九四〇年代後半には、死亡時に誰にでも支払われる包括的な死亡給付金 Death Grant が含まれるようになった。給付金の当初の額は、質素な葬儀費用の支払いには十分だった。しかし、時間の経過とともに葬儀費用の増加に追いつかなくなり、一九八七年に廃止された（Foster and Woodthorpe 2013）。近年の英国では、その地域で周囲から慕われていたが貧困にあえいでいた個々人の葬儀が、ソーシャル・メディアでのクラウド・ファンディングで実施される事例が確認されている。二一世紀のデジタル・ハランベーと言えるだろう。

米国や英国のような高度産業社会の保険会社や信託ファンドにとって、生前葬儀プランを通して財源をプールすることは、いまや大きなビジネスとなっている。葬儀費用の大部分または全額をいつでも必要なときにカバーできるよう、世帯の稼ぎ手は一括払いまたは定期的な分割払いのいずれかを積み立てる。このシステムは、葬儀の商品化に挑戦するものでは決してない。それどころか、葬儀の何年、いや何十年も先に、顧客を青田買いすることで、葬儀会社が市場シェアを拡大する一つの手段となっている。

葬儀がますます商品化するなか、こうした積み立て制度は、近代都市世界に移り住んでくる人々の間で新たな顧客を開拓し続けている。東西アフリカの人々は皆で出資することに慣れているが、イングランドに引っ越したとたん、在英アフリカ人ネットワークだけでは、豪華な葬儀のようなものの支払いは一切カバーしきれなくなる。イングランド人の友達は、他家の葬儀費用を援助する習慣を持たない。そして、アフリカ本国で暮らしている服喪者たちは、自分が参列できない葬儀の支払いを支援する気にはならないかもしれない。こうして、文化的規範と経済的現実との間に大きなギャップが残る。それを受けて、少なくともある一つの英国の保険会社が、このような集団に、毎月三〇ポンドの支払いで一万ポンドの葬儀を保証しようと売り込みをかけている。それが妥当な価格として受け入れられると見込んでのことであろう。[4]

別の選択肢

まったく異なるアプローチとしては、ミットフォードの推奨するようなアメリカ式の追悼組合memorial society がある。これは、何百、何千人もの消費者が葬祭業者とより良い条件で契約を進めるために共同加入する組合である。追悼組合には集団としての購買力があるため、葬儀会社に適正価格へ値下げするよう交渉する相手としては釣り合うのである。

葬儀を完全に商業から切り離して家族や共同体に戻す唯一の方法は、服喪者たち自身で葬儀をおこなうことである。最もよくあるのは一部の宗教団体に見られる例で、信徒集団のなかから死者が出たらその世話をすることを宗教的義務とするものである。たとえば、多くのユダヤ教の信徒集団には、ボランティアで構成された埋葬組合がある。ボランティアたちは、商業的な葬祭ディレクターが宗派外でおこなっているような仕事の多くを実行している。イスラームのモスクには、死者を洗浄するための施設があるかもしれない。このような共同体では、死者のケアをすることが商売上の業務ではなく、聖なる義務となっている。

結局、経済的に発展した社会では、通例、葬儀がかなり商品化している（その費用は大きく異なるが）。葬儀業界は一般的にかなり保守的だ（死者を見送るときに、文化革命を引き起こしたいなどと考える人はまずいない）。にもかかわらず、この業界は、新しいアイデアを取り入れて値段をつけることに慣れている。たとえば自然葬 natural burial の場合、遺体（国によっては火葬された遺骸）は味も素っ気もない生分解性容器に入れられて、森や野原に埋葬される。これがＤＩＹになることは滅多にない。英国には消費者に区画を販売している自然葬地が二五〇以上あるが、購入者の大半は葬祭ディレクターをも雇っている[*4]。アメリカの共同墓地業界は、家族が購入するための新しい選択肢として、緑地葬 green burial を巧みに収益化し、商品化するに至った。それは、従来の埋葬よりも高値で売られていることがほとんどである。運動側は、家族で営む脱商品化された葬儀を目指すのだが、それを業界側は、こうして逆手にとるに至った（Sloane 2018）。死体の商品化を避けたい家族ほど、かなりの決断とやりくりを迫られるだろう。自分たちだけの土地やステーションワゴン〔霊柩車の代わり〕などの財源が必要になるのは言うまでもない。

5 悲嘆

社会学者によれば、資本主義は二種類の倫理を同時に要求してくる。一つは、勤勉を重んじ、労働者を動機づけようとする生産者倫理である。もう一つは、家族、愛、地位、幸福、個性の実現などといった価値観を、消費と紐づける消費者倫理である。これがあるために、人々はどんどん外出してつねにより多く消費するようになる。それは、物質的な生存に最低限必要な範囲をはるかに超える。どちらも資本主義の双子のエンジンである生産と消費に不可欠だったし、現在もそうである。消費者倫理は、つねにより多くの商品を求める需要を喚起するのに役立ち、生産者倫理は、そうした商品を生産するのに役立った。よく論じられてきたマックス・ウェーバーのプロテスタント倫理のテーゼ（Weber 1930）によると、勤勉を求める生産者倫理は、産業化初期の英国と北米では、カルヴァン派の教えから派生したものだという。もう一方の「ロマン主義的」な消費者倫理は、コリン・キャンベル（Camptell 1987）によると、プロテスタントの敬虔主義に根ざしている。消費者倫理は、個人的経験と家族愛を大切にしており、今日でも非常によく見られるものである。それぞれの倫理は、その宗教的な起源を超えて長続きしているのだ。

二つの倫理は、家庭と職場という二つの異なる規範的な世界にリンクしている。家庭では、人々は表現豊かで、愛にあふれ、人生に前向きであることが期待されている。職場では、道具としての役割を期待され、出世階段を登ったり、必要なら他の場所での雇用を柔軟に模索したりすることが期待されている。このことは、悲嘆関連行動にとって、二つのまったく異なる文脈を作り出している。

家庭や家族という私的な領域では、夫婦間や親子間の愛は永遠のものとされている。悲嘆の状況では、これは慰めであると同時に、悲嘆が決して終わらないということ、つまり悲嘆が「乗り越えられる」べき病理ではなく、最愛の人と一緒に生きてゆく新たな形だということを意味する。私の近所にあるイングランドの地方教会墓地には、一一歳の少年のために美しく彫刻された墓石があり、そこには、次のように書かれている。「短きはいのち、されど愛は久しく」。こうした考えは、ワーグナーの大作オペラ『トリスタンとイゾルデ』やプッチーニの『ラ・ボエーム』から現代のポップ・ソングに至るロマン主義に見出されるものである。かつて少年は少女を肺病で失っていたが、いまや少女は少年を交通事故や薬物で失っている。だが、代わりになる人が将来も現れないというメッセージは変わらない。同種の考えは、数多くの墓石や新聞の命日のメッセージにも見られる。ロンドンの共同墓地にある一九九八年の墓石には、次のように書かれている。「愛しき人はどこにも行かぬ／あなたのそばにいつでも付き添う」。

永遠に続く悲嘆は、悲嘆に関する本を売る出版社にとってはよいビジネスとなる。確かに英語圏では、悲嘆に暮れる自伝、喪失をテーマにした詩集、自助的な悲嘆療法の本などが盛んに出版されている。しかし、悲嘆が労働者を無期限に無力化するとしたら、ビジネスに良いとは考えにくい。資本主義が立脚する未来志向ではなく、失われた過去に目を向けることになってしまう。というわけで、悲嘆については別の見解が存在する。それは、一九一七年にジグムント・フロイト（Freud 1984）が初めて明確化し、ストローブら（Stroebe et al. 1992）が「近代主義」と呼んでいる見解である。この見解によれば、悲嘆は乗り越え可能であり、二人をつなぐ絆が分断されたために生じた苦痛だと理解され、服喪者はやがて故人を「手放し」、新たな関係を築ける自律的個人として回復するだろうと予想される。これは、人類学者のジェフリー・ゴーラー（Gorer 1965）が一九六〇年代初頭のイングランドで確認した文化的規範と一致する。すなわち、悲嘆は時期限定のものだということである。これは、はるかに希望に満ちた、未来志向の悲嘆観である。仕事倫理との両立も容易になる。サポート、ケア、そしておそらくセラピーがあれば、服喪者は、家庭でも職場でも、完全に機能回復できるというわけである。

家族は愛と消費の主体だという消費者倫理は、ロマン主義的な死別理解の根底を流れている。それに対して、生産者倫理は、悲嘆を手放して前に進むべしという近代主義の命法の根底にある。生産者倫理と消費者倫理の両方を必要とする資本主義経済が、二つの死別倫理を生み出すのは当然のことである。しかし、資本主義の二つの倫理が相互に補完し、資本主義の働きを助けているのに対して、死別の二つの倫理は互いに矛盾し、複雑性悲嘆をもたらしている。服喪者は、悲嘆の本質について相反するメッセージを受け取っている。また、死別に関する職場の制度では、一般的には数日の忌引きしか与えられないし、忌引きは親しい家族の死別に限定される。近代主義的な心理学者が必要と考える時間すら、提供されることはほとんどない。しかし、忌引き制度は、時間的に短いとはいえ、概念としては近代主義的である。というのも、悲嘆を時限的なものととらえ、労働者ができるだけ早く正常な働きに戻ることを期待するからである。死に別れた状態にあることは、人間存在の一様態ではなく、誤作動とみなされている。資本主義は、悲嘆に値段を付けようと躍起になっている。それを概念化するための言葉が、ロマン主義では「絆を継続する」で、近代主義では「絆を手放す」であるというだけだ。

❶ 商品化された悲嘆ケア

資本主義は、悲嘆とその治療法がいかように概念化されても、そこから金を稼ぐことができる。ともかくにも、それがナンシー・バーンズの主張（Berns 2011）である。バーンズは、一九九〇年代初頭以降、アメリカ経済とアメリカ文化において「締めくくり closure」という言葉がどのように使われてきたかを取り上げた。彼女は「締めくくり」をめぐって、さまざまな、ときには対立しさえする意味が生じたことを史料によって示している。つまり、人生の一章を閉じること、思い出すこと、忘れること、埋め合わせすること、知ること、告白すること、許すことなどの意味である。これらはすべて、喪失の苦痛を終わらせる道を指し示すものとして推進されている。ここからわかるのは、まるであらゆる政策、方針、実践、商品、サービスが、締めくくりを提供するものであるかのように企業によって売られたり、政治家によって提唱されたりしているということである。商品やサービスは、手放すための技法から記憶に残すための記念碑に至るまで、死刑を目撃することによる復讐から修復的司法による赦しに至るまで、多岐にわたる。「締めくくり」とは、飾り棺、葬儀サービス、政治的プログラム、公共の記念碑などを売るという約束である。悲嘆それ自体はおそらく商品化されていない。しかし、少なくともアメリカの資本主義では、治療法・救済策は商品化されている。「これを買いなさい、そうすれば、あなたの苦痛は終わる」というのが、締めくくりの約束である。

　急成長する東アジアの都市の共同墓地は、資本主義圏でも共産主義圏でも、企業や政府の目からは、貴重な土地が閉鎖されている状態だと見られやすい。墓地さえなければ開発に使えるからである。それに対して、超高速道路が古い共同墓地を貫くような都市開発が、生者と死者の伝統的な関係を切り崩すと信じる家族もいる（Avelin-Dubach 2012）。だが、経済開発と服喪者のニーズが必然的に対立するかというと、マレーシアのクアラルンプールの共同墓地の近代化に関するリム（Lim 2018）の研究によれば、そうとも限らない。一九九〇年代には、商業的に運営されている広大な新しい「メモリアルパーク」が、「共同墓地空間の公的表象を、危険で、無駄な空間、また近代的開発の障害物といったものから、（値段が付けられるという意味で）価値のある近代的公共空間へと変え始めた……そこでは生者と死者の有意義で親密な交流が強調され、恐怖は抑え込まれた」（2018: Abstract）。リムはこうした近代的な共同墓地によって、伝統的なタブーや恐怖が追放され、孝に関わる慣行が近代化し、死者との関わり方が個人的な意味をより多く含むようになったと主張する。

歴史家のデヴィッド・スローンの著書（Sloane 2018）は、アメリカの共同墓地の過去、現在、そしてありうべき未来を取り上げたものだが、商品化についての説明はもっと批判的である。スローンは、アメリカの墓地産業がその商品を悲嘆の治療薬として売り込む無数の手口を批判的に紹介している。葬祭業界は、緑地葬から受けた挑戦をいとも簡単に吸収し、消費者に不当な高値で売り返してきた。一九九〇年代以降、悲嘆の商品化に対しては、より重大な挑戦が仕掛けられている。それは、服喪者自身が金銭的なコストをほとんど、あるいはまったくかけずに手作りする、日常的な参加型の追悼の増加である。そのような追悼行為が最も盛んになされている場所が、現在のところ二つある。路上とインターネットである。おそらく、商業的に提供されている「インターネット共同墓地」でスペースを購入するよりも、無料でソーシャル・メディアに追悼のメッセージや写真、歌を投稿する服喪者のほうが多いだろう。

自然発生的な祠《ほこら》に関しては、民俗学者のジャック・サンティノ（Santino 2006）による先行研究がある。スローンはそれにならって、路上やソーシャル・メディアでの追悼を、「記憶をめぐる国家や民間機関とアメリカ人との闘争の表れ」（p. 232）と見ており、それは個人的でありながら共同体的でもあるとする。彼はアフリカ系アメリカ人女性の例を挙げている。「彼女は家の側のＲＩＰ（安らかに眠れ）と書いてある壁画のそばに座って、息子の喪失について、立ち寄った隣人たちと話すことができる。であれば、どうして共同墓地にまで行って、息子の名を記した銘板を見下ろさなければならないというのか」（p. 188）。在宅死や自然葬の運動と異なり、路上やソーシャル・メディア上での日常的な追悼の急増は、いかなる組織的運動の結果でもない。むしろ、それらは脱商品化された追悼行為が草の根で広がった結果なのである。

❷ 搾取するのか、意味を与えるのか

前節では、悲嘆の商品化にまつわる重要な問題を提起した。悲嘆に暮れる人々が死のケア産業にサービスの対価を支払うとき、彼らは助けられているのか、搾取されているのか、それともその両方だろうか。ジェシカ・ミットフォードのように急進的な批評家は、この点に関して明快である。事の本質は、最も弱っている人々からの搾取だというのである。しかし、死のケア産業もまた明快である。自分たちのサービスは、人々が人生の大変な時期をくぐり抜けるのをお手伝いするものだという。このような見解の相違は新しいものではない。前述した通り、中世カトリックは、死者のための祈りと「贖宥状」を売り、そのおかげで死者が天国に早く行けるようになるとした。これを、一六世紀宗教改革のプロテスタントは、教会建築の資金集めのための浅はかな詐術と見なした。しかし、別の見方をすれば、カトリックの儀式のほうが死者を気づかい、悲嘆を表現する方法を家族に提供していたとも言える。それに対して、プロテスタントの儀式のほうは内容に乏しく、服喪者を無感情のまま放置した、とも言える。またすでに指摘したように、イングランドの中流階級の高齢未亡人は、隣人とかなり距離を取っているが、有償の庭師や掃除人とは、週のなかでも最も有意義な交流の機会を得ている可能性がある。なぜなら、金銭が介在する交流であれば、悲嘆との関係は曖昧になるからだ。[*5] 近代性のなかで進む生と死の商品化は、こうした曖昧さをそのまま拡張したものである。それゆえ、今では誰もそれから逃れることができなくなっている。

6 結論

本章で論じてきたのは、近代性の特徴は、次の二つの要素の間の張り詰めた緊張関係だということである。その一つは、生と死、ケアと悲嘆、生きている身体と死んだ身体などに値段を付けて経済的計算をしようとするものである。もう一つは、人間はその生も魂も身体（生死にかかわらず）も聖なるものであり、値段など付けられないという見解である。私は、医療システム、葬祭業界、教会、政府、企業などの例を取り上げ、それらが個人、家族、共同体、社会運動と並んで、時に優雅に、時にぎこちなく踊るさまを描いてきた。つまり、生命の経済的計算と神聖性の間で踊り、生死の商品化とその脱商品化の間で踊るさまである。踊り方は国によって異なるし、部門・領域（たとえば医療、共同墓地産業、インターネットなど）によっても異なる。しかし、この二つの極の間で踊ることは、近代人にとって不可避なものとなっている。人生最終段階に近づく際にも、愛する人の死をコーピング〔ストレス反応の処理・対処〕しようと努める際にも、あるいは、死にゆく人、死んだ人、悲嘆する人のためにケアを販売する組織で働く際にも。

読書案内

● Berns, N.（2011）*Closure: The rush to end grief and what it costs us*. Philadelphia, PA: Temple University Press.

● Childe, V. G.（1945）'Directional changes in funerary practice during 50,000 years', *Man*, 45: 13–19.

● Jindra, M. and Noret, J.（eds）（2011）*Funerals in Africa*. Oxford: Berghahn.

- Kellehear, A.（2005）*Compassionate Cities*. London: Routledge.
- Mitford, J.（1963）*The American Way of Death*. London: Hutchinson.
- Sloane, D. C.（2018）*Is the Cemetery Dead?* Chicago, IL: University of Chicago Press.

議論のための問い

- あなたの国では、死、葬儀、追悼行為、死別それぞれのどのような側面が最も商品化されているだろうか。
- 決して商品化されたことがない、あるいは十分に商品化されていないのは、どのような側面だろうか。
- 脱商品化の例として、あなたの国では、どのようなものが当てはまるだろうか。なぜ、どのようにして、それは起こったのだろうか。
- あなたの国では、ある家族が医療費や葬儀費用を支払う余裕がない場合、どのようなことが起こるだろうか。

第四章　コミュニケーション

死はこの上なく身体的なものだが、同時に社会的なものでもある。虚弱や末期疾患になり、またその後に死を迎えることは、家族のつながりやその他の社会的ネットワークを混乱させ、一時的に断絶する。死別は生者との社会的関係も死者との社会的関係も再構築する。インターネットもまた社会的である。今日では一層社会的なものとなっており、「社会的《ソーシャル》ネットワーク」という用語は、オフラインと同じくらい、オンラインのネットワークを指すようになってきた。そこで本章では、近代性の重要な一部であるコミュニケーション技術が、死にゆく経験や悲嘆する経験にどのような影響を与えているかを示したい（Walter et al. 2011–12）。

「ＩＣＴ」とは、情報通信技術 information and communication technology のことである。人生最終段階にはコミュニケーションだけでなく、情報が必要になる可能性がある。私たちは一度しか死なないので、死にゆく過程は、それに直面している個々人にとっても、おそらく近親者にとっても、まったく新しい状況を突きつけてゆく。学ばなければならないことはたくさんある。それも緊急にだ。しかし、死にゆく過程に関する知識のほとんどは、医療専門職者の頭の中、教科書、治療の手順と分かちがたく結びついている（第二章）。そのため、近代の家族が少なくとも緊急の情報ニーズに直面しているのは間違いない。インターネットは、現代人が情報を検索する、また検索することが見込まれる行きつけの媒体 medium〔霊媒〕として、書物に代わって急速に普及している（書物もかつて口頭伝承知に取って代わった媒体である）。そして実際に、インターネットとソーシャル・メディアは、患者、高齢者、死にゆく者、その介護《ケア》者にとって、ますます重要な情報源となっている。これにはポジティブな面があるかもしれないが、ネガティブな面もあるかもしれない。一部の高齢者は、ＩＴスキルがないためにサービス、しかも高齢者向けのサービスを利用できない。というのも、彼らは、申請書や相談窓口がすべてオンラインだと利用することができないからである。またオンラインには、信頼できる情報だけでなく、説得力はあるが信頼できない主張もごろごろ転がっている。たとえば、重病人に誤った希望を与えかねない代替療法などである。

　自分の死について考えている人や、身近な人の死を悲嘆している人は、別種の情報を求めている可能性もある。すなわち死後生についての情報である。死後生についての観念や信念を誰がどのように広めているかも、人生最終段階のコミュニケーションの一部と見なせる。

　以上を踏まえて、この章は、情報通信技術とメディアについて扱う。われわれが見てゆくのは、過去二世紀の近代性の時代に、新しい通信技術が次々に到来した過程である。それぞれの技術は、前の三つの章で述べたプロセスを掘り崩す潜在的可能性を持っていた。

- 第一章では、寿命が延びると死が見えにくくなると主張した。これに対して、近代のメディアはしばしば死と死者を見えやすくする。

- 第二章では、死とその過程の専門職化に注目した。これに対して、現代のソーシャル・メディアでは、ある人が死にゆく際に、そこへ関与してくる友人や家族の範囲を広げる。また、従来型の医学と並んで代替医療の知識へのアクセスを拡大する。
- 第三章では死の商品化を分析した。これに対して、現代のソーシャル・メディアは、末期疾患の経験や故人の記憶の共有を可能にする。しかも料金はかからない。
- また、世界の全体ではないがいくつかの場所で、近代性は世俗化を推進してきたが（第一〇章）、これに対して、新しい通信技術が登場するたびに、死者が生者の間で存在感を示すための新しい方法が提供され、新しい形のスピリチュアリティが信じられるようになっている。

以上のことからわかるように、近代性の重要な側面である新しい通信メディアの急速な進化のせいで、他の近代的な技術的要因・経済的要因が死とその過程に影響する仕方は単純ではなくなっている。

本章末までにはクリアになると思うが、第一章から第三章で述べた要因と同様、通信メディア自体は何も決定しない。むしろ、通信メディアは可能性を開き、いくつかのことをより受け入れやすくしてくれるのだ。このことが、ある特定の国でどう進展するのか、またそもそも進展するかどうか、するとしてその可能性がどう生かされるかはさまざまであり、その理由は本書で後述する。この章での通信メディア史のかなりの部分は、地球上で私が最もよく知っているヨーロッパや北米の例にもとづいている。西洋で今日おこなわれていることが、遠く離れた世界の残りで明日おこなわれるようになるだろうと示唆しているわけではない。私の目的は単純で、新しい技術のそれぞれが死すべき人間にどのようにして新たな可能性を与えたかを例示することにある。読者は、そのような可能性があると仮定して、世界のなかでも自分の住む場所で、その可能性がどう形成され、発展してきたのかを考えてほしい。

本章の大部分は、死者が個人生活と社会生活の双方で存在感を示す新しい方法を、通信メディアがどう提供してきたかを扱う。死者を生者につなぐと称する人々を指す「霊媒《ミディアム》」という言葉の複数形が「メディア」であるのは偶然ではない。スピリチュアリズム〔心霊主義〕の霊媒《ミディアム》と通信メディアはどちらも、不在の人物、別のリアリティ、別の場所、別の時間が今ここに存在感をもって現れることを可能にする。私は、まず〝文字を書くこと writing〟から議論を始める。これは、物理的に不在の他者とコミュニケーションすることを可能にした最初の前近代的な通信技術である。そこから一足飛びに、近代科学が生み出したさまざまな発明に議論を移す。すなわち電気、電信、写真、録音された音、マス・メディア（ラジオ、テレビ、映画）、デジタル戦争などである。そして最後に、これらの先行する技術の上に構築されたインターネットとソーシャル・メディアを扱う[1]。

1　文字を書くこと

文字を書くことが発明される以前、とくに読み書きが大衆に広まる以前は、生きている人同士でコミュニケーションするということは、物理的に共存在している人々が対面状況で話しあうことを意味していた（Ong 2012）。互いをよく知る人々の共同体内で、生者の物語も死者の物語も口伝えに共有された。それゆえ、物語は、家族と共同体が属する世界を反映したものとなった。このようなコンテクストのなかで、シャーマンは死者が定められた場所へおもむくのを助ける儀式をおこなったのである。また、家族と共同体のなかでそれなりの地位にある者は、死後に先祖へ変容した。そして、このような先祖を喜ばせ、問題を起こさないように説得するための儀式がおこなわれた。

それに対して、死後生についての近代人の理解は、現在「世界宗教」と呼ばれているもの（誤解を招く表現だが）の、三千年以上にわたる教えと実践によって根本的に形づくられている。これらの宗教は総じて教典宗教〔本の宗教〕である。つまり、もともと口頭で伝えられていた教えが書き起こされ、最終的に聖典となったものにもとづいている（Horsfield 2015）。それによって、人々の視野とアイデンティティは、家族やローカルな共同体を超えて広がることが可能になった。世界中で、何百万人もの人々が自分はアブラハムの子だと認識し、イエスを崇拝し、ムハンマドは預言者だと主張し、仏陀の教えに帰依している。いずれの事例でも、書き物、印刷、識字能力によって、死んだ人、つまりイエス、アブラハム、ムハンマド、仏陀が、何百万人もの人々の生活のなかで存在感を持ち続けることが可能になっている（Goss and Klass 2005）。そして、後の章で見るように、一神教のユダヤ教、キリスト教、イスラームは、家の祖先崇拝との間に穏やかならぬ関係を持ち続けた。

しかし、ここではとりわけ近代的とされる通信メディアに話を進めよう。

2　電気と電信

一八一八年に、若きメアリー・シェリーが小説『フランケンシュタイン』を発表した。彼女はその直前に、ウィルキンソン博士による電気に関する科学的な講義に出席していた。ウィルキンソン博士は、当時まだ黎明期の技術であった電気を使って死んだ無生物を生物にすることができるかもしれないと提案した。雷雨のなかで悪夢を見た経験があるメアリーは、この考えに興味をそそられた。電気が死んだ物体を生き返らせられるということは、彼女の想像と共鳴しただけではない。後に彼女の本を読み、それを原作とした映画を見た何百万人もの人々の想像とも共鳴した（Frayling 2017）。

この挿話は、本章で繰り返されるメッセージの一つの導入となる。つまり死者の蘇生は不可能だとしても、さまざまな日常的技術によって、死者を少なくともより身近にすることは可能だと信じられるようになった、ということである。物語の次の段階は、三〇年後の一八四四年に来た。この年に、サミュエル・モールスがあるメッセージをワシントンからボルチモアへと電気を用いて送信した。モールス式電信の発明の前は、物理的に離れた人々が、郵送特有の遅延を避けて即時通信する唯一の方法は、視覚的な信号システムだった。船から船への通信に旗を使用したり、丘から丘への通信に目印やかがり火を使用したりするものである。これらは手間がかかるし、視認できる距離が限られるし、誤読されがちであった。それに対して、電信は、メディア研究で共存在感 co-presence と呼ばれるものを可能にした。電信線は、物理的に不在の他者の思いをほぼ瞬時にチャネリングした〔流した〕のである。

電信は、霊媒が死者の思いを生者にチャネリングするスピリチュアリズムを受け入れやすくするのに役立った（Nelson 1969）。そして実際、西洋のスピリチュアリズムは、モールスの実証実験のわずか四年後の一八四八年に発生したと説明されることが多い。この年にニューヨーク州ハイズヴィルで、殺された行商人の霊がラップ音を通してその意思を伝えてきたと、若いフォックス姉妹が主張した。その結果、生者と死者の間を霊媒が取り持つ可能性に世間の興味が集まった。ある科学技術の発明が、いかがわしいとされるものへの興味が広まるきっかけになったわけである。二一世紀の合理主義者はありえないと思うかもしれないが、当時は誰もがそのつながりを意識していた。霊媒能力について話すときによく引き合いに出されたのが、電気であり、電信であり、そしてもう一つの最近の発明である写真だったのだ（これについてはすぐ論じる)。
時間と距離を圧縮することで、電信はまた、訃報をほぼ瞬時に長い距離を越えて送信することを可能にした。電報以前は、世界の反対側にいる家族が、生きているとか、船に乗っているとか、戦っているとか、死につつあるといった知らせは、家に届くのに何ヶ月もかかる可能性があった。フィッツパトリック(Fitzpatrick 1994)は、アイルランドからオーストラリアへ渡った移民が送受信した手紙の研究で、このことを生き生きと描いている。電報がその日のうちに本国の家族に届けられたことは革命的だった。

アメリカ南北戦争(一八六〇〜一八六五年)では、電報はさらなる可能性を開いた。戦死した兵士は、それまでは戦場かその近くに埋葬されていた。ところが、死の知らせがほぼ瞬時に伝達されるようになると、家族は即座に対応せざるをえなくなる。防腐処理技術《エンバーミング》は、解剖学教育向けに遺体を保存するという目的で一八五〇年代には使用されていた。それは、すぐに目ざとい企業家によって、戦死した兵士の遺体を保存するのに応用された。さらに、当時新しくできた鉄道網によって、戦死者の遺体を故郷に帰し、埋葬することが可能になった。いや、少なくとも家族に支払い能力がある将校の遺体を、と言うべきだろうか(Farrell 1980; Faust 2008)。このようにして、兵士を戦没地に埋葬せず、「少年たちを故郷に帰す」アメリカ式の埋葬習慣が始まった。このことは、防腐処理のさらなる発展につながった。飾り棺 casket(もともとは装飾付きの宝石箱)に入った遺体との公開対面 viewing が、軍人だけでなく民間人も含むアメリカ式葬儀の中心的儀式となったのである。モールスは、まさか自分の発明がこのような習俗につながるとは思いもよらなかっただろう。技術革新は、死にゆく過程、死者、死別経験者に影響を与えるのだが、その道筋は当初思い描きもしなかったものとなる。これは、近代において次に登場した写真と録音という一組の通信技術の発明にも当てはまる。また、二一世紀のソーシャル・メディアにも当てはまるだろう。

3　写真と録音機（蓄音機）

一九世紀ロマン主義の死の文化は、愛する人の死を悲嘆することをほめたたえた（Ariès 1981）。それは、写真と録音機という新しい発明品への興味を刺激した。（録音機 phonography とは、音声を録音し、再生する機械のことを意味する。）[*1] ヴィクトリア期には多くの人々が、自らの愛した死者たちに生き続けてほしいと願った。そして、これらの新しい技術は、それを可能にすると約束したのである。それまでは富裕層だけが故人を死後も続けて視覚的に再現することができた。たとえば、生きている間に人物画を描かせたり、デスマスクから彫刻を作らせたりする経済的余裕があった。写真のほうがそれよりずっと民主的だった。一九世紀末までには、中産階級、さらには一部の労働者階級の人々でさえ、家族一人一人の肖像写真を少なくとも一枚は代金を払って撮影する余裕ができた。そのなかには、死後写真[*2]だけが唯一の視覚的記録となるかもしれない幼くして亡くなった子どもたちも含まれている（Burns 1990）。エディソンが一八七七年に発明した音声を記録する蓄音機も、同じ理由で関心をかきたてた。なぜなら、家族の録音した声を墓に入った後も保存することが可能になったからである。有名な〝His Master's Voice（ＨＭＶ）〔彼の主人の声〕〟というラベルの上のニッパーという犬は、もともと（一八九九年）棺の上に座って、亡き主人の声を録音した蓄音機に耳を傾けている姿で描かれていた。それがレコード会社の名前になった。新しい技術は、故人の顔や声に永続的な存在感を与える。同時に、そのような存在感が欲しいというニーズが、こうした技術への関心を刺激した（Peters 1999; Sterne 2003）。

二〇世紀に入ると、写真と録音機の両方が新しい方向に発展した。二〇世紀前半に安くて携帯しやすいカメラが普及した結果、今では近代社会の家族のほとんどが、家族写真のアルバム（Riches and Dawson

1998）で先人の記憶を形成するようになった。さらに最近ではデジタル写真が使われている。舞台演出された写真スタジオでの肖像写真と異なり、こうした飾り気のない写真、さらにはホームムービーやビデオ、スマートフォンのカメラで撮影された短いシークエンス〔つながりのある断片〕には、時間のなかのある一瞬を捉えるという画期的な機能がある。それによって、後続世代は死者をあたかも生きているかのように、しかも不気味さを感じずに目撃することができるようになった（Barthes 1993）。写真を撮ったり、見せたりすることで、私たちは〔死者との〕親族関係を容易に想像することができるようになった。

スマートフォンを使って友人や家族の音声・動画を同時に録音・録画する行為は広く普及している。しかし、そうなるまで、二〇世紀の音声録音の主用途は、当初想定されていたように家族や友人の声の記録を提供することではなかった。むしろ音声録音が二〇世紀に商業的成功を収めたのは、プロのミュージシャンが演奏した音楽の録音によってだった。近代の二〇世紀家族は、生きている家族と死んだ家族が一緒に写った写真をマントルピース〔壁付き暖炉の上に設けられた飾り棚〕やアルバムや財布に入れて生活していた。だがその一方で、彼らが共に生活していた録音《レコード》された音声と言えば、それはプロのミュージシャンや作曲家の音声《サウンド》であり、そこには生きているミュージシャンも死んだミュージシャンも含まれていた（McCormick 2015）。亡くなったおじいさんの声がどのような音声だったのかを家族が思い出すのは一苦労だが、フランク・シナトラの声なら、即座に認識できる。HMVが財をなしたのは、プロのミュージシャンのレコードを売ることによってであり、誰もが家族の声を録音できるような機器《デバイス》を売ることによってではなかった。

その結果、私たちは人生のほとんどを、有名な死者の視聴覚的な存在感のなかで過ごしている。そして、そのことを何とも思わない。たとえばレストランで食事する場合を考えてみよう。壁にはチェ・ゲバラやマリリン・モンローやエルヴィス・プレスリーのポスターが飾られ、BGMにはジョン・レノンの歌う

『イマジン』やヤフーディ・メニューインの演奏するモーツァルトがかかっていたりする。写真と録音機という近代技術が発明される前は、この種の「死者との共生」は不可能だった。今日では受け入れられそうもない別の種類の「死者との共生」〔人肉食など〕なら可能だったが（Baudrillard 1993）。死者とどのように関わるかについての新しい可能性を、技術は提供してくれたのである。

映画、テレビ、ビデオの場合、写真と録音機は合体している。しかし、家族や友人の日常的な録音・録画のために両者を合体させたのはスマートフォンである。ソーシャル・メディアでは、日常生活の音声付きの写真を、生前も死後も、何人もの友人や知人に転送・再転送することができる。これは、ごく内輪でしか見られない家族写真のアルバムとは対照的である。携帯機器でつながったソーシャル・メディアは、ヴィクトリア期の人々の希望をついにやっと実現した。つまり、私たちが知っている人や愛している人たちが死んだ後も、音や映像付きで生き続けてほしいという願いである。それを家族に留まらず友人向けにも、簡単に無料で実現したのである。

4　マス・メディア

マス・メディアにおける死については、多くの研究がなされてきた（Hanusch 2010）。そこで、ここではほんの少数の事例にスペースを割き、映画、テレビドラマ、ニュース・メディアなどが、近代社会における死とその過程の再配置をうながすさまを示す。マス・メディアには死があふれている。ニュース・メディアは、著名人の自然死であれ、一般市民の暴力による死であれ、死を過剰に取り上げている。死と喪失は、しばしば映画のプロットの鍵を握っている。死は、テレビドラマの日常にスパイスを与え、役者が番組を降板するときにはキャラクターをドラマの外に出す手段となる。マス・メディアは、見知らぬ人の死、有名人の死、虚構のキャラクターの死を二〇世紀のお茶の間に持ち込んだ。そして今、二一世紀のモバイル機器を手にした視聴者はどんな所にいても、つい気になって自分の機器の画面を見てしまう。つまり、あらゆる場所で〔死が視聴されているの〕である。

同時に、実際の親しい人たちの死は、病院や介護ホームのなかで起こり、視界から隠されている。ヤコブセン（Jacobsen 2016）によれば、メディア上の「スペクタクル的な死」が、死の不可視性を部分的にひっくり返している。スペクタクル的な死とは、「目の前では滅多に経験しないが安全な距離で」目撃できる死のことを指す（第一章）。メディアは表象や仮象から成り立っており、視聴者もこのことは知っている。それでも中には、自分たちの希望や夢を表象する有名人やアイコン的人物の死を真剣に悲しむ人がいる。いや、そうした人物は、何らかの形で彼らのアイデンティティの一部だったのだろう。9・11同時多発テロという出来事はリアルタイムで万人の目にさらされた。それは確かにスペクタクル的だった。だが、まるで映画のようだったとしても、ツインタワーから何百、何千マイルも離れた所に住む多くのアメリカ人がショックとトラウマを受けたに違いない。ましてニューヨークに住んでいる人々はなおさらである。二〇一七年のグレンフェル・タワー火災の写真では、アパートが立ち並ぶロンドンのブロック一つ分が炎上している。この写真は、英国全土で多くの人々の心をかき乱した。

マス・メディアによって、西洋の一般人の目に映る暴力、戦争、災害のありようは一変した。しかし、どのメディアでどのような暴力による死が示されるかは、時間の経過とともに変わるし、国によっても異なる。政府が権威主義的であればあるほど、メディア報道のなかでも都合の悪いニュースをより直接的にコントロールしようとする。しかし、民主主義国でも検閲と自己検閲はある。私は数十年前に、アンディ・ウォーホルの展覧会を見たときのことを思い出す。自動車事故の報道写真の九割以上は検閲を通過できないが、そうした写真のサンプルがそこには展示されていた。このような恐ろしい写真を目撃しただけでなく、視聴者がどのようにしてそれらから守られているのかを実感したことは、考えさせられる経験であった。テレビで事実と虚構の両方の暴力を目撃することが視聴者、とくに若い視聴者に与える影響は、一九五〇年代以降、調査研究においても社会的論争においても一つのトピックであり続けている。

第二次世界大戦を報道した新聞やニュース映画は厳しく検閲され、英国を含む多くの戦争当事国で効果的なプロパガンダとして機能した（Jalland 2010）。ところが二〇年後、テレビ・ニュースその他のメディア報道がヴェトナム戦争を扱うと、検閲にもかかわらず、それらの報道がきっかけで、アメリカ国民の大部分が戦争に反対するようになった。一九六八年にミーライで起きたアメリカ軍による虐殺が、『ニューズウィーク』『タイム』『ライフ』といった雑誌に暴露されたときは、とりわけ大きな影響を与えた。また、一九八四年一〇月には、マイケル・バークのBBCニュースがエチオピアの何百万人もの飢餓で苦しむ人々の映像を映した。このときには、ボブ・ゲルドフやミッジ・ユーロのチャリティ・シングル『ドゥ・ゼイ・ノウ・イッツ・クリスマス』が、英国で史上最速で〔最高に〕売れたシングルとなった。それは八百万ポンドもの寄付を集め、翌年のライブ・エイド・コンサートにつながった。バークやゲルドフなどの個々人が触媒となって、テレビ・ニュースとポップ・ミュージック産業が結合した。その結果、飢えている子どもたちのメディア上の映像が、大衆の慈悲へと転じた。このような事例は、今日の高度に組織化されたメディア仕掛けのチャリティ・イベントへと続いている。

5　デジタル戦争

今日の戦争はそれ自体がデジタル・メディアを駆使して戦われており、殺害の経験を一変する可能性がある。たとえば、アメリカ中西部で生活し、働いている軍のドローン操縦士のことを考えてみよう（Pinchevski 2016）。毎日八時間、彼らは中東の標的を監視している。その結果、標的のありふれた日常的な生活行動や家族を知るようになるかもしれない。ことによると、彼らを同じ人間と見なして感情移入するかもしれない。そうして、ドローンが攻撃を加える。そのとき、操縦士はこれらの人々がばらばらに吹き飛ぶのを見る。拡大画像でこうした細かい状況を目撃する経験は、伝統的な地下部隊では滅多に起こらないし、何千メートルも上空から爆撃する搭乗員には決して起こらないだろう。操縦士は八時間も、人々のありふれた生活を見張り、次いでその人々が殺されるのを見届け、そして二〇分運転して帰宅し、子どもたちに今日はどうだったと尋ねる。こうした操縦士の当該業務への心理的対処法《コーピング》（あるいは対処への失敗）は、現役兵士の伝統的対処メカニズムと異なる可能性がきわめて高い。現役兵士たちは何ヶ月もずっと家族から離れているが、互いに命を預けている同志との集団的連帯に頼っている。戦闘の形態が白兵戦から遠隔殺害へ置き換わってゆく流れは、火薬の発明後に進み、飛行機とロケットの発明後はますます進んだ。殺害者は自らの暴力行為の結末を実感することから守られていた。それが現代ではもう守られなくなったということかもしれない。新しいメディアは、新しい可能性を開いた。人間を暴力的な死から遠ざけるだけでなく、デジタル情報によってトラウマを引き出すことも可能になったのである。デジタル・メディアは私たちが死者に取り憑かれる原因ともなりうるのである。

6　インターネット

インターネットは、草の根の市民の見解や若者の理想主義的な見解をどんなふうにでも表現することが許される自由空間なのだろうか。それはたとえば医療化された死にゆく過程などのヘゲモニー的な[*3]（公式の、有力な）現実認識を掘り崩す可能性があるだろうか。あるいは自由空間のような印象を与える数十億ドル規模の〔インターネット〕産業こそが、ヘゲモニー的な現実認識の再生産を助長しているのだろうか。

答えはその両方である（Miah and Rich 2008; Curran et al. 2012）。そしてそれは、生の領域だけでなく、死の領域にも当てはまる。インターネットがあることで、死に直面している人やその介護者《ケア》は、時にかなりの値段の代替的／ホリスティックな治療にすがり、それを購入するようになる。それは、従来の医学を実りある形で補完する場合もある。しかし、わらにもすがる気持ちでいる人を搾取するニセ治療である場合もある。また、インターネットでは、個人によるブログやツイートを目にすることがある。そのなかには死に直面している医療者もいて、医学的要素と体験的要素のバランスを取っている。同時に、インターネットは、死の医療化を暗黙のうちに推進する。なぜなら、かつて活字の形で患者が入手しやすかった書物よりも、はるかに大量の医学的処置に関する最新情報を提供するからだ。

オンライン自殺協定〔ネット自殺〕online suicide pact やプロアナ pro-anorexia〔拒食志向〕のサイトが取り上げる死についての書き込みは、著しく対抗ヘゲモニー的になりうる。

自殺志願者向けのオンライン掲示板で出会った男女の自死から、インターネットが果たす役割への懸念が持ち上がった。つまり、インターネットは、自らの命を絶とうと考えている人たちを助けもすれば、傷つけもするということである。自殺協定は稀な出来事であり、インターネット上でおこなわれる自殺協定はなおさらであるが……日本と韓国ではここ数年で急増している。（Barford 2010）

拒食は生命を脅かす事態である。Dias（2003）は、プロアナのサイトは拒食の女性に聖域、つまり安全な場所を提供していると主張する。そこには価値判断を下したり、病的だと決めつけたりする人はいない。部外者による善意からではあるが無益なアドバイスもない。回復なき物語も受容されるような聖域、女性たちが「互いに支え合い、自分たちが感じている孤立を打ち破ることができる」空間だという（p. 40）。しかし、このような対抗ヘゲモニー的物語を、親や家族は深く憂慮し、サイトを閉鎖するよう当局に迫る。要するにインターネットは、それ以前の紙媒体と同様に、ヘゲモニー的な現実認識と対抗ヘゲモニー的な現実認識の両方を提供している。そして、紙媒体と同様、体制側、なかんずく医療界の体制寄りから、利用されるのと同時に恐れられてもいる。

7　ソーシャル・メディア

❶ 可死性は再び可視化される

近代性の大きな成果は、死を乳幼児期の領域から後期老年期の領域に移行させてきたことである。その結果、現在では喜ばしいことに、多くの人が死別を個人的に経験せずに幼児期をくぐり抜けることができている（第一章）。しかしながら、死や喪失について無知なまま、それどころか自らの不死性を無意識的に前提としながら成人期に入るという事態を、このことは意味しているかもしれない。とはいえ、ソーシャル・メディアが、こうした無知を過去の遺物に変えている。次に紹介するのは、私の社会学を受講していた学生の経験談だが、今の時代にはよく見られるものである。

私自身は友達を亡くした経験はありませんが、「友達の友達」なら、フェイスブックですけど過去三年で四人死んでいるのを知っています。彼らの死に気づいたきっかけは、ステータスが更新されたのと、遺された人たちが投稿した写真でした。これらの人たちと友達としてつながっていたために、私は亡くなった人と一度も会ったことがないのに、彼らの個人ページの投稿のいくつかにアクセスすることが許されたのです。四人とも二〇代はじめで、二人は事故死、一人は自殺、一人は劣性遺伝性疾患を持っている人でした。

〝死の社会学〟という学部生向けのモジュール〔英国の履修単位〕を、私は二〇一四年まで教えていた。その授業の初回には、知っている人を亡くした学生がクラスに何人いるかを尋ねた〔学生は、主に白人、中産階級、二〇代初め〕。私がこの授業を教え始めたのは一九九四年だが、その頃は四分の一ほどの学生が手を上げていた。ところが二〇年後には約四分の三に上昇したのである。青少年や祖父母の死亡率が大幅に上昇したというよりも、ソーシャル・メディアの効果だというのが、説明としては最も納得がゆく。伝統的なマス・メディアは、読者や視聴者が個人的に知らないような人々の死、喪失、殺害を頻繁に取り上げる。一方、新しいソーシャル・メディアは友達の友達の死を知らせることで、可死性 mortality〔人間が死すべき運命にあること〕を幾分か身近なものにする。一九九〇年代のウェブ墓地は、訪問者がそこに入場するかどうかを選ぶことができた。これはむしろ物理的な共同墓地と似ている。それに対して、今日では、死亡告知やステータス更新や追悼文が、人々の携帯電話にポップ・アップで通知され、日常生活の真ん中に飛び込んでくる。死はもはや日常生活から分離されたものではない（Walter et al. 2011-12; Brubaker, Hayes, and Dourish 2013）。

ソーシャル・メディアはまたもちろん、個人的に知らない人が死に直面していることや、死亡したことをも知らせてくる。二〇一〇年に殺害された十代のアメリカ人、チェルシー・キングは、ソーシャル・メディア上で大きな注目を浴びた（Phillips 2011）。二〇一三年に末期疾患に冒されていた十代の英国人、スティーヴン・サットンはソーシャル・メディアを使って、十代癌患者のための慈善活動を立ち上げ、義捐金を四〇〇〇万ポンド集めた。翌年、彼が死ぬとオンライン上の通信量《トラフィック》は膨れ上がった。それだけでなく、リッチフィールド聖堂に遺体が正装安置されたときには、参列のための物理的な交通量《トラフィック》もかなりのものとなった。伝統的なニュース・メディアが大きく報じたことは言うまでもない。

第二章では、病院の腫瘍外来で自撮りをして投稿する女性たちに言及した。家族や友人は、これにハグやハートやスマイル〔の絵文字〕で返事する。私は、それが診察室の壁を打ち破ったと説明した。それは二通りの作用を持つ。技術のおかげで、女性が友人や家族に支えられる気持ちになると同時に、友人や家族も彼女に寄り添え、少なくとも気持ちの上では一歩ずつ一緒に道を歩く形になる。生命を脅かす病とその治療との出会いは、彼女だけでなく周囲の人々の、時々刻々と過ぎゆく生活の一部となる（Lagerkvist and Andersson 2017）。他の研究では、対面で誰かと会っても助けにならないと感じる死別経験者が、ソーシャル・メディアにアクセスする様子が報告されている。ソーシャル・メディアならどんな時間でも、どんな場所にいてもアクセスすることができ、支えになる人が見つかるからだ。ソーシャル・メディアは死にゆく人、死者、死別経験者を忘れがたい存在にしてくれる。また、ソーシャル・メディアは主に男性の設計によるのだが、そのコミュニケーション手段としての特性を人生最終段階の前後で最大限に活用しているのは女性たちであるようだ。

❷ オンライン上の自己提示

しかし、ことはそう単純ではない。人類はつねに、対面状況でどう自己提示するかに気をつかってきた（Goffman 1959）。そこにソーシャル・メディアは固有の問題を提起した。デンマークの研究者、ラウンは、ある死別経験をした父親〔子どもを亡くした父親〕の言葉を紹介している。

私はたぶん月に数回、ことによると週に二〜三回、何かを書きたいという衝動に駆られます。でも、そういうとき、心のなかで自分に言い聞かせるのです。いやダメだ。たまっているものを吐き出さないように気をつけなくちゃ、って。つまり、「ああ、また死んだ子どもについて何か書いているよ！」と思われるのを避けたいんです。（Raun 2017）

ラウンはさらに「フェイスブックという準公的空間での服喪につきまとう特有の傷つきやすさ」について論じている。「そこで人は、私的かつ公的な自己、すなわち堅苦しくない公的自己、図々しくない親密な自己を演じるよう期待されている」。服喪者は、オンラインでシェアをしたいという欲求を持つが、シェアしすぎないかという不安も持つ。それゆえ、一部の服喪者は、自分たちに固有の死に至る病や、自分と同じ種類の喪失に特化したオンライン・グループに参加する。もちろん、対面の相互扶助グループと同様（Wambach 1985）、オンライン・グループでも、何を言えるか言えないか、どのように言えるかについて、独自の暗黙の規範が課される。

服喪「ネチケット」を運用することの複雑さを、私の社会学の授業をとった学生の一人が次のように説明している。

亡くなった人と個人的なつながりがないのに、フェイスブックのＲＩＰ〔安らかに眠れ〕ページを見て「いいね」を押したことが複数あります。第一に、その死は際立って悲劇的なもので、ニュースでも報じられましたし、その女性と家族は、敬意を払われ、大事にされるべきだと思ったからです。第二に、私自身がそうするべきだと感じたからです。私のフェイスブック上の友達が二〇～三〇人も追悼ページに「いいね」しているのを見たので、私も「いいね」したのです。つまり、私がそのページに「いいね」したのは、死者への敬意がない人間だと思われたくなかったからです。

ですが、私の祖父が死んだとき、妹が自分のフェイスブックのステータスとして「ＲＩＰ、おじいちゃん」と書いたのです。これには困りました。だってフェイスブックにいる人は誰も〝おじいちゃん〟のことを知らないし、皆にとってはどうでもいいことだし、私たち家族の悲嘆をシェアしようとか、知りたいとか、思うわけがないと感じたのです。

フェイスブックの追悼ページで誰かが「いいね」したら、どれだけ時間が経っても、そのページに「よくないね」を押すことはできないでしょう。そんなこと受け入れられるわけないですよね。私自身、追悼ページで「よくないね」を押したことは一度もありません。もしかしたら同調圧力のせいかもしれません。失礼で浅はかで心ない人だと思われるんじゃないか、という心配のせいでしょう。

この学生の例から明らかなのは、フェイスブックの規範が立場によってまったく違って見えるということである。個人的に知らない誰かの追悼ページで「いいね」しているのか、自分自身の祖父の死を悲嘆しているのかでも違ってくる。デンマーク人の父親と同様、この英国人学生の例からもわかるように、ソーシャル・メディアのユーザーたちは、服喪や追悼の新しい規範を共同で創造している。それだけではない。それぞれのユーザーたちが、こうした規範との間で葛藤を感じたり、その規範は不適切だと感じたりすることもありうる。各オンライン・プラットフォームは、独自の規範を発達させている。それは、ユーザーにとって多かれ少なかれなじみのないものである。そのため、ユーザーは、他者による非難の可能性に、多かれ少なかれさらされているのである。

❸ 自由な空間か？

これは次のような社会学的仮説に注意を呼びかける。つまり、インターネットは自由な空間を提供しており、インターネットがなければ公民権を剝奪されていたような悲嘆であっても、そこでは表現することが許される、と。「公民権を剝奪された悲嘆 disenfranchised grief」とは、社会的に認められていない悲嘆、たとえば友人、自殺者、流産した赤ん坊、ペットなどの死を悲嘆すること、あるいは子どもや認知機能障害者の経験する悲嘆などである（Doka 2002）。研究者たちはしばらくの間、次のように論じていた。たとえこのような悲嘆を、日常生活や特定の状況（たとえば葬儀や忌引き申請のとき）などに表明することが認められないとしても、オンライン、とくに匿名投稿可能なサイトなら、表明することも可能だし、認めてもらうことも可能だろう、と（de Vries and Rutherford 2004）。実際、対面の相互行為のなかで公民権を剝奪された悲嘆のために特別に作られた専門のオンライン追悼サイトはいくつかある。たとえばペットの悲嘆、エイズ患者の悲嘆、有名人の悲嘆などである。こうした専門サイトでは、限界はあるものの、より自由に悲嘆を打ち明けられるだろう。

故人の知人によるメッセージの投稿でも他の服喪者の気分を害することは潜在的にありうる。まして、オープンなサイトは、まさにそのオープンさゆえに、完全な部外者、ひいてはトロール〔荒らし。インターネット上で悪意のあるコメントをする人〕に服喪者たちをさらす。匿名投稿可能なサイトならなおさらである。フェイスブックの「友達」や故人を知らない人が哀悼の意を述べたり、故人を偲んだりしていることに対して、トロールは痛烈な非難を浴びせかける。彼らは考え抜かれた挑発を仕掛けてくる。たとえば「注目」を浴びたいがゆえの服喪ではないか、などの疑念をぶつけてくるのである。それは、先に引用した学生のように他の人々も内心ではないか、オンラインでも喪に服せという社会的プレッシャーによるのではないか、などの疑念である。おそらく多くのトロールが攻撃しているのは服喪者個人ではなく、オンラインで格闘している疑念であろう（Phillips 2011）。とはいえ、その攻撃は、遺族が読めば傷つくようなものである。服喪規範であろう（Phillips 2011）。

国家元首や政治指導者や兵士の死など少数の例外はあるものの、伝統的に喪主〔通常は近親者がなる〕には、葬儀を仕切り、追悼の形を選ぶ権利があると見なされている。ところが今日、若者が亡くなると、この権利は容易に侵害されてしまう（Hutchings 2012）。次の引用は二〇一二年にある英国の葬儀司式者が私に語った言葉である。

昨日私がおこなった葬儀は波乱含みでした。というのも、ご家族はフェイスブックに追悼ページができないようにしてほしいと言ってきたからです。まあ、無視されてしまいますよね。お母さんは取り乱して、私に怒鳴ってきました。「あの子が病気だったってこと、それから死線をさまよって、今はもう死んでいるってこと、一体いつになったらみんなわかってくれるのかしら！」

若者への哀悼や共同追悼がオンラインで広がることで元気づけられる家族もいるかもしれない。だが、そうではない家族は、故人をほとんど知らない同年代の若者から、うわべだけの書き込みや気づかいのない陽気な書き込みが寄せられると、心をかき乱されるかもしれない。家族自身が感じている強い悲嘆をからかわれているように思うのではないだろうか。そのようなページを親が封鎖しようとする試みは、その成否はともかく珍しいものではない。それと同時に、一部の親たちが気づいていないように思えるのが、亡くなった子どもと同年代の若者にとって、故人をめぐる記憶を共有する場を持つことがいかに大切かということである（Pennington 2013）。二〇一〇年代の中頃に、フェイスブックはこのような葛藤に対応するために、アカウント所持者が「追悼アカウント管理人 legacy contact」を指名して、自らの死後アカウントの管理をまかせられるという新機能を導入した（Brubaker and Callison-Burch 2016）。

❹ 死者への語りかけ

一九世紀半ばの電信と写真の登場をきっかけに、霊媒経由での死者との交信への興味がかき立てられた経緯を思い出してほしい。現代のソーシャル・メディアもまた、死者にまつわるスピリチュアルな実践を新たに、あるいはあらためて可能にする環境を提供している。

おそらく服喪者たちは、太古の昔から死者に話しかけてきただろう。しかし二〇世紀になると、服喪は世俗的で心理学的な枠をはめられた。国によっては、死者に語りかける行為が狂気の証拠と見なされるのではないかと服喪者たちが恐れるようになった。そのため、彼らの死者への語りはプライベートなものとなり、家の中や墓の前など、周囲に誰もいない状況で沈黙のうちになされるようになった。ところがソーシャル・メディアの投稿では、しばしば故人への語りかけがなされるようになる（Brubaker and Hayes 2011; Kasket 2012）。それは、他の人が読んでおり、見ていることを意識した上でなされる。こうして、以前はプライベートな行為だった死者への語りかけが、社会的に受容可能なものとなった。キャスケットはフェイスブック上でかなり直接的に（「彼女ないし彼」よりも「あなた」として）死者への語りかけがおこなわれるようになったと観察している。この傾向はロバーツ（Roberts 2004）が一世代前のヴァーチュアル追悼を観察したときよりも進んでいるという。とはいえ、サイトがフォーマルで間柄がフォーマルであるほど、彼女や彼という言葉が使われやすくなる。たとえばアフガニスタンで戦死した兵士たちのための英国国防省のオンライン追悼サイトを見ると、故人の仲間や部下の場合は、直接的に語りかける形が散見される（「あなたが逝ってしまったなんていまだに信じられません」）。それに対して、上官はつねに生存者に語りかける形を取っている（「彼はいつも前線に立って統率していました」）。

オンラインでは、死者もまた生者に語りかける（Kasket 2019）。アプリを使えば死者は時宜にかなった挨拶を（たとえば誕生日などに）愛する人に送ることができる。サイバースペースからのメッセージは、文字通り墓からのメッセージである。もっと驚くのは、いくつかの起業家たちが開発した人工知能によるソフトウェアである。それは人の持つ特徴的なコミュニケーションのスタイルを分析して、死後にメッセージを自動生成して、あたかも故人から発されたかのように見せることができる。この技術は執筆時点では完成に程遠く、しばらくはＳＦの領域に留まるかもしれない。また、客として見込まれるのは若年成人期の人々だが、彼らが死亡して自動メッセージを投稿し始めるまでには、何十年も生きることになるだろう。

それまでにソフトウェアは時代遅れになり、会社は廃業しているかもしれない。とはいえ、その間デジタル技術は、テキスト・メッセージやEメールの送受信を当事者[*4]が死んだ後も保存することができる。これらが紙に書かれた手紙の代替物に留まらず電話の代替物になれば、それに応じて、会話が死後も生き生きと続けられる新しい方法が出来上がる。こうしたことが全体としてポジティブなものであり、記憶を生き生きと保ち、死者との絆を良好なものとするのか、それとも服喪者が死者を手放せなくなることにつながるのか、西洋では議論が分かれている。東アジアでは、先祖祭祀が都市型近代性の一部として存続している。そこでアプリが取り入れられれば、死者と儀礼的交流をすることが可能になる。伝統的な儀礼がおこなわれる物理的な廟を訪れる必要はなくなるのである（Gould, Kohn and Gibbs 2019）。

❺ 死後生

イングランドやドイツやスウェーデンなどの世俗的な国では、個人的な宗教的信念はプライベートなままにしておくべきだとされる。そのような国でもオンライン追悼で、少数派とはいえ無視できない数の投稿が「天国で会いましょう」などと書き、死者が天国に住んでいるのを前提としているのは驚きである（Jakoby and Reiser 2013）。どうしてこのようになっているのだろう。第一に、私が誰かに直接語りかけるなら、相手はどこかにいなければならないが、キリスト教社会（かつてキリスト教が主流だった社会）で故人の宛先としてすぐにでも使えるのは天国だからだ。第二に、フェイスブックのようなサイトの陽気でポジティブな雰囲気から、こんな完璧な人物がいる場所なら、どこだって完璧な場所であるに違いない、それは天国でしかありえない、という発想が導かれるのだろう。

ソーシャル・メディアの追悼行為でよく使われる別のスピリチュアルな用語としては「天使」がある。

それは、宗教的な米国だけでなく世俗的な北欧でもよく使われている。最近の投稿で目立ってきているのは、死者を魂ではなく天使と呼ぶ傾向である。魂は、地上から切り離された受動的存在である。それに対して、天使は行為主体性 agency を持つ存在である。具体的には天国から地上へ飛んでくる能力、生者を見守り、導く能力である（Walter 2016）。これを助長すると思われるのが、オンライン環境の二つの側面である。第一に天使たちは生者と死者をつなぎ、メッセージを運ぶために行き来する働きをするが、それはサイバースペースと似ている。第二に、オンラインで死者にメッセージを書いたり投稿したりする物理的な活動は、生者にオンラインでメッセージを送るのと変わらない。ここが、死者に宛てた紙の手紙と違うところである。死者への手紙は、封筒に宛先を書かれることもないし、投函されることもない。オフラインで死者に手紙を書く行為は、プライベートなセラピー体験のようなものかもしれない。一方、オンラインで死者に向けて書く行為は普通のソーシャルな活動と変わらない。オンラインで死者に向けて書く行為のまさにこの普通さゆえに、一部の書き手は死者がメッセージを受け取って読んでくれているような錯覚をおぼえる。それは驚くべきことではないだろう。そこにフェイスブックの書き手が大勢でコメントするということも加わってくる。「フェイスブック越しに話しかけるなんて馬鹿みたいに見えるでしょうけど、私がタイプする言葉が、あなたにはみんな見えているし、理解もできるってことはわかってる」（Kasket 2012: 65）。これは「生者の日々の来し方行く末をつねにチェックしている能動的な聞き手というものを想定している」（de Vries and Rutherford 2004: 21）。つまり、死者が行為主体性を持っているということを想定しているのである。天使には行為主体性があり、魂にはないのだから、オンライン死者の死後のあり方が天使性を帯びるのは論理的必然である。

そのため、オンラインの追悼行為には、死や死者や服喪について語るためのスピリチュアルな言葉づかいが含まれることが多い。先の二つの段落からわかるように、少なくともオンライン追悼の範囲だが、そうした言葉づかいが自然に使われる限り、超ハイテクでありながら日常的でもあるこうした情報環境が世俗化の進行を部分的に巻き戻しつつあると言えるかもしれない。

❻ デジタル遺産

デジタル資産は、個人だけでなく共同体が相続することもできる。それと対照的に物理的な資産は、たとえば旧式の写真などのように、一点につきたった一人しか受け継ぐことができない（ネガが失われたとして）。そのため、故人を思い出せるように、故人の家具を使ったり、故人の写真をマントルピースに置いたりする場合、思い出はかなり個人的なものに留まる。しかしデジタル・コンテンツはコピーすることができ、受け手は何人でもかまわない。ウェブ上におけば誰でも、あらゆる人が見ることができる。それゆえ、デジタル・コンテンツを配信すれば、故人の個人的存在感だけでなく、共同的ないし公共的な存在感を高めることができる。文字を書くことと印刷することで、対面の会話の範囲を超えて言葉を伝えることが可能になった。それに対して、遺された写真や音楽などをデジタルで拡散することは、一対一の相続関係を超えた相続を可能にする。たとえば私のノートパソコンには、所属するハイキング・クラブのあるメンバーの写真が一枚入っている。彼が死ぬ前に最後に登山したときに別のクラブ・メンバーが撮ったものだ。それは、たった一クリックでクラブ中に配布された。これは、〔物理的な写真と比べて〕より確実に、彼のクラブでの地位を「先祖」のようなものに高めた。通常の先祖にも家族の範囲を超えようとする潜在的可能性はあるのだが、デジタル技術はこうしてその可能性を強化し、公式・非公式を問わず、あらゆる種類の集団・組織の先祖に格上げするのである。

しかしながら、デジタル上の不死性は堅固なものではない。私のハイキング仲間が撮った写真のように、デジタル素材はいったん転送されればサイバースペースを無期限に駆け巡るかもしれない。だが、他のデジタル資産には、インターネット上のホストが死亡届けを受け取るやいなや消去されるものもある。ほとんどの利用者は細かい字で書かれた利用規約など読まず、デジタル資産がこうむるこうした運命を知らない。どの紙片 bits of paper、その他どの物質的な所有物が自分の死後も残るのか、またどれくらい残るのかは予想もできない。それとまったく同様に、デジタルな断片 digital bits[*5] の死後の寿命もかなり不確かなのである。

❼ 声の文化へ逆戻り?

可死性に関するデジタルなおしゃべりがあるのに、世界中の多くの国で、人々は時代遅れの対面式会話で死についてコミュニケートするよう急き立てられている。二〇〇四年にスイスで最初のカフェ・モルテル〔死のカフェ〕が開催されて以来、デス・カフェ運動は世界中に広がっていった。これを書いている時点(二〇一九年初頭)で七〇〇〇以上のカフェが世界中で開催されてきた。〔デス・カフェの・サイトには次のように書いてある。〕これらのカフェで、「人々はお茶を飲み、ケーキを食べ、死について議論します。私たちの目標は、死についての認知を増進し、人々が自らの(限りある)生命を最大限に活かすのを助けることです」[◉2]。

フォング(Fong 2017)はロサンゼルスのデス・カフェを社会学的に研究したが、彼が用いたのはハーバーマスのコミュニケーション的行為の理論だった。フォングはアメリカにおける死を、生活世界の植民地化の状況にあたると見なした。そこでは、医学・市場・メディア(それぞれ本書の第二・三・四章に対応する)という三位一体の社会制度が「死とその過程はどうあるべきかという枠組みを独占している」。これら三つの巨大制度は、死とその過程についての草の根のコミュニケーションにしみこんでいるというのである。デス・カフェはフォングによると自由なコミュニケーション空間を提供する。そこで参加者たちは、不吉な三位一体からの死の奪還が自分にとって持つ意味を探究することができる。そうすることで、彼らは自分の死の語り手になるだけではない。死すべき運命〔可死性〕を見つめることで際立ってくる残りの人生の語り手になることができる。

だが、医学自体も人々に死にゆく過程について話すよう駆り立てている（Arney and Bergen 1984）。いくつかの国で見られるのが医師の主導するキャンペーンで、死にゆく際にどのようなケアを受けるかを患者が選択し、コントロールする余地を広げようと呼びかけるものである（第二章）。キャンペーン推進者が懸念しているのは、多くの医師、患者、家族がこの問題に触れたがらないことである。これを変えるために、医師は患者との会話を開始しなければならない。また、死にゆく人は、家族と話す必要がある。キャンペーンは人々に死とその過程について語るようにうながす。彼らが死に瀕しているときにも、そうなる前にも。そしてそのような会話を始めるための道具を提供する（Royal College of Physicians 2018）[3]。

二世紀もの間の革新的な通信技術の登場によって、近代人は、死とその過程と死者についての認知を深める手段を（多くの場合、意図せずして）どんどん手に入れてきた。なのに、近代人は、カメラやテレビやタブレットやスマートフォンを置いて、さあどうぞ他人と対面で死について語ってください、と促されている。なぜなのだろう。最終的に見えてきたのは、対面での会話と同様、ブログだってソーシャル・メディアだって、「自由なコミュニケーション空間」を提供しているということだ。記憶に値する数々の箴言を生み出した一七世紀フランスのフランソワ・ド・ラ・ロシュフコーは、次のようにのたまった。「死は太陽のようだ。それを直接見ることはできない」と[4]。メディアに媒介された死は、対面の会話より気楽で、死に直接触れる手段ではないというのか。服喪者にコーヒーを飲みに来るよう招くよりも、ソーシャル・メディアでお悔やみの言葉を投稿するほうが気楽だというのか。祖母の死からどのようなショックを受けたかを話すよりも、祖母の写真を見ているほうが気楽なのか。最近のテロ攻撃について自分の恐怖を誰かに直接話すよりも、メディア報道を見ているほうが気楽なのか。医師が患者に予後についてどう思うか尋ねるよりも、最近の再発をどう治療するか、症状をどう管理するかについて話しているほうが気楽だというのか。私にはわからない。しかし、どうも奇妙なことが進行している。というのも、技術に媒介された可死性の表象がこれほど多く世界中に普及した時代はかつてないのに、ただ立ち寄って話すだけでよいかと、話すことを急き立てる運動が、次から次へと現れてくるのだから。

オランダ人は死について話すほうが気楽だと思うかもしれない。二〇〇二年以降この国では、医師の監督下で自発的安楽死が実践されている。アメリカ人の人類学者フランセス・ノーウッド（Norwood 2007）の記述によれば、オランダでは、これが安楽死という行為よりも、むしろ開業医と患者との対面での会話の連続になっているという。実際、一〇件中九件は安楽死ではなく自然死で終わっているという。英国で働いているオランダ人の人類学者が私に話してくれたところでは、このことはまたオランダでは人生のどの時点でも、個人的に死について話すことは相対的に気軽にできることを意味する。なぜなら、いつ死にたいかについて話すことは（安楽死の要請や少なくとも検討を含む可能性があるのだが）、オランダでは問題とならないからだ。

8　結論

過去二世紀の間に、新しい情報通信技術はかつてないほどの爆発的な発展を遂げた。その一つ一つが死の前後の時期に新たな可能性をもたらした。この章では、これらの可能性のいくつかの側面を示した。第一に、技術はほとんど何も決定しないが、多くの可能性を提供する。第二に、こうした可能性は、それを利用する人たちの進化する日常的実践を通じて実現する。たとえばソーシャル・メディアを通じてである。または商業的利益を通じても、新たな可能性が実現する。たとえば録音機は、家庭内の死者の声の録音から、職業的音楽家の声の録音へとシフトした。第三に、こうした可能性は、その技術の発明者がほとんど予想だにしないものだった。たとえばフェイスブックが死後慣行の巻き返しを図る可能性を持っていたなどである。写真と録音機の場合、当初は生者と死者の関係を豊かにするという意図で発明されたが、その後は期待したように使われることは滅多になかった。第四に、新しい通信技術は世俗化を加速するどころか、死者に関してはそれと正反対の効果を持つことすらあった。生者が死者を記憶し、さらには死者と通信するための新しい方法を提供したのである。その枠組みは、キリスト教的ないしポスト・キリスト教的な天使であったり、アジアの先祖儀礼であったりする。第五に、こうした新しい方法は、アジアの儀礼のように既存の共同体的実践を強化することもあれば、世俗的なスウェーデン人が天国についてツイートし始めたように、それまでの傾向にカウンターを浴びせることもあった。

人々が技術を使う方法は文化や制度によって異なる。このことをはっきりと示したのがキャン（Cann 2013）の研究である。キャンは、墓石に刻まれたＱＲコードをスマートフォンが読み込むと、故人にまつわる文章や写真や音声を再生することができるという仕組みを取り上げている。キャンは日本、韓国、中国、米国、英国での利用を比較した。アジア各国の一部では、墓石ＱＲコードは先祖儀礼を手助けするものなので人気が出たが、米国と英国ではオプション的な商品に留まり、人気もあまり出ず、使われるとしたら遺跡・史跡などでの教育目的であった。ＱＲコードは一九九四年に日本の自動車産業で開発され、その読み書き〔読み取りと書き出し〕は東アジアで盛んである。それが墓石に現れたのは二〇〇八年で、急速に広範な消費者市場を生み出した。日本では、それによって「死者に関する記憶、写真、ビデオなどの情報を、家族や友人がヴァーチュアルな宝探しのように引き出す」ことが可能になった。「それはしばしば利用者が供物を捧げることを可能にする。たとえば食べ物、線香などのヴァーチュアルな贈り物を備えるのである。さらにはヴァーチュアルなボタンをクリックすることによって、仏教式の葬儀の読経や死者のための祈りを再生することも可能である」（Cann 2013: 103）。それに対して、韓国ではＱＲ技術がかなり親しまれているのに、墓石コードが実際に普及することはなかった。中国では政府が修正版ＱＲシステムを推奨したが、その目的は掃墓節〔墓場を掃除する祝日で、春分の日から一五日目〕に共同墓地へ向かう人たちの混雑を緩和するためだった。ということは、（日本のように）宗教性の強化ではなく、宗教性の否定的作用への対策が目的ということになる。英国と米国では、一般にＱＲコードの認知度が低いため、共同墓地で利用することへの関心も低い。墓石ＱＲ物語はおそらく長続きしないだろう。なぜなら画像認識ソフトの登場によってＱＲは廃れつつあるからである。

　墓石ＱＲコードはなぜアジアでより大きな成功を収めたのだろう。キャン（Cann 2013: 110）によると、神道的な日本は「活性化《アニメイト》された霊《スピリット》のネットワークとして世界を見る」傾向があるからだという。そして、道教的な中国も自然のなかにスピリチュアルなものを認識するので、「非日常的でヴァーチュアルな領域を、物理的で具体的な世界に埋め込むことは、それほど大きな飛躍ではない」という。それに対して、歴史的にプロテスタント的だったキリスト教国は、「聖なる領域が物理的領域の外に固定されている」という。この説明を検証するためには、カトリック的なラテン・アメリカでQR技術がどのように利用されているかを調べればよかっただろう。というのも、そこでは、物質と霊《スピリット》が死後も深く結合しているからだ。

読書案内

- Barthes, R.（1993）*Camera Lucida*. London: Vintage. ロラン・バルト（花輪光訳）『明るい部屋——写真についての覚書』みすず書房、一九九七。
- Brubaker, J.R., Hayes, G.R. and Dourish, P.（2013）'Beyond the grave: Facebook as a site for the expansion of death and mourning', *The Information Society*, 29: 152–63.
- Cann, C.K.（2013）'Tombstone technology: deathscapes in Asia, the UK and the US', in C. Maciel and V.C. Pereira（eds）, *Digital Legacy and Interaction*. Santa Barbara, CA: Praeger, pp. 101–13.
- Kasket, E.（2019）*All the Ghosts in the Machine: Illusions of immortality in the digital age*. London: Little, Brown.
- McIlwain, C.D.（2005）*When Death Goes Pop: Death, media and the remaking of community*. New York: Peter Lang.
- Walter, T., Hourizi, R., Moncur, W. and Pitsillides, S.（2011–12）'Does the internet change how we die and mourn?', *Omega*, 64（4）: 275–302.

議論のための問い

- あなたの経験や観察では、ＩＣＴ（情報通信技術）は死とその過程と死別においてどのように利用されているだろうか。
- その利用法は、利用者の年齢、国籍、その他の要因によって違っているだろうか。
- 国によっては、死についてメディアを通じてコミュニケーションするより、ただ話すように人々は駆り立てられるのだが、それはなぜだと思うか。

第五章　死の否認？

第一部では、近代性の技術面、経済面での特徴のいくつかが、死とその過程と死別の形に影響を与えていると指摘した。

- 食糧の生産と流通、衛生、医学における進歩は、いまだかつてない長寿を生み出した。そのため、いまや死は老年期に訪れるのが普通となった。それによって、人生における新しい可能性があらゆる形で開かれたのはもちろんだが、死と喪失に関する規範も変わりつつある（第一章）。
- 現代では、主に保健分野と官僚的に組織化された医療施設の領域で死が訪れる。医師と他の医療専門職者には、死にゆく過程に関する知識だけでなく遺体の管理や服喪に関する知識も期待されている。高度産業社会における近代人の過半数は、病院や他の医療関連施設で死亡している。そして、幇助死／自発的安楽死が合法である司法管轄下においては、それらを監督し、見届けるのは医師である（第二章）。

● 医師、看護師、救急隊員が救命の努力を続ける一方で、医療システムは生命に値段を付けている。近代特有の、あらゆる人間生命は神聖であるという見解と、すべてのものに値段を付けるという経済的計算の狭間に、近代性は絡め取られている。近代的な死の慣行は、人間生命の神聖化と商品化との間で板挟みになっている（第三章）。

● 近代には前例がないほど次々に新しい通信技術が発明された。それによって、生者が死にゆく人や死者と関わる方法と、服喪者が互いに関わる方法が新たに開けた（第四章）。

この間ずっと、私はこうしたことすべてが実際にどう現れるかはさまざまな要因に左右されると主張してきた。すなわち、文化、制度〔施設〕、国民史、その他これから本書で論じる要因である。とはいえ、第一部を終える前に、ある一つの特別な問いについて簡単に確認しておきたい。それは、死の改革者と、死と近代性の学者の双方を動かしてきた問いである。つまり、死が不可視なものになったり、不慣れなものになったり、隔離されたり、否認されたりするのは、近代性に固有の何かのせいなのか、かという問いである。これらの可能性それぞれについて簡単に見てゆこう。章題に疑問符を付けたのは、本章の内容が、これまでの四つの章に比べて、論争の余地を大いに含むからである。

1　不可視な／不慣れな

第一部では、近代的な死に方が、通例は老年期に起こり、しかも制度・施設のなかで起こる様子を明らかにした。これは、死を日常生活から引き離し、見えにくくする。近親者の死を目撃することは、産業革命前の一部屋しかない小屋や小家屋で成長する子どもたちにとっては、よくある巡り合わせだった。それに対して、現在では、誰かが息を引き取る瞬間を見たことがないまま老年期に達することが可能となっている（第一章）。これは、アリエス（Ariès 1981）の用語[*1]を使うなら、死が不慣れなものになったということである。そのため、自分の代わりに専門家や専門職者が死を管理することに頼ることになるが、それがさらに死を不慣れなものにしてしまう（第二章）。産業革命以前の人々は自分たちだけで多くのことをしていたが、死にゆく人のケアと死んだ人のケアについても同様である。これらのケアを今日では自分でおこなわずに他人に金を払っておこなわせる。支払いは市場の取引を通じて直接的になされることもあれば、保険、社会化された医療、さらには慈善組織を通じて間接的になされることもある（第三章）。これは、社会学者が「構造的分化」と呼ぶものの一部をなしている。構造的分化が進むと、近代生活のさまざまな領域、すなわち保健、教育、宗教、政治などが互いに切り離され、それぞれ切り離された施設に押し込まれ、ものの考え方までばらばらになってしまう。次いで、これらの施設（たとえば学校や病院など）は、自分たちの分野（教育や医療）を発展させ、産業革命以前に家族がしていたことをはるかに超えるレベルに高める。しかし第四章で見たように、一九世紀から二一世紀へずっと続いた通信技術の発達のおかげで、可死性、死、喪失は、近代人にとって以前よりも見えやすくなった。近代人は、こうして以前よりも死に慣れ親しむようになる（メディアを介してだとしても）。そういうわけで、近代性は死を見えにくくすると同時に見えやすくする。死に不慣れな状態にすると同時に慣れた状態にもする。

しかし、単なる見えやすさや慣れより、もっと微妙なことが進行しているのではないか。社会学の隔離理論と心理学的・文化論的な恐怖管理理論はそのように示唆するが、本章で論じるように、これらの理論を使う際にはかなり気をつけなければならない。

2 隔離

社会学者のアンソニー・ギデンズとウルリッヒ・ベックによれば、経済と技術の変化によって近代人は自己とその生命についての思考法を新しい方向へ転換するようながされたという。彼らはその過程について多くのことを書いてきた。ここでのキー概念は、脱伝統化、個人化、再帰性、隔離である（Beck and Beck-Gernsheim 2002）。近代性が進むと、市場は生（と死）からより多くのものを商品化するようになる。また、グローバル化と即時的な電子通信が人々を場所から脱埋め込みすると、人々は自由に漂うようになり、日常的行動の指針を伝統的ルーティンや集合的イデオロギーに求めるようなことはなくなる。こうして脱伝統化された諸個人は、高度に再帰的になり、自分の人生を自分らしいものに定め、独自の人生として彫琢《ちょうたく》してゆく。

ある人にとって、これは宗教や家族や共同体の期待からの解放を意味するだろう。他の人にとって、心と体が弱っているときにあまりにも多くの選択を迫られるのは重荷となるだろう。自分は世話をしてもらいたいだけだと思うかもしれない（Walter 2017b）。ギデンズ（Giddens 1991）は、このような自由の実存的側面に焦点を当てた。彼にとって、再帰性 reflexivity とは、つねに自分自身の生の投企《プロジェクト》*2を前進させてくれるようなものを導き出すよう駆り立てられている状態である。これが後期近代の人々のなかに「存在論的不安定性」を引き起こす。諸個人の生の投企およびそれが依拠する身体が最終的には虚弱であることを死は暴露する。したがって、死は実存にとっての脅威である。もし日常生活に波風を立てずに過ごし続けたいのなら、死は隔離されなければならない。社会生活の表舞台の脇へどけなければならない。

ピーター・バーガー（Berger 1969: 52）は、「すべての人間社会は死に直面して切羽詰まって団結した人たちmen［原文ママ］のことである」と述べた。言い換えると、死を管理しようとする共通の努力――とくに宗教的儀式――は、歴史を通じて社会の接着剤であり続けた。しかしながら、ギデンズに影響されたメラーとシリング（Mellor and Shilling 1993: 427）は宗教と儀礼の衰退によって、デュルケムが「アノミー」と名づけた無規範状態が生み出されていると指摘した。したがって、彼らはバーガーの発言を次のように修正することになる。「近代社会は、死に直面して切羽詰まって孤立して（強調は原文による）立ち尽くしている人々のことである」と。彼らはギデンズと同様、これがあまりにも恐ろしいので、近代社会は死を脇へどけて隔離したと論じる。その結果、死や死別に個人的に直面している人々はさらにもっと孤立した状態に追いやられてしまったというのである。

❶ 隔離に対する批判

この隔離テーゼはどのくらい信用できるだろうか。第一に、再帰性は個人化と脱伝統化に由来する部分があるかもしれないが、新自由主義的な医療福祉レジーム〔第三章第2節参照〕を含む新自由主義体制《レジーム》に暮らしている市民や患者に要求されているものでもある。とりわけ、二一世紀の緩和ケアと葬儀の司式では顕著である（Arney and Bergen 1984; Árnason and Hafsteinsson 2018）。

第二に、死に直面しているのにサポートされずに立ち尽くしている人を見つけたければ、平和な民主主義社会の裕福な人々を見るべきではない。むしろ、宗教的儀式を失っただけではなく、国家と医療による保護も受けられないような人を見なければならない。たとえば強制収容所の収容者、民族虐殺《ジェノサイド》の被害者、サハラ砂漠以南のアフリカ人ＨＩＶ／エイズ患者、経営の厳しい施設の高齢かつ虚弱な入所者などである（Agamben 1998; Noys 2005）。死を脇へどけたいという動機を持つ人がいるとすれば、それはこのような人々である。とはいえ、彼らは死を脇へどけることなどできない。というのも、死が彼らを毎日見つめているからである。第三に、近代社会の多くで、少なくともソーシャル・メディア台頭前には、相対的に死に関して不慣れな人が多かったことを示す証拠は十分にある。マス・メディアにおけるスペクタクル的な死の表象ではない（Jacobsen 2016）。死への不慣れは死を語りにくくする可能性がある〔第四章〕。しかし、特殊近代的な実存的恐怖のせいで死が社会の脇へ追いやられたという証拠は疑わしい。たとえば「自己アイデンティティや身体に関する事柄を人々が大切に思うほど、自己の存在のを停止〔死〕という考えにコーピングすることは難しくなる」（Mellor and Schilling 1993: 414）という主張はどうだろう。これに反するのが北欧諸国である。そこでは、自己アイデンティティと身体に関する事柄は重視されている。ところが、実存的苦悩をいだく北欧人という有名なイメージ[*3]とは逆に、世論調査によれば、これらの国で死の恐怖をいだいている人の割合はかなり低い（Zuckerman 2008）。

確かに高レベルの死の不安が存在することは、米国では多くの研究で明らかにされている。だが、この知見はすべての年齢集団、すべての近代社会で繰り返し確認されるわけではない。裕福な国でも、米国と違って福祉国家を発達させたり、経済的不平等を抑制したりしている国では、多くの市民が単純に寿命を伸ばしただけでなく、健康になり、物質的に安定し、一般的な幸福感で満たされている（Wilkinson and Pickett 2009）。このような条件の場合、個人的満足という点では現世で十分だと思われるかもしれない（Inglehart et al. 2008）。そういうわけで、デンマーク人とスウェーデン人には死の恐怖がほとんどまったく見られない。家族、自転車での森の走破、友人との交際など、〔死や来世より〕もっと身近な事柄に意味を見出して満足するのである（Zuckerman 2008）。日本では「一神教がなく、超越的なもの抜きでの死の受容が比較的広まっている。例外は、自分がコミットし続けてきた集団である。それは自分の人生を超越して生き続けるのだ」。これも、死の不安の広まりは近代社会すべてに通じる普遍的な現象ではない、ということを示している(Mathews 2013: 46)。アメリカ人でさえ、エイブラハム・マズローの示した自己実現の理想――現世での――を奉じている人は多い。とはいえ、経済的に不安定なデトロイトより、裕福なカリフォルニアでとくに多いのだが。

すると、死の不安が近代性に固有のものではないとしたら、近代社会はどのようにして可死性を管理するのか。社会学者のタルコット・パーソンズによれば、戦後のアメリカ人たちは、死を他の問題と同然に扱った。つまり、生命保険、人間ドック、ジム通いなどを通して対処したのである。これをパーソンズは「実用的積極行動主義 practical activism」と呼んだ。死の管理は、社会から排除されるどころか、社会と経済が織りなす縦糸と横糸の一部に位置づけられたのだ(Parsons and Lidz 1963)。さらに、それぞれの死の原因を証明するプロセスは、医療、産業安全、刑事司法の運営にとって中心的なものとなる。死に関する各種統計を見ると、職場での安全を脅かす慣行、医学が生命を脅かす疾病への対処に成功しているか失敗しているかがわかる。また、一人の死も漏らさず情報を収集するため、それが犯罪によるものかどうかがわかる(Prior 1997)。近代的な統治システムにおける死者の役割については、あるオーストラリアの研究が示唆的である。

書類化の技術は、公務員、戸籍管理者、検死官、病理学者たちの発話行為を、制度的物語、公式記録、技術《テクノ》官僚的《クラート》報告に変容させる。彼らは死者を物としても人としても位置づけない。その代わりに死者は、事例・症例、記録、名前として位置づけられ、拡大し続ける官僚制のアーカイブに集積される。死者の伝記を物語ること、彼らの生を記録すること、彼らの功績をたたえることは、書類化の技術を通しておこなわれ、今日では

近代国家の最も重要な機能の一つを意味するようになった。（Trabsky 2017）

メラーとシリングのような隔離論者たちは、近代において死は私的領域には存在するけれど公的領域には不在だと見なす。それに対して、国家レベルの官僚制における死の役割を調査した人々は、逆の結論に達した。死は通例、老年期にまで引き延ばされているため、私的な生活領域で出くわすことはあまりない。むしろ官僚制の業務のなかにルーティンとして現れると。とはいえ、今日のように透明性が叫ばれる文化においても、国家が管理する書類が文字通りに衆目の的になることはない。

最後に、たとえ近代性が死を隔離したとしても、それが今なお続いているという主張はかなり疑わしい。その理由は第四章で示した通りである。死のある側面は、隔離されているというより、むしろ社会のなかに染み込んでいると言ったほうがよいかもしれない（Walter 2018）。

私の結論は、近代世界における死は、医療化、専門職化、合理性、官僚制の強い影響の下にあり、多くの場合、病院その他の施設のなかで起こっているということである。要するに、それは社会生活の表舞台から切り離されている。これは第一章と第二章で示した理由によって起こっている。これらのプロセスを説明するのに実存的不安に注目する必要はないのである。

3　恐怖の管理

しかしながら、実存的不安に根ざした理論は死生学ではたびたび登場し続けている。アーネスト・ベッカー（Becker 1973）の著書『死の否認』〔邦題『死の拒絶』〕に影響された恐怖管理理論 terror management theory（以下、ＴＭＴ）の提唱者（Cave 2012; Solomon, Greenberg and Pyszczynski 2015）によれば、人は消滅することへの恐怖を普遍的にいだいているが、その恐怖は大幅に抑圧されている。この死の恐怖は象徴的不死性を構築するよう人間を動機づけている。さらに、その象徴的不死性は宗教だけでなく文化・文明をも突き動かしているという。文化は人間をその死すべき運命〔可死性〕の恐怖から守ってくれるが、それゆえに死の否認を許す。フロイトは文明が性欲の抑圧の上に成り立っていると見なした。それに対して、ベッカーとＴＭＴは可死性の抑圧の上に成り立っていると見なす。社会学者のピーター・バーガー（Berger 1969）とジグムント・バウマン（Bauman 1992）も同様の路線で議論しており、ＴＭＴと隔離理論は類似点を持つ。しかしながら、ＴＭＴ文献と隔離理論に関する社会学的な文献は互いをめったに引用せず、読者も分離しているようだ。社会学者と心理学者の相互引用はどの分野でも低いレベルに留まっているが、それを反映したものであろう。

ＴＭＴは今日までにいくつかの国で五〇〇以上の社会心理学的実験によって検証されてきた。しかし、ＴＭＴを使って近代性の条件下にある死について何かを具体的に説明しようとすると、必ずぶつかる問題がある。ＴＭＴによれば、個人は、文化のおかげで自己が消滅するという不安から守られる。だが、その文化のなかでＴＭＴが想定する古びた処理法は、何らかの要因によって不安定化させられている。隔離理論の場合もそうだが、候補として最も可能性があるのは、宗教と共同体の衰退である。別の場所で論じたように（Walter 2017a）、死の恐怖は普遍的なものではなく、過去二千年にわたって世界宗教によって提示されてきた死後生の副作用であるかもしれない。死後生は、信仰で決まるとか、正しい生き方で決まるとか、あるいは予定されているなどと言われてきた。このうち、どれが正しいかは定かでない。こうした教えを説く宗教が衰退しつつある地域（主にヨーロッパ）では、死後の運命に関する不安がしばらくのあいだ残ったり、あるいは募ったりすることもあった。だが、世俗化から一〜二世代のちには、とくに北欧諸国の社会においては経済的平等と福祉国家と豊かさが組み合わさったため、死の不安はほとんど雲散霧消してしまった〔前出の Zuckerman 2008〕。したがって、死の不安は世俗化の途中ではくすぶるかもしれないが、その終盤では落ち着く。また、産業化の途中でも、それが経済的な不平等と不安定性を伴う場合はくすぶるだろう。安定した世俗的で平等主義的な高度産業社会は、死の不安で特徴づけられそうにないし、まして死の不安に駆り立てられることなどない。物質的な安定性と不安定性の問題、そしてこれがどのようにして「近代的な死」の単純な物語を複雑にするかは、第二部のテーマとなる。

❶ 我の死と汝の死

ベッカーは私たちが根本的に不安なのは自分自身の死であって愛する人の死ではないと思い込んでいる、とブリンクマン（Brinkmann 2019）は的確にも批判した。また、次のようにも指摘している。私たちは自分自身が死ぬよりもずっと前に、幼児期や若年成人期の頃に、他者の死にゆく過程から死について学んでいる、と。またトインビー（Toynbee 1968）は、人生のもう一方の極、つまり人生最終段階に注目している。つまり老人は、生涯のパートナーが先に死んだら、一人で取り残されるのではないかという恐怖をいだくであろうということである。彼らが最も恐れるのは自分自身の死ではなく、他者の死なのである。人生の最初と最後の両方において、他者の死は自己の死よりも際立っている。ブリンクマンとトインビーは、これがあたかも普遍的真理であるかのように論じているが、それはある普遍的言明（ベッカーとTMTの言う〝私の死〟への恐怖）を別の普遍的言明（〝あなたの死〟への恐怖）に置き換えたにすぎない。

だが、歴史家のアリエス（Ariès 1981）は、この二種類の恐怖が、それぞれある特定の種類の社会で発達することを豊富な証拠によって示した。たとえばヨーロッパ中世では、教会の教えによって、個々人が自分の死後の行方について不安を覚えるようになった。ついでイタリア・ルネサンス期では個性の賛美が起こったが、それは人格が消滅することにとりわけ心を痛めた。これと対照的に一九世紀ヨーロッパでは、ロマン主義的な恋愛と家族の関係性が理想化された。それによって、ヴィクトリア期の人々は愛する人（伴侶であれ、恋人であれ、子どもであれ）の死に傷つきやすくなった。親密な関係性を打ち砕く死別への不安は、今世紀に至るまで続いている。現代西洋人に、死について何を最も恐れるかと聞いたら、どの集団で調査を行っても、たいてい、親しい人を亡くす恐怖が自己の死への恐怖を凌駕するだろう。

典型的なTMT実験は、被験者を二群に分ける。一つの群は共同墓地などの可死性のイメージに一マイクロ秒だけサブリミナルに〔知覚されない範囲で〕暴露される〔実験群である〕。もう一方は統制群である。次に、何らかの社会政治的な態度について、二つの群を比較する。たとえば他の人種グループに対する差別などである。通常は、サブリミナルに死を意識した群のほうが敵意は強まる。この結果は、TMT研究者の解釈によれば、自分自身の可死性を意識すると自分自身の文化にしがみつくことを意味する。なぜなら、文化は消滅の恐怖から人間を防衛するからである。だが、ブリンクマン、トインビー、アリエスの観点に立つと、共同墓地の写真が近代人のなかに呼び覚ましたのは、自己の消滅より死別の恐怖だと思われるだろう。これは決して小さな問題ではない。TMTの根拠は、ベッカーの実存主義解釈と消滅への実存的恐怖にあり、この特殊な恐怖なしでは、理論は崩壊するのだから。

不死の人はいないのだから、あらゆる文化は、社会がその成員の死後も存続できるようにするシステムだというのは確かに言えそうだ。これにはサブシステムがあり、「孵化する」「つがわせる」、そしてもちろん「出荷する」ことを管理している。つまり、誰が誰と結婚するか、家族や親族制度はどのように組織されるか、などのルールが設けられている。社会化は、各時代の新世代が社会のルールを学ぶことを可能にする。そして、死の儀式は、成員の死によってグループが受けるダメージを制限する。（アリエスが示したように、死がもたらしうる特定の課題は変異するのだから、解決法も文化によって変異するだろう。）文化をもっぱら、自己の消滅に対する個人的恐怖を和らげるためのシステムとしてとらえるのは、経験的証拠よりも実存哲学に負うところが大きいように思われる。

死の否認という考えの詳細な批判は、他の場所でなされているため（Dumont and Foss 1972; Kellehear 1984; Walter 2017b: Ch. 1）、この節で書くのは差し控えた。その代わりに探究してきたのは、近代社会の成員や社会制度に死を否認させる具体的な何かが、近代社会に備わっているかどうかである。それを示唆する理論は数多くあるが、経験的証拠は、結論を出すのに程遠い状況である。はっきりしているのは、死の改革者たちが、私たちの社会は「死を否認する社会」であるというマントラをしきりに唱えていること、少なくとも一九六〇年代からそうしてきたことである。社会学者のリン・ロフランド（Lofland 1978）が鮮やかに示しているように、この主張は実証的な証拠がないのに、社会科学ではなくレトリックとして通用している。それは、死についてもっと語ろう、オープンにしようというプログラムを正当化するレトリックとなっている。そのため、この主張は証拠などなくても、それだけで永続できるのである。

4 結論

近代社会において、死とその過程が日常生活から切り離される道筋は、枚挙にいとまがない。だが、それを最も納得のいく形で説明するのは社会制度の構造的分化だ、というのが私の主張である。構造的分化は、近代生活の全領域を特徴づけている。〔日常からの死の分離を説明するのに〕実存的危機によって引き起こされる隔離という社会学的理論や、否認、抑圧、恐怖の管理という心理学的理論を持ち出す必要はない。個人心理、場合によっては無意識的な個人心理までをも、社会・文化・政治に関係づけようとするこれらの理論の野心には感心するが、あまりにも大雑把なので集団間の違いに配慮できていない。そのため、本書の課題にとってはあまり役に立たないように思われる。というのも、近代的な死の道筋のうち、共有された近代性からどのような共通点が生じたか、多様な文化や多様な国民集団の歴史や制度の、もっと具体的な要素からどのような相違点が生じたか、これらを導き出すことが本書の課題なのだから。

読書案内

- Bauman, Z.（1992）*Mortality, Immortality and Other Life Strategies*. Cambridge: Polity.
- Bayatrizi, Z. and Tehrani, R. T.（2017）'The objective life of death in Tehran: a vanishing presence', *Mortality*, 22（1）: 15–32.
- Becker, E.（1973）*The Denial of Death*. New York: Free Press.
- Kellehear, A.（1984）'Are we a death-denying society? A sociological review', *Social Science and Medicine*, 18（9）: 713–23.
- Lofland, L.（1978）*The Craft of Dying: The modern face of death*. Beverly Hills, CA: Sage.
- Mellor, P. and Shilling, C.（1993）'Modernity, self-identity and the sequestration of death', *Sociology*, 27（3）: 411–31.
- Solomon, S., Greenberg, J. and Pyszczynski, T.（2015）*The Worm at the Core*. London: Penguin.

● Walter, T. (2017) *What Death Means Now.* Bristol: Policy Press, Ch. 1. ウォルター(堀江宗正訳)『いま死の意味とは』岩波書店、二〇二〇年。

議論のための問い

● 人間に自分たちの有限性をとくに考えさせるような何かが近代性にはあるのだろうか。

● 近代社会は近代に特有の方法で人間の有限性に取り組んでいるだろうか。

● 答える際には、自分自身の経験だけでなく、近代世界内部のさまざまな年齢集団、社会階級、民族的・国民的な集団類型から、証拠を吟味せよ。

第二部　リスク

第一部では、すべての近代社会に降りかかり、死、死にゆく過程、悲嘆の管理方法に影響を与えている共通要因を概説した。しかし、同レベルの経済発展を遂げた社会のなかでも、またそうした社会の間でも大きな相違点があり、それらが共通要因と複雑に相互作用している。言い換えれば、複数の近代性（Eisenstadt 2000）は、生においても死においても存在するということである。第二部では、リスクと不平等の「ランドスケープ」という観点から、近代性のいくつかのバリエーションを見てゆく。また、物理的環境そのものにおけるバリエーションについても考察する。

近代性は人間による自然支配を大幅に強化したと考えられることが多い。確かに、近代性による自然支配は、数千年にわたって人類を苦しめてきたリスクのいくつかを劇的に抑え込んできた。そのリスクには多数の感染症、特定の種類の飢餓、不安定な浄水供給などが含まれる。こうして、第一章で示したように近代化の過程で大抵の国の平均寿命は倍増する。同時に、近代性は他のリスクを増やす。とりわけ、現代的な輸送システムによって細菌が全地球に運ばれ、感染症拡大のスピードが増す。豊かさに由来する病、人為的に引き起こされた環境変動による飢餓や戦争などがある。そして究極的には人類絶滅のリスクがある。それは、地球温暖化、海洋汚染、土壌浸食、生物多様性の喪失が重なって引き起こされる。近代性の初期にとりわけリスクを冒していたと判明することが多い。

一例は船の難破である。これはつねに海洋航行におけるハザード〔ひとたび起これば取り返しのつかない損害をもたらす危険要因〕として存在する。一九世紀の資本主義と植民地主義はグローバルな貿易を一挙に拡大した。つまり、航行が以前よりはるかに多くなったことに伴い、莫大な数の難破が発生したということである。一日平均数名の人命が失われたが、これは一年でジャンボジェット機五〇機分以上の人命が失われたことを意味する。船主は保険金で利益を得ていたため、変化に抵抗した。残された頼みの綱は、サミュエル・プリムソル Samuel Plimsoll のようなヴィクトリア期の道徳的企業家たちだった。彼は、海岸から船への大砲による命綱、救命ボート、救命胴衣、過積載を防ぐプリムソル標〔満載喫水線〕の導入に奮闘した。これらはいずれも非常に効果的な対策だった。近代経済が自然をコントロールすることは問題でなく、経済の拡大がリスクを拡大することが問題となっている。鉱山や工場での事故もまさに同種の問題である。つまり、消費者の生活を向上させた産業主義は、労働者〔蒸気船なら乗組員と乗客の両方〕の生命の危険を増大させた。そして、よくあることだが、最終的に大量死を減らしたのはハイテクではなく、単純な技術革新と規制の強化だった。

時には消費者がリスクにさらされることもある。たとえば、タバコを吸う人は、癌やその他の病気になるリスクがある。彼らのリスクは、人間に起因するすべての環境リスクや医学的リスクと同様、科学的研究によって確立されている。難破船の場合もそうだったが、規制強化は、喫煙によるリスクを減らすのに最も重要な手段だった。もちろん保健教育の効果も大きい。

近代化の過程で救われた命と失われた命がこのように混在している事例として、今日のイランの首都テヘランをあげよう。一九六〇年から二〇一六年にかけて、イランの平均余命は四五歳から七六歳へと劇的に伸びた（図表1・1）。にもかかわらず、「死は文字通りテヘランの至るところに書き込まれている」(Bayatrizi and Tehrani 2017: 20–1)。この都市の、より西洋化された近代的な郊外でさえ、死とリスクを可視化している。その一部は近代性によって引き起こされたものである。イラク戦争の殉教者を称える壁画、想定される地震への準備不足、致命的な交通事故、今日の排ガス基準を満たさない老朽化した自動車が一部原因となって発生している殺人スモッグなどである。

現在、より清潔でより安全な後期近代の脱産業社会に住んでいる私たちはどうだろう。この社会の毎日の便利さは、地球とその資源、そこに住む、多くのより貧しい人々からの大規模な搾取に依存している。スイッチを入れれば明かりがつき、蛇口をひねればきれいな水が出て、スーパーに行けば豊富な食料が手に入る。このようなかつてないほど安全で安心で便利な世界に住んでいることに、あなたは感謝しているだろうか。それとも、こうしたことすべてを当たり前だと思っているだろうか。あるいは、ますます不安定になっていく地球上での生活が、遅かれ早かれ、暴力、災害、感染症の世界的大流行《パンデミック》、死への慣れを呼び覚ますのではないか、さらには人類絶滅へ向かわせるのではないか、と不安に思っているだろうか。それとも、そのような不安は、メディア経由の他人の意見から発生しても、日々の利便性や安全性を肌で経験するうちに消えてゆくのか。仮にそうではないとして、あなたの危険に対する知覚やリスク評価は十分な証拠にもとづいているだろうか (Furedi 2002)。そうだとして、ではリスクの知覚は、日常の生と死にどのような影響を及ぼしているのだろうか。

近代性の他のリスクは、直接的には環境に関わらない。全住民が故郷から強制移住させられるケースは、資源の枯渇から来ることもあるが、つねにそうとは限らない。一九三〇年代ワルシャワに暮らしていたユダヤ人や、二〇〇〇年代初頭のダマスカスに暮らしていた中産階級のシリア人たちの多くは、死と破壊と喪失がたった数年後にやってくるとは思いもよらなかっただろう。

物理的リスクから、心理的リスクもしくは実存的リスクにまで話を移すと、第四章で示したようにソーシャル・メディアには利点だけでなくいくつかのリスクがある。死別経験者としての自己を対面で演じるよりオンラインで演じるほうが、一部の人にとっては、あざとく見られるかもしれない。第六章で見るように、近代における死の医療化、合理化、商品化は、人々を非人間化するリスクがある。その結果、それへの反動が起きている国もある。それは人生最終段階、葬儀、服喪慣行を革新的でもっと個性的にしようという形をとる。そのようなことが起きている一方で、近代性が約束したはずの、死や病や暴力からの保護は、不平等に分配されている。社会のなかでもそうだし、異なる社会の間でもそうである。貧しい人ほど豊かな人に比べて病気になる頻度も暴力的な死を受ける頻度も高く、早く死ぬことになるのである。また第一章（**図表1・2**）で見たように、ある国の内部の経済的不平等は、貧しい人にとってほとんどあらゆる死因のリスクを高め、健康格差を広げるだけでない。それはまた貧弱な保健制度の巻き添えという形で万人にとってのリスクも高める。リスクに注目すると、生の領域だけでなく死の領域における不平等にも、私たちは目を見開かされる。

心理的、感情的な不安定性は、悲嘆の愛着理論にとって最重要問題とされる（Parkes 2008）。しかし、経済的、物質的な不安定性は、病気と死亡率の社会経済的相関を探る疫学調査（ポピュレーション・レベルの）では最重要問題だが、死とその過程と死別に社会がどう応答すべきかの研究ではまず取り上げられない。第二部によってこのような状況を改善したい。

第六章　安定性と不安定性

本章では、社会の近代化に伴い、客観的なリスクの大きさと主観的なリスクの知覚とがどのように変化するかを説明する二つの社会政治学的な理論を紹介する。その理論とは、ロナルド・イングルハートの「脱物質主義」論（「脱希少性 post-scarsity」論と言ったほうがよいかもしれない）と、ウルリッヒ・ベックのリスク社会論である。その上で、死とその過程と死別にこれらの理論を適用するという、これまでにない試みをおこなう。章末の結論では死の認知運動を取り上げる。この運動は、数十年にわたって近代性による、死とその過程の医療化、商品化、否認（と彼らが想定するもの）に異議を唱えてきた。先の二つの理論を組み合わせて、この運動の台頭を説明してみたい。

1　脱希少性

カール・マルクスは、私たちの価値観や信念の大部分は、経済的地位に由来すると主張した。この影響力ある考えにヒントを得て、アメリカの政治学者ロナルド・イングルハートは、一九七〇年代から二〇〇〇年代にかけて数回にわたって継続されている世界価値観調査のデータを分析した（Inglehart, Basanez and Moreno 1998; Inglehart and Welzel 2005）。イングルハートと同僚らが見出したのは、物理的な生き残りのことばかり考えながら日々の生活を送る人々や貧困に陥るリスクを抱える人々は、彼の言う「脱物質主義者」と異なる価値観を持っているということだ。脱物質主義者は、たとえば戦後のベビーブーマーの多くがそうであるように、経済的安定性を自明視する。人々は供給不足のものに価値を置くので、生き残りに必要な物質的な商品が希少なら、生活保護ラインにいる人々はそうした商品に価値を置く（Inglehart 1981）。人々が経済的に安定してきて、郊外に引っ越すようになると、帰属意識や目的意識など、別のものが相対的に希少になるかもしれない。

経済的に安定していると感じるようになるためには、多くの場合、経済的に安定した両親を持っていたはずで、経済的安定性を自明視しながら育ったはずだ。脱物質主義者は、豊かな社会を享受する第一世代ではなく、第二世代以降に属していることが通例である（Inglehart 1981）。また、社会がたとえ全体としては豊かでも、不平等が広がれば広がるほど、経済的安定性を当てにできないという不安が大きくなる。包括的な福祉の網がなければ、安定性の感覚はさらに揺らぐ。それゆえ、米国はスウェーデンほど脱物質主義を一貫して保てるような国ではない。米国のような国では、大富豪であっても「転落の恐怖」、つまり収入や資本がなければすべてを失って貧困に陥るという不安を抱えているかもしれない。

❶ 価値観

では、経済的に安定していると感じられるようになると、価値観はどのように変化するのだろうか。イングルハートによれば、生き残りの心配をしているような人々は、伝統的価値観を持っていることが多いという。希少性とは、社会で定義されている通りに正しく行動しなければ、自分や家族が死んでしまうかもしれないような状況を意味する。それと異なる行動をとる異文化に触れると、脅かされているように感じたり、外国人に不信感をいだきやすくなったりする。他の世界観を受け入れることはリスクが大きすぎる。それに対して、自分自身の社会なら、どうすればうまくゆき、生き延びることができるかを知っているので、その生き方に固執するのである。しかし、経済的安定性が当たり前になってくると、優先事項は経済的安定性・身体的安全性の追求から、生の質、幸福感、個人の自由や自己表現へと変化する。これらと並行して起こるのが、環境問題への関心、文化的多様性の認識、参加民主主義の推奨である。それらは寛容、信頼、政治的穏健派と結びついている。経済的安定性があれば、人々は自由に視野を広げ、生前と同様に死後に関する事柄でも自分の価値観に沿った選択ができる。たとえば、親から受け継いだ宗教は、個人的に選択したスピリチュアリティに取って代わられる。これは人生最終段階ケアにも影響を与える。[1]

その結果、物質主義者と脱物質主義者の間には、宗教だけでなく、外国人や難民、ゲイやレズビアンなどの外部集団に対する寛容さについても、明確な隔たりが生じている。二〇一六年、この種の分断は、英国のEU離脱を決めた国民投票や、ドナルド・トランプを米国大統領に選んだ選挙ではっきりと見られた。どちらの国でも、グローバル化によって経済的展望が損なわれた人々と、グローバル化の恩恵を受けている人々との間で、大きく異なる投票行動が見られた。もう一つの例は、聖公会のなかでグローバルな分裂が起きていることだ。経済的に安定している西洋の教会が同性愛を広く受け入れているのに対し、アフリカの教会の多くは受け入れていない。物質主義者と脱物質主義者では、投票行動や世界についての感じ方や価値体系が異なる傾向にある。脱物質主義者は、自己表現、個人の自由、個人的な幸福感を意識的に重視する。彼らは商業よりも、たとえば教育、医療、ソーシャルワーク、ジャーナリズム、芸術など、バーニス・マーティン（Martin 1981）の言う「自己表出的職業 expressive professions」の範囲から就職先を選ぶ傾向がある。緩和ケアや死別ケアに従事する人々は、したがって患者やクライアントよりも脱物質主義的であることが多く（おそらく葬祭ディレクターは違う）、その逆はかなり少ない。

イングルハート自身が脱物質主義を評価しているのは明らかである。脱物質主義が重視する信頼、政治参加、個人の自由は、民主主義に必要な価値観そのものだと彼は考える。イングルハートは、マズロー（Maslow 1954）の「欲求の階層」の社会経済政治版を示しているのだ。欲求階層説では、安全、所属、承認といった基本的欲求がひとたび満たされると、より高次な自己実現欲求に取り組むことができるとする。私は本章で、脱物質の価値観や自己実現を推進することにはあまり関わりたくない。さりとてイングルハートの研究を批判するつもりもまったくない。むしろ、近代社会の人々が死とその過程という最後の不安定性をどう考え、管理しているか、その発展や多様性を理解する道具として彼の理論を使うつもりである。それがトランプの選挙や聖公会の分裂を理解するのに役立ったのとまったく同じように。[*1]

この章では、私はイングルハートの用語法を修正しながら使う。「物質主義」には否定的な意味合いがある。そして、「脱物質的」という言葉は、人々の価値観がどれほど非物質的なのかとは無関係に、〔実際に〕物質的商品に背を向けていることを含意すると理解されることがある。だが、それは明らかに実情に合わない。カリフォルニアの裕福な「脱物質主義者」は、グローバル・サウスの「物質主義者」よりもはるかに多く世界の資源を消費している。私は「脱物質主義」という言葉を使い続けるものの、「希少性」や「脱希少性」という言葉のほうをより頻繁に使う。この言葉は、人々の価値観を支える経済的基盤をもっと直接的に示すものであるし、世界人口の大部分を占める人々を暗に見下すというリスクも負わない。

❷ 希少性の起源

「希少性」という用語については、ひとつ注意するべきことがある。人類学者のマーシャル・サーリンズは、多くの人に引用されている論文「原始豊潤社会 The original affluent society」(Sahlins 1974) のなかで、狩猟採集社会が原始豊潤社会だったと主張している。

狩猟採集民は、他のどの人間集団よりも一人当たりの年間エネルギー消費量が少ない。しかし……彼らの物質的欲求はすべて容易に満たされていた。狩猟採集民の豊かさを認めるなら、無限の欲求と不十分な手段のギャップを埋めようと男［原文ママ］が奴隷のように働く今の人間の状態は、近代の悲劇だと認めることになる。豊かさを手に入れるには二つの方法がありうる。たくさん生産するか、少ししか望まないか、そのどちらかで、欲求は簡単に満たすことができる。(一八一頁)

狩猟採集民はほとんどわずかしか望まないため、必要なものはすべて持っていると感じている。人々が定住して農耕民になった時点で希少性が生じたという証拠はかなりある。定住と農耕により、一エーカーあたりで食べられる物の量は増えた。しかし、食料生産に費やす時間は増え、人々は凶作や経済的不平等に対して弱くなった (Boserup 1965)。このような不安定な状況は、産業化初期の賃金労働者と同様、現在も多くの自給自足農家で続いている。その一方で、今日わずかにしか残っていない狩猟採集民は、伝統的な狩り場が地方の農家や農業ビジネスに侵食されるという目に遭っている。つまり、彼らは近代性から切り離された状態でも、かつてのように豊かな状態でもない。つまり、希少性は漸進的に人類共通の運命になってきたと言える。それは、まず新石器時代に狩猟民族が農耕に転換してから始まった。そして最近になってからまた、産業化する社会のなかで定住農民が土地を失い、土地なき労働者になってから進んだ。二〇世紀半ば以降に限って、そして第一世界に限って、人類のなかでも無視できない少数派が経済的に安定した脱希少性の時代を謳歌してきたのだ。とはいえ、日本では一九九〇年代初頭に、戦後から続いていた好況が崩壊した（Allison 2013）。二〇〇八年の金融危機は、西洋のほぼ全体を襲った。それ以降、イングルハートの言うベビーブーム世代の脱物質主義者の孫たちの多くにとって、経済的安定性は、もはやおぼつかなくなっている（Standing 2011）。

成熟した産業社会内においてすら、またこれらの金融危機以前ですら、すべての人が経済的安定性を感じていたわけではない。ホワイト・カラーの仕事は、戦後の繁栄とともに二〇世紀の大半で拡大したが、続く二〇世紀後半に起こったのは安定した工場労働の崩壊である。その結果、大幅に拡大した中産階級は残ったものの、日雇い労働や短期契約に頼る労働者の「プレカリアート」〔不安定なプロレタリアート〕が増加した（ホワイトカラー労働者と肉体労働者の両方において）。そして、雇用による収入では生活を維持できない下層階級が生まれた（Standing 2011）。社会が不平等であれば、しかも福祉サービスが包括的でなければ、その分だけ人口のかなりの部分が経済的に不安定な状態に陥りやすくなる。このような不平等の結果として、死亡率が高くなる。それと並行して、ホームレス、精神疾患、自殺、暴力など、社会の機能不全を示す他の兆候の発生率も高くなる（Wilkinson and Pickett 2009）。またこれから論じるように、人生最終段階ケア、安楽死、葬儀、悲嘆、中絶、死刑などに対する考え方も、脱希少性バブルのなかで生きる安定した人々とは大きく違ってくるだろう。

❸ 人生最終段階のコントロール

明日失業するかどうか、あるいは今年の収穫が振るわず家族が飢えるかどうか、まったくわからないような不安定な生活では、自分の人生をコントロールしているという感覚は生まれない。それどころか、運命論（Hoggart 1957）に傾くかもしれないし、神を信じたり、祖先を慰撫したり、呪術的儀式をおこなったりすることで加護を求めるようになるかもしれない。自分が無力だとしても、万能の神を信じることで、計り知れない安心感が得られるかもしれない。なぜなら、少なくとも誰かが物事をコントロールしていることになるからである。儀式が出来事に影響を与える力も安心感を与えるだろう。それと対照的に、一世代を超えて経済的安定性を経験してきた家庭では、自分の人生を自分でコントロールしているという感覚を持ちやすくなる。明日、来年、さらには一〇年先の状況を予測することができるため、十分な根拠があると感じられる選択や決断をすることができる。

もちろん、誰もがこのパターンに当てはまるわけではない。壊滅的な経済状況や政治状況を経験しながら他国への移住に成功した人のなかには、困難に直面しながらも自分の人生をコントロールしようという不屈の精神をいだいているために、このパターンに当てはまる人も確かにいる。彼らが移住した国が米国であれば、この個人的な不屈さは、誰でも成功できると断言する国民文化に支えられているだろう。また、近代社会でも日本やインドなどのように、宗教的儀礼が科学的・医学的技術と並んで、個人や共同体の加護のために定期的に活用されている国はたくさんある。

この二つの方向づけ（自分でコントロールしている感覚と、神や運命にコントロールを委ねている感覚）が、死にゆく経験に大いに影響しているという証拠がある。人生最終段階のコントロールに関する希望を六五歳から八五歳のカナダ人に尋ねたところ、「活動家」と「委任者」（という二つの型）が識別された（Kelner

1995）。委任者（中産階級と労働者階級に等しく見られる）は、人生最終段階ケアに関する決定を医師や神や運命に委ねる。活動家（中産階級と高学歴層に多い）は、自分の運命をコントロールする能力への自信をより多く持っている。そのため、医師の権威を無批判に受け入れずに自分で決断する傾向が強い。その違いを示すのが、次の二人の女性の例である。一人は次のように言う。「それは医師の先生たちにお任せします。自分の死に方をコントロールするのは罪です。運命を受け入れて、死ぬのを待つしかありません」。もう一人は次のように言う。「私は自分でコントロールしたいのです。これは私の人生ですから、私は選択をする立場でいるべきなのです」。ケルナー（Kelner 1995: 542）のコメントによると、「医療上の意思決定への消費者の参加を拡大しようという現在のイデオロギーは、明らかに……委任者たちにほとんど影響を与えていない」。北米では宗教的に敬虔な人ほど近代医学を信頼しやすいという証拠が広く確認されているが、これと一致する。

余命一年未満の六七～九八歳の在宅療養中のサンフランシスコ住民を対象としたもっと新しい研究（Romo et al. 2017）では「意思決定を他人に委ねるのが一般的」だという結果が出た。これによって、彼らは「決定をコントロールする立場にならなくても、コントロールの感覚を得る」ことができていたという。ケルナーと同様、研究者たちは自分たちの知見を「個人の自律を重んじているはずだという一般通念に異議を唱える」ものだと結論づける。個人の自律が強く感じられているはずだと予想するのは、きっとサンフランシスコでの調査だからだろう。では、その住民が長い人生の最終段階に直面する際に自律を表現しないのはなぜか。

一つ考えられるのは、この特定のサンプルが、個人の自律に価値を置く可能性が最も高い世代、つまり戦後ベビーブーム世代を代表していないということである。というのも、彼らはやっと今、老年期に入り始めたところだからである。もう一つの可能性は私の知る限り未調査ではあるが、それまでの人生でずっと脱物質主義者だった人でも、高齢者特有の虚弱によって基本的生存の心配を余儀なくされるということである。彼らは何時間も費やして、着替えをしたり、苦労しながらトイレに行ったり、洗濯したり、簡単な食事を準備したりしている。それぞれの動作のたびに休まなければならないことも珍しくない。少しでも動くと転倒する危険性があるので、介護はつねにずっと付いていなければならない。パーキンソン病の高齢の友人が私に語ってくれたところでは、「今まで自動操縦で飛行機を飛ばしていたのに、これからは一つ一つの動作を意識的に、手動でおこなわなければならないんだ。それはもう、とてもとても疲れる」といった状態である。一分ごとに、一挙手一投足に、破局のリスクがはらまれる。青年期や中年期に経験した個人的コントロールを支える身体的な安定性が損なわれている。この時点に至ってコントロールを他の人に委ねることは合理的であろう。

❹ 中絶と安楽死

中絶と安楽死は、許可するかどうか、許可する場合はどう許可するかを、各社会で決めなければならない非常に特殊な死の形態である。これらが犯罪に問われないようにしよう、または合法化しようという圧力が働く時期には、議会、社会、メディアにおいてかなりの議論が交わされうる。そうした議論は、世論や個人の態度を反映する、そして／または形成する。中絶や自発的な安楽死／幇助死は、自分の人生をコントロールしたい、支配したいと考える人に選択されやすい。運命や神の意志を受け入れる人が選択する可能性は低い。したがって、この二つの問題に対する態度は、経済的な安定感や不安定感と関連していると考えてもよいだろう。実際、明らかに、これらの問題いずれでも、脱物質主義者のほうが自由主義的《リベラル》な見解を支持する傾向がある。生き残りの心配をしながら生活している人は、運命論者になりやすい。彼らは脱物質主義者と異なり、保守主義的、あるいはファンダメンタリズム的な宗教と結びつく。こうした宗教は、生死が究極的には人間ではなく神の手に委ねられていると見なす（Cohen et al. 2006）。

経済的に不平等な社会ほど、希少性の価値観と脱希少性の価値観との分断が起きやすい。ということは、中絶と安楽死についても支持と反対との間で分断が起きやすいということだ（死刑、銃規制、自殺、エイズなど他の死生問題は言うまでもない）。高度産業国のなかで最も不平等な社会の一つである米国は、経済的に安定している者と不安定な者との間に深い分断があり、死生問題ではきわめて激しい対立をいくつか抱えている。それぞれの陣営は、しばしば相手の見解に反対するだけでなく、相手が真剣に信奉している見解を理解することすらできない。両者はまったく異なる世界に住んでいるのである。

この二極化は、ソーシャル・メディアの登場でさらに目立つようになった。検索エンジンは、ユーザーの閲覧履歴からユーザーに合うようなサイトをすすめる。たとえば、生命尊重《プロライフ》の中絶反対サイトの閲覧履歴がある保守主義的なカトリック教徒と、フェミニズム的な中絶賛成サイトの閲覧履歴がある自由主義的なエピスコパリアン〔監督教会信徒〕がいるとする。彼らが、同じ検索語を入力すると、コンピューター、タブレット、電話はまったく別のサイトのリストを提示する。それらはそのユーザーが元から持っていた見解を支持するものである。さらに悪いことがある。従来メディアの時代には、右翼タブロイド紙の読者はリベラル大型紙と異なる内容を読んでいると自覚していた。オンラインではそれと異なり、カトリックとリベラルは異なる情報を送信されていることに気づかないかもしれない。そのため、お互いに理解できず、軽蔑の念をいだくようになる。それゆえ、次のような思いが募ってくる。「私が知っていることは彼らにも送られていて、彼らも知っているはずなのに、どうしてそんなことを信じるんだ！」と。しかし、オンラインで彼らが読むものと私が読むものは同じではない。だから、彼らが知っていることと私が知っていることは同じではないのだ。

❺ 意味の探究

緩和ケアは、ホリスティックであることを目指し、身体的なニーズだけでなく、スピリチュアルなニーズ、心理的なニーズ、感情的なニーズをも包括的にケアしようとしている。少なくとも英語圏で、緩和ケアはスピリチュアリティを「個人的な意味探究」と定義している。一部の人しか信奉しない宗教とは異なり、この探究は根源的で普遍的なものだと考えられている（Bramadat, Coward and Stajduhar, 2013）。しかし、本章の観点から見ると、個人的スピリチュアリティは脱物質的なものに見えてくる。この数千年間、ほとんどの人間は生き残るのに必死だった。彼らが受け入れてきたのは、自分たちの社会で共有される信念や儀式である。なぜならそれは、物質的に不安定な世界で生きるための安定した枠組みを提供してくれるからである。物質的な安定性が保証されて初めて、人々は自由になる余裕ができ、独力でどこまでも生の意味を探究する余裕ができる。もちろん歴史をくまなく見渡せば、これを独力で成し遂げた例外的な個人も出てきている。しかし、ここではその他大勢の人々について、そして彼らに課される文化的規範について論じている。一人ひとりが生の意味を自分で考えるべきだという規範はごく最近に生じた。そしてそれは、脱物質的な状況に位置づけられている。これが私の言わんとすることである。

この見方を取れば、個人による意味の探究とは、外より押しつけられた意味からの積極的な解放だと言える。あるいはもっと消極的に、難問を突き付けてくるものだと言うこともできるだろう。実存的な安定性——「人、物、場所、自己感覚が、多かれ少なかれ一定している」という信頼（Lagerkvist 2017: 102）

――が、かつては存在した。それが、近代性による伝統の侵食（第五章）、具体的には消費社会、社会的・地理的な移動、二〇〇八年以降の緊縮財政のもとでの不安定雇用《プレカリティ》によって突き崩されているとも言える。実存主義的なメディア研究者であるアマンダ・ラーゲルクヴィスト（Lagerkvist 2017: 107）にとって、人間は自律した主権者ではない。「時にはつまずき、転び、誤解し、苦労し、弱く、傷つき、言葉を失い、解決策を見出せない。だが人間は、究極的意味、共同体、サポート、充実感に満ちた瞬間を経験する」こともありうる。問題は、これがラーゲルクヴィストの言うようにまさしく人間の条件なのか、それとも私がここで提案しているように、どちらかと言えば脱物質的な条件なのかということである。彼女は、スウェーデン、おそらく究極の脱希少性社会の出身なのだから。

答えが何であれ、明らかなのは、脱物質的価値観を育むような生い立ちや訓練を経てきた緩和ケア従事者が、スピリチュアル・ケアについて、患者たちの多くとかなり異なる理解をしている可能性があることだ（Garces-Foley 2006b）。緩和ケアに関わる一部のスタッフたちは、スピリチュアル・ケアを自分の仕事に不可欠なものと考えている。その場合のスピリチュアル・ケアとは、患者が生と死について自分なりの意味を見つけられるように支援することだと理解されている。だが、彼らには宗教についてのリテラシーがない（Pentaris 2018）。臨床の現場で、このような違いにどう折り合いを付けているのかについては調査が待たれる。

西欧以外の地域では、状況が往々にして異なる（Coleman 2016）。共産主義時代後のセルビアでは、日々の生き残りが住民の大部分にとって関心事であり続けている。そのような状況のなか、伝統宗教が復活している。復活した国民的アイデンティティを支えるための宗教復興には留まらない。死との個人的な出会いの場面においても宗教が復活しているのである（Pavicevic 2015: 119）。東アジアを見渡すと、社会が脱植民地化し、都市化するにつれて、先祖祭祀が発達したり（Endres and Lauser 2011）、あるいは目に見える物質世界がすべてだという世俗的な考えに置き換えられたりしている（Reader 2012）。個人個人が自分自身の死生観を形成するよう求められているという考えは、世界的には多くの場所で不可解な考えなのである。

❻ 葬儀

第三章で論じたように、社会的地位が安定しているとはとても言えないような家が、経済的に立派だと見られるために、葬儀（と結婚式）でかなり浪費する傾向がある（可能な範囲でだが）。家族が定住し、経済的に安定してくると、葬儀で経済的・民族的な地位を誇示する必要はもはやなくなる。その代わりに、故人の個性を祝福するための手段として葬儀が用いられるようになる。だが、脱物質的な葬儀は故人のユニークさだけでなく、別の事柄をも誇示している可能性がある。ここでは二つの事例を挙げよう。一つは米国における火葬、もう一つは緑地葬である。

スティーヴン・プロセロ（Prothero 2000）の米国火葬史は、なぜ米国の二〇世紀中盤の火葬率が他の先進国のほとんどと比べてこれほどまで低かったのか、なぜ一九七〇年代になってやっと少しずつ上昇したのかを問題としている。プロセロによると、火葬はベビーブーム世代の多くが持っていた反物質主義的、環境主義的なスタイルに合っていたという。（ベビーブーム世代は二〇世紀末から親の葬儀を執りおこなうようになり、彼ら自身は相当数がまだ死を迎えるに至っていない。）なかには、ジェシカ・ミットフォード（Mitford 1963）による世紀半ばのアメリカ的死の様式に対する厳しい批評を読んだことのある人もいただろう。彼女が反響を呼んだのは、業界の価格設定が戦術的だということを明らかにしたからというよりも、製品が粗野で、大げさで、バロック的だということを明らかにしたからだった。肉体労働者や第一・第二世代の移民にとっては、キャデラックに（死後に！）乗ることが素晴らしいと思われるかもしれないが、金銭的に安定していて、長く定住しているアメリカ人にとってはそうでもない。「世紀末の火葬の成功は、それが安いからではなく、安っぽくない not tawdry[*2] からであった」（Prothero 2000 : 210）。

もう一つの脱物質的な人生の締めくくりは、緑地葬ないし自然葬である。この場合、遺体は防腐処置なしに、生物分解性の高い棺に納められ、墓標をなるべく小さくし、または墓標を設置せずに、森林や草地に埋葬される。この主旋律に対する変奏曲がいくつかの国で提供されている。ヨーロッパのいくつかの国と日本（Boret 2014）で自然葬と言えば、〔火葬された〕灰を墓標なしに自然環境のなかに埋めることである。自然葬は従来の土葬に比べてまったく安いどころではないだろうし（Sloan 2018）、希望の埋葬地へ服喪者が長時間運転しなければならないとすると、従来の土葬や火葬と比べてもより多くの二酸化炭素を排出することになりかねない。人間のような大型哺乳類にとって完全に自然な唯一の遺体処理法とは、地面に寝かせて捕食動物や昆虫の成虫・幼虫に食べさせることである。それを自然葬のファンは誰も推奨していない！　つまり、自然葬とは他のすべての種類の埋葬と同様、文化的なのである。たとえ資源消費をいくぶん少なく抑えるとしても、そこは変わらない。重要なのは、脱物質的でエコロジカルな価値観を表象するシンボリズムなのである。

❼ 死別

スーザン・レピドヴィン（LePoidevin 未公刊）は、その教材のなかで喪失の複数の次元を同定している。アイデンティティの次元（当事者の自己概念、価値観、自尊心）、感情的次元（感情の平衡、自分の感情をどう表現したか）、スピリチュアルな次元（喪失に与えられた意味、宗教的慰め、悲痛）、実践的次元（新しい課題の学習）、身体的次元（健康への影響）、ライフスタイルの次元（家を引っ越したり、働き始めたりする必要）、家族／共同体の次元（家族／共同体での役割の変化）。彼女は、物質的な次元を取り立ててリストに載せていないが、実践的次元とライフスタイルの次元に含まれるだろう。私は別のところで論じたが（Walter 2017b）、文化のなかで喪失のどの次元が認識されるかは、経済のあり方で決まる。

生き残りぎりぎりのところで生活している多くの人にとって、死別によって真っ先に困るのは物質的なものであろう。これをはっきり示しているのが、セネガル都市部における死別に関する最近の研究である。稼ぎ手の喪失とは、ある子どもたちにとっては学校に行けなくなることを意味する。制服を買う余裕がなくなるかもしれないし、働きに出なくてはならなくなるかもしれない。西洋の何不自由ない服喪者と異なり、遺族は調査者たちに自分の感情を説明する言葉をほとんど持っていなかったという。「大変だった」としか言えないことも珍しくはなかった（Ribbens McCarthy et al. 2018）。

もう一つ悲惨な喪失の例を挙げるなら、難民たちがいる。彼らは伴侶、親、子ども、祖国を亡くして大変な喪失感を抱えている。それでも、生き残ろうとする限り優先度の高い無数の現実的な心配事に対処しなければならない。この記事を書いている時点で、何千人もの移民がサハラ砂漠を越え、さらに地中海を渡ってヨーロッパに辿り着こうとしている。家族は、移民がヨーロッパに着いて仕事を見つけた後の将来における送金を頼りに、多額の借金をして渡航資金を調達しているかもしれない。移民が途中で死亡した場合（実際多くの移民がそうなっているように）、家族は死別を経験するだけではなく、無一文のまま希望もなく残される。

経済的に安定してくると、感情的次元こそが悲嘆の「実体」だと優先的に取り上げられるようになる。二〇世紀の悲嘆についての心理学やカウンセリングの大部分での扱いは、そのようなものだ。決められた儀式ではなく、個人的な話し合いやセラピーを通して悲嘆の感情を探ることは、文化として受け入れられ、そうするべき規範にまでなっている（Wortman and Silver 1989）。対照的に、生き残ることで精一杯の状況では、実生活上の心配で頭がいっぱいになってしまう。そこにしばしば付け加わるのが、文化的に期待されるストイシズムである。それは意識的に感情を保留の状態にする（Stroebe and Schut 1999; Merridale 2000; Jalland 2010）。

❽ 英雄物語

イングルハートは脱物質的価値観への移行を進歩と見なし、それが民主主義を助長すると見ている。ここまでの数パラグラフにおいてさまざまな例で説明してきたのは、生き残りで精一杯の状態から経済的安定性を感じられる状態へ移行すると、人々の死とその過程と喪失への対処法も根本から変わるということである。重要なのは、このように死とその過程が「脱希少性」の段階に移行することは、「死の認知運動」に関わる多くの人にとっても進歩と見なされているということだ。医師の命令を受動的に受容させるのではなく患者の自律を尊重しよう、緩和ケアにおいて全人格（スピリチュアリティを含む）に焦点を当てよう、個性重視の葬儀をおこなおう、悲嘆の感情を表現しよう、などである。これらはすべて、緩和ケアや死別ケアに携わる人々が考える「良い死」の構成要素である。患者やクライアントや顧客がそれを望んでいるかどうかは関係ない。死の認知運動は、脱物質的な〔価値観を持つ〕運動なのである。この運動については、本章の終わりにかけて掘り下げてゆこう。

2　リスク社会

しかし、後期近代における安定性、不安定性、リスクについては、これより英雄的ではない見方もある。マルクス主義が不平等と不安定性を近代性に固有のものだと注意喚起したのに対し、エコロジー思想は、古いリスクがいくつか根絶されても新たなリスクが生まれるという状況の全体に光を当てる。暴力が非常に長い時間をかけて減少する傾向にあるという証拠は相当ある（Pinker 2012）。だが、近代性が暴力のなかで生まれたことも事実である。たとえばイングランド内戦、フランス革命、アメリカ南北戦争から二一世紀に至るまでの、解放のための内戦の暴力がある。また、グローバルな貿易による暴力もある。これは直接的には奴隷貿易を通じての暴力だが、間接的には植民地支配や新植民地主義的な支配[*3]を通じても起こっている。本稿執筆時点（二〇一九年）では、とりわけ中東における戦争や内戦により、第二次世界大戦以降のどの時代よりも多くの難民がヨーロッパで発生している。かつては、超大国がグローバル・サウスで代理戦争をおこなうことで暴力の外注に成功していた。だがいまや暴力を生き抜いた者が、数百万人規模で豊かな国の国境に押し寄せているのだ。

一方、近代性がもたらした環境問題は、刻々と新たなリスクを生み出している。逆説的ではあるが、これらのリスクは近代科学によって初めて明らかになることが多い。たとえばオゾン層の穴の発見や地球温暖化の記録の蓄積などである。さらに、製造業がヨーロッパや北米から、世界のなかでも労働力の安い地域に移るにつれて、グローバル化の政治的リスクも浮上している。第一世界の産業空洞化地域である「ラスト・ベルト」〔錆びた地帯〕に取り残された人々の多くは、政治的エリートがもはや自分たちを代表していないと思っている。このことが、二〇一六年に、米国ではドナルド・トランプの劇的な当選に、そして英国ではＥＵ離脱を決めた国民投票につながった。

国際労働機関は権利について語り、国際連合はヒューマン・ニーズについて語る。片や、そのいずれよりも強力と言える世界銀行（World Bank 2013: xii）は、リスクに焦点を当てる。リスクを管理することと、起業のためにリスクを取ることの両面である。「リスクに対するレジリエンス〔弾力性〕を培うことは、繁栄を実現するために不可欠である。……取り組む困難が自然災害であれ、パンデミックであれ、また金融危機、共同体レベルでの犯罪の急増、家計を支える人の重病であれ」。ウルリッヒ・ベックの『リスク社会』（Beck 1992）は、リスクについての先駆的な社会学のテクストだが、近代性がリスクを作りつつリスクを管理することを迫られるという、その両面を分析している。

後期近代世界がリスク管理に躍起になっているのは、世界が潜在的により危険になったからなのか、それとも私たちが以前よりもリスクに意識的になったからなのか、という問いが重要になってくる。ブリュノ・ラトゥール（Latour 2003: 36–8）は後者について次のように論じている。

「リスク」という言葉が意味するのは、今日の人々が以前よりも危険な人生を送るようになったということではない。それは生命表〔ある年齢における平均余命をまとめた表〕を丸ごと無視することになるだろうし、近代特有の、巧みに作られた飢餓の苦しみでなお死んでいっている大衆への侮辱になるだろう。……「再帰的」とは統御力や認知度の増大を示す言葉ではない。むしろ、統御が不可能であり、行為へのコントロールがいまや完全な近代主義的フィクションと見られているという自覚の高まりを示す言葉にすぎない。

「リスク」についてだが、その言葉は、私たちが前より危険を冒すようになったということを意味するものではない。近代主義は、過去の泥沼からの引き上げを夢見させた。にもかかわらず、いま私たちは脚を絡め取られているということを意味するのだ。

私たちは決して近代的であったことはない。近代性は決してその所業を正確に記述してこなかったのだから。それは自然をコントロールしていると信じていたにすぎない。

たとえば産業革命は植民地の搾取にもとづいていたとか、経済成長はこの惑星を台無しにしたとか、そのような副作用および外部への影響を無視することによって、近代性は自然を英雄のように統御したという印象を与えてきた。ラトゥールが言うように、「近代人たちの信じられないような自由と創造性は、左手がなしていることを右手が知らぬ顔をする能力によってもたらされたものでしかない」(Latour 2003: 40)。エコロジー的思考はすべてのものがいかにつながっているかを明らかにするので、そのような知らぬ顔をすることが今ではどんどん難しくなっているのである。

❶ リスク忌避

物理的、社会的な環境が安全になるにつれて、リスクへの自覚だけでなく忌避感も増大する (Furedi 2002)。保健と保全のための立法のおかげで職場は安全になったが、同時に個人の自発性が抑えられているかもしれない。児童や弱っている成人を相手に仕事をする人全員の逮捕歴の調査を義務づけることは、虐待の可能性があることが意識されるようになったためである。だが、そのような意識が、ボランティアや隣人の結びつきや、見知らぬ人への自発的支援を抑える可能性もある。

これが人生最終段階ケアにもたらした変化について、英国でいくつかの研究がある。たとえば家族以外の人が死にゆく人と接触する場合には要件がある。それは、訓練を受けていることと、言わずもがなだが警察チェックを受けていることである。これは隣人や友人との関係にどのような影響を及ぼすだろう。まるでケアは専門職者の領域か、家族の領域のどちらかだと定義しているように見える。だが、専門職者は比較的時間の余裕がないし、家族は疲れ切っているかもしれない。リスク忌避の傾向がある医療専門職者は「彼らの」患者が、家族でもなければ専門職者でもない人間に支援されることを警戒する可能性がある。これについて不満を覚えるボランティアは次のように述べている。

私たちは医療をリスク忌避と……官僚制のなかに押し込んでしまったのです。看護師が「私はこれとあれについてはよくわかりません」と言うほどです。でも、せめてこれはわかってほしい。もう何百年も前から、人は他人の家へ行ってお茶を飲んでいることを。

（Zaman et al. 2018: 142）

インドの緩和ケアで、共同体単位での活動を推進するリーダーであるスレッシュ・クマールは、次のように述べている。

普通の人々が持っているさまざまな潜在能力《ケイパビリティ》を活用する余裕がないシステムは、「低開発」のシステムです。というわけで、私はヨーロッパ諸国の医療システムを「未開発」と呼んでいるのです。

（未公刊、Zaman et al. 2018: 142 で引用）

リスク忌避システムが育むのはリスク忌避メンタリティである。ザマンらが恐れているのは、このメンタリティがさらに、それまでの人生では当たり前だった自由に流れるような慈悲を、人生最終段階を迎えている人に対して抑えてしまうということである。

ミラー（Miller 2017）は、イングランド農村社会の人々が、人生最終段階において通信メディアをどのように使っているかについての民族誌を書いている。そのなかで、彼はリスク忌避のもう一つの現れ方に問題を感じるようになった。それは患者に関する守秘義務に医療組織が強迫的にこだわることである。ミラーは「病気そのものを除けば患者を害する唯一の主要因」（p. 214）だと結論づけた。彼は緩和ケアのスタッフたちが守秘義務の規則によっていらだちを覚えていることに気づいた。規則のせいで、患者の情報を専門職者の間で共有することが難しくなっている。異なる機関に所属する職員、夜勤職員、NHSに属していないホスピス職員など、これらの人々は誰も、患者のカルテを必要なときに見ることができない。患者を守るように設定されたのに、「守秘義務」は逆の働きをしていた。専門職者たちはこの種の事例をいくらでもあげられたが、そのような規則によって患者が守られたという事例は一つも思い出せなかった。一九五〇年代に、ホスピス運動の創始者であるシスリー・ソーンダーズは、医師たちが嗜癖性を理由に死にゆく患者にモルヒネを投与しないことへ異議を申し立てた。ソーンダーズは、死にゆく人にとって嗜癖のリスクは問題ではないと指摘した。六〇年も経ったのに、緩和ケアで働いている人々は（患者は言うまでもなく）、患者のリスクを減らそうとして実際には増やしている慣行と今なお闘っている。

3　死の認知運動

イングルハートは、希少性から脱希少性への転換を歓迎する。彼にとって、それは近代性の偉大な勝利を表象するものである。ベック、ラトゥール、フレディその他のリスク論者たちは、勝ち誇った近代主義からリスク社会への移行に関してはもっとずっとアンビヴァレントである。とはいえ、これら非常に異なる理論はそれぞれ、死の否認・商品化・医療化に異議を申し立ててきた死の認知運動を理解するのに役立てられる。

最初のリスクは第一章で見たが、生命を脅かす感染症である。それは歴史を通じて、少なくとも人口の半分を早死させてきたが、近代性はそのコントロールに成功してきた。癌やとりわけ心臓病などの非伝染性疾患の減少は、現在では少しずつ成功しつつある（もっとも、近代的な生活がこれらを蔓延させたのだが）。また、死の医療化によって作り出されるリスクとしては、非人間的な病院死がある。これは多くの人の死にゆく過程においては、主体性の喪失を意味する。つまり、野菜のように生かされ続けることであり、望まない虚弱や認知症を抱えた先の見えない老年期への生命拡張である。死神との物理的な戦いにおいては成功を収めたものの、そこには社会的、心理的、霊的《スピリチュアル》、経済的な代償が伴った。近代医療システムのなかでも相当な割合が、人生最後の数ヶ月に充てられている。だが、最後は、生命維持装置につながれて家族や友人から孤立させられた状態で死んだり、あるいは認知症高齢者のための収容施設で死んだり、といった具合で人生を終えることになる。家族や友人や医療労働者は医療官僚制と格闘している。その規則と慣行は患者の幸福感を抑え、希望を表明しても阻んでしまう。新自由主義的な医療システムが提供する「選択」は、患者や家族の望みよりも、法的、財政的な制約を反映したものかもしれない。人生を通じて行為主体性を行使してきた人々が、その死に際においては行為主体性を否認される。その結果、脱物質主義者たちは、本当は頼りにしていない医学的・医療的システムに頼らざるをえなくなる。近代的な死の過程がはらむ問題とは、リスク社会に典型的な問題である。そこでは、近代性が新しいリスクを作り出し、それを管理することが強迫になってゆくのだ。

死の認知運動は全体としては、近代の医療化された官僚的な死にゆく過程が引き起こす物理的、心理的、社会的、スピリチュアルなリスクへの応答である。運動の担い手たちは、より人間的な死に方を創造しようと試みる。これは明らかに、ホスピスケア・緩和ケア運動が目指しているものである。それはまた、死の権利運動が事前指示書の推進者とともに目指しているものでもある。そして、デス・カフェが目指すのは、自由な空間を提供して、人々が死とその過程について草の根のコミュニケーションをおこなう機会を、医学・市場・メディアの枠から取り返すことである（Fong 2017）。

この点をベックとイングルハートの理論はよく説明してくれる。というのも、死の認知運動は（私の目から見ればだが）、リスク社会への脱物質主義的な応答であるからだ。この運動は、話すこと、スピリチュアリティ、心理的な幸福感、良い死の実現に焦点を当てる。つまり、近代性は死と喪失を周縁化したのだが（主に男性による）、それによって生じたリスクに脱希少性が応答したのである（大部分は女性による）。英米あるセルビアの民族学者は、死、強制退去、内戦にあまりにも慣れきっていたが、私にこう言った。英米の死の認知運動は、死に不慣れ（Ariès 1981）になってしまったかなり安全で安定した社会だからこそ起こる反応だと考えている、と。このような社会は、人生最終段階ケアのプラン、事前指示書、死にゆく過程での自己実現などという贅沢が許される社会である。彼女は、この運動の価値観や方針が、生き残ることに精一杯であるような世界のある地域、あるいは豊かな社会でも、そこだけは例外的に生き残ることで精一杯という地域に、すんなりと翻訳できるだろうか、と疑っていた。

　フランシス（Francis 2019: 97）がアメリカの死の認知運動について観察しているように、そのリーダーたちは「中流階級で大学教育を受けた白人女性である。（彼女たちは）死にゆく過程についての会話を、社会の周辺に位置する共同体へ持ち込もうと熱心だが、会話がすでにおこなわれているのを認識できていないことがある。この運動をどのようにしたら「黒人の命を大切に Black Lives Matter」の死に関する活動と関わらせることができるだろうか。アフリカ系アメリカ人の多くが心配しているのは、一〇代の息子が警官に射殺されるリスクであって、高齢者の死の過剰な医療化ではない。メキシコでは多数の母親が、自分の子どもが麻薬の暴力に巻き込まれることを恐れている。都心に住む英国人は、自分の息子が他の一〇代の若者に刺されるのではないかと不安に思っているかもしれない。そして、刃物による傷害事件を減らすことができない自分の無力さにやきもきしている。このような共同体の多くでは、老年期まで生きて癌になって病院で死ぬことは、リスクではなく感謝すべきことである。それゆえ、一〇代の暴力的な死に対する言及に比べると、こうした死に方への言及ははるかに少ない。デス・カフェに集う脱物質主義者たちの死への関心とのコントラストは、これ以上ないほど際立っている。暴力、薬物の過剰摂取、飢餓などによる死は、死の認知運動の課題にはそぐわない。なぜならこの運動の課題は、死すべき運命（可死性）に対する実存的不安を、自分だけの自然で自己表現的な死のカスタマイズへの期待に転換しようとするものなのだから（Lofland 1978）。その一方で、英国の日の当たらない冷たい橋の下でホームレスとして死んでゆく人々、サハラ以南のアフリカにおいてエイズで死んでゆく人々、介護施設において認知症で消えゆくように亡くなる人々に果敢にもサービスを提供するホスピス・ワーカーもいる。

4　結論

本章では「高近代性 high modernity」について考察してきた。とくに経済的安定性が感じられるようになると人々の価値観がどのように変化するのか、そしてそれが不安定な生活を送り続けている人たちとどのように異なってくるかを考えてきた。二つの理論が援用された。一つは脱物質主義論である。それによれば、経済的安定性によって人々は自由になり、自己表現的になり、個人的な自己充足に関心を寄せ、自分の人生を自分でコントロールしたいと思うようになる。こうした課題が、緩和ケアや死別ケアの目標、および安楽死や中絶に関する自由主義的な見解と共鳴するのは明らかだ。しかしながら、社会が経済的に不平等になるほど、こうした問題についての分断が目立つようになる。

もう一つの理論は「リスク社会」論である。近代性によって生じたリスク（環境、健康、人間の魂へのリスク）が高近代において強迫的に管理される状況を、リスク社会論はより悲観的にとらえる。死の認知運動は、近代的で官僚的な医療によって引き起こされる死の過程の質を脅かすリスクを特定し、それを管理しようとする。そのために、人生最終段階ケアを人間的なものにし、個性的表現、個人の自律、個人的スピリチュアリティを重視する脱物質主義的な価値観を挿入する。これは西洋の裕福なベビーブーム世代に歓迎されるかもしれない。だが、ラスト・ベルトのアメリカ、薬物にさいなまれるメキシコ・シティ、地中海からヨーロッパへと難民を乗せてこぎ出す洋上航海に適さないボートには、自分自身と子どもの生き残りで精一杯の人々がいる。彼らに脱物質主義的価値観を植え付けようとするのはまったく的外れだ。こうした人々も近代性の一部だし、近代的な死に方の一部をなしている。

読書案内

- Beck, U. (1992) *Risk Society: Towards a new modernity*. London: Sage.
- Cohen, J., Marcoux, I., Bilsen, J., Deboosere, P., van der Wal, G. and Deliens, L. (2006) ‘European public acceptance of euthanasia: socio-demographic and cultural factors associated with the acceptance of euthanasia in 33 European countries’, *Social Science and Medicine*, 63 (3): 743–56.
- Garces-Foley, K. and Holcomb, J.S. (2005) ‘Contemporary American funerals: personalizing tradition’, in K. Garces-Foley (ed.), *Death and Religion in a Changing World*. Armonk, NY: M.E. Sharpe, pp. 207–27.
- Inglehart, R. (1981) ‘Post-materialism in an environment of insecurity’, *American Political Science Review*, 75: 880–900.
- Inglehart, R. and Welzel, C. (2005) *Modernization, Cultural Change and Democracy*. New York: Cambridge University Press.
- Kelner, M. (1995) ‘Activists and delegators: elderly patients’ preferences about control at the end of life’, *Social Science and Medicine*, 41 (4): 537–45.
- Ribbens McCarthy, J., Evans, R., Bowlby, S. and Wouango, J. (2018) ‘Making sense of family deaths in urban Senegal’, *OMEGA - Journal of Death and Dying*, 25 October.
- Wilkinson, R. and Pickett, K. (2009) *The Spirit Level: Why equality is better for everyone*. London: Allen Lane.

議論のための問い

- 死に方における選択、自発的安楽死、個性重視の葬儀、死別経験者の感情的欲求の表現は、経済的に不安定な家族や社会では滅多に評価されない。別の事柄のほうが優先されるからだが、それは何だろうか。
- あなた自身の国において、経済的不平等は、死とその過程と喪失に関わる態度や慣行にどのような影響を与えているだろうか。

第七章　物理的世界

近代性は、かなりの程度まで自然を飼い慣らしてきた。とはいえ、物理的世界は依然として、人間行動にとって非常に現実的な制約を課すこともあれば、可能性を与えることもある。人間は物理的、社会的な環境のなかで行為する。というのも、身体を有しているからだ。それは人生最終段階でも当てはまる。それ以前の人生と変わりはない。死は、社会的、霊的、実存的であるかもしれないが、同様に還元不可能なまでに物理的である。社会的、経済的、政治的な要因は、死に至るリスクに大きな影響を及ぼす。だが、死にはつねに直接的死因がある。死にゆく過程は、ある空間を占める身体において経験される。このことは、その空間が、小さなアパートであれ、病院のベッドであれ、大量殺戮の現場であれ、変わることはない。死体は処理されなければならない。死後生ですら、地理的、物理的に想像される。死はここからあそこへの旅として想像され、天国はある一つの場所として想像され、生まれ変わりはある別の身体になることとして想像される。

1　死者を処理する

物理的環境は、死者の伝統的処理法の形に明確な影響を与えてきた。エジプトやアンデスの空気は非常に乾燥していたため、自然に死体を乾燥させてミイラにすることが可能となった。ユダヤ教やイスラームなど高温気候のなかで生まれた宗教は、二四時間以内に遺体を土葬するのが一般的である。一方、北極圏に住む人々は、冬に亡くなった人の遺体を、土葬ができる春まで保存するかもしれない。海で死んだ人は、つい最近まで海に葬らなければならなかった。遺体処理は物理的な事柄なので、物理的環境によって処理の形態が制限されるのは驚くことではない。

物理的環境は、死後生の概念形成にも影響する。「死は川を渡る旅である」という考えは、メソポタミアやエジプトなどの大河文明で生まれた。[1] 砂漠で生まれた宗教であるイスラームでは、（死後に信仰者がおもむく）楽園を庭園として、すなわち乾燥地に囲まれたオアシスとしてとらえるようになった。聖書では、天国は庭園としても描かれるし（原初の「エデンの園」を参照して）、都市としても描かれている（おそらく聖都エルサレムにもとづいて）。天国の風景が、生者が耐え忍ぶ風景と、楽しむ風景の両方で描かれるのは不思議ではない（Tuan 1974）。

ある程度まで、近代の科学技術は、環境の制約を部分的にすり抜けることが可能である。機械式掘削機は、岩だらけの凍結した地面を掘る作業を軽くすることができる（とはいえ、作業そのものはまったく楽ではないが）。冷蔵庫は、高温気候での遺体の長期保存を可能にする。高速の船舶用エンジン、ヘリコプター、飛行機のおかげで、海上で亡くなった遺体でも家へ搬送することができるようになった。とはいえ、文化的に適切な死体処理の要件についての通念が、とくに宗教で守られていると、近代的技術で元の環境由来の実行理由が無用になってから何世代も（無際限ではないとしても）続く可能性がある。西アフリカの一部地域における死者のための冷蔵施設のように、近代的技術が取り入れられると近代性の証として珍重されることもある。あるいは、実利的な観点から見ると、大家族が世界中に散らばっていても、冷蔵庫があれば、全員が参列できるようになるまで葬儀を遅らせることができるという面もある。

2 制約はするが決定はしない

環境が人間の行動を決定することはほとんどない。むしろ多くの場合、環境は制約し、限界を設け、ある一連の行為を比較的容易にし、他の行為をより困難にする。あるいは、環境が行為の可能性を暗示することもある。おそらく、ミイラ化は、気候によって死体が乾燥するような地域で出来上がった「自然の」ミイラから始まったのだろう。しかし、この方法はアンデス高地では採用されたものの、同じように凍てついた岩だらけの木のないチベットの高原では採用されなかった。そこでは土葬も火葬も難しいため、代わりに空葬という選択肢が好まれるようになった。つまり、ハゲタカやその他の生物によって食べ尽くされるよう遺体を野外に放置する方法である。また、純粋に環境面から見たら不必要に困難に見える慣行に従事している社会もある。インドネシアのスラウェシ島のトラジャ族は、その湿った熱帯性気候から、素早い土葬ないし火葬が望まれるのに、きちんとした葬儀をおこなう余裕ができるまで、数ヶ月から数年かけて遺体を乾燥させ、ミイラ化させている。その間、遺体は家族の一部であり続ける。トラジャの遺体安置の習慣は人類学的な研究の対象となってきたが（Tsintjilonis 2007）、今日では観光客をもひきつけている。

❶ 西洋の土葬慣行

土葬を伝統的におこなっている国で、土地不足は慣行に影響を与えているが、決定的とまでは言えない。一九世紀のヨーロッパと北米では、急速な都市化による人口爆発で土葬用の土地が激減したが、これに対して三つのまったく異なる対策が講じられた。

ヨーロッパの大陸側の国々の対策は、古くは中世で臨時におこなわれていた墓の再利用という慣行の制度化であった。墓掘り人は何世紀も続いた慣行に従って、骨が掘り出されると、すぐ別の場所へ移した。それに代わって、新しい合理的な慣行は、一定の年数、墓リースを提供するというものだった。その年数は、遺体が腐敗して分解する年数、その後なら墓の再利用が可能になる年数である。墓リースの期間の満了時に、家族が希望すれば期間を延長することもできる。これは、現在も続く持続可能なシステムとなっている。

ヴィクトリア期の英国は、それに対して、遺体を恒久的に安置できる大規模な郊外墓地を新たに開発することを選択した。それぞれの共同墓地が一杯になり、都市がその周囲を侵食すると、共同墓地は自然やモニュメントで一杯のレクリエーションと品性向上の楽園に進化するよう計画された。そして、新たな郊外墓地は新しくできた都市周縁部から始まることになっていた（Loudon 1981）。残念ながら、人々がそこを訪れたいという意欲は低下していった。記憶が薄れたということもある。加えて、都市公園を作る運動が、日曜日に散歩する人たちを獲得する競争を仕掛けてきたということもある。家族が興味を失うと墓のメンテナンスがおろそかになり、また販売される墓地区画の数も減少してきた。破産する共同墓地も出てきた。地方自治体が買い取ることになり、火葬を推奨した。これは、土葬による資金逼迫を解決するという実用的理由からである（Jupp 2006）。

米国はまた違っていた。英国と同様に広大な郊外墓地を選択したのだが、共同墓地の所有者と管理者は、アメリカの家族たちが居住地を転々とするので、自分たちで墓を手入れできないことを知っていた。そこで区画の値段に、墓地会社による維持費をまかなうだけの金額を織り込んだ。このような状況で、芝生墓地は当初から不在家庭を念頭に置き、墓石を付けず、墓地会社によるメンテナンスを安く、簡易なものとした（Sloan 2018）。

❷ アイスランドの火山

環境は埋葬だけでなく、他の死生の慣行の形にも影響を与えうる。数年前、休暇でアイスランドに滞在したとき、多数ある火山の一つに上ろうと計画した。登山前に宿泊していたホテルでは、山にいる間に火山活動の予兆が表面化した際にどうするべきか、観光客にかなり明確な案内を提供していた。一四項目の避難プランは一つの言葉に集約できるものだった。「とっとと山から離れろ！」である。その晩、私はホテルの若いウェイトレスに、火山が噴火の兆候を見せたときに実際にどうしてきたかを尋ねた。約一〇年間隔でそうしたことは起こっていたからである。彼女は隣の牧場に住んでいることがわかった。「オートバイのヘルメットをかぶって、四輪バイクに乗って山に向かって、馬や羊を山から降ろすのよ」と彼女は答えた。これにはきちんとした理屈がある。生計 livelihood の手段である大切な家畜 livestock がすべて死んでしまったら、自分の命 life を守る理由などあるか、というものである。同様に、観光客へのアドバイスにも理があった。観光客の死亡事故だけは、この地域では起きてほしくない、と。つまり、定期的に噴火しているこの火山に対して人間がどのように対応するかは、その人が農民であるか観光客であるかによって異なってくるのである。

❸ 家

環境は物理的であるだけでなく、社会的でもある。「家」はその最たるものであろう。家の意味はさまざまで、時間とともに変化する。とりわけ人生最終段階ではそうである。西洋諸国のいくつかでおこなわれた調査によると、少なくとも調査時に健康な人は、できれば家で、家族に囲まれて死を迎えたいと考えている。これは、多くの非西洋人が「良い死」と捉えていることでもある（van der Pijl 2016）。例外はシンガポールである。小さな島に人が密集しているこの都市国家では、ほとんどの人が住宅開発局（ＨＤＢ）の高層街区にある小さなアパートを購入する。ＨＤＢのアパートを購入する資格は、成人しても結婚するまでは与えられない。そのため、二〇代や三〇代の独身成人が親のアパートに住み続けることは普通である。家の中は密集しているので、ほとんどのシンガポール人は外で食事をしたり、酒を飲んだりして交流を深める。同じ理由で彼らは、外に出て死ぬこと、つまり病院死が望ましいと考えている。

3　現在のハザード

科学的な技術・技法によって、伝統的な環境リスクは軽減されたかもしれない。またいくつかの環境的制約（昼夜の別、歩いて水を汲みに行かなければならないことなど）も解消されたかもしれない。しかし、近代性においても、物理的環境は従来通り生命にとってのリスクをもたらし続けている。本節ではそれを探究することにする。その後の節では、未来の潜在的な環境リスクのうち、生命に影響が及ぶもの、近代性それ自体が作り出したものについて論じる。

私は英国人である。そして、英国人にとって、近代性が自然をコントロールしてきたと想像することはたやすい。だが、英国は、地理的、気候的、生物学的に見て、地球上で最も穏やかな場所の一つである。火山、地震、津波に脅かされることはない。ハリケーン、竜巻、干ばつ、極端な気温や降雨に脅かされることもない。致命的な毒を持った、あるいは危険性の高い動物や昆虫はいない。収穫は多かれ少なかれ保証されている。おそらく主たる例外は海だろう。数千年にもわたって、海は英国人に便利ではあるが危険な交通手段を提供してきた。

それに対して、ほとんどの近代社会は、そこまで快適ではない領土の上で生活している。オーストラリア人のほとんどが住んでいるオーストラリア南東部では、郊外の家や庭は山火事に耐えられるように設計されている。庭で小さな子どもの命を奪いかねないセアカゴケグモに遭遇しないよう、住民は用心している。この国は世界で最も都市化された国のひとつだ。その理由の一つとして、あまりにも多くの土地が、放牧強度のとても低い〔家畜がまばらな〕牧畜か狩猟採集しか受け付けない、ということがある。奥地を運転する際には、故障時に生き延びる手段を用意する必要がある。そのため、都会に住むオーストラリア人は、英国人に比べて自然をロマン主義的にとらえる傾向がない。彼らは、自然が容易に人命を奪うことをあまりにもよく知っているからだ。

一九九〇年代に、オーストラリアが慈悲共同体アプローチによる人生最終段階ケアの先駆者の一つになったのは偶然ではない。専門的な医療にアクセスするのに何時間もしくは何日もかかるような奥地の共同体では、人々はお互いをケアすることに慣れている。健康や幸福感はもとより生き残ることでさえ、社会学の専門用語《ジャーゴン》を使うなら社会関係資本《ソーシャル・キャピタル》や地域の社会的ネットワークを動員できるかどうかにかかっている。メルボルンのラ・トローブ大学に勤務する社会学者のアラン・ケリヒアは、奥地で有効なことは都市の共同体でも役立つ可能性があるとひらめいた。どんなに医療サービスが充実していても、病人や死を迎える人が医療の専門職者とほとんどの時間を過ごすことはない。したがって、人生の終わりに近づくにつれて、友人、隣人、家族、雇い主、同僚などの支援能力を動員できるかどうかが、幸福感を保つ鍵を握る。

❶ 海

オランダの国土のかなりの部分は「ポルダー」と呼ばれる、海から干拓された土地である。何世紀にもわたって、風車によってポルダーから水を排出し、堤防を建設、維持して、農地や居住地から水を遠ざけてきた。少しでも注意を怠れば、このいち早く近代化を遂げた国の大部分は水没してしまうだろう。

アメリカの人類学者であるフランセス・ノーウッド（Norwood 2009）は、オランダの開業医が死にゆく患者を訪問診療するのに同行し、調査した。そして、オランダの安楽死（または医師による幇助死）は、オランダの歴史、文化、制度の観点から理解できると結論づけた。「構造的コンテクストと文化的コンテクストの両方を考えることなく政策を他国に移すことはできない」（p. 229）というノーウッドの結論は、本書のアプローチと響き合う。ノーウッドの記述によれば、オランダにおける安楽死は単発の行為ではなく、患者、家族、開業医の間の連続する会話である。というのも、安楽死に関する会話を始めた死にゆく患者で、実際に医師の力を借りて死に至るのは、一〇人に一人程度しかいないからだ。彼女によれば、このようなプロセスが成り立つ根本には、オランダ人の生活のいくつかの側面がある。たとえば、独立開業医は患者を熟知するようになっている。労働者と上司、一般人と専門職者との間の権力勾配は低く、それゆえ合意を重視する文化がある。こうした特徴は、近代社会の多くには見られないものだ。これらのおかげで、情報にもとづいた、正直で、オープンで、信頼できる会話が育まれるであろう。

またノーウッドは、オランダ人の安楽死の慣行が、彼ら特有の秩序とコントロールを重視する傾向に根ざしていると考察する。それは、ノーウッドによると過去から現在まで続いている自然との関係にもとづいている。「最終的に下される決定よりも、安楽死をめぐる会話のプロセスのほうが秩序を作り出している。それこそ、オランダ人たちが……希求するものなのである」(p. 112)。堤防を維持することで自然をコントロールすることと、自然な死の過程をコントロールすることとは、同じ主題の変奏曲なのである。オランダの安楽死がコントロールの言説を含むのに対して、ノーウッドの出身地である米国では、選択と自由の言説を伴うのが通例である。ノーウッドの分析に誰もが賛成するわけではないだろう。しかし、オーストラリアにおける慈悲共同体政策の発展なども考え合わせると、彼女の議論は次のような可能性を提起していると言える。すなわち、自然環境に関する過去から現在に至る経験が、物理的な死の過程をイメージし、管理する新しい方法を生み出すという可能性である。

バイキングの旅人から沿岸の漁師、現代の石油労働者に至るまで、海はノルウェーの社会と経済の中心であり、生きるための資源であると同時に死をもたらす原因でもある。ノルウェー北部のほとんどの共同体は、地元民とその船が海で遭難したという記憶があり、ドラウグ〔溺れた船員の幽霊で、生者に取り憑くために戻ってくるおそれがある〕についての民間伝承がよく知られている。この文化において、海は、オーストラリアの自然と同様、ロマン化するのにはあまりにも危険なものである。とはいえ、散骨の許可を申請する少数のノルウェー人のうち、六三％は海への散骨を選んでいるという(Høeg 2019)。

❷ 荒ぶる地質

太平洋の「炎の環」〔環太平洋火山帯〕と言えば、太平洋をぐるりと取り囲む地帯のことを指す。ニュージーランドから時計回りに、インドネシア、日本、カムチャッカを経て、オレゴン州、カリフォルニア州のサンアンドレアス断層を通ってアメリカ西海岸を下り、アンデス山脈に沿ってチリに至る。地質学的に不安定なこの環は、世界で最も活動的で危険な火山のいくつか、地震とそれに連動した津波のホスト役を務めている。火山灰は非常に肥沃であるため、火山の斜面には相当な規模の農業人口が伝統的に引き寄せられてきた。海と同様、生命を与え、また奪い去る存在なのだ。実際、人間の生命を脅かす地震や気候の力は、人間の生活を受け入れてくれる惑星に固有の力である。地球の包容力と危険性は切っても切れない関係にある。

環太平洋災害でよく知られている例としては、次のようなものがある。一八八三年、当時のオランダ領東インド諸島にあったクラカトアの噴火は、数年間にわたって世界中の空を暗くし、北半球の夏の気温を最大で摂氏一・二度低下させ、一八八八年まで気温は元に戻らなかった。一九〇六年にサンフランシスコで起きた地震とそれに伴う火災は、同市の建物の八割を破壊し、カリフォルニア州の主要都市がロサンゼルスになるきっかけとなった。二〇〇四年のインド洋で起きたボクシング・デイ津波〔スマトラ沖地震〕は、最大一〇〇フィート〔約三〇メートル〕の高さに達し、一四カ国で二五万人の死者を出した。二〇一一年にニュージーランドのクライストチャーチで発生した地震では、一八五人が死亡し、市の中心部の商業地区が破壊された。その直後に発生した東日本大震災では、一万六〇〇〇人近くが死亡し〔行方不明者は約二五〇〇人〕、一〇〇万棟の建物が損壊し、加えてそれによって発生した津波によって福島〔第一〕原子力発電所の原子炉がメルトダウンした。

このような出来事は、欧米のメディアでは予期せぬ未曾有の出来事として報じられることが多い。しかし、その地域の家庭では、地震に関する民俗的記憶が保持されている。地震が起きたときにどう行動すべきかなどの規範も保持されている。今日では生存につながる適切な行動についての指示が、政府広報によって強調されている。「津波てんでんこ」[*1]とは、日本の東北地方で古くから言われている言葉で、津波が近づいてきたら、他の人を連れて行こうとしてぐずぐずせず、すぐに高台に逃げろという意味である。これは共同体が生き残る可能性を最大限に高めるが、もちろん子どもや老人や病人などケアが必要な人の面倒を見ろという規範に反している。二〇一一年の津波では、病人や子どもを連れて行こうと本能的に反応した人がいて、一緒に死んでしまった。このような生き残り規範は、したがって愛する人のために自己犠牲を払うという規範と対立し、罪悪感や羞恥心や後悔の念をいだかせることになるだろう。[*2]死生に関わる倫理に関心を持つ西洋人は、安楽死や生命維持装置を切るタイミングなどに取り組む余裕があるが、津波のなかでどう行動するべきかという問題に取り組む必要はない。

オーストラリア郊外の建物が山火事に耐えるように設計されているのと同様に、「炎の輪」のなかには耐震設計された建物もある。日本では、伝統的な設計と近代的な設計の両方によって地震の力を軽減している。しかし、他の国では、伝統的な建築技術のせいで地震に弱い家屋が作られる場合もある。中国やイラン、ネパールのカトマンズ渓谷など、急速に都市化が進んでいる社会では、地震に対する備えよりも建設のスピードが優先されることがある。植民地時代の初期の植民段階では、先住民の民俗的記憶を無視して、不適切なヨーロッパの建築様式を押し付けたことが多く、そのせいでたとえば山火事や地震に対して住民が無防備になりがちだった。植民地化や都市化の後、より適切な設計が標準となるまでには、何世代もかかることがある。また、革新的な建築技術や建築基準は、最終的には実際の災害時になって初めて試されて、そのレジリエンス〔弾性・回復力〕や欠陥が証明される。実際、日本では一九九五年の神戸における地震〔阪神・淡路大震災〕で、耐震性があるとされていたオフィスビル街や高架道路で座屈や崩壊が起きた。

❸ 弱さとレジリエンス

同じ自然災害でも、共同体が異なると被害の様相も大きく異なってくる。そのため、これまで災害対応に携わってきた開発機関や研究組織は、災害へのレジリエンスにあらためて注目している。建物にレジリエンスを取り入れることは、設計上は比較的簡単だが、政治経済的には複雑になりうる。また、医療システムが大規模な災害時に機能するよう、レジリエンスを組み込むことも課題である。共同体のレジリエンスを高めるその他の要因を特定する作業は、現在進行中である（Mishra et al. 2017）。

歴史的な見取り図はおおよそ次のようなものである。小規模な狩猟採集社会は、自然災害に比較的強い社会だった。というのも、恒久的な家屋がなく、所有物がほとんどないため、洪水や干ばつが起きても安全な場所に移動するだけで対応できたからである。しかし、人間が恒久的な家屋に定住して作物の栽培に頼るようになると、干ばつ・洪水・地震・ハリケーン・飢饉などに弱くなる。都市での共同生活は弱さの度合いをさらに増すことになる。とくに今日では、世界の多くの地域に見られる通り、都市部は地方部から何百万人もの貧しい移住者を受け入れている。彼らは、インフラの整っていない標準以下の宿泊施設で必死に生き残ろうとしている。今日、建築基準法、医療システム、共同体に災害レジリエンスを組み込むことに成功しているのは、最も経済的に発展し、政治的に安定した社会である。一九九五年の阪神・淡路大震災の教訓は、二〇一一年の〔東日本大震災の〕地震と津波への備えを改善するのに役立った。一般的に、災害による死亡率は、豊かな国では貧しい国よりもかなり低い。また、安定した民主主義国では腐敗した独裁国家よりもかなり低い（Kellehear 2016: 21–2）。災害に直面したときに人間を守るのはリスク管理だが、そうしたあり方は後期近代に特有のものである。

4　未来のハザード

生態系が破滅を迎えるとする予言者たちが正しいとすれば、近代の自然に対する「征服」は結局のところ短命に終わったということになるかもしれない。あるいはラトゥールが正しければ、「征服」などつねに想像の産物であった。二〇世紀半ば以降、大気、地質、水理〔水の循環〕、生物圏に関わるシステム、その他の地球システムのプロセスは、すべて人間活動による影響を受けていることが明らかになってきた。これは、「人新世」と呼ばれる新しい地質学的時代の到来を告げるものだと主張する人もいる。◉2 その起源としては、複数が考えられている。まず、一万年前に自然環境とバランスを取っていた狩猟採集民が、農業によってより集約的に土地から食料を抽出するようになったときである。次いで、一八世紀半ばに産業革命が始まったときである。また、二〇世紀半ばに人間が地球システムに与える影響が急に加速したときである（Steffen et al. 2015）。

これらの影響により、地球が人間にとってあまりにも住みづらくなって死亡率が上昇し始めるのかどうか、またそうなるとしたらいつ頃になるかを予測することは不可能である。起こるとすれば、死亡率上昇は、おそらく世界の貧しい地域で起こり始め、その後、豊かな地域にも広がってゆくであろう。また正確にどのような要因の組み合わせで地球に人が住めなくなるのかを予測することも不可能である。要因としては、地球温暖化、気候変動、海面上昇、生態系多様性の喪失、薬剤耐性菌、土壌劣化、飢饉、燃料不足、それに伴う人口移動、集団間の紛争や戦争などがある。一方で、本書の読者のほとんど、つまり豊かで平和な社会の高学歴で物質的に余裕のある構成員のほとんどにとって、人間によって引き起こされる環境破局《カタストロフィ》は、まだ起こっていない完全な破壊についての寓話〔それを引き起こさないための教訓めいた話〕で、多かれ少なかれ想像をもとに作られたものである。現実であると同時に非現実でもある。まさしくその意味で、二〇世紀半ばの冷戦時代の核によるハルマゲドンの予感にも似ている。

現時点までで比較的先進的とされてきた都市社会が、このようなグローバルな破局に追い込まれたら、そこでの生活はどのようなものになるのだろうか。参考のために、一九四一年九月から一九四四年一月までの八七二日間に及んだレニングラード包囲戦を考えてみよう。死亡率〔主に餓死による〕はピーク時には一日二〇〇〇人にものぼった（Merridale 2000）。国家は伝染病に対抗するために大量の墓を導入した。墓掘りは公の賃金に加えて、遺族たちに非公式の追加賃金を要求して生き延びた。家族は、貴重な資源を使って墓掘りを買収すれば、自分たちの生存が脅かされかねないと恐れつつ、死者を丁重に埋葬することで敬意を示したいと思っていた。ハッス（Hass 2015: 56）は結論として、この異常に高い死亡率に対する国家と民間人の応答があったからこそ、包囲された社会でも秩序を保つことができたと述べている。地球上ではまだこのレベルの環境破局は起きていない。だが、その間に非核戦争、内戦、地域災害は日々発生し、より多くの死者を出している。それを管理しようとすれば、今度は社会に影響が及ぶ。あまり劇的でない例としては、社会的・経済的な崩壊が死亡率の増加につながるというものがある。たとえば一九八九年以後のロシアであり、これについては第一章で述べた。

では、これまでの人生でずっと経済的に安定した生活を送ってきた安全な社会に住む「脱物質主義者」（第六章）は、長期にわたる大破局が発生した場合、どのように対処するのだろう。単発の地震や火山噴火、テロリストの攻撃ではない。物資が不足する希少性の状態を生き残るために大変な思いをする生活が続く、そのような時代に逆戻りする場合である。レニングラード包囲戦を引き合いに出した理由はそこにある。死の再馴致（Aries 1981）、国家や医学が早死させまいと行使してきた権力が届かない「剝き出しの生」

(Agamben, 1998; Noys, 2005) への回帰は、個人や社会にどのような影響を与えるのだろうか。心理学の専門家によれば、「想定内の世界 assumptive world」があるからこそ、死別経験者は喪失の意味を引き出すことができるという。それ〔破局〕はこの想定内の世界をどのように脅かすのだろうか (Parkes 1988; Neimeyer, Klass and Dennis 2014)。地域の社会関係資本(社会的ネットワーク、信頼、連帯など)が災害後のレジリエンスの鍵だとしても (Aldrich 2012)、そのような資本は破局が長引いたら、どの程度維持できるのだろうか。

こうしたシナリオは、平和な西洋社会で発達した二〇世紀の死別理論に再考を迫るのだろうか。二〇世紀の死別理論は、ある個人が別の個人を失ったとき、それにどうコーピングするかに焦点を合わせる。長期災害の場合、少なくとも二箇所、理論に修正を加えないといけない。第一に、喪失は愛する人ひとりに留まらず、家族や共同体まるごと、仕事や農場・牧場や生活手段に及ぶ可能性がある。第二に、貧しい共同体や戦時下においてよくあることだが(第一章、第六章を参照)、喪失への感情的反応に対処することより、服喪者自身とその家族が生き残ることのほうが優先されるかもしれない。

❶ 災害と社会変動

短期的・中期的な対処から長期的な帰結に目を移そう。大災害や戦争、メガ・デス〔百万人規模の死の単位〕によって長期的社会変動が起こったとされる歴史的事例は数多い (Behringer 2018 など)。社会が人間による死の管理法に影響を与えるだけではないのだ。メガ・デスが社会に影響を与えることもある。よく論じられてきたのは、リスボン津波、黒死病、チェルノブイリ〔チョルノービリ〕[*3] という三つの例である。

ポルトガルが船隊によって海を主要な交易路として開き、発見と繁栄の黄金時代を迎えてから三世紀後の一七五五年、首都リスボンは津波のために壊滅状態となった。これにより、ポルトガル市民のこの世の秩序に対する信頼は揺らいだ。とりわけ「現世が神の恩寵によって可能世界のうちでも最善の形をとってきたとする楽観的な哲学」は揺らいだ（Kabayama 2012: 41）。かくして、リスボン住民がなぜ、あるいはどのようにして神の不興を買ったのかということが、津波の説明の焦点となった。人々が混乱しているなか、ポルトガルの企業精神に富んだ首相は、これを好機にリスボンを再建した。一八世紀に流行していた美意識のもと、視覚的に壮麗な都市に変えたのだ。その姿は現在も残っているとおりである（その過程は、後述するナオミ・クラインも重視している）。ヨーロッパ最大の自然による破局の一つを勝利へと導いたのである。

しかし、生態系の破局がどのような結果をもたらすのかを解明するのが目的なら、黒死病を見たほうがよい。腺ペストが原因と見られる黒死病は、一三四六年から一三五三年の間に、ヨーロッパの人口の三割から六割を死に至らしめた。それぞれの国が混乱に陥るのには、わずか一〜二年しかかかっていない。それは、ヨーロッパ大陸を打ちのめした単一の悲劇としては、これまでのところ最大のものである（Herlihy 1997）。西欧では、土地が使われず、労働力が不足したため、土地所有者の権力が低下すると同時に、農民の君主への義務も軽くなった。賃金は上昇し、農民はどこで働くか、誰のために働くかを選べるようになった。農奴制は実質的に終わったのである。賃金を固定しようとする上流階級の人々の試みは概して成功せず、イングランドでは一三八一年に起こった農民反乱〔ワット・タイラーの乱〕の一因となった。それに比べて東欧では新しい厳格な法律が功を奏して、人々は以前より緊密に農奴として土地に縛られてしまった。ヨーロッパのさまざまな場所でユダヤ人の死亡率は低かった。そのため、科学的説明もなしに、彼らが黒死病の原因だと断定され、いくつかのユダヤ人共同体は虐殺の運命をたどった。それに加えて他の外国人、たとえばロマ人やハンセン病患者も標的とされた。よりポジティブな面を見ると、黒死病は封建制の緩慢な経済成長を打ち破り、イタリア・ルネッサンスの基礎を準備した（Kabayama 2012）。

黒死病が西欧の封建制衰退の触媒だとしたら、ウクライナのチェルノブイリ原子力災害はかなり広範囲に放射能汚染を広げたことで、ソ連の衰退と東欧共産主義体制の衰退の触媒となった（Plokhy 2018）。その災禍による直接の死者はそれほど大きくないかもしれないが、政治的帰結は甚大であった。モスクワは数人の管理者に責めを負わせようとしたが、公衆を納得させるのに失敗した。人々は情報公開〔グラスノスチ〕を掲げた新しい時代のなかにいた。それはソヴィエト政府への信頼を突き崩す結果となった。経済的には、後片付けの費用が、軍拡競争で致命的に弱体化した国家財政に最後のとどめを刺した。原子力発電は、共産主義の近代性と効率性のシンボルと見なされていた。だが、原子力災害が暴露したのは技術的な無能であった。同時に、原子力産業がソヴィエト帝国主義の病的症状であることも暴露された。それはウクライナのようなロシア外の共和国群を支配するものであった。このことが国民主義的な反乱に火を付け、一九九一年のソ連崩壊のもととなった。ソヴィエトのシステムはすでに問題を抱えていた。チェルノブイリでの災害〔原発事故〕はそれが臨界点を超えるきっかけとなったのである。

黒死病とチェルノブイリからわかるのは、巨大災害が触媒となって、何十年も続いてきた社会政治システム（共産主義）、あるいは何百年も続いてきた社会政治システム（封建制）が崩壊するということである。とくに、問題となるシステムがすでに構造的な弱点を抱えている場合、崩壊は早まる。おそらくは何らかの生態系の破局の形をとった大災害が、今世紀ないし次世紀に現代の西洋資本主義を脅かすなどということも、ありえないことではない。

災害資本主義

企業によるグローバル化を批判するカナダのナオミ・クラインも、はっきりしないところがある。クラインは、災害が、大企業の支配をさらに強固なものとするのに利用されたり、自由市場の支持者が政府にとってかわるのに利用されたりしている事例を数多く示す（Klein 2008）。たとえば二〇〇五年のボクシング・デイ津波は、インド洋周辺の浜辺に面した共同体を破壊した。スリランカでは、浜辺に面したカフェや貧しい猟師の船が一掃されたが、こうした地場産業の再開は許されなかった。代わりに人道的な義捐金が、浜辺に面した新しいホテルに使われた。その多くは多国籍企業によって運営された。最初のほんの数週間は、深刻な内戦を経験した国であるにもかかわらず、宗教や民族の分裂を超えた草の根の協力が見られた。しかし、それはすぐに国家のプランにのっとられてしまう。災害を利用して、多国籍企業からの投資を自国の観光業に呼び込む好機としたのだ。

「災害資本主義」がどのように機能するかはコンテクストによる。戦後のマーシャル・プランは、共産主義が近づかないようにするために、ヨーロッパや日本がもともと持っていた資本主義に早く復帰するよう働きかけた。そこで米国はドイツと日本に投資し、国内産業を上向かせ、再び軌道に乗るように助けた。フォードとゼネラル・モーターズの車を買うように門戸を開かせて、略奪しようとはしなかったのである。しかし、六〇年たったイラク戦争後は共産主義の脅威がなかったため、アメリカ企業による略奪を許す「反マーシャル」的なプランを米国は実行した（Klein 2008: 251–2）。

クラインは、これを単なるご都合主義とは見ない。彼女は「災害資本主義」を、「破局的出来事の後に公領域で展開されるオーケストラのように編成された不意打ちで、災害処理を伴うものの、それを興奮するような市場機会と見なすもの」と定義している（2008: 6）。クラインによれば、ミルトン・フリードマンから始まる自由市場論者は、何十年も前から災害（戦争や内戦の後の政治的崩壊も含む）についてある見方を持っていた。それによれば、災害は、平時なら非現実的に見える根本的に新しいアイデア（純粋な自由市場など）を実行するのに適した好機と見なされる。これが「ショック・ドクトリン」である。すなわち、人々はあまりにもショックを受けているので、根本的解決策によって事態を収束させると約束する人なら誰でも歓迎してしまうのだ。フリードマンの見解によれば、「実際に起きた危機であれ、認識された危機であれ、危機のみが本当の変化を引き起こす。そのような危機が生じたときにとられる行動は、手近に転がっているアイデアに左右される。……［私たちは］既存の政策の代替案を提示し、走らせ、いつでも使えるようにしておく。政治的に不可能だと思われていたのが、やがて政治的に不可避だと思えるようになるまで待つ」（Klein 2008: 6）。

スティーヴン・ホームズ（Holmes 2008）は、クラインが、自由市場イデオロギーで賞賛される開かれた競争と、（しばしば独占的な）大企業の利権とをごちゃ混ぜにしていると批判するが、彼女の議論の大筋は間違っていないだろう。つまり、権力を持ったアクターたちが、破局を好機として、利益を上げ、権力にさらに入り込み、平時なら不可能な政策を導入する、ということである。また、危機が生じたときにとられる行動は、手近に転がっているアイデアに左右されると、フリードマンが言うのも正しい。しかし、それらは自由市場に関するアイデアとは限らない（Jones 2018）。一九四五年、英国の有権者は、戦時中の英雄だったウィンストン・チャーチルを落選させた。というのも、彼らが望んだ戦後復興は、産業の国有化と福祉国家にもとづくものだったからである。福祉国家は、ウィリアム・ベヴァリッジが一九四二年に発表した社会保険に関する報告書に沿ったものであった。戦時中に人々が力を合わせた経験や、戦時中の国家が大規模な組織を作る能力を有していたこと、そして戦争の後にはより良い社会が来なければならないという希望に、福祉国家はぴったりだった。同時代のもう一つの例としては、まったく新しい国民国家を建設するというものがある。ヒトラーがヨーロッパのユダヤ人六〇〇万人を抹殺しなければ、イスラエルという国家は成立すらしなかっただろう。

これらすべての教訓は何か。端的に言えば、戦争、内戦、民族虐殺、自然災害などに伴う混乱や混沌のなかで、どんな社会的、政治的な大変動が起こるかは言い当てられないということである。

とはいえ、クラインの破局からの復興のためのアドバイスは引用に値する。

大きなショックを生き抜いたときの普遍的な経験は、まったくの無力感である……。無力感から復興するための最良の方法は、助けあうこと、つまり共同体の復興に参加する権利を持つことだとわかった。……民衆による再興のためのこうした努力は、災害資本主義のエートスに対するアンチテーゼを表象する。というのも、災害資本主義は、模範国家を建設するために、白紙のような更地を永遠に探し尋ねるものなのだから。……これらの〔民衆による〕運動は、ゼロからのスタートではなく、スクラップや周囲の瓦礫からのスタートを模索する。……彼らは、次のショックが起きたときに備えてレジリエンスを重視した再建を図る。　（2008: 465）

ストローブとシュット（Stroebe and Schut 1999）の死別の二重過程モデルの観点からすると、被災者がすぐに再建に取りかかる共同体のほうが、破局で傷ついた被災者の感情を他人がいたわりつつ再建する共同体より、残りやすいし、レジリエンスを高める可能性があるということだ。*4 ソルニット（Solnit 2009）は、災害後に発生しうる非日常的な共同体について記述し、権威主義や恐怖のない、より相互協力的で地域に根ざした社会のヴィジョンを提示した。しかし、人類学者のヴィクター・ターナー（Turner 1974）は、非日常的な状況で見られる強烈な一体感が、平凡な日常生活へと無際限に続くことは滅多にないと警告している。したがって、ソルニットにとって問題となるのは、非日常的な共同体を長期的に維持する方法である。つまり、復興の栄誉を獲得しようともくろむ大企業や国政レベルの政治家の食い物にならないようにするにはどうしたらよいかである。保険会社や政府機関などの官僚的組織は、頑固で予測不可能で、災害そのものと同じくらい精神的健康を害するおそれがある。端的に言えば、これらに直面したときに、どう耐え抜き、やり過ごせばよいか。

5　身体

自分の身体は、物理的世界のなかで自分に最も近い部分である。それは、健康な身体統制 body regimes（食事、運動、ライフスタイル、安全な環境）を通じて表面的には飼い慣らすことができる「自然」の一部である。だが、遅かれ早かれ身体は飼い慣らせなくなる。自殺や自発的安楽死をするのでなければ（Ehrenreich 2018）。私たちは与えられた身体から抜け出せず、最終的には私たちがそのなかで生きているところのこの殻が、私たちの自己自身を道連れにして死んでしまうのである。私たちの精神と情動、つまり死についてどう考えるか、喪失についてどう感じるかは、同様に身体に根ざしている。近代性は、すべての身体、とくに死にゆく身体や悲嘆する身体にさまざまな形（これから略述する）で影響を与えているが、その影響は毎度のことながら階級、収入、国籍、年齢、ジェンダーによって変わってくる。

❶ 文化的に洗練された身体

ノルベルト・エリアス（Elias 1978）は、二部構成の大作『文明化の過程』のなかで、一八世紀のフランスでは身体機能のコントロールが文明の証しとして登場したと論じている。決められた場所で排尿・排便すること、鼻をかむこと、手で食べ物を口にただ詰め込むのではなくナイフとフォークを使うことなどが、上流階級では良いマナーの証になった。一九世紀後半までには、身体や衣服を洗うことがブルジョアの品行方正さの証となり、彼らを労働者階級から差別化した。このような習慣を幼い子どもたちに教え込むことで、生まれつき野生的な小児を飼い慣らし、文明化していったのである。人類学者のメアリー・ダグラス（Douglas 1966）が示しているように、このような身体統制は、象徴的に見て危険な身体内外の境界線を規制するものである。すなわち皮膚や、体液の出入りを許すさまざまな開口部（鼻、口、耳、肛門、膣、ペニスなど）を規制するものである。感情コントロールも、その程度は国によって異なるが文明化プロセスの一部となった。こうしたことすべてが、物理的身体を文化の一表現形態へ転換する。

この変化が始まるのが小児期だとすると、虚弱な老年期や末期疾患は、多かれ少なかれそれを逆行させるものとなりうる。それは的確にもクライヴ・シール（Seale 1998：149）が「文化からの脱落」と呼んだ過程である。当事者が自然状態に戻るにつれて、次から次へと身体統制が崩れてゆく。尿失禁は多くの人にとって最も恥ずかしいことだが、食も非常に重要である。というのも、一緒に食事をすることは、家族のなかでも、他の社会状況においても、人間が交流するための重要な手段だからである。重病者のなかには、流動食や点滴による食事のために、朝食や夕食のテーブルでの人間的な付き合いができない人もいる。食べることは社会性の中心ではなくなり、単なる機械的操作になる。虚弱な人や死に向かっている人は、どんどん社会的存在でなくなり、食事や水を供給され、カテーテルとつながっているだけの身体になってしまう。

❷ 国民性の違い

ここで、国民性の違いという問題が出てくる。アメリカ文化では、健康、幸福、完璧な身体に価値を置くが、これらはすべて身体のコントロールを含む。誰もが何でもできるし、何にでもなれる。では身体が行き詰まり始めたら、どのようにやり過ごしてゆくのだろう。老いの定めや死すべき運命の否定が起きているという指摘もある。というのも、高齢者や死者を若々しく健康に見せるために化粧することがあるからだ。「死の否認」は、近代に一般的なものではなく、北米特有のものということになる（Samuel 2013）。対照的にイングランド文化は、社会的・身体的な限界を受け入れる姿勢がより強いかもしれない。伝統的な労働者階級の文化は実際かなり運命論的になることもある（Hoggart 1957）。このことは、イングランドでは米国に比べて加齢や死すべき運命がそれほど問題にならないということを意味しているだろうか。米国から英国に旅行した人は誰でも、街中で虚弱な老人や、時折、中にある棺桶が見えるガラス張りの霊柩車を目にする。このように加齢と死体が公的な場所であらわになっていることに米国からの旅行者は衝撃を受けることがある（C. Davies 1996）。もちろん、それほど単純な話ではない。アメリカの服喪者は、英国人よりも葬儀場で故人と対面する場面が多いし（Harper 2010）、アメリカの高齢者が公共の場に出ることがあっても不思議ではない。だが、英国人高齢者と違って、バスに乗ったり、衰えた手足で近所の店に行ったりするのではなく、車でショッピングモールに行く。読者に質問したい。あなたの社会では、身体に対する文化的態度が、老いていく身体、死んでゆく身体、死んだ身体の可視性にどのような影響を与えているだろうか。

身近な人をなぜ火葬したのか、または土葬したのかを尋ねると、死にゆく過程や死体に関する過去の経験から説明されることが多いので驚く。たとえば「妻の体は、あちこちが癌に侵されていました。それを保存しておきたくなかったので、火葬を選びました」、など。あるいは、昔の死の体験と関わらせて選択する人もいる。「戦争中、腐敗してゆく遺体をあまりにも多く見てきたものでね。火葬ならもっときれいに、早く決着がつく」。近代文明はきれいでコントロールされた身体に価値を置くというエリアス（Elias 1978）の指摘が正しければ、ほとんどの近代社会で火葬への転換が進んでいることも、それでうまく説明がつくだろうか。また、北米人が洗浄と清潔さに特別に取り憑かれているというマイナー（Miner 1956）の指摘が正しければ、それでアメリカ人の遺体処理慣行もうまく説明がつくだろうか。

おそらくそうなのだろう。前章では、アメリカ人たちがある程度の数の火葬を受け入れるには、千年紀の転換に至るまで待たなければならなかったことを記述した。それはマイナーが衛生強迫に言及してからかなりの時間が経っていた。二〇世紀のアメリカ人は、一九世紀におこなわれていた土葬慣行をすでに放棄していた。一九世紀には、土とじかに触れる軟木の棺での土葬だった。二〇世紀に好まれたのは、火葬ではないものの、防腐処理を施して腐敗しないようにした遺体を堅い広葉樹や金属製の飾り棺に入れ、墓地の手入れが行き届いた芝生の下にあるコンクリート枠に安置した。このようなアメリカ人の遺体が、他の国の遺体と同様に腐敗し、朽ちてゆくのは確実だが、イメージとしては聖なるアメリカの土壌に安置され、しかも実際には腐敗を開始する能力を持つ汚い土との物理的接触から守られている。生前と同様、死後もアメリカでは泥は不潔なものとして嫌われているのである。遺体処理の選択については、他にも解釈や説明があるはずだ（Walter 1993a）。そのいくつかは第一四章の移民に関する議論で提起される。だが、生きているときの身体に対する文化的理想が、死体処理にどのように影響するかを考えることはつねに価値がある。

6　結論

この章では、私たち自身の身体から地球そのものまで、物理的世界がどのように文化を形成し、また文化によって形成されるのか、そしてどのように死を形成し、また死によって形成されるのかを探ってきた。個人の死が、文明化された個人の身体にどのような挑戦をし、どのように変容させるのかを論じてきた。また、メガ・デスが社会の身体、つまり社会の総体にどのような挑戦をし、どのように変容させるのかを論じてきた。近代性があらわになるのは、たとえば文化的に認められた方法で食事や排泄をする良きマナーを身につけた個人の身体だったり、自然をコントロールしたと称するグローバル経済だったりする。いずれにせよ、近代性は最終的には脆弱である。というのも、まさにいわゆる自然のコントロールがつねに暫定的で、想像上のものですらあるからだ（Latour 2003）。

読書案内

- Harper, S.（2010）'Behind closed doors? Corpses and mourners in American and English funeral premises', in J. Hockey, C. Komaromy and K. Woodthorpe（eds）, *The Matter of Death: Space, place and materiality*. Basingstoke: Palgrave Macmillan, pp. 100–16.
- Herlihy, D.（1997）*The Black Death and the Transformation of the West*. Cambridge, MA: Harvard

University Press.

- Klein, N.（2008）*The Shock Doctrine: The rise of disaster capitalism.* London: Penguin. クライン（幾島幸子・村上由見子訳）『ショック・ドクトリン――惨事便乗型資本主義の正体を暴く　上・下』岩波書店、二〇一一年。
- Norwood, F.（2009）*The Maintenance of Life: Preventing social death through euthanasia talk and end-of-life care – lessons from the Netherlands.* Durham, NC: Carolina Academic Press.
- Seale, C.（1998）*Constructing Death.* Cambridge: Cambridge University Press, Ch. 7.
- van der Pijl, Y.（2016）'Death in the family revisited: ritual expression and controversy in a Creole transnational mortuary sphere', *Ethnography,* 17（2）: 147–67.
- Walter, T.（1993）'Dust not ashes: the American preference for burial', *Landscape,* 32（1）: 42–8.

議論のための問い

- あなたの国において、物理的環境は、死とその過程に対するアプローチに何らかの形で影響を与えているだろうか。
- 特定の戦争や災害の社会的・政治的な影響を調べなさい。
- あなたの社会では、身体に対する文化的態度が、加齢、死にゆく過程、死体にどのような影響を与えているだろうか。

第三部　文化

第一部と第二部では、近代社会一般について考察した。それに対して、第三部と第四部では、近代社会が互いに、死や喪失の管理の仕方において違ってくる原因を調べる。第三部では文化に注目し、第四部では国民集団に注目する。

国民文化《ナショナル・カルチャー》は存在するものの（Herzfeld 2014）、国民集団《ネーション》と文化《カルチャー》は同じではない。いくつかの国民集団が広く一つの文化を共有することもある。たとえば個人主義的な文化、階層的な文化、儒教的な文化、家族中心の文化などである。さらに、単一文化主義と多文化主義とがある。これは、ある国民集団が単一文化を称賛するか、あるいは文化の多様性を称賛するかということである。日本のようにどちらかというと単一文化を志向する国民集団もあれば、米国やオーストラリアや英国のように多文化主義の国民集団もある。スウェーデンは、かつて単一文化的であったが、数十年をかけて多文化主義的になった。また、いかなる文化のなかにも、下位文化《サブカルチャー》が存在しうる。たとえば病院や介護施設や刑務所などの下位文化がありうる。アメリカの刑務所で死にゆく黒人男性を例にとろう。彼は自分の死にざまが、複数の文化と下位文化（アメリカ文化、アフリカ系アメリカ文化、刑務所文化）に影響されているのに気づくだろう。さらに施設の構造や規則〔刑務所、医療〕、法律〔医療、死、収監に関する法律〕、資源〔病院へ診察に行くのに職員は付き添えるか〕、社会階級、人種差別なども加わる。

1　文化と死

文化を構成するのは、ある人間集団で規範とされる観念、習慣、社会的行動である。アーネスト・ベッカー（Becker 1973）とその恐怖管理理論（ＴＭＴ）の弟子たち（Solomon, Greenberg and Pyszczynski 2015）、さらに社会学者としてはジグムント・バウマン（Bauman 1992）やマイケル・カール（Kearl 2010）、そして少なくとも初期の著作に見られるピーター・バーガー（Berger 1969）など、これらの人々は皆、何らかの形で人間文化は可死性〔死すべき運命〕への応答であると論じている。個人は死ななければならないが、文化は持続する。文化は、人々にプロジェクト〔未来への企て〕、すなわち不死性を実現するための戦略を提供する。たとえば、家族、宗教的信仰、慈善的プロジェクト、名声、財産、フェイスブックのページなどである。これらは、個人の人生を超えて存続し、その人生に意味を与える。こうした文化的に提供された不死性の戦略なしに死に向き合うことは耐え難いと主張する人もいる。

第五章で論じたように、ＴＭＴによれば、人々は自分の可死性を自覚すればするほど、自分の文化に固執し、たとえば異質な集団に対して不寛容になるという。第六章で取り上げたイングルハート（Inglehart 1981）は調査データを用いて国民性を横断的に分析しているが、その分析は潜在的にこの説と一致している。イングルハートによれば、自分と家族が生き残るだけで精一杯という経済的に不安定な母集団の場合、伝統文化のモーレス〔ある文化でふさわしいとされる慣習的な行動規範〕に固執し、自分と異質な者や文化的変化を求める者に脅威を感じる傾向が見られるという。対照的に、経済的に安定した長寿の母集団〔後期近代性においてますます一般的になっている〕は、フランク・シナトラの言葉を借りれば、「マイウェイ〔自分のやり方〕」で物事を進め、伝統にのっとって物事を進めたがらない傾向がある。彼らは、外敵や変化や異文化に脅かされていると感じることは少なくなっている。彼らにとって、生き残ることと死は、日々思い煩うことではない。それゆえ、彼らは文化をそれほど意識していないと言える。つまり、〔人々の〕可死性の自覚が文化の原動力となり、逆にその文化が人々の価値観を形成するというテーゼは、後期近代には当てはまらなくなっているかもしれない。しかし、文化の原動力が何であれ、また後期近代の個人がどんなに個性化していても、生と死の両方において文化が重要であることに変わりはない。

　国によっては、非常に特異な死の文化がある。おそらく最も有名なのはメキシコの「死者の日」だろう。だが、カリブ海の「ナイン・ナイト〔九夜〕」〔アフリカの宗教に根ざした数日間にわたる通夜〕、日本の毎年の「盆」行事〔先祖は一日迎え入れられる〕[*1]、キリスト教の「万霊節」もある。万霊節は多くのカトリック国で執り行われているが、今では歴史的にプロテスタントだったスウェーデンでも大きな祭りとなっている。その他、いろいろな文化がある。しかし、そうした慣習は外部の人間にとってはエキゾチックで興味深いかもしれないが、第三部では特定の慣習に焦点を当てることはしない。それらに関する情報は、他の本やインターネットで広く読むことができる。むしろ私の意図は、いくつかの重要な文化的指向性を特定し、それらが死とその過程にどう影響するかを問うことにある。エキゾチックな祭りとは違って、これらの指向性はあまりにも当たり前のことなので、人々はその影響にほとんど、あるいはまったく気づかないほどである。

2 文化の変異

では、文化的指向性は近代性内部で〔近代社会の間で〕どのように変異するか。通文化的分析をおこなった人たち、なかでもイングルハート（Inglehart 1981）、ハンティントン（Huntington 1993）、ホフステード（Hofstede 2001）などは、現代の文化的ケーキをさまざまな方法で切り分けている。シュウォーツ（Schwartz 2006）は、これらをまとめて、七つの多国籍集団に分けている。西欧、英語圏、ラテン・アメリカ、東欧、南アジア、儒教影響圏、アフリカ、中東の七つである。

彼は三つの次元を特定している。それは、支配対調和、ヒエラルヒー対平等主義、埋め込み（集団への同調性）対自律である。自律と平等主義は近代化に伴って増加する傾向があるが、支配／調和は近代化とは無関係であるようだ。

第三部において、私はシュウォーツほど体系的なアプローチはとらない。その代わりに、文化の三つの側面を検討する。いかなる近代社会でも、死や喪失に対処する過程で、それらの影響を受けている。具体的には、集団への埋め込みと個々人の自律の対立（第八章）、家族（第九章）、宗教（第一〇章）である。宗教や家族は伝統的に個人を支配してきたが、個々人の自律はそれを弱めようとする。だが、宗教と家族が重要でなくなるとは限らない。それらはより流動的になったと考えたほうがよい。つまり、個々人が自分自身のスピリチュアリティを選択したり（Heelas 2002）、どのような家族を形成したいかを取り決めたりするようになったのである（Smart 2007）。

3　文化の複雑さ

文化は複雑で、しばしば矛盾をはらんでいる（少なくとも外の人間からはそう見える）。例を二つだけ挙げよう。米国は、あらゆる通文化的な調査において、商業的であり、きわめて個人主義的であるように見える。しかし、アメリカの小さな町、とくに南部では、隣人たちが喪中の家に手料理を運び、それが時には死後数週間から数ヶ月間も続くことがある（Graham 2018）。アメリカより連帯を重んじていると自負する福祉社会がヨーロッパにはいくつかあるが、このローカルな連帯と部分的な脱商品化は見られない。また別の例としては、スイスの都市チューリッヒがあげられる。ここは国際的な資本主義の中心地でありながら、市が住民の葬儀費用のほとんどを支払っている。

このように、イデオロギーと実際の慣行は区別する必要がある。デンマークも米国も、高度に個人主義的なイデオロギーを持っているが、その慣行においては集団主義的になることがあり、同調主義の傾向さえある。ド・トクヴィルは、一八三五年に発表した古典的な研究書『アメリカの民主主義』（De Tocqueville 1988）で、このことに注目している。もし私が「自分らしく」あることを期待されているならば、私は不安げに他人を見回し、みんながどのような「自分」になっているのかを調べて、それを真似するだろう、と。したがって、どのように振る舞うべきかを知るために、伝統の代わりに仲間集団に目を向けることに落ち着いたのである（Riesman 1950）。この現象は、明らかに多くのティーンエイジャーの特徴となっているし、国民全体の特徴であるかもしれない。また、末期疾患という、当事者にとっては未経験の事態に直面している人たちの特徴でもある。ハニーバンとジョンストンとトゥックマン（Honeybun, Johnston and Tookman 1992）によれば、相部屋の病室で死にゆく患者は、死にゆく過程で一歩先を行く同室の患者を観察することで多くを学んでいるという。また、米国や英国のような個人主義社会では、死や悲嘆に関する一人称の体験談を提供する本やブログが急増している（Hawkins 1990）。想定読者層は、この種の問題に他の人がどう対処してきたかを知りたがっている人たちだろう。臨終や葬儀や服喪の儀式があらかじめ規定されているような、同調主義的あるいは集団主義的と見なされている社会を調べた人類学者は、逆のことを示してきた。すなわち、それらの儀式の遂行過程において、個人によっては、かなりの創造性を発揮するとのことである。

したがって、文化は、どう行動し、どう感じるべきかについて、複数の脚本《スクリプト》を提供しているのかもしれない。人々や集団は、そのなかからスクリプトを選ぶことができる。末期患者は、話す相手が主治医か訪問看護師か家族か研究者かによって、異なるスクリプトに沿って話すであろう（Seale 1998; Long 2004）。また、前章で指摘したように、死が近づくと、日に日に使えるスクリプトがなくなり、「文化からの脱落」が起こる可能性がある（Seale 1998）。

読書案内

● Schwartz, S.H.（2006）'A theory of cultural value orientations', *Comparative Sociology*, 5（2–3）: 137–82.

第八章　個人と集団

1　近代性と個人

ホフステード（Hofstede 2001）もシュウォーツ（Schwartz 2006）も、家族・共同体・社会への埋め込み〔集団主義〕と個人の自律〔個人主義〕との間には連続体があり、それに沿って文化が展開すると見ている。ホフステードは両極の違いを次のように定義している。◉1

個人主義とは、個人が自分自身と近親家族だけを大切にするよう期待されるゆるやかな社会的枠組みへの選好と定義できる。

反対に、集団主義とは、個人が揺るぎない忠誠心を示す代わりに、親族や特定の内集団の成員が自分の面倒を見てくれると期待できるような、緊密な社会的枠組みへの選好を表す。

この次元のどこに社会が位置づけられるかは、人々の自己イメージが「私」としてあるか、「私たち」としてあるかによる。

多くの学者が、近代性は個人主義を助長すると主張している。ギデンズ（Giddens 1994）や、ベックとベック＝ゲルンスハイム（Beck and Beck-Gernsheim 2002）に倣って、モウゼリス（Mouzelis 2012: 209）は、近代化の初期段階では「集団主義的な確信（たとえば、階級、国民集団、党についてのイデオロギー）が、伝統的な確信に取って代わり、人生の意味や明確な指針を与える」と論じている。後期近代では、「伝統的な確信と集団主義的な確信の両方が衰えたり、消滅したりする。……結婚して子どもを産むかどうかから、どのようなライフスタイルを採用するかまで、……個人は高度に再帰的でなければならず、自分自身の伝記を構築しなければならない」。ある種の前近代社会でも、一部のエリートがこのようなことをおこなっていたかもしれないが、「後期近代になってはじめて、非エリートのレベルの主体までもが……「自分だけの生」を創造することを求められるようになる」。私なら、「自分だけの死」を付け加えるところだ。たとえば、中国の中流階級の人々が、人生最終段階ケアや、どのような葬儀を購入するかについての選好を明確にし始めているという証拠がある。

このように個人であることが求められるのは、資本主義が後期近代の個人や家族に、熱心な消費者であることを求めているからだと言うことはできるだろう。初期資本主義は生産性の革命を始動しなければならなかった。それに対して、後期資本主義は、基本的欲求がすべて満たされた後も、確実に、人々がもっともっと消費したいと思い続けるようにしなければならない。個人的充実をも含む生活の大部分がますます市場化されている。それによって、人々は伝統的なモーレス〔集団に根ざした道徳規範〕に従って行為するよりも、消費するかどうかを絶え間なく決定し続ける経済的行為者になることが求められている。この種の議論では、豊かになると、あらゆる人が個人主義的になるとされる。

もう一つの要因となりうるのは、家族の規模である。第一章では、近代化によって家族の規模が劇的に縮小することを示した。大家族では、親が子ども一人一人に小家族のような配慮をすることは難しい。子どもは銘々に大家族というせわしない社会集団のなかへと、まさしく「割り込む」〔適合する〕ことを求められる。それに対して、小規模家族なら、子ども一人一人を明確な独自性をもつ個人に育て、それぞれの子ども独特の希望や才能を育めるようになる。このことだけでも、近代性と再帰的個人との間には何らかの相関関係がありそうだと予想する理由にはなる。とはいえ、この可能性はすべての近代社会で採用されるようなものではない。例外的に、小家族を伴う〔が集団主義を特徴とするような〕[*1]近代社会は二つある。一つは現代日本であり（集団への忠誠心を育成）、もう一つは現代中国である（国家への忠誠心を育成）。

❶ 家族、共同体、国家

実際、同程度の高度産業国であっても、ホフステードの個人主義スコアでは大きな違いがあることがわかる。たとえば、米国は九一点、スウェーデンとフランスは七一点、日本は四六点である。[◉2] 急速に工業化と都市化を進めている中国は二〇点である。このスコアの違いは、家族、共同体、国家といった内集団のどれに忠誠を誓い、かつ支援を求めるかという点から部分的には説明できるかもしれない。スウェーデンの歴史学者であるベルグレンとトレゲルド（Berggren and Trägårdh 2010）によれば、スウェーデン人、そしてある程度までは他の北欧諸国の民族でも、家族や隣人に人格的に依存することで個々人の自律が失われることを恐れているという。したがって、社会民主主義のスウェーデンでは、国家が個々人の自由を家族や地域共同体から守る。スウェーデン人は私的な個人主義を守るために公的な集団主義を採用しているのだ（とはいえ、この体制は福祉サービスの市場化が進んでいるせいで弱まりつつある）。つまり、理論では国家による福祉の提供を信じているスウェーデン人も、何らかの理屈で老年期に介護施設に入居することを恐れているかもしれない（Socialstyrelsen 2017）。実際には、多くの人が自宅で（通常は女性の）家族に介護されている（Ulmanen 2015）。これは、男女ともに完全雇用を達成することで、所得税を福祉の財源に充てるというスウェーデンのモデルには合わない。一方、保守的なドイツでは、少なくともベルゲンとトレゲルドによれば、国家は個人よりも家族を支援しているという。

米国では、家族ではなく国家が、個人的自由にとってのリスクになっていると広く考えられている。そのため、個人、家族、共同体は、彼らの生活から国家を閉め出すために協力している。多くのアメリカ人は国家のことは信じていないが、ボランティアをしたり、隣人たちと交流したりする。「アメリカ人の個人主義は、諸刃の剣のようなところがある。それは個人的責任、独創性、ボランティア精神を大いに養うのだが、まったく同様に利己的行動、アトミズム、共同善の軽視をうながす（Hayes and Lipset 1993–94:69）。

ベルグレンとトレゲルドの説を要約しよう。エスピン＝アンデルセン（Esping-Andersen 1990）の自由主義レジームを体現する米国では、個人と家族が国家を閉め出すために協力する。ドイツ（エスピン＝アンデルセンの保守主義レジーム）では、国家と家族が個人より強い。スウェーデン（エスピン＝アンデルセンの言う社会民主主義）では、国家と個人が同盟を結んで家族に対抗する。つまり、スウェーデンの個人主義は、米国の個人主義とも違うし、ドイツのような国家主義とも違う。個人主義か集団主義かを測る単一の尺度や、一方向的な近代化の理論では、このようなニュアンスを見落とす可能性がある。

したがって、自分の死にゆく過程をコントロールしたいと思うような、自身の私生活では再帰的な個人でも、国民医療保険のような集団主義的政策を支持するかもしれない。あるいは、地元の慈善団体によるホスピスでボランティア活動を積極的におこなうこともありうる。後期近代が人々を再帰的な個々人に変換する傾向があるとしても、近代社会を一括りにすることはできない。その構成員が他者への責任をどの程度感じているか、またその責任をどのように果たすかは、社会によって異なる。たとえば納税を通じて果たすのか、隣の老人の世話を通して果たすのかの違いである。このようなニュアンスを念頭に置きながら、集団主義か個人主義かの違い（他者への責任か自分や家族だけへの責任か、集団への服従か個人の自律か）が、死とその過程と悲嘆にどう影響するかを、これから考察したい。まず個人主義の社会と集団主義の社会における死亡率を確認する。それから死の過程と悲嘆の過程の管理の仕方における差異を見てゆく。

2　死因となるもの

個人主義や集団主義は、実際の死因につながりうるだろうか。その答えが「イエス」であることを示唆する証拠はかなりある。

エミール・デュルケムは一八九七年に、自殺に関する古典的な研究書を出した。それによると、西ヨーロッパでは、プロテスタント信者の多い国のほうがカトリック信者の多い国よりも自殺率が高い。デュルケムはその理由を解明しようとした（Durkheim 2002）。彼は次のように結論した。カトリック信者が普遍的な教会に統合されているのに対し、プロテスタンティズムは信者を神の前に一人で立たせる。つまりプロテスタント信者は、教会の教義を受け入れることよりも、自分で聖書を読むことで神に出会うよう期待されている。これが、プロテスタント信者を道徳的個人主義の状態のまま放置する。それは、教会という社会集団より自己と神に依拠するような個人主義である。デュルケムはさらに、社会的統合によって人々は自らの命を絶つことから免れると主張した。かくして、プロテスタント信者はカトリック信者よりも自殺しやすいというのである。

しかし、デュルケムは自殺にもうひとつの型、すなわち利他的自殺〔集団本位的自殺〕があることも明らかにした。これは、人が集団にあまりにも統合されているために、義務から自殺する場合を指す。首長が死んだ際の従者や召使など〔の自殺〕が例に挙げられる。デュルケムの著作から数十年後には、第二次世界大戦中の日本の神風特攻隊員が利他的自殺の古典的な例となった。

デュルケムの議論は、何十年にもわたってかなりの批判を受けてきたのだが、それを私がここで紹介した理由は単純である。ある特定の死の死亡率が、社会集団によって、また時間の経過によって違ってくる理由を説明するのに、個人主義と集団主義の両方が役立つかもしれないと示すためである。さらなる例を探索してみよう。

❶ 不平等

ウィルキンソンとピケット（Wilkinson and Pickett 2009）は、社会のなかで経済的不平等が広がるほど、社会的、身体的な不調が発生しやすくなることを示す証拠を広く収集して比較対照している。これには肥満、精神疾患、乳児死亡率、殺人など、平均余命に影響を与える不調が多く含まれる（**図表1・2**）。証拠のレビューは最近更新されたが、そこでも同じことが確認されている（Pickett and Wilkinson 2015）。豊かな国の人々は貧しい国の人々よりも平均して長生きである。だが、米国や英国など経済的不平等がより大きい国では、国の全体的な豊かさに比して平均余命が短いことがかなりはっきりしている（Day, Pearce and Darling 2008）。所得を再分配し、すべての人に質の高い医療を提供するような成熟した福祉国家を持つヨーロッパの社会民主主義的な社会は、もともと賃金がそれほど不平等ではない日本と並んで、長寿国リーグの上位に位置している。経済的に不平等な米国と英国は、個人主義の測定尺度でも非常に高い点数を示す。さらに、⑴産業化の初期には経済的不平等が拡大し、⑵次いで効果的な労働組合の設立と福祉の提供によって不平等が縮小されるが、⑶一九八〇年代以降、不平等が再び大きく拡大し始めているという証拠もある。多くの健康指標のなかには平均余命の全体もあるが、この最後の時期には多くの国で平均余命が短くなる（Therborn 2013）。

社会科学において因果性を確定することは決してたやすいことではない。個人主義が経済的不平等の原因になっているのだろうか。または、経済的不平等が不健康の原因になっているのだろうか。それとも両者の関係はもっと複雑なのか。新自由主義政策は、一九八〇年代に英米で始まり、やがて他国にも広がった。ある程度までは社会民主主義的な北欧諸国にも浸透している。これが、所得の平等の他に多数の健康関連の指標を押し下げていることを示す有力な証拠はある（Schrecker and Bambra 2015）。新自由主義は哲学面では個人主義と明確に結びついている。新自由主義によれば、諸個人は自分自身の福祉に責任を負っており、社会問題は集合的行為を通して解決するべきではない。むしろ市場でうごめいている数百万の個々人による個人的行為を通して解決するべきである。二〇〇八年のグローバルな金融危機に際しては新自由主義的な「緊縮財政」によって対応したため、医療その他のサービスが削減され、その削減がなければ起こらなかったであろう死を招いた（Stuckler and Basu 2013）。新自由主義はピークに達しただろうか。その可能性はある。ドナルド・トランプ大統領の政策も、英国のEU離脱を決めた劇的な投票も、「経済的な国民主義《ナショナリズム》が新自由主義に代わって、政治的右派をまとめる求心力のある思想になったことを示唆している」(Morris 2017 : 125)。

❷ 集団主義

以上のことから、少なくとも過去一世紀の成熟した産業社会圏内では、ある国の個人主義の度合いと健康に及ぼすさまざまな悪影響との間には関係があるように思われる。しかし、世界の他の地域に目を向けると、中国やジンバブエのような集団主義社会があり、そこでは所得に関して大きな不平等が見られる。また歴史的に見ても、封建社会や帝国社会は、集団主義指向であり、かつ非常に不平等であることが多かった。集団主義には所属集団への忠誠が伴う。その集団は、しばしば外部集団を「他者」として位置づける。任意の一つの国や帝国のなかで見ると、これは単に〔内集団に比べて〕外集団に資源をほとんど供給しないことを意味する場合もある。あるいは、毛沢東が文化大革命で知識人を迫害したように、残酷な弾圧を意味することもある。また、一九八〇年代にジンバブエ軍が、野党政治家ジョシュア・ンコモを支持していたマタベレランドのンデベレ族の民間人を虐殺した例もある。この作戦は、ショナ語で「春の雨の前に籾殻を洗い流す早い時期の雨」を意味する「グクラフンディ Gukurahundi」と名づけられた。[*2] もうひとつの例は、二〇一七年にミャンマーのラカイン州で起きた、数百のロヒンギャ族〔ミャンマー国内の民族的宗教的マイノリティ〕のムスリムの村の焼き討ちである。あるいはホロコーストのように、完全な民族虐殺《ジェノサイド》もある。それはユダヤ人や他の非アーリア人と見なされた集団、たとえばロマ、民族としてのポル〔ポーランド人〕などを根絶しようという企てである。

このようなことが起こる社会の根底にあるのは、経済的不平等ではなく民族的不平等である。この二つのうち、民族的不平等のほうがより残酷で意図的な殺害を誘発しうる。より個人主義的な社会では、どの集団に属していても諸個人は平等な価値を付与されていると信じられている。こうした社会は、人種・ジェンダー・セクシャリティの平等に向けて、ほんの一世紀前には想像できなかったような飛躍を遂げた（Therborn 2013: 79f）。「想像できなかったような」という言葉を使ったのは、悪性の集団主義とも言える人種差別が、一八世紀、一九世紀、さらには二〇世紀に、拡大志向の資本主義の中核をなしていたからだ。それは、たとえばアメリカ南部の奴隷制度、ヨーロッパ列強による帝国主義、いくつかの国における先住民の土地の占有などといった形を取って表面化してきた。その公式はいつも次のようなものであった。〝私の人種には個人の権利を、あなたの人種には差別、さらに絶滅を〟（Chakrabarty 2007）。こうしたことすべてを映し出しているのが、支配者側と被支配者側との間の死亡率の違いである。たとえば、白人と黒人、自由人と奴隷、（今日でも）白人植民者と先住民族とでは、死亡率が異なっている。

近代西洋で集団間の平等を推進してきたのは個人主義だったが、逆説的にもそれは集団内の経済的不平等を悪化させる傾向がある。人種差別は生命と身体に顕在的な危険を及ぼすが、平等主義的な個人主義は、それがない代わりに、隠された危険を生にもたらす。つまり、いかなる社会でも、すべての集団が平等に扱われているわけではないということだ。集団間平等を成し遂げたと自画自賛している国であっても、すべての市民に完全な権利を広めているとは言えない。学習障害者、認知症者、囚人など、こうした集団内では超過死亡が起きていることが多い。私の国、英国では、北スタッフォードシャーの高齢病院患者とウィンターボーン・ヴュー介護施設の学習障害を持った成人において超過死亡が発生していたことが、二一世紀初頭におけるスキャンダルとして広く社会に知れ渡った。

そういうわけで、ある社会環境では個人主義が超過死亡をもたらす。別の社会環境では集団主義が超過死亡をもたらしている。今日において最も安全な社会のなかに社会民主主義国がある。その市民は再帰的近代の段階にあり、国境内部で生活している人すべてに対して集団的責任の感覚を保持している。公共政策において、そうした感覚は法として規定されている。このような集団的責任は、国境を越えて拡張しうる段階に来ているだろうか。今この文章を書いている時点で、それは決定的に重要な問いとなっている。というのも、ヨーロッパでもアメリカでも、何百万もの難民が国境線で送還されているからである。

3　死にゆく過程の管理

個人を尊重する現代文化は、患者個人が十分な情報にもとづいた決定 informed decision を下すことを重んじる医療倫理と医療政策を生み出す。これは、医師・看護師・家族の意見が重視されないということではなく、患者個人の選択が最重要のものになったということである（利用可能な資源に左右されるが）。アメリカの医療倫理のテキストは患者の自律を強調するが、フランスのテキストは、与益（益をなして害をなさないという医師の責任）と医師の専門職者としての判断を強調する。[3] かと思えば、患者の家族に優先権を与える文化もある（たとえば地中海や東アジア）。そこでは、医師と家族の議論に、患者個人が十分な情報にもとづいて参加できるかどうかはあやふやである。ゴードンとパーチ（Gordon and Paci 1977: 1446, 1449）は、アメリカの腫瘍学《オンコロジー》の自律とコントロールの物語（「はじめに個人ありき」）とイタリアの社会埋め込み型の物語（「はじめに子を創りし神と家族ありき、苦難に際しては弱きを守る」）とを対照させた。家族のほうが、患者本人以上に患者の死を恐れている場合もあり、そのことが治療方針に影響を与えることもある。たとえばシンガポールにおいては、患者ではなく世話や介護をしている人が意思決定を下すと、治療過剰になりやすいという。[4] 終末期癌患者に診断結果を知らせることへの歴史的転換は、米国では一九六〇年代後半に始まり、わずか一〇年ほどで完了した。地中海沿岸のヨーロッパにおける同様の移行は、ずっと後に始まり、家族中心の文化との対立はなお続いている（Marzano 2009）。

珍しいケースだが、世界でも数少ない公的な二文化主義の国民集団の一つにアオテアロア／ニュージーランドがあげられる。医療労働者は、先住民族であるマオリのニーズに注意を払わなければならない。もし公的政策が多文化主義だったら、そのようなことは起きなかっただろう。好むと好まざるとにかかわらず、パーケハー（ヨーロッパ出身のニュージーランド人）は先住民族マオリの権利とニーズを尊重しなければならない（太平洋諸島人や中国人などの他の少数派集団には適用されないが）。緩和ケアの看護師は、マオリ族の患者に関わるためには、ワナウ（大家族）と関わらなければならないことを承知している。マオリの文化では、人格的アイデンティティは家族と場所に根ざしている。そのため、見知らぬ人同士の会話では、まずそれぞれが自己紹介をし、ワナウ（家族）、イウィ（土地、コミュニティ）、ワカパパ（系譜）を確認しなければならない。そういうわけで、看護師と患者が関係を築くためには、患者だけでなく看護師もこれらの事項について自己紹介《アイデンティファイ》しなければならない。これは、専門職者としての看護師は勤務外の生活を隠しておくべきだという西洋の看護倫理に反している。もっとも、そのような儀式のための時間を西洋の医療経済が許容しないことは言うまでもない。この自己紹介はほんの序の口だ。臨床現場では、患者と同じくらい発言力のある家族が何人も登場する可能性がある。

❶ 依存と関わり

多くの西洋諸国では、対面的関係での依存は、（成人の場合）否定的な意味合いを持っている。そこでは、高齢者や身体障害者ができるだけ長く、最大限に自立を維持することがマントラ〔繰り返されるスローガン〕となっている。しかし、世界の多くの地域では、依存はそれほど悪い印象を与えていない。中国では孝filial pietyといって、若者はその家の老人の世話をすることが求められる（これは若者が都市部に住んでいて、老人が地方部に住んでいる場合は問題を引き起こすのだが）。バングラデシュの人々は、老人がより若い家族に依存するようになるのは正しいことだと思っている。たとえ老人の側に遠慮の気持ちがあっても、やはり依存することになるだろう。[◉5] 産業化初期の西洋諸国も含めて、いくつかの貧困国では、[*3] 家族や隣人に依存することは経済的に必要だった。しかし、豊かになり、福祉国家が実現すると、死に至る病などの困難に直面しても世帯内で対処できるようになった。実際、英国で多くの労働者階級の世帯が、隣人に助けを求めることに抵抗を感じる理由の一つには、家族が貧困に逆戻りしたととらえられ、「面子」が立たなくなるということがある。

甘え

しかし、依存が大事になるのは困ったときだという説明はつねに妥当だとは限らない。世界で最も豊かな社会の一つである日本では、大人でも「依存」を大切にしている。依存に当たる「甘え」という言葉は、他人の親切や好意に喜んで依存する〔甘える〕状態を指す。この喜びは、土居（Doi 1981）によれば、私たちが乳児のときに最初に経験する喜びである。つまり、日本人は家族のなかだけでなく、どんな場面でも他人に気をつかうことが求められているということだ。日本人は、非言語的な合図を読み取り、わざわざ質問しなくても相手の望みを予測することに長けている。私は東京の伝統的な和風の茶室でこのことを経験した。私が座っていた場所からは素晴らしい庭の景色が見えたが、完璧ではなかった。数分後、私がウエイトレスの気を引こうとしたわけでもないのに、また私も彼女も一言も言葉を発していないのに、ウェイトレスは静かについたてを動かして完璧な眺めを私に見せてくれた。私のこの体験が甘えである。それは、してもらいたいことをわざわざ知らせなくても世話をしてもらえるという喜びである。人生最終段階ケアにとっての含意は明白である。良い看護ケアをするためには看護師が患者のニーズを予測しなければならないと、世界中で言われている。ところが日本では、これが専門職者の慣行に留まらず、広範囲にわたる文化的慣行となっている。それが、昏睡状態の患者であっても、意識のある患者と同じくらい良いケアを受けるべきだという意味を有している。(Yamazaki 2008)。それに対して、西洋人たちが恐れているのは、きわめて重要である (Yamazaki 2008)。それに対して、西洋人たちが恐れているのはニーズを表明できなくなったときのことである。たとえば昏睡状態や認知症患者などは、自分が選択しないようなケアを受ける恐れがある。そこで、事前表明やそれに類したものが必要になる。

これは、日本の終末期医療が他の国より優れていると言っているわけではない。そのような証拠はない。また、甘えが日本で唯一の死のスクリプトだと言っているのでもない。他の近代的な国と同様、日本でも、複数の死のスクリプトが緊張状態を保ったまま存在している (Long 2004, 2005)。つまり、人々が人生最終段階ケアについてどのように考えるか、そして人生最終段階に近づくにつれて何を恐れるかは、その文化が依存や自律をどう評価するかによって大きく左右されるということである。

言葉のない概念

英国人は、個々人の自律と、国民保健サービス〔NHS〕から無条件に提供される医療との両方に価値を置いている。英国の医療倫理と新自由主義的な保健政策は、個人的な選択をますます促している。一方、世論では、NHSに世話されること、言い換えれば甘えが、中心的な価値の一つと見なされている。たとえ、英国を代表する中心的な価値とまでは行かなくても、政治家があえて異議申し立てしようとはしないある種の国教の地位にほぼ達している（D. Davies 2015）。しかし、英語には「甘え」を表現する言葉がなく、「依存」について肯定的に語る方法がないため、緩和ケアを組み込んだ医療倫理は、自律と選択を推進し続けることになる。人々が何を大切にしているのかを明確にする言語が文字通りないのである。オランダでは、この概念に言葉を与えるために、「専門的愛情ケア」という新語が作られ、今では正式に看護実践の中核を担っている（van Heijst 2011）。

このことから浮かんでくるのは、ある社会のなかで実在し、評価されているのに、その社会の文化からは「読み取り」にくい実践があるかもしれないという可能性である。ベラーら（Bellah et al. 1985）のアメリカにおける価値観研究は、まさしくそれを発見したものだった。つまり、アメリカ市民は個人の自律や個々人の業績を主な言語としていたが〔表だって語っていたが〕、共同体内や世代間で経験する深い絆を名指す言葉（その根底にある哲学は言うまでもなく）がなかなか見つけられなかった。同様に、死者との絆を名指すのにも苦労している。死別における「継続的な絆」の概念（Klass, Silverman and Nickman 1996）は、今でこそ英語圏の死別ケアで広く受容されているが、ある時点までは注目されることもなかった。そのきっかけは、アメリカの心理学者デニス・クラスが日本の先祖祭祀に出会ったことにある。それによって、彼は、アメリカ人が日常的におこなっているが言葉で言い表せなかったことを、名指すことができるようになったのである（Steffen and Klass 2018）。「継続的な絆」や「専門的愛情ケア」といった言葉は、意識的に発明されなければならなかった。文化から自然に生まれるものではないからである。また、逆方向の動きも見られる。高齢化した日本の団塊《ベビーブーマー》の世代は、子どもに迷惑をかけたくないという理由で、もはや甘えに重きを置かなくなっているという証拠もある。つまり、日本人は甘えという概念を持ってはいるものの、人によってはもはやそれに価値を見いだせないし、望んでもいないのだ。

❷ 望みを事前に伝えること

所有的個人主義の理論（Macpherson 1962）は、自分の生命と身体は自分のものであり、それをコントロールする権利が自分にはあると説く。これは、中絶や自発的安楽死を主張する根拠の一つとなっている。しかし、米国におけるこれら二つの議論それぞれから明らかなように、個々人に権利があるという自由主義的な信念は、生命と身体は神のものだという宗教的観念と対立し、信者にとって前者は後者に打ち負かされることになる。この二つの見解は米国では激しく対立しているが、他のほとんどの国ではそれほどでもない。その理由は、米国が強い個人主義的な文化と、それに加えて保守的な宗教との両方を奉じていることにある。前者は、各個人が自分の人生から何事かをなす責任を持つと考える。そして、後者は、主にプロテスタントのなかでもファンダメンタリズム的な考えを持つ人たち、またカトリックのなかでも保守的な解釈をする人たちで、彼らは人口のかなりを占めている。

「自分の生命と身体は自分のものである」という哲学には大きな疑問が投げかけられている。たとえば重度の脳卒中、昏睡状態、進行した認知症のように、認知能力やコミュニケーション能力が著しく失われたとする。そのとき、自分の身体はどの程度まで自分のものであり続けられるか、またいつまで自分のものであり続けるだろうか。寿命の延びと医学の進歩により、このような状態は増加している。癌や心臓病など他の死に方の場合は通常、認知能力やコミュニケーション能力が数ヶ月、数年、数十年にわたって維持され、最後の数時間または数日だけ、放棄することになる。それは、緊急入院して、それまで何の関係もなかった人たちに看取られたりするのと変わらないだろう。このような状況に置かれたときの私の望みを、介護《ケア》者は、専門職者であれ家族であれ、どのように把握できるのだろうか。これは、患者にとっての問題だけでなく、おそらく医師にとってこそ大問題であろう。少なくとも英語圏では、医学的パターナリズムは患者の選択という新体制へ再編されつつある。「医師の命令」のあった場所に「十分な情報にもとづいた選択」が収まったのである。では、患者が選択することも伝えることもできなくなったとき、今日の非パターナリズム的な医師はどうすればよいのだろうか。

　こうした文化的、政治的なコンテクストで登場したのが事前決定 advance decisions（ＡＤｓ）[*4]である。これは「事前表明」や「リヴィング・ウィル」〔生前意思〕としても知られており、個人主義の進んだ国々で推進されている。事前決定とは、自分の治療やケアについて決定したり伝達したりすることができなくなったときに、かくかくしかじかの状況であれば治療を拒否したいなどと具体的に記した文書である。より一般的なものとしてはアドバンス・ケア・プランズ（ＡＣＰｓ）がある。こちらは患者、家族、医療従事者によって治療やケアの開始時に共同で作成される。患者の状態が悪化したとき、とくに人生最終段階に近づいたときに、どのようなケアを望むかの概要を示したものである。ＡＤｓもＡＣＰｓも、北米で盛んに推進されており、最近では英国でも推進されている。用語法は国によって幾分異なる。

試練

　ＡＤｓとＡＣＰｓは、生涯を通じてコントロールを行使するのに慣れている人たちに受け入れられやすい。個人の自律を推進する文化を持つ国であっても、自分の人生を十分にコントロールできていない人々、とくに低い社会階級の人々や移住者は、自分が未来を予測できるとは思いもよらず、したがってＡＤｓや

ACPsをおこなう意味がわからない可能性がある。彼らはそれよりも家族や医師を信頼したほうがよいと思うだろう(Zivkovic 2018)。また、ノルウェーとイングランドの研究では、未来をコントロールするという観念は、老年期の虚弱の実体験とは相容れないことが示唆されている(Pollock and Seymour 2018)。最近出た英国のある博士課程の研究によれば、虚弱な老人は通常、一日一日をとりあえず生きようとしている。

虚弱な老人は大きな不確実性を経験している。心身の状態が急に変化し、日常生活のなかで複雑な試練に遭遇する。その結果、未来に受けるケアや事前の意思決定よりも、生の質をその日だけでもとりあえず維持することに、彼らの意識は集中する。多くの人は、未来を想像することに困難を感じる。……現行のACPの政策と実践における人生最終段階での方向づけは、虚弱のダイナミックな性質とは適合しない。……自律を自己決定と自己利益としてとらえる自由主義的な観念を提示して見せているのがACPという政策である。この政策は法治主義的であり、イデオロギーに突き動かされている。こうした観念は、虚弱高齢者たちが生きている世界とかけ離れている。(Bramley, Seymour and Cox 2015)

自分の価値観は、病気がちになるにつれて変わるかもしれない。私が進行した肺疾患や認知症を発症すると仮定しよう。そのときの自分が何を望み、あるいは何を望まないのかを、健康な状態にある自分がどうやって知ることができるだろうか。何時間も呼吸困難になったり、意識はあってもそれを伝えることができなかったり、物忘れや混乱がひどくて他人の世話を必要としたりするのは、どのような感じなのだろう。それは、私にとって純粋に未知の領域である。自立やプライバシーがない人生など生きる価値がないと見切りをつけることになるかもしれない。だが、依存することに病者が新たな意味を見出しているという報告も十分にある。それゆえ、自分が何を望むのかを事前に表明する能力が自分にあるかどうかは疑わしいと思わされる。この問題への対策の一つに、ＡＣＰｓやＡＤｓを修正し続けるというものがある。しかし、今しがた見てきたように、年をとり、虚弱になるほど、一日一日を生きるのにいっぱいで、未来を計画し続けることに抵抗したり、少なくともアンビヴァレントな気持ちをいだいたりする可能性がある。甘えの場合、こちらの要求を取り違えるリスクがあるとすれば、ＡＣＰｓやＡＤｓには、私がそのときに欲することを私が間違えて予測するリスクがある。人類学者によれば、呪術とは、儀礼的行為を通して未来を予測し、未来に影響を与えることができると信じることだとされる。呪術をそう定義するなら、ＡＣＰｓやＡＤｓは一つの呪術的儀式として機能していると見られる（Zivkovic 2017）。

実際には、一国の法律が、そのような呪術的思考を信じるよう国民に求めるわけがない。たとえばイングランドの二〇〇五年意思能力法 Mental Capacity Act では、意思能力〔精神的能力〕を失ったときにどうしてほしいかを考えている人に、三つの可能な選択肢を示している。一つ目はＡＤで、特定のことについて事前に表明したい人に向いている。二つ目は永続的委任状 Lasting Power of Attorney（ＬＰＡ）で、これは意思能力を失ったときに、友人や家族にケアの決定を委ねたい人に向いている。第三の選択肢は、その時点での最善の利益を医師に判断してもらうというもので、ＡＤやＬＰＡが存在しないときに効力を持つ。その場合、医師は家族と相談の上で判断を下す。人によっては、以上の選択肢から複数を選ぶこともあるだろう。たとえば、家族が生死に関わる決定をしなくて済むように、蘇生に関してはＡＤを選択し、介護に関する一般的な意思決定のためにはＬＰＡを併用するといったことである。

ＡＤｓとＡＣＰｓは、ありとあらゆる理由から、必ずしもつねに実行されるとは限らない。とりわけ、その存在が気づかれないまま終わることがある。たとえば、誰かが家で倒れ、そこに救急車が呼ばれたが、救急隊員は患者が蘇生を望んでいないことがわからないといったことである。たとえそれが開業医や家族にはすでに伝えられていたとしても、このようなことは起こりうる。近代の医療システムは非常に複雑なので、最新の通信技術を駆使しても、ちょうどよいタイミングで事前指示や事前計画に光が当たるとは限らない。昔ながらの方法が最善の技術だと言って、胸に「蘇生不要 DO NOT RESUSCITATE」というタトゥーを入れる人もいる。

結論すると、死のプロセスに遅かれ早かれ意思能力の喪失が伴うとして、個人主義を信仰するなら、自分がそのときに何を望むのかを予測する自分の判断を信頼するべきだとする。集団主義を信仰するなら、専門職者ないし家族の介護者《ケア》が自分に最善を尽くすことを信頼するべきだとする。多くの西洋社会は、両方の可能性を許容している。とはいえ、宗教心が強く、集団志向が強いほど、家族や医師に信頼を置くようになるのだが。

❸ 自立とプライバシー

個人主義と関連する二つの重要な価値観は、自立とプライバシーである。アトゥール・ガワンデは、近代化の特徴だと彼が見なす個人的自立への欲望について鋭い文章を書いている。たとえば中国、日本、韓国では、一人暮らしの高齢者の割合が急速に上昇しているが、これは老親を一人で残すことへの恥が薄れてきたことと関係がある。いま尊崇されているのは、若さではなく、あらゆる年齢での「自立した自己」である。これには一つ問題がある。それは、遅かれ早かれ確実に起こり、長く続くかもしれないあることを考慮していないという問題だ。「深刻な病気や老衰が襲ってくるだろう。それは日が沈むのを止められないのと同様に不可避のことである。すると、新たな疑問が湧いてくる。自立が生きがいだとしたら、それを維持できなくなったとき、私たちはどうすればいいのか」(Gawande 2014: 23)。この問いを、老年期に入る多くの人々や、彼らの世話をしたり助言をしたりする人々は先延ばしにする。退職したばかりの人は、あらゆる種類の計画や野心を実現したいと思っていることが多い。彼らは、最終的な老衰について考えたくないのかもしれない。老年医学は、高齢者が自立を維持できるようにすることばかり考えており、依存の準備をするものとなっていない。

プライバシーは自立を支える。それに対して、家族や隣人や警察による監視は、自分の希望通りに行動したいという自由を損なう可能性がある。とはいえ、プライバシーに関する規範は、文化によって大きく異なる。スウェーデン人の場合、隣人の詮索の目からプライバシーを守ることを大切にするのに国の規制は受け入れる、という人もいる。アメリカ人の場合、とくに南部や中西部では、隣人の家に出入りするのに自分たちの生活に国家が干渉することには強い不信感をいだく、という人もいる。

ダニエル・ミラー(Miller 2017)は、人々がソーシャル・メディアをどのように利用するかについて、大規模なグローバル研究をおこなった。その一環として、末期疾患や慢性疾患を抱えながら自宅で生活するイングランド農村部の人々の社会的つながりのあり方について、啓発的な人類学的研究をおこなった(彼の研究については第三章で触れた)。ミラーは、つながりが維持されたり、距離を置かれたり、失われたりするさまが、非常にイングランド的であることを発見した。たとえば、伝統的な電話は「ありえないほど押しつけがましいため、きわめて非イングランド的」(p. 12)とされていた。ところが、「今では、この時間に電話しても大丈夫か、とテキスト・メッセージで聞くことができるようになった。その上で電話をしてみて、いま電話しても大丈夫か確認するといった具合である」(p. 109)。押しつけがましくないテキスト・メッセージのおかげで、都合が悪いのに大丈夫だと言ったり、逆に大丈夫なのに都合が悪いと言ったりすることができるようになった。あるいは、大丈夫だけどおしゃべりすることは無理だ、と言ったりすることもできる。

公的領域への関与は、プライバシーの尊重と両立する。イングランドの村人たちは、公共の場（庭の壁越し、パブ、ゴルフ・クラブ、チャリティ・ショップなど）では十分に社交的だが、互いの家には招待しない。主な例外は若い家族である。というのも、子どもたちは隣家のプライベート空間にはしゃぎながら侵入するからである。中流階級の大人たちのなかにも例外的な人はいて、隣人をコーヒーやディナーに招待したりする。労働者階級の人々は、とりわけ隣人に頼ることを好まない。それはかつての貧しさを想起させる。彼らの先行世代は、貧しさゆえに隣人に頼らざるをえなかった。たとえば金曜の給料日までしのげるよう砂糖を一カップ借りるといった具合であった。その結果、いまでは二人の隣人の一方が助けてほしいと思っていたり、逆にもう一方が助けたいと思っていたりしても、その助けてほしい／助けたいと申し出ることを、どちらも自分から先にしようとしない。しかし、ミラーは次のように観察している（pp. 204–5）。「この同じ隣人たちが、ボランティア活動を通してなら公的支援に気軽に参加できる。実際、彼らが行き着く先はホスピスなどかもしれない。そこで、同じ共同体のメンバーや隣人として本来なら世話をしたかもしれない人々を支援する。彼らは、それ以外の方法では支援することができないのである」。スウェーデン人が国家に頼り、アメリカ人が個人や地域のボランティア活動に頼るとすれば、イングランド人は施設に頼る。今日それに該当する重要な施設が、地域のホスピスなのである。

ここでミラーの研究を詳しく紹介したのは、いかなる意味でもイングランド人を特別視するからではない。人生最終段階で自己と他者がどう相互作用するかを、ある社会と文化に属するある共同体のなかで示すことに成功した、きめ細かな民族誌として、彼の研究は希有な例であるからだ。ミラーは、自分の取り上げた主に白人からなる村人たちが、先行する民族誌で観察されてきたロンドンの多文化からなる都市民といかに違うかに注目する。ここでのポイントは、「イングランド人は人生最終段階におけるプライバシー、プライド、依存をこのように扱っている」と論じることではない。読者の一人一人に、自分の家族や街や共同体で、こうした価値観がどのように具体化されているのかを振り返ってもらうことである。

4　悲嘆

第一章では、近代社会が悲嘆をプライベートな体験として定義しがちなのはどうしてなのかを、いくつかの人口学的な観点から明らかにした。これは文化によっても変わる。アイルランドや日本のように、葬儀に多くの人が参列する近代社会も確かにある。ここでは、近代文化が悲嘆に「枠組みを与える」(Jakoby 2012 の用語による) 際に、集団と個人に関する通念が影響を与える道筋をいくつかたどってみたい。

文化史家たちは、西洋の個人主義は少なくとも過去三世紀以上にわたって、感情や内的生活に焦点を当ててきたと論じている。それは、最初は小説や演劇や詩のなかで育まれ、二〇世紀初頭までには精神分析に行き着き、最終的には「セラピー文化」へとつながっていった。またそれは、悲嘆を内なる旅とする考えを育む土壌にもなった。悲嘆は、霊的試練でもなく、社会的要求でも、実生活上の危機でもなくなった。あるいは単に、人とつながっていれば耐えられる厄介な時間でもなくなった。この文化〔セラピー文化〕の感情リテラシーは、「悲嘆の過程」を記述する豊富な語彙を生み出してきた。四〇〇年前にシェイクスピアは私たちに次のようにうながした。「悲しみに言葉を与えよ。語られない悲嘆は、心臓に絡みついて、やがて心臓を破裂させるぞ」(『マクベス』)。しかし、悲嘆に関するまったく新しい心理学的語彙が普及したのは、二〇世紀後半になってからであった。

個人主義は、各個人が自分の人生を決定すべきであり、国や地域共同体の運営者を選ぶ投票権を持てるようにするべきだという考えと結びついている。このような政治的観念の結びつきが、悲嘆に枠組みを与える仕方に大きな影響を与えた。フェミニスト史家のルー・テイラー(Taylor 1983)によれば、ヴィクトリア期の英国の服喪慣行は、主に上流階級の女性に制約を課すものであった。それは悲嘆の深さを反映するものではなく、家父長制社会の権力関係を反映するものであった。テイラーは、それがどのようなものであったかを示した。たとえば、女性は自分の赤ん坊の死よりも夫の父親の死に長い時間かけて全面的に喪に服していなければならなかった。一八九〇年代にこれに異議を唱えた女性たちは、女性参政権の支持者でもあった。指導者が誰になるかを決める自由を求めた女性たちが、誰のために喪に服すべきかを決める自由をも求めたのである。

❶ 公民権を剝奪された悲嘆

服喪は、社会的規範ではなく、個人的感情を反映するべきだということの考えは、それから数十年をかけて、より下層の社会階級へと染み出していった。米国では、一九八〇年代にアメリカの老年学者であるケン・ドーカ(Doka 2002)が「公民権を剝奪された悲嘆」という概念を用いて明確な形に表現した。ある種の悲嘆が社会的に認められず、正当化〔合法化〕されないことを説明するのに、ドーカが「公民権を剝奪されたdisenfranchised」という政治的概念を選んだのは偶然ではない。彼はこれを「社会的に認められない悲嘆」と名づけることもできたが、その代わりに「公民権を剝奪された」という政治的な言葉を使い、すべての悲嘆が公民権を付与されるべきだという明確な意味合いを込めた。悲嘆の対象がゲイのパートナーであれ、友人であれ、ペットであれ、悲嘆することは権利であり、投票することが権利であるのと同じくらい重大なのである。

キャン（Cann 2014）によれば、米国では車のデカール〔転写式ステッカー〕、Tシャツ、タトゥー、ソーシャル・メディアなどの公共の場で、草の根的な追悼活動が盛んにおこなわれているという。彼女はこれを推進しているのが、悲嘆の公民権を剝奪された人々だと見ている。剝奪の理由はさまざまである。ヒスパニック系アメリカ人のような服喪者で、社会の周辺に追いやられている場合がある。また故人が子どもである場合がある。または、ある集団で伝統的に公的とされていた服喪様式が、悲嘆は私的であるべきとする二〇世紀アメリカの風潮によって閉め出されている場合がある。これらの新しい追悼は、ヴィクトリア期の黒い喪章の等価物で、悲嘆者として認めてほしいという当事者の欲望を表現している。加えて、これらの追悼は典型的にアメリカ的である。追悼のために車にデカールを貼る行為は他国ではあまり見られない。しかし、米国では車は単なる交通手段ではなく、自己の延長部分である。また、車にせよTシャツにせよ、「現代アメリカの生活の日常的装備品であるため、すぐに認識されるし、いたるところに存在する。こうした消費文化の典型的品目を死別に関連した道具に転用することで、死を認識し、悲嘆と死別の対話に参入するよう他者に働きかけているのである」（2014: 103）。スローン（Sloane 2018）も、ヴァナキュラーな〔その土地固有の〕ストリート追悼について似たような分析をおこなっている。

それでも個々人の権利を公式に尊ぶ社会においてすら、ある種の悲嘆が他の悲嘆よりも重大なものとして扱われ、そのことがほとんど、あるいはまったく問題視されないという状況は続くだろう。ロブソンとウォルター（Robson and Walter 2012–13）は、イングランド人が悲嘆のヒエラルヒーをどのように受け入れているかを明らかにした。それによれば、友人や学校教師への悲嘆があることは認められているが、子どもや配偶者や親への悲嘆ほど深刻だとは思われていないという。社会制度もまた何らかの優先順位をつけてくる。たとえばほとんどの職場は、死別の具体的な種類に応じて、どの程度の忌引き日数が許されるかを規定している。ペットの金魚が死んだという理由で一週間の忌引きを申請した従業員が、共感をもって遇される見込みはない。雇用者だけでなく、その休暇の埋め合わせをしなければならない同僚もいい顔はしないだろう。また、葬祭ディレクターたちは、葬儀を営む喪主が誰なのかを知らなければならない。彼らは、喪主になるのは近親者の権利であるという一般常識を前提としている。[*5] たとえ、それが家族外の服喪者の悲嘆から公民権剝奪をする権力を、家族に与えることになっても（Walter and Bailey 2018）。

5　結　論

この章では、文化がどの程度まで個人より集団を重視したり、集団より個人を重視したりするか、さらにどの集団を重視するかを取り上げた。それらは死亡率や死にゆく過程の管理や悲嘆の枠組みの様態に影響を与える。個人重視の文化では、個々人の権利と個人の自律が、集団への同調や医学的パターナリズムより上位のものだという概念がある。それが死の過程や悲嘆の過程の形成において、とくに重要な役割を果たしている。

しかし、社会はつねに複雑である。個人主義は、理論においては、自由と選択という長所と、不安と孤立という短所を持つ。だが実際には、個人は今でも集団のなかで生活している。そして、選択することを求められると、周囲を観察してそれをお手本にする。個人主義文化は、今なお助け合うために何らかの手段を見出している。それは北欧においては国家であり、アメリカにおいては顔の見える社交性であり、イングランドにおいてはホスピスのボランティアである。集団主義は、理論においては、支援の保証という長所と、自由の欠如という短所を持つ。だが実際には、死にゆくマオリ人のなかにも、ケアを受けるばかりで互恵性が成り立っていない状態に至ると、恥ずかしいという気持ちにさいなまれる人がいる（Gott et al. 2017: 272–3）。また、多くの日本人は自分だけの生きがいを探し求める。いかなる文化も、スクリプトを一定数用意しており、そのなかから人々は創意工夫を発揮しながら、生きるためのスクリプトと同様、死ぬためのスクリプトも選び取ってゆくのである（Long 2004）。

読書案内

- Berggren, H. and Trägårdh, L.（2010）'Pippi Longstocking: The autonomous child and the moral logic of the Swedish welfare state', in H. Mattsson and S-O. Wallenstein (eds), *Swedish Modernism*. London: Black Dog, pp. 11–22.
- Doka, K.J. (ed.)（2002）*Disenfranchised Grief*. Champaign, IL: Research Press.
- Durkheim, E.（2002 [1897]）*Suicide*. London: Routledge.
- Gawande, A.（2014）*Being Mortal: Illness, medicine, and what matters in the end*. London: Profile.
- Gordon, D.R. and Paci, E.（1997）'Disclosure practices and cultural narratives: understanding concealment and silence around cancer in Tuscany, Italy', *Social Science and Medicine*, 44（10）: 1433–52.
- Hayes, J.W.and Lipset, S.M.（1993–94）. 'Individualism: a double-edged sword', *The Responsive*

Community, 4: 69–80.

- Hofstede, G. (2001) *Culture's Consequences: Comparing values, behaviours, institutions and organizations across nations*. Thousand Oaks, CA: Sage.
- Jakoby, N.R. (2012) 'Grief as a social emotion', *Death Studies*, 36: 679–711.
- Long, S.O. (2004) 'Cultural scripts for the good death in Japan and the Unitec States: similarities and differences', *Social Science and Medicine*, 58 (5): 913–28.
- Miller, D. (2017) *The Comfort of People*. Cambridge: Polity.
- Wilkinson, R. and Pickett, K. (2009) *The Spirit Level: Why equality is better for everyone*. London: Allen Lane.

議論のための問い

- あなたの社会では、集団と個人の力関係はどうなっているだろうか。国家、地域の施設、家族、医学的専門職者のうち、どの集団が重視されているだろうか。
- そのことは、a死亡率、b死の恐怖、c死にゆく過程の管理方法、d葬儀、e悲嘆などにどのように影響しているだろうか。
- プライバシーに関わる通念はあなたの社会ではどのように作用しているだろうか。そして、それは死にゆく人々または先立たれた人々にどのような結果をもたらしているだろうか。

第九章　家族

自分らしく死ぬ権利や悲嘆する権利を主張する西洋人は増えている。そして、この考えを推進しているのが、死の認知運動、緩和ケア、事前指示、安楽死、中絶の運動である。だが、死が影響を与えるのは個人だけではない。死は、社会的な織物 fabric〔組織〕を引き裂く脅威となるので、死にまつわる儀礼は、引き裂かれた織物を繕うのを助ける役割を果たすことが多い。死によって引き裂かれがちな社会的な織物と言えば、多くの場合は家族である。そこで、家族は死の脅威とそれへの対処法の両方の形態を規定する。これはいかなる社会にも当てはまるが、しかし家族はすべての社会において同じではない（Todd 2019）。

それぞれの家族は、規範と日常的実践の闘技場《アリーナ》であり、つまりは文化の一部である。マクロ・レベルでは、それぞれの社会が、何をもって家族としてカウントするか、どのような実践に家族は関わるべきか、家族成員はどのように「家族を営む」べきかについて、望ましい規範を示している。ミクロ・レベルでは、それぞれの家族に独自の慣行や家族の営み方があるが、それらは造り出さなければならないものである。というのも、夫婦あるいはパートナーたちは、生家からそれぞれの慣行や規範を持ち込むからだ（Morgan,

2011）。家族の時間に関する慣行もある。家族はいつ一緒に食事をするのか、夫婦や親子はいつ話をする時間を見つけるのかなどである。また、家庭内での分業に関するものもある。誰が子どもの世話をするのか、誰が年老いた親族の世話をするのか、誰が家庭内の感情を管理する責任を負うのか、誰が毎年の納税申告書やその他の公的書類を作成するのか。

このような慣行が家族内で起こる問いへの答えを形成する。たとえば、死にゆく家族をどのようにケアするか、敬意のこもった葬儀とはどのようなものか、どのように、またどれくらい長く喪に服すのか、そもそも死者とはどう関わるのかといった問いである。たとえば悲嘆の仕方におけるジェンダーによる違いは事態を複雑にする。子どもが死んだ後、母親はとにかく誰かと話をしたいのに、父親は一人で釣りに出かけてしまう。このような場合、互いに理解し合う機会を逸することになる。それぞれの当事者の悲嘆の仕方は、男性、女性、悲嘆に関する社会規範に照らして、適切とされるか不適切とされるかが決まる（Riches and Dawson 2000; Doka and Martin 2010）。英国では、感情表現は良いことだという観念がストイシズムを凌駕しつつある。そのような社会自体の変わり目においては、家族内で相手に何かを望むときに、相当程度、交渉に次ぐ交渉を重ねる必要があるだろう。しかも、これはまだパートナー間のことにすぎない。子どもたちは子どもたちで、死に関する適切な行動や感情について独自の望ましい規範を発展させるだろう。世代間の食い違いは、ある国から別の国への移住が伴うととくに生じやすくなる。たとえば米国で育った子どもたちは、メキシコやイラクで育った両親とかなり異なる物の見方をするようになるかもしれない。

家族は文化の一部であるのと同様に、社会的、経済的な制度の一つでもある。つまり、法律（たとえば相続、安楽死、中絶、児童の権利など）、税と福祉体制、サービスの給付などによって統治されている（Edwards, Ribbens McCarthy and Gillies 2012）。これらはすべて死とその過程に影響を与える可能性がある。

家族が法的におこなえること、また家族に給付可能な公的資源は、国によって異なる。「家族」はまた政治的イデオロギーでもあり、政府によって強められることもあれば、弱められることもある。加えて、宗教的イデオロギーでもあり、宗教によって強められることもあれば、弱められることもある（Mount 1982）。このことは権力に関わる疑問を提起する。死の床、葬儀を営むこと、故人の所有物の処理などに際して、最大の権力と影響力を持つのは誰か。それは個人なのか、家族なのか（その場合、家族のなかの誰なのか）、宗教なのか、国家なのか、法律家なのか、医療専門職者なのか。どの国の場合でも、答えは死のタイプによって違ってくる。予想されていた死、昏睡状態、認知症、自殺、幇助自殺、中絶などのタイプである。そして、その答えは、ターミナルケアの決定、葬儀を営むこと、遺産相続、服喪者の行動や感情についての規範によっても違ってくるだろう。

本章ではまず、東アジアにおける孝 filial respect〔子孫による敬意〕が、人々の死や悲嘆の過程にどのような影響を与えているかを見る。その上で、いくつかの西洋諸国で、何を家族と見なすかが、ますます交渉次第の流動的なものになっていることを確認する。本章ではさらに、宗教、国家、医療・看護の専門職者が、家族による死の慣行を推奨するのか、弱めるのか、いずれの場合でもどのように影響するのか、そしてその答えが社会によってどのように異なるのかを考えてゆく。

1 孝

儒教思想では、「孝」とは両親、年長者、先祖を敬うことを意味する。また、子孫を残して家系を存続させる義務も伴う。二〇〇〇年以上にわたり、孝は、中国文化に計り知れない影響を与えてきた。それは韓国や日本などの他のいくつかの東アジア社会にも及んでいる。死にゆく人のケア、自殺、死者との関係、誰が誰を弔うべきかなどに、孝は大きな影響を与えている。

❶ 先祖の形成

孝は、年長者が亡くなったときに終わるものではなく、その延長線上には先祖祭祀 ancestor veneration がある。先祖祭祀は東アジア全域に見られ（Endres and Lauser 2011）、とくに経済的に発展した国で顕著である。中国の伝統的な葬儀は、未浄化の遺体を尊い先祖に変容させる。それによって、先祖は、父方の家系を正統化し、子孫の繁栄を助けるようになる。そこから外れると、故人は生者に災厄をもたらす浮遊遍歴の亡魂となりかねない（Watson 1982; Tong 2004）。その後に続く先祖儀礼では、生者と死者の間に双方向の互恵的関係が維持されるが（Baudrillard 1993）、通例は長男と男性の先祖の間の関係となる。基本的には相互ケアの関係で、互いの面倒を見る。だが否定的に言えば、死者が生者に災厄をもたらさないよう、死者を慰撫するための儀式をときおりおこなわなければならないということである。

孝は、誰が誰を弔うべきかの形を決める。たとえば、家族成員は年長者、とくに男性の年長者を弔うものと定められている。自分より年下の者を弔うようには定められていない。これはヴィクトリア期の英国の上流階級社会を彷彿とさせる。第八章で述べたように、ヴィクトリア期の女性は、自分自身の赤ん坊の喪に服するより長く、義父の喪に服するように定められていた（Taylor 1983）。このことからうかがえるのは、父系家族や家父長制社会における服喪関連の文化的規範が、悲嘆の緩和より、家父長制や父方家系の維持のために機能するさまである。ヴィクトリア期末の英国では、個人の解放を求めて戦う女性たちがこの問題に取り組んだ。中国でそれを覆したのは、毛沢東の文化大革命であり、それによって伝統的な葬儀は社会主義的な追悼会に取って代わられた。この追悼会は、故人を模範的な社会主義市民として顕彰するものだったが、それによって正当化したのは、孝ではなく社会主義であった（Goss and Klass 2005）。ヴェトナムでは、国家が伝統的な家や共同体の廟を、革命で亡くなった死者を共同追悼する施設に転用してしまった（Kwon 2008）。

それと同時に、先祖祭祀は、新しい政治的、経済的な状況に適応しながら生き延びている。多くのヴェトナム人は戦死者のことを気にかけている。彼らは、暴力によって命を落とし、適切な埋葬もされないままだが、その魂はどうなってしまったのか、と。彼らは飢えた亡き骸の霊〔餓鬼〕となり、先祖や神祇に変容させるための儀式を必要としている。霊媒は遺骸の所在を特定し、適切な儀式をおこなうことで生計を立てている（Kwon 2008; Endres and Lauser 2011）。中国のある村では、毛沢東の〈大躍進〉によって伝統的な先祖慣行が禁止されると、村人たちは、きちんと埋葬されなかった死者（「餓鬼」）が遺された家族に不幸をもたらすのではないかと恐れた（Thaxton 2008）。今世紀になっても、ある中国人同僚の話によれば、中規模企業の本社の最上階には廟があり、経営者はビジネスの意思決定をする前に先祖に相談するという。共産主義的な社会の資本主義的な男性実業家が、利益を上げるために会社の先祖に相談するとは！　公式イデオロギーが儒教であれ社会主義であれ、それとは関係なく、人々は慣習を自分たちのニーズに合わせるやり方を見つけるものだ。日常的な慣行が、先祖祭祀の正式な考え方にも政治的イデオロギーにも一致しないということは起こりうる。

❷ 見捨てられた高齢者

中国文化では、親より先に死ぬこと、とくに家系を存続させるような子孫を残さないことは、最大の親不孝の一つとされている。中国の一人っ子政策（一九七九〜二〇一五年）は、自分が年を取って死ぬ際に一人っ子に面倒を見てもらうしかいない親たちを、二世代にわたって発生させることとなった。ただし、農村部の親は、一人目が娘であれば二人目の子どもを持つことができるなどの例外もある。一人っ子の親のなかには、その一人っ子が自分より先に死んでしまうという不幸に見舞われた人がいるし、これから見舞われる人もいるだろう。彼らは、老後の経済的困難だけでなく、家系を継ぐ子どもがいないという屈辱を味わうことになる。つまり、老後の世話をしてくれる子どもがいないだけでなく、先祖としての冥福を見守ってくれる子どもがいないということである。儒教的な孝と一人っ子政策が組み合わさったことで、これら悲嘆する親たちは独特の苦境に立たされ、スティグマを負わせられる。

一人っ子政策による人口の安定化は、確かに中国の目覚ましい経済成長に貢献したが、高齢者や死にゆく人や先祖のケアをすべて、親の死後に遺された一人っ子に依存することになるという点で、ハイ・リスクな戦略だった。これが今、特定の文化、特定の時期における、死別経験をした〔一人っ子の〕親たち二世代分に、特定の困難と不安をもたらしている現実である。それは、死と死別がもたらす課題が、社会的、政治的な文脈にどう左右されるかの実例となっている。

ファン（Fang 2018）による、一人っ子を亡くした中国人の親たちへのインタビューでは、多くの人が、病気の子どもの世話をするための費用で経済的損失を被ったと語っている。二〇〇九年には医療保険が中国全土に導入され、ほとんどの医療費がカバーされるようになったが、その年より前に子どもを病気で亡くした親は多い。そのため、中流階級の親でも医療費のために貯金のすべてを使い果たしたり、借金したりしていた。また、老後に誰が面倒を見てくれるのかを心配する親たちもいた。家系を継ぐ人がいないことに言及するのは、母親より父親のほうが多かった。

また、自分が親たち〔先祖たち〕の共同体の一員でなくなったことへの恥もあった。彼らは年齢を重ねるにつれ、貧しすぎることと、スティグマを感じすぎることから、民間の介護施設に移ることができない。対策として、政府が子どものいない高齢者のための介護施設を設立するべきだと提案する親もいた。そうした施設があれば、死別経験をした親同士で互いにケアやサポートをし、家族意識や相互依存関係を取り戻せるという話である。とはいえ、このまま高度経済成長が何十年か続いて生活水準が向上すれば、国家の経済的援助も順調に向上するのではないかという希望も、ファンがインタビューした親たちは表明した。さらに、一人っ子政策に国民として犠牲を払って協力したのだから、政府は自分たちの老後のケアに責任を負うべきだと、彼らは感じている。

親に先立つのが親不孝なら、死を選択するなど、とんでもない親不孝である。中国の若者の間では自殺は恐ろしいことだと見なされている。それは西洋のように、前途ある人生をドブに捨てるものだという認識にもとづくのではない。自分の両親を見捨てるのは恥さらしだという感覚にもとづく。老人の間での自殺は、もちろん歓迎されることではないものの、孝の感情を害することがなく、珍しいことではない。実際、中国における高齢者の自殺率は世界第二位である。一人っ子政策が意味するのは、何百万人もの中国人夫婦が、兄弟姉妹がいないので、その協力なしに四人の親を世話しなければならないということである。そのため、年老いた中国人のなかで子どもから見捨てられたと感じる人が出てきても驚くことではない。それでも、彼らは「うちの子は忙しすぎるから」とか「うちの子にはプレッシャーがかかりすぎている」などとやさしい表現を用いたりする（Leong 2018）。

2　家族関係における選択

儒教とまったく異なるものを、西洋社会における個人本位の生活に関する今日の社会学的研究が明らかにしている。すなわち、家族形態の多様性、関係の流動性、そして現代西洋人が発展させうる多数かつ多様な愛着の形が目立ってきている（Smart 2007）。英国人、フィンランド人、アメリカ人の間で、ママ、パパ、二人の子どもからなる核家族で生活している人は、およそ一般的とは言えない。別居や離婚を経て、多くの人々は新たに築き直した家族のなかで生活している。配偶者と離婚したり、死別したりした後、多くの女性たちは重要な友人関係を維持しながらも一人で生活している。子どもを作らずにいることを選択する人もいる。ゲイやレズビアンのパートナーと一緒に生活する人もいる。また二項対立《バイナリー》的なカテゴリー、たとえば男性／女性、ストレート／ゲイなども、若年世代がジェンダー的アイデンティティを流動的と見なすようになるにつれて解消されつつある。この節が問題とするのは次のようなことである。もし人々の生き方の選択のありようが流動的になりつつあるとしたら、死にゆく過程も死んだ後の葬儀や服喪も流動的になるのではないか。それとも、因習的な「時代遅れ」の家族観がひっそりと戻ってくるのだろうか。

確実なことが言えるようになるのは、少し先のことだろう。私の知る限り、この問いに具体的に切り込むような調査はおこなわれていない。離婚や再婚はいくつかの国において一九六〇年代から一九八〇年代にかけて急速に増えている。それとは別に、ここ最近の数十年でやっと、ゲイ、バイセクシュアル、トランスジェンダーなどをアイデンティティとして公にすることが広く認められるようになってきた。そのようなアイデンティティにもとづく関係を築いている人々の多くは、まだ死を迎えるに至っていない。

死別理論は、長らくこのような流動性を反映してきた。たとえば二〇世紀半ば以降の愛着理論の見方では、悲嘆の深さは、服喪者が故人に具体的にどのように愛着していたかによる。さらにこの愛着は乳児期にさかのぼり、母親への愛着がどの程度安定していたかによるという（Parkes 2008）。また、公民権を剝奪された悲嘆という概念は（Doka 2002）、関係性の形にこだわらずに、悲嘆を感じる相手なら誰に対して悲嘆してもよいということを立証しようとした。

このように、理論には事欠かないのだが、文化はどうだろう。実際に、二一世紀の人々はケア行為、悲嘆、葬儀が、形式的どころか伝統的ですらある家族構造よりも愛着を反映するべきだ、と見なしているだろうか。どうやらそうは見えない。あるいはまだそうはなっていない。いくつかの証拠を見てゆこう。

❶ 葬儀

二一世紀初頭に、ウォルターとベイリー（Walter and Bailey 2018）は、数百人の英国人に最近出席した葬儀について記述させるという調査研究を実施した。その結果わかったのは、葬儀がすべての面において家族と関係づけられ、個々人、まして悲嘆とはほとんど関係づけられていなかったということだった。その場合の家族もごく定型的な意味での家族であった。フィンチ（Finch 2007）の「家族の誇示」という概念に依拠しながら、ウォルターとベイリーは、葬儀とは、そのなかで家族が誇示され、実際に完成されるような儀式だと論じた。悲嘆の認知と家族の誇示の間で葛藤が生じれば、つねに家族のほうが悲嘆を打ち負かす。たとえば、死者と親密ではなかった親戚が、葬儀に出席しなかったと批判されることはよくある。彼らがどのような感情をいだいていても彼らは「家族」なのだから出席しないのはおかしい、というのである。あるいは、死の悲しみに打ちひしがれた親友でも、前列は「家族」のための席だからと、後ろのほうに着席するかもしれない。家族以外の人の悲嘆が「公民権を剝奪された」と言ってこれに異議を申し立てる回答者はいなかった。そして、友人や隣人はどんなに心から丁重に招待されても、「私たちは家族ではないので」と言って、葬儀後の茶会への参加を固辞することがあった。

英国では「個性重視 personlized」の葬儀がどんどん増えている。これは故人の個別性 individuality を反映し、またそれを祝福しさえする点で個性に合わせた葬儀と言える。とはいえ、「家族」は司祭や司式者 celebrant〔祝福者〕が葬式を企画する際の協力者であり、かつ通例は出資者である。それゆえ、弔辞で捧げられる賞徳表 eulogies は、たいていは家族関係に光を当てたものになる。つまり、二一世紀の「人生中心」の葬儀は、理論上はそれぞれの人生のユニークさを反映し、現代人の多様な生活形態を反映したものであるはずなのだが、実際上、この種の葬儀はきわめて定型的な仕方で家族を誇示し続けるのである。ウォルターとベイリーの研究に出てくるのは、ほとんどが英国中流階級の高齢者の葬儀である。やがて、もっと多くの葬儀が、多様な生活形態を反映するようになるかもしれない。現時点でも、多くの司式者と司祭が、型破りで例外的な葬儀を執り行っており、それについて記述できたということは疑いようのない事実である。しかしながら構造的、文化的に、英国の葬儀が「家族」の手中に収まっていることも揺るがない。そして、それは一般大衆と葬祭業界の両方が期待するところでもあるのだ。

❷ 悲嘆

以上の研究は、第八章で言及したロブソンとウォルター（Robson and Walter 2012–13）が以前おこなった研究を確証してくれる。それによれば、悲嘆の深さは、定型的な家族の枠で定義される近親性によるはずだという規範は、英国人の間で驚くほど一貫している。そこから、明らかにヒエラルヒーの存在が浮き彫りになる。

- 血縁者と配偶者は、義理の親族よりも強い悲嘆を経験する。
- 一次的な親族（親、子、兄弟姉妹、配偶者）は、二次的な親族（たとえば祖父母、姪、いとこ、義理の親族）よりも悲嘆する。
- 仮の親族（たとえば名付け親になってくれた友人）は、義理の親族と同じくらい悲嘆するかもしれないが、血族や配偶者ほどではない。
- 隣人や職場同僚その他は、親族ほど悲嘆しない。
- 故人と職務上の関係や契約関係にある人々は、いかなる親族よりも著しく弱い悲嘆しか感じない。

このヒエラルヒーは自由な立場の個々人の回答から浮かび上がったものである。それは、会社の忌引き休暇などの方針に、正式な形で埋め込まれており、定型的な定義での近親者の死を特別視している[1]。エドワーズとリッベンズ・マッカーシーとジリーズ（Edwards, Ribbens McCarthy and Gillies 2012）のコメントによれば、家族はその成員が実際におこなっていることから成り立っているだけでなく、一つの制度でもある。つまり、伝統的な家族の構造は、政策、法律、政治に強力に埋め込まれており、人々の実際の生き方とは無関係なのである。

❸ 介護《ケア》

悲嘆のヒエラルヒーと同様に、介護《ケア》のヒエラルヒーもある。ケレシとウォーカー（Quereshi and Walker 1989）の発見したところによれば、病人や死にゆく人の直接的な在宅介護は同居親族がおこなうべきだと英国人は見なしている。同居親族がいなければ、同居していない親族がおこなうべきで、こうした人々の都合が悪いときに限って、友人や隣人が家に上がり込むことになる。隣人は、虚弱な人や病気の人が近隣にいないかどうかを広く「探索」することに長けている。たとえば当事者が転倒したり、その人なりの警報ボタンを押したりしたときに、最初に目の前にやってくるのが隣人だということもありうる。しかし直接介護は、すぐさま専門職者や親族の手に委ねられる。隣人は救急車を呼ぶのには大きな働きをしてくれるが、お尻を拭くことまでは期待されていない。とりわけそうした行為は、互恵性とプライバシーにもとづいている隣人同士の規範を損なう可能性がある。英国人は隣人を大事にするが、お返しができないのに頼ろうとは思わない（Walter 1999a; Miller 2017）。

二〇世紀の日本では、高齢者の介護は長男の責任であり、長男家族は年老いてゆく親と同居するべきだと考えられていた。だが実際には、長男の妻が直接介護の大部分をおこなうことが多かった。世紀末までには、成長した息子たちの多くが、老親のそばに住まず、彼らを孤立したままにした。その結果、介護が話し合いの結果、委託されることも増えた。たとえば他の息子や娘、またその配偶者が、老親（たち）のそばに住み、愛情があれば、介護することに同意するかもしれない。それでもなお、介護は次世代の責任だと理解されている。こうして、孝は維持されているが、かつての運用より融通の利く調整を介してである。

もちろん経済的に好ましくない状況下では、選択の結果ではなく必要に迫られて、普通ではない生活形態が広まる。一九世紀ヨーロッパにおいて、孤児はしばしば叔母や祖父母などに育てられた。サハラ以南のアフリカでは、エイズによって中間の世代が大量に死亡したため、その子どもを祖父母が育てることは珍しくない。多数のアフリカ人の父親が自宅から離れて働いており、場合によっては一年に一度か二度くらいしか帰宅できない。シンガポールや中東の建設現場で働いているインド人労働者も同様である。そして、サハラ以南のアフリカでは珍しくないが、父親がいない家族の場合、母親が家から離れた場所、しばしば異なる大陸で働くことがありうる。英国にいる住み込み介護者にも多数のジンバブエ出身者がいる。彼女らは老人の世話をして稼ぐ。その老人の子どもはフルタイムで老人を介護する態勢にないからだ。そうして稼いだ金は本国のアフリカへ送金される。その目的は、彼女たち自身の子どもの面倒を見ている他の人の生活を支えるためである。子どもたちは、親代わりの人物である祖母や叔母などに深く愛着するかもしれない。そして、彼らが死ねば深く悲しむかもしれない。そしてもう一度、自分で別の生活形態を作り出さなければならなくなることは言うまでもない。

まとめると、急速に近代化する社会では、伝統的な関係性が切断され、多様で流動的な家族形態が導入される。いくつかの脱産業社会でも、多様で流動的な生活形態は見られるが、それは平等、多様性、寛容、個々人の権利、選択などの考えが高度に発達した結果である。この中間〔初期近代社会と脱産業社会の中間〕に、戦後の北米、西欧、日本のような成熟した産業社会があり、そこには構造がより明確な家族形態が存在するように見える。しかし、死、葬儀、悲嘆に関する深く根づいた想定や感覚は、後からのろのろと付いてくる。それゆえ、中国では子どものいない老人が恥とされ、二〇世紀の英国でも葬儀が家族中心のものとなるのである。

3 宗教

この節では、宗教が、家族による死の慣行を推進ないし弱める役割を果たしているという見方を示したい。

先に見たように、儒教は先祖祭祀を完全に支持する。というのも、それが孔子の孝の概念と調和するからである。しかし、とくにユダヤ教、キリスト教、イスラームなどの一神教的宗教の祭司や預言者たちは、人間が家族に寄せる情熱的な忠誠や愛情をしばしば恐れてきた。彼らが恐れたのは、それが唯一の真の神への崇拝を弱めることである。言い換えると、家族への愛は一種の偶像崇拝なのである。仏教は非有神論だが、修行僧になろうとする男性の多くに、家族への責任から離れるよう求めた。家族は、精神的修行の途上で置き去りにしなければならない執着〔愛着〕や、死すべき生につきまとう妨げの一種でしかない。対照的に多神教的なヒンドゥー教の場合、家族から出た死者を、無数の有名無名の神々や女神たちの間に列することができるようだ。忠誠を誓う先が複数あってもよいからである。

結果として、先祖祭祀とそこに見られる生者と死者の互恵的な関わりは、儒教の影響下では盛んだが、一神教と仏教ではそうはならなかった。一神教と仏教は、生の領域では家族と、そして死の領域では家族の先祖と、全体的により複雑な関係を結んできた。これらの宗教のより強硬な路線は、先祖祭祀を禁圧してきた。それはときに容赦なく、むごいほどである（Douglas 2004; Park 2010）。唯一神が崇拝されるべきだ、しかし亡くなった家族にも愛情を傾けたい。このような人々の願望ゆえに、シンクレティズム（混淆）も形成される。たとえば、ローマ・カトリックの聖人への祈りを通して、亡くなった家族への祈りがなされるといった具合である。また仏教の場合、中国や日本では家の先祖を吸収できるように教えの一部を修正した。そして、いつの時代においても、神学者や司祭・僧侶がどのような説教をしようとも、普通の民衆は独自の慣行を実践してきた。たとえば、アイルランドの民衆カトリシズムでは、聖母マリアに祈りを捧げることは同時に祖母メアリーへの祈りにもなっている。家族のなかでは聖母マリアそのものと同様に聖人として扱われるのである。[*1]

フェルディナンド・マウント（Mount 1982）はその著書『転覆を企てる家族』のなかで、家族への自然な忠誠心は、神や国家への全面的な忠誠心を要求するいかなるイデオロギーをも弱体化させると論じている。それに対応するために、宗教や全体主義的国家（たとえば毛沢東時代の中国）のなかには、神や国家を上位に置いて、家族を下位に置くものもあれば、ナチ時代のドイツや現代のキリスト教ファンダメンタリズムのように、家族を仲間に引き入れるものもある。しかし、ファンダメンタリストたちは、生の領域においては家族を認めるものの、死んだら家族に属するのではなく、神に属すると考える。

4 国家

宗教が、家族による死の慣行のなかでもある特定のものを推奨したり、それに反対したりするとすれば、国家も同様のことをする可能性がある。

❶ 推奨

日本は、国家が特定の家族類型を推奨し、家の墓への配慮を通して家族をコントロールした点で、ひときわ目立った事例を提供してくれる。一八六八年の明治維新は、日本という国が孤立主義から脱して近代世界に参入する意図を示す画期となった。ある一つの改革〔旧民法における家制度の規定〕によって、「家」、すなわち祖父母、長男夫婦、その子どもたちからなる父系三世代世帯が推奨されるようになった。「家」の指示対象は、その家屋、庭や水田、そして共同墓地における家の区画にも及ぶ。全世帯が、一人の人物（ほとんどつねに男性）を家長とする形で登録された。この制度が社会全体にこだまする。家長は先祖の墓の面倒を見ることに対して責任を負う。それはちょうど、天皇が国民集団の面倒を見るのと同様である。のちの二〇世紀であれば、企業が従業員の面倒を見るのと同様であると言える。辻（Tsuji 2002: 192）の観察によれば、多くの日本企業が亡くなった従業員のための集合墓を建立し、企業の「先祖」であるその霊を崇拝しているという。このような企業の役割は、先祖崇拝における家の役割や「栄誉ある戦死者」を崇拝する国家の役割と相似している。家の墓は先祖祭祀の焦点となり、それを補うのが仏壇（家庭内における祭祀のための場所）となった（Tsuji 2002; Rowe 2007）。

しかしながら今日では、日本人の家族の多くは三世代直系家族ではなく核家族であり、夫婦か単身者しかいない世帯もある。ということはつまり、「自分の墓の面倒を見る「適切な」子孫がいない人が増えている」ということである（Tsuji 2002: 184）。これは、高齢者介護にとって新たな試練だが、それに留まらない。一九九〇年代以降、人間の遺骸をどこでどのように処理するかをめぐってかなりの革新が起こっているが、それを導くことにもなった（Boret 2014）。

遺産相続

相続法は、家族と個人に関する文化的前提を反映すると同時に、支えている。イングランド、さらにその延長線上にある米国、カナダ、オーストラリア、その他かつての英国植民地において、親族関係はとりわけ個人主義的である。そのため、親族関係は個人間を統制する規定であって、地位ではない（Strathern 1992）。「ある人が自分の兄弟や叔母だと知っているということは、その人とどのような関係なのかをほとんど何も明らかにしない。どのような兄弟なのか、どのような叔母なのかによって関係は変わる（Finch and Mason 2000: 18、強調は原文による）。つまり、個人個人が自らの親族システムを構築しているのである。

この状況は、アラン・マクファーレン（Macfarlane 1978）によると古くまでさかのぼる。イングランドの遺言書をさかのぼると、一三世紀というかなり昔の時代から、人々が家族の誰に家財を委ねるかを選択していた可能性が見えてきた。つまりイングランドでは、遺言書と遺産相続を通して、諸個人が家族を創造していたのである。

このイングランドのシステムは、一部のヨーロッパ諸国や日本などに見られる世襲法と異なる。世襲法では、世代を超えた家産を長男が委託され、保管するという形をとる（Déchaux 2002）。これはイングランドの貴族・王族にも見られる。それに対して、他のヨーロッパ諸国では、親の遺産をすべての子どもに分配することが、法律によって定められている。だが、ブリトン人とアメリカ人は自分の財産を誰でも託したい人に託すことができる。とはいえ実際には、イングランドの親たちのほとんどが、自分の財産を子どもたちに平等に分配することを選択している（Finch and Mason 2000）。このように、〔各国の〕相続法は、特定の家族構造を支えるのにかなりの効力を発揮している（Gilding 2010）。

❷ 想定する

国家は往々にして、死にゆく人の介護は家族内の特定の人がするものだと想定しがちである。それは、ケレシとウォーカー（Quereshi and Walker 1989）の言う介護《ケア》のヒエラルヒーの何らかの型に収まるだろう。同様に、家族と介護に関する国家の想定に合致する介護《ケア》者には、福祉給付が支給されるかもしれない。これは死んだ後にも関係してくるだろう。英国政府の葬儀支払制度では、貧しい家庭に葬儀費用の一部を払い戻すのだが、請求資格があるのは、配偶者、親、近親家族である。しかし、ウッドソープとランブル（Woodthorpe and Rumble 2016）によれば、家族の誰が葬祭ディレクターに料金を支払うべきかは決まっていない。前節で見たようにイングランドの親族概念は流動的なので、予想されることではあるが、誰が支払うかは、個別の家族どうしの関係性の質に左右される。結果として、葬儀の責任を負うだろうと政府が想定している人と、家族のなかで実際に葬祭ディレクターに料金を支払う人が食い違うこともある。その場合、料金を払った人が、払い戻しを請求しても通らない可能性がある。このことから家族関係は、家族のなかで取り決められるのと同時に外部から制約を受けるものなのだということがわかる。

エスピン＝アンデルセン（Esping-Andersen 1990）のヨーロッパにおける福祉レジームの類型論を使うなら、英国は自由主義レジームであり、最も困窮している人への給付に後ろ向きな傾向があるということになる。にもかかわらず、葬儀支払制度の場合に給付資格として要求されるのは、収入が低い[*2]ことと合わせて、特定の親族関係上のつながりを故人と持っていることなのである。コーポラティズム的福祉レジームは、ベルギー、フランス、ドイツ、スペインなどに見られるが、「たいていは教会によって形成されたものなので、伝統的な家族性の維持に強くこだわる」（1990: 27）という。そうであるなら、生の領域だけでなく死の領域において、これがどのように働いているのかを調べれば、興味深い結果が得られるだろう。ヴァレンタインとウッドソープ（Valentine and Woodthorpe 2014）は、これらの国における葬儀福祉給付 funeral welfare payments の概要を述べている。これら異なる国民的制度（ドイツの場合は地方制度）の運用に、親族関係についての想定はどのように影響するだろうか。それを確定するためには、より精密な調査が望まれる。

❸ 反対

家族愛の力は、一神教的な宗教や仏教の出家や脱俗を脅かすだけでなく、国家をも脅かす。ソフォクレスの劇のなかで、アンティゴネーは内戦の敗者になって死んだ兄のためにきちんとした埋葬をおこなうことに固執する。このことは王にして彼女の伯父であるクレオンの怒りを買う。クレオンは、反逆者が命を落とした場所で、腐るがままに放置し、その尊厳を傷つけることで、政治的秩序を見せつけることに決めた。親族の法と国家の法のこうした対立を描いているために、ソフォクレスは、G・W・F・ヘーゲル（Avineri 1972）からジュディス・バトラー（Butler 2000）に至る後続の哲学者たちに刺激を与えた。

このテーマは、ゲイル・ホルスト＝ウォーハフト（Holst-Warhaft 2000）の著書『情念のための合図《キュー》——悲嘆とその政治利用』で取り上げられた。社会学と人類学は、いずれもデュルケム（Durkheim 1915）にならって、葬送その他の儀式を通して服喪者が一緒に集まり、死に抗して集団の連帯を確認していると教えてきた。ところが、ホルスト＝ウォーハフトは、悲嘆の情念が社会を安定させるためではなく変容させるための合図《キュー》になりうることを、その過程とともに示した。悲嘆はおそらく、人間が感じる最も強力な情動であり、私たちを狂気の淵に追いやる。多くの社会で、悲嘆は好きなだけふけることを許され、演技されたり、歌や挽歌の形にされたりした。しかし、教会や国家の権威はそれを恐れ、歌や挽歌や通夜を禁止し、服喪を単調な務めに変えた。彼らは悲嘆のエネルギーを抑うつに転換したのである。

これに対して、ホルスト＝ウォーハフトは二〇〇〇年以上の歴史からさまざまな事例を挙げ、悲嘆がどのようにして服喪者たちを力づけ、権威〔当局〕への異議申し立てをうながしてきたかを示す。服喪者たちは近代性では孤立しがちだが、[*3] これらの事例ではともに行動する。最もドラマティックな例は、〝五月広場の母たち〟、つまりアルゼンチンの〔軍事政権によると見られる〕行方不明者の母たちである。彼女らは〔おそらく偽物の〕骨を返され、〔抗議行動の〕「締めくくり」の要請を告げられ、追い返されようとするが、それを拒んだ。彼女らの発行した新聞には次のように書かれている。「傷を癒そうとしないで。傷口を開いたままにしておいて。傷からなお血が出ていれば、忘れることはないし、私たちの力は増大し続けるでしょうから」。母親会は母親たちの悲嘆を動員し、アルゼンチンで政治的変革を引き起こす鍵となった。

葬儀

先の数パラグラフでは、政治的秩序と家族の悲嘆の対立のなかでも劇的な例を挙げた。第一二章では、民主主義国家における戦死者の扱いについて考察する予定である。民主主義国家は、家族の悲嘆に配慮することと、戦死者を国民的英雄として顕彰することを何とかして両方ともこなさなければならない。また、国家が新種の葬儀を押しつける例もある。それは、家族を支えるのではなく、家族を軽視し、代わりに政治的秩序を誇示する。*4 ほとんどのケースではデュルケム的社会学は正しい。すなわち、葬儀において、服喪者が一緒に集まり、死を乗り越えて集団の連帯を確認するということである。問題は、どのような集団なのか、である。欧米の戦没者共同墓地の場合、集団とは明らかに家族ではなく国民全体を指すが、家族がないがしろにされることはない。それに対して、いくつかの共産主義国は、故人を模範市民として顕彰する葬儀によって、社会主義を肯定し、何とかして家族を弱体化させようとする。◉2

私はすでに中国とヴェトナムについて言及した。中国の文化大革命は家の先祖祭祀をやめさせた。葬儀は簡素化され、家族は職場の同僚と変わらない扱いを受けるようになった。地方または国レベルの重要な党員（最終的には毛沢東自身）の葬儀だけが、それなりの規模でおこなわれた（Whyte 1988）。だが、二一世紀のより資本主義的な経済のなかで、農村部の中国人で家の先祖に回帰する人も出てきており、それ以外の人々には、アノミーと不確実性が残された。あるインフォーマントによると、「古い儀礼については誰も知らないし、古い宗教はもう誰も信じないけど、中国共産党が押しつけたやり方を守る人はいないよ」

とのことである（Goss and Klass 2005: 202）。

もっと最近の研究では、「資本主義的な上海で死に直面している社会主義者」（Liu 2015）が、やや異なった話をしている。世俗的な市民葬は、一九四九年の共産主義革命より前の二〇世紀初頭に、中華民国政府によって発明されたとのことである。その後、一九六〇年代後期から中国共産党によって推奨され、次のような形式に準拠することになった（p. 235）。

- 儀式の主催者が、追悼会の開会を宣言
- 葬送歌が演奏されている間、全員黙禱、故人を追悼
- 単位〔労働単位〕の代表者が弔辞を述べる
- 遺族〔死別経験者〕側の代表者が謝辞を述べる
- 全員が一斉に故人に対して三度お辞儀をする
- 告別の儀

儀式の中心となるのは弔辞である。近年の例としては次のようなものがある（Liu 2015: 260）。

同志ワン・ダーシャンは勤勉勤労の人物でした。どのような持ち場で働くことになろうと、彼はつねに仕事に集中していました。自分の仕事を愛し、また仕事に長けていました。彼は仕事に全身全霊を傾けていました。同志ワン・ダーシャンは正直率直な人物でした。彼は友好的で親切であると同時に、謙虚で慎重でした。質素倹約であり、艱難辛苦に耐えてきました。彼は子どもの教育に大変厳しく、彼の子どもは誰もが法令を遵守し

て勉強熱心です。

同志ワン・ダーシャンの死によって、我々は良き同志を失うこととなりました。彼は逝去しましたが、仕事へ無私に奉仕する彼の精神、質素倹約だけでなく艱難辛苦に耐え、かつ勤勉な彼の生活様式、礼儀正しく正直率直な道徳性は、我々すべてにとっての範例であります。人間はひとたび死ねば生き返ることはありませんが、我々の悲嘆を力強さに変えることは可能です。このような模範を持っている我々は、より一層の情熱をもって社会主義の仕事に献身しますし、そうすることで同志ワン・ダーシャンを追悼することができます。

同志ワン・ダーシャンよ、どうぞ安らかに眠ってください！


弔辞はつねに当事者を市民として捉える。この例で家族への言及が見られるのは、同志ワンがいかにその子どもをきちんと良き市民に育て上げたかを示す箇所だけである。続いて家族がおこなう「謝辞」は、家族の視点から故人を偲ぶものであるが、それも弔辞の言葉づかいのほとんどを繰り返したものであることが多い。

経済を自由化した中国共産党は、今では社会主義葬を推奨しておらず、上海の葬儀場は個性重視の葬儀を積極的に売り出している。しかし、上海の民衆の間で社会主義葬は依然として根づいており、よくあるのがそこに宗教的な要素（儒教の先祖祭祀か仏教の輪廻転生）が付け加わったものである。世界中を見渡しても、服喪者が文化革命を起こそうとするのは一般的ではない。とくに感情的に動揺している死別の初期段階で、そうしようとする人は少ないだろう（Marris 1974）。服喪者がまったく新しい葬儀形式を採用することはない。するとしたら、新しい形式を採用することを強制される場合か、他の葬儀でそれを見かけたことがある場合だろう。むしろ、既存のものを修正して間に合わせ、一時的に伝統回帰する傾向があることがある

（たとえばヨーロッパでは、何十年も教会に通っていなかったのに、葬儀のときは宗教式に回帰するという服喪者が多く見られる）。ひょっとしたら、このようなことが上海で起こっているのではないだろうか。つまり、世俗的な追悼会のほうが、伝統的なもの、あるいは少なくとも馴染みあるものになったということである。どう説明するにせよ、社会主義の市民は、共産主義と家の先祖との間で進化するダンスを続けており、そこに仏教やキリスト教その他の宗教に傾倒している人々が、独自のバリエーションを加えているのだ。

私は、死に及ぶ国家の力を過大評価しようとは思わない。辻（Tsuji 2002: 193）は、「日本における死の政策――国家、家族、個人」という論文を次のように締めくくっている。

明治政府は、家族や個人を厳しく管理するために死の政策を用いた。……（しかし）霊安室の慣行は、政府の政策だけで生まれたのではなく、政策、人々、伝統、その他の状況的要因が複雑に絡み合ってできたものである。

家族による死の慣行すべてをコントロールしようとする国家などない。国家によってはまったくコントロールしようとしないところもある。ある同僚の情報によると、セルビアでは「近代的な死に方に共通する特徴を除けば、普通のセルビア人の死に影響を与えているのは、国家の政治ではなく地域的伝統や家族や宗教だ」という。

5　医療従事者

本章では、宗教・国家・個人が、死にゆく過程、葬儀、服喪、遺産相続に関する管理・統制の際に、家族とどのように相互作用してきたのかを見てきた。どの国でも問われるさらにその先の問題は、医学、看護、その他の保健に関わる専門職者が、人生最終段階ケアの形成において家族とどう相互作用するかである。そして、意思決定の権限が、家族と専門職者の間でどう分配されるかである。

第八章で確認したように、ほとんどの西欧諸国、北米、オーストラリアにおいて、またヨーロッパから移住してきたニュージーランド人（パーケハー）の間で、患者個人が第一の意思決定者として位置づけられている。これは、患者こそが診断と予後について、たとえそれがどんなに悪い知らせであろうと、最初に聞く人間になるべきだということを意味する。医療専門職者（HCPs〔ヶア〕）は、患者個人のためにケアするという契約を結ぶ。ただし、障害者のケアと緩和ケアの場合は、家族介護《ケア》者と作業することもある。とはいえ、患者との作業が中心であり、家族介護者との作業はやや周縁に位置する。

これに対して、いくつかの研究が示しているように、イタリアなど地中海沿岸諸国や日本など多くのアジア諸国で、癌や不治の病にかかっていることを医師が伝える相手は、患者の家族である。その後、患者に伝えるかどうかは家族の判断に委ねられているが、家族は伝えないという選択をすることが多い（Gordon and Paci 1997）。

しかし、第三のアプローチがある。マオリ族の場合、患者・家族・ＨＣＰ〔医療専門職者〕というすべての関係者が、診断、予後、ケアの選択肢について一緒に話し合う。また、協同意思決定 collaborative decision making が一般的なオランダでは、安楽死についての話し合いは、医師・患者・家族の間の会話の連続で構成されるのが通例である（Norwood 2009）。患者やその家族との相談は、他の国では一〇分以下で済まされるが、マオリ族やオランダ人の場合は、それよりもはるかに長くかかるだろう。

したがって、ある文化では、HCPと家族の話し合いが、患者の自律を脅かす可能性がある。他の文化では、HCPと患者の話し合いが、陰に陽に家族の一部ないし全部を排除する可能性がある。さらに他の文化だと、HCPは患者を含む家族全員と時間がかかるコンサルテーションに取り組む可能性がある。

いずれの場合でも、HCPはその国の法律の範囲内で活動しなければならない。安楽死や幇助自殺が違法である場合、HCPは患者が十分な情報にもとづいた決定をすることに意を尽くす。たとえばどこで死ぬかなどである。しかし、HCPがどれだけ深く関わるとしても、いつ死ぬかについての意思決定をうながすことはできない。このような国で、患者がHCPにも家族にも知らせずに薬を蓄えておき、自分の人生はもう十分なので終わらせたいと仮に思ったときのために備えておくかどうかは不明である。

❶ 最期の交渉

イングランドの病院におけるウィルソン（Wilson 2017）の最近の調査によると、英国／北西欧の患者中心モデルのせいで、患者の最後の数時間は厳しい緊張を強いられるものになるという。医学的に複合的な状態や虚弱を抱える患者の多くは、予測可能な「死に至る軌跡」（第一章）を持たないことが多い。入院期間がしばらく続く場合、医師や看護師がやりとりする相手は主に患者となる。家族は患者の様子を見るために訪れるが、医師や担当看護師と面会するとは限らない。そのため、忙しい一般病棟ではとくに、医師や看護師と家族との間の付き合いが、ほとんど、あるいはまったくないこともある。このような病棟の医師や看護師にとって、患者が死を迎えつつあると確認するのが死の直前になることは当たり前である。

この時期、つまり死の一～二日前、あるいは数時間前までには、患者の意識が混濁あるいは昏睡の状態になっていることも珍しくない。つまり意思能力が失われているということである。家族は病院に来るように言われるが、ほとんど警告なしの呼び出しなので、家族の死が間近に迫っていることを受け入れられないかもしれない。患者はもはや意思決定をおこなうことができないが、こうなる前に家族に正式な委任状を与えていない場合もある。この時点で、医師と家族は実質的に見ず知らずの他人同士なのだが、患者に成り代わって、複数の大きな決断をするために協力し合わなければならない。これは無理な注文だ。医師は、患者の最善の利益にかなうと思う決断をなす法的な資格を与えられている。たとえば、無益で苦痛を引き起こす可能性が高い治療をやめるといったことである。これに同意しない家族もいる（全員または誰か）。言い換えると、西洋的システムは表向きは自律した個人に決定権を持たせているが、実際にはHCP〔医療専門職者〕と家族との間で、人生最終段階の決定が慌ただしくなされている、ということだ。どちらの側もこれを大きなストレスだと感じている。家族がHCPの臨床的判断や、患者の望みについての説明に納得しない場合はなおさらである。

したがって、いかなる文化的システムにおいても、人生最終段階の意思決定をコントロールしようとする患者、家族、HCPの努力は、スムーズに行くこともあるが、とくに病院のような施設の内部で適切な警告なしに死が近づいてきたときには、スムーズに行かないこともある。

6　結　論

人間は他の人間と愛着しあうものである。そのため、死とその過程は家族に大きな動揺を与える。これは、家族中心の社会だけの話ではない。脱産業社会では、ある一つの家族形態ではなく、ライフスタイル選択の多様性が重視されるが、そのような社会でも、死とその過程は家族に大きな動揺を与える。家族より集産主義的組織を重視する共産主義社会でも例外ではない。社会によっては、葬儀と服喪儀礼が、個々の服喪者よりも家父長制を支える機能を果たす場合もある。

そういうわけで、本章は、個人と集団が死に及ぼす権力の相対性に関する前章の探究を発展させ、重要集団の一つである家族にフォーカスを当ててきた。私が問題としているのは、死にゆく過程や葬儀や追悼や悲嘆や相続を、誰がコントロールしているかということである。家族は、個人、宗教、国家、医師・看護師との関係のなかで、どのような権力を持っているのか。人生最終段階での情報や意思決定に関するコントロールは、家族内部でどのように取り決められるのか。本章ではまた、いくつかの歴史的な事例にも触れて、家族による死の慣行をめぐるあからさまな対立が、個人、宗教、国家、家族の権力を再編成してきたことを示した。

読書案内

- Déchaux, J-H.（2002）'Paradoxes of affiliation in the contemporary family', *Current Sociology*, 50（2）: 229–42.
- Finch, J. and Mason, J.（2000）*Passing On: Kinship and inheritance in England*. London: Routledge.
- Kwon, H.（2008）'The ghosts of war and the spirit of cosmopolitanism', *History of Religions*, 48（1）: 22–42.

- Park, C-W. (2010) 'Between God and ancestors: ancestral practice in Korean Protestantism', *International Journal for the Study of the Christian Church*, 10 (4): 257–73.
- Robson, P. and Walter, T. (2012–13) 'Hierarchies of loss: a critique of disenfranchised grief', *Omega*, 66 (2): 97–119.
- Tsuji, Y. (2002) 'Death policies in Japan: the state, the family, and the individual', in R. Goodman (ed.), *Family and Social Policy in Japan: Anthropological perspectives*. Cambridge: Cambridge University Press, pp. 177–99.
- Walter, T. and Bailey, T. (2018) 'How funerals accomplish family: findings from a Mass-Observation study', *Omega*, 82 (2): 175–195. Article first published online in 2018; Issue published in 2020.
- Woodthorpe, K. and Rumble, H. (2016) 'Funerals and families: ocating death as a relational issue', *British Journal of Sociology*, 67 (2): 242–59.

議論のための問い

- あなたの社会では、どのような家族が、公式あるいは法的に推奨されているだろうか。
- もしそのような家族の形態があるとすれば、それは人生最終段階ケア、葬儀、服喪、相続などにどのように反映されているだろうか。それは受け入れられているだろうか。抵抗があるとすれば、どのように、そして誰が抵抗しているだろうか。
- あなたの社会では、死の慣行をめぐって、家族と個人・宗教・国家・医療従事者などとの間で対立があるだろうか。もしあるとすれば、それはどのように解決されているだろうか。

第十章　宗　教

この章では、宗教が死とその過程、および死別にどのような影響を与えるかを考える。

世界中いつの時代でも、宗教は死と関係してきた。実際、人類学者のブロニスラフ・マリノフスキー（Malinowski 1925）は、宗教の原動力が、死によって人間のなかに引き起こされる不安にあると考えた。トロブリアンド諸島民を研究したマリノフスキーは、たとえば沖合での漁などの際に自然界がもたらすリスクや危険に対して、部族民は宗教と呪術のおかげで対処できていると結論づけた。一方、他の人々は、宗教は死に直面した人々に安心感だけでなく不安感も醸成する可能性があることに注意を向けた。たとえば、現世での不正は死後に罰されるという脅しなどである。

1　すべての宗教が同じというわけではない

宗教が可死性〔死すべき運命〕を扱う方法で、少なくとも西洋人の目から見て最も目立つのは、何らかの形で死後生を与えることであり、四種類のまったく異なる形を素描することができるだろう。生者と死者の関係性にとってそれらが帯びる意味も含めて見てゆきたい（Walter 2017b）。

先祖

先祖祭祀は、少なくとも一万年以上前に人間が定住を始めて農耕民となったあたりから広まっていった（Steadman, Palmer and Tilley 1996; Parker Pearson 1999: Ch. 7; Whitley 2002）。家族は宗教儀式を通して、またおそらくシャーマンの助けも借りながら、死者を先祖に変容させることができるようになった。その後も宗教儀式を通して先祖を供養することで、確実に先祖が祟りを起こさないようにすることができた。多くの場合、先祖は、およそ五〇年程度までしか認識されない。つまり、彼らを記憶している人々が生きている間だけである。それを過ぎると、個人としてのアイデンティティは解消し、先祖全体に溶け込んでしまう。第九章で述べたように、誰もが先祖になれるわけではなく、この先祖という地位は、男性や長老に限られることが多かった。

不死性

数世代に留まらない永遠の不死という考えが、古代エジプトに登場した。このきわめて魅力的な状態は、王族や特権的な宮廷人に限られていたが、やがて相応の儀式のための費用を払えば誰でも与れるようになった。キリスト教やイスラームのような救済宗教の特質は、永遠の命という希望をかかげ、ジェンダー、年齢、財産、社会的地位にかかわらず、すべての人に提供する点である。これは、一般民衆、および社会的に見捨てられた人々をひきつけた。不死性に必要なものと言えば、信仰と善い人生を送ったこと（またはそのいずれか）だけであった。すべての宗教ではないが、いくつかの宗教では、先祖祭祀の場合と同様、生者が死んだ家族の冥福を確かなものとするための儀式や祈りが提供される。

輪廻転生

インド亜大陸の宗教はまた異なる見通しを提供する。ヒンドゥーの伝統では、自分のカーストの義務を果たして善いカルマを積めば、来世でより高いカーストに生まれ変わることができる。最終的には解脱《モクシャ》、すなわち宇宙的な神ないし魂であるブラフマンとの合一を達成することができる。仏教の最終目標は、無我または空の悟得である涅槃だが、これはキリスト教やイスラームの天国とはまったく異なる。

記　憶

生者が祈っても死者のためになることはまったくないと説いた宗教も、少数ながらある。とくに目立っているのは、一六世紀ヨーロッパ北部の宗教改革から成立したプロテスタント的キリスト教である。服喪者は、故人が天国にいると知ることができればほっとしたかもしれないのに、生者が死者とつながる方法は、彼らを思い出すことだけになってしまった（Koslofsky 2002）。これは、無神論者や世俗主義者が死者とつながる方法と変わらない。

❶ 記憶と供養《ケア》、身体、魂

宗教や慣習には、死者への供養を可能にするものもあれば、記憶するしかないとするものもある。故人の魂を供養する儀式は、しばしば肉体の遺骸や墓に関心を寄せる。これをはっきりと例示したのが、埋葬儀式の人類学に関するロベール・エルツ（Hertz 1960［1907］）の古典的な試論である。そこで取り上げられた儀式では、身体、魂、服喪者それぞれの状態変化が響き合っている。事例は世界中に見られる。たとえば、インドネシアのトラジャランドでは、死体が数ヶ月ないし数年にわたって家で保管される（Tsintjilonis 2007）。また、ラテン・アメリカや地中海沿岸地域では、家族の死者が聖者・殉教者とともに礼拝の対象となっている（Chesnut 2017）。

プロテスタントの遺体とカトリックの遺体

しかしながら、信念体系のなかに、故人の魂のためにできることなど何もないという考えが入っている場合、記憶に関わる慣行が中心となり、遺体はなおざりにされがちである。キャン（Cann 2014: 31）は、文化によって異なるさまざまな死の慣行を米国全土から取り上げて記述している。彼女の観察によれば、「プロテスタンティズムに見られる何も付いていない十字架は、受難より救済の神学を重視していることを示す。それはカトリシズムにおける身体の強調と対照的である」。カトリックの磔刑像《たっけい》には苦痛にあえぐキリスト像がはりつけられている。それらをすべて思い起こしてみよう。彫刻であれ、絵画であれ、プロテスタントの十字架の素っ気なさとは対照的である。十字架だけではない。多くのプロテスタント教会の内部は、会衆が〈神の御言葉〉〔聖書の福音〕を聴くために集まれることを目的としてシンプルに設計されている。文化的にはプロテスタントの英国では、葬儀場における遺体との公開対面は滅多にない。一方、米国でおこなわれている公開対面の慣行は、プロテスタントの聖職者から頻繁に批判されている。歴史的にはカルヴァン派であるチューリッヒでは、いまやほとんどの住民が火葬されているが、火葬場では何の儀式もおこなわれないのが一般的である。遺灰を収めた骨壺を埋葬するのを、少数の近親者が見届けるに留まっている。その後で、主たる儀式として追悼礼拝が催されるが、これは遺体から完全に離れたところでおこなわれる。

プロテスタントとカトリックでは、死体は異なる扱いを受けている。カトリック教会では、遺体は葬儀の前夜に教会に引き取られ、家族とその他の服喪者は遺体を囲んで祈りを捧げることができる。そして翌日の葬儀礼拝の最中に、司祭は故人の魂のために祈りつつ、遺体の周りを歩いて棺の上に聖水とお香を振りまく。魂のための祈りと遺体のための敬意は絡み合っている。対照的にプロテスタントの葬儀では、聖職者は、遺体を儀礼の対象として扱うことはまったくないし、故人の魂のために祈ることもない。神に推挙し、委ねるくらいであろう。同時に、当たり前のことだが、感情と好みには個人差がある。カトリック信者のすべてが家族の墓参りをするわけではないし、プロテスタント信者のなかにも死者のために祈る人はいる。生きられた宗教と教会の教えは、必ずしも一致しない。

ヨーロッパは歴史的にはキリスト教的だが、ヨーロッパ内部を見てみると、国の多数派がプロテスタントか、カトリックか、正教会かという違いが、火葬率に大きな影響を与えている。私がカトリック信者たちに、なぜ土葬を希望するのかと尋ねると、「復活のためです」と答えられることが多い。地上における遺体の運命について尋ねると、彼らは、魂は最終的に天国で体を持つ運命にあると答える。彼らにとって、身体と魂、地上の遺体と天国における体は密接に結びついている。対照的に、プロテスタント神学は通常、土葬の細部をはっきりと定めていない。イングランド国教会（プロテスタント）のカンタベリー主教が一九四四年に亡くなったときには火葬された。彼は、体〔遺体〕をどう処理するかは、魂の死後の運命にとって何の意味もないと明言していた。それ以後、火葬に対する神学的な反対は、イングランド国教会からは出なくなった（Jupp 2006）。教会員は火葬か土葬かを自由に選べるようになったが、その根拠は個人的な好み、都合、費用などによる。

ギリシア的な魂の観念、すなわち体なき魂は人格ではないという観念を退けたカール・バルトのような二〇世紀の神学者たちもいる。彼らは、魂が体を伴った復活を待っているという観念を退けたのである。代わりに、私たちが死ぬときには、全人格が（体も魂も）死ぬのであり、後で復活すると言われているのはその〔時間を超えた〕永遠態においての復活である。この見解では、火葬による身体の破壊は、死による人格の破壊と鏡写しである。そういうわけで、グローバル・ノース[*1]で肉体を伴った復活を今なお信じている人はほとんどいない。人々が最も信じている死後生の形は、身体が死んで、残るのは永遠の魂だというものである（Walter 1996）。それは、火葬による身体破壊に象徴されていると言えるだろう（D. Davies 1990）。

次頁の**図表10・1**は、ヨーロッパのいくつかの国における一九八六年と二〇一六年の火葬に関する統計的データを示したものである。一九八六年には、プロテスタント国の火葬率はカトリック国よりも非常に高かった。二〇一六年になると、差は縮まっているが依然として存在する。カトリック教会は長いこと信者に対する火葬を禁止していた。一九六五年に第二バチカン公会議の改革を受けて、ローマ教皇は、火葬を消極的に受け入れたが、決して推奨しているわけではない。その結果、二〇年経っても、イタリアやアイルランドなどで火葬にあえて踏み切るカトリック家庭は、ごく例外的である。どのみち火葬のための施設がほとんどないアイルランドのようなカトリック国もあった。二〇一六年の時点では、カトリック諸国でも火葬場の建設が増えている。時間の経過のなかで火葬の慣行が受け入れられやすくなったこと、児童虐待スキャンダルで教会の権威が低下したこと、宗教的所属がない人が増えたことがあるだろう。これらの要素が合わさって火葬率が押し上げられた結果、歴史的にカトリックの国々と歴史的にプロテスタントの国々の間の差がぼやけた。

1986 年

プロテスタント	カトリック	混合	正教会	火葬率（%）
イングランドとウェールズ				71
スウェーデン				59
		オランダ		42
	ベルギー			14
	スペイン			11
	フランス			3.7
	アイルランド			1.5
	イタリア			0.6

2016 年

プロテスタント	カトリック	混合	正教会	火葬率（%）
		スイス		85
デンマーク				83
スウェーデン				81
英国				77
		オランダ		63
	ベルギー			59
		ドイツ		57
	ポルトガル			54
	スペイン			50
	オーストリア			47
ノルウェー				41
	フランス			39
	ポーランド			24
	イタリア			23
			セルビア	19
	アイルランド			18
			ルーマニア	0.4

表 10・1　ヨーロッパにおける火葬率

出典：Cremation Society of Great Britain　www.cremation.org.uk/statistics

❷ 慰め？

肉体の遺骸への態度が宗教によってかなりまちまちであったように、死にゆく人や悲嘆している人に提示される観念も、宗教によって異なる。愛する人が今では先祖となって崇拝されているとか、天国に行っていると確信できれば、多くの人が慰められるのは確かだ。死者の道行きを楽にするような儀式や祈りを服喪者が遂行できる宗教の場合、服喪者を集めるという仕事が課されるだけでなく、人によってはコントロールの感覚も得られる。決まった時期に正しい儀式や適切な祈りをおこなえば、私の母親の魂は安らかに眠ることができる。そのような儀式は本質的には呪術的である。つまり、儀式を正しくおこなえば物事はうまくゆくという発想である。

しかし、死に関する宗教の教えは、慰めを与えるようなものばかりではない。救済宗教は、万人にとっての不死性という希望を広めたが、すべての人がそれに与れると確証するわけではまったくない。私は、自分が救済され、天国行きが決まっているかどうかを、どうして知りえようか。そのような可能性を教える宗教においては、地獄の恐怖が不安をかき立てる。また、ヒンドゥー教では、輪廻の連鎖に引き戻される可能性がある。マックス・ウェーバー（Weber 1930）の有名な議論によれば、死後の運命に関する不安は、とくに一七世紀カルヴァン主義者の一部で強かった。そこで彼らは、道徳的に非の打ち所のない生活を送ることによって、その不安を処理したのである。それは、プロテスタント特有の経済倫理を含んでいることが判明した。ウェーバーによると、この経済倫理が資本主義の始まりに寄与したという。今まで批判を受けてきたウェーバーのテーゼをここで引用した理由は単純で、死に関する宗教の教えが、人間の死に方や悲しみ方だけでなく、生き方にも影響を与える可能性を示すためである。

苦は人間の置かれた状況の根幹にあると説く仏教と異なり、キリスト教は苦によって問いかけを受けてきた。キリスト教は唯一の神が存在するとし、神は愛そのものだと断言する。そうであるならば、この愛する神が、どうして苦を許容することなどあろうか（Berger 1969）。若者の悲劇的な死や、大きな苦しみが伴う死は、キリスト教信仰に疑問を投げかけうる。それは第二の喪失をもたらすほどである。服喪者は愛する人を失うだけでなく、信仰も失ってきた。

このように、死への対処は、諸宗教の全部ではないとしても大部分にとって中心的な問題である。だが、死にどう対処するかは多様である。

2　世俗化

「私は宗教的ではない」とか「宗教は過去の遺物だ」とあなたは言いたくなるかもしれない。確かにそのような読者もいるだろう。世俗化は宗教と同様に、現代人の死とその過程と悲嘆の形態に影響を与えている（Walter 2015b）。

❶ 宗教的な世界

宗教と世俗性をグローバルに見たとき、そのパターンはきわめてシンプルに要約できる（Berger 2012）。近代性は、とくに教育と都市化を通じて、宗教的権威を不可避的に失墜させるとかつては考えられていた。にもかかわらず、世界は全体としてみると、驚くほど宗教的であり続けている。国策として無神論を推奨する試みは、さほどうまくゆかなかった。中国では宗教が復活している。いまや、一切の宗教的慣行を禁止するのに成功している共産主義国は、あったとしてもごくわずかである。日本が世俗的かどうかは、議論の余地がある（Reader 2012）。それゆえ、世俗化が進行している舞台は、世界にはたった二つしか残されていない。そのうちの一つ、あるいは二つは、本書の読者が住んでいる可能性がきわめて高いところだ。つまり、西欧・中欧、および国際的な世俗的知識人層である。これら二つの世俗的なバブル〔外が見渡せているようでいて実は閉ざされた空間〕の出生率は、世界の宗教的多数派と比べて低い。そのため、統計的に見れば世界の宗教人口は増大しているのに、西欧人と高等教育を受けた人々は世界がますます世俗化しているように感じるというパラドックスが生じている。

その宗教的多数派のほうは、ますます都市的になり、近代的になっている。言い換えると近代化している。つまり、近代性は必ずしも世俗化を意味するものではないということだ。世界の大部分の人々が、宗教性を高い水準で保持したり発展させたりしながら近代化しようとしているが、その際に参考にされているのは西欧ではなく米国である。実際、世界のいくつかの地域に見られる特定の形態の宗教は、近代化を推し進める勢力となりうる。それは先祖にまつわる伝統的な死の慣行を疑問視することが多い。例としては、南米のペンテコステ派（Martin 1990）、ジンバブエ（Maxwell 1998）、韓国の長老派（Park 2010）、インドの一部におけるバプテスト教会（Vitebsky 2008）などがある。

❷ 医 学

とはいえ、世俗的なヨーロッパと同様、地球上のいたるところで、世俗化はさまざまな形で死とその過程に影響を与えている。医療に関わるような施設は、高度に宗教的な社会においても、世俗的な方針で運営されている。第二章でその経過を確かめたように、死が理性の眼差しで見られるようになるのは、一八世紀初頭のフランスからである。もはや祈りを通じてどうにかするという場当たり的な眼差しではなくなった。死は、統計学的に予測可能なものになったため、公衆衛生の対策によって管理できるようになった。そして、いずれの個人の死も、医学的に認定可能な原因を持つはずだと見なされるようになった。言い換えると、近代医学は死を神の御業《みわざ》とは見なさないようになったのである。

もちろん、産業革命より前の人々は動物が身近な地方部で暮らしており、動物の死が物理的にどのようなものであるかを知っていた。だが、それは、人の死についての宗教的理解と矛盾しなかった。司祭は医師よりも呼びやすく、医学はどのようなケースにおいても、死を防いだり、受け入れやすくしたりする力をほとんど持っていなかった。それに対して、近代の都市住民は動物の死から縁遠くなり、死の大部分を、発達した医学的処置の観点から理解するようになった。医学的処置は臨終の場面を乗っ取っていった。死の床はたいてい病院にあり、病院は、医学的処置、看護的処置をおこなう場所となった。司祭を呼んだり、宗教的儀式を遂行したりすることは、オプションとして追加されるものになっている。もちろん、世俗的なストックホルムよりも宗教的なマニラのほうが、この追加オプションが選ばれることはずっと多い。しかし、医学の世俗的、科学的な実践はグローバルである。例外はインドのヴァラナシにある「解脱の家 Mukti Bhavan」ゲストハウスである。死期が迫った人は、解脱や救済を得るためにそこに行くという。それは、近代都市の規範にとっての例外として注目に値する（Basu 2014）。

死んで数週間から数ヶ月間における魂の死後の旅を助ける宗教儀式は、おこなわれる社会と、おこなわれない社会がある。ところが、すべてではないが多くの近代社会で、この期間は服喪者の心理的幸福感の観点からもとらえられるようになってきた。故人の死後生を信じるかどうかにかかわらず、故人の死後を服喪者がどう生きるかには、関心が集まってきている。フィリップ・アリエス（Ariès 1981）の、西欧における死の歴史の概観によれば、一九世紀以降、「汝の死」へのロマン主義的な関心（あなたが死んだら私はどう生きればよいか）によって、それより古い「私の死」への宗教的関心（私が死んだら私に何が起こるか）は抑えつけられてしまったという。二〇世紀後半になると、たとえばキリスト教の福音派伝道師ビリー・グラハムは、著書『死と死後生に向き合う』（Graham 1987）で永遠の生命と同じくらい悲嘆の心理についても語っている。世界で最も宗教的な先進技術社会の保守的な宗教指導者でさえ、このような状況なのである。

❸ 世俗化の多様性

これまでのパラグラフで主に論じてきたのは、ポスト・キリスト教的な西洋についてである。これらが、別の宗教に歴史的に支配されてきた世界の諸地域にどの程度当てはまるかは、私よりも読者のほうがよりよく判断できるだろう。日本では、家の先祖を祭祀する場所が、家庭や公共の場所に多くある。他方、神棚のある家庭の割合は低下している。それが定期的に拝礼のために使われる割合も低下している（Reader 2012）。一方、日本では人を集団単位でとらえるため、英米のように喪主が個人個人で「悲嘆の旅」をするという個人主義的な考えは受け入れられにくい。

キリスト教世界のなかでさえ、たとえば隣り合う国々の間でさえ違いがある。スウェーデンはより世俗的で、ノルウェーはより伝統的な意味で宗教的である。だが、オンライン上のスウェーデン人はより独創的で、死後生についての新しいヴィジョンを描写したり、ノルウェー人と違ってペットの死後生を思い描いたりしている（Gustavsson 2015）。イングランドのホスピスには宗教的な起源があることが多いが、現在では宗教的サポートを追加オプションとして患者に提供するのみである。だが、宗教性がはるかに高いアイルランドのホスピス組織の多くは、ローマ・カトリックの信仰が織り込まれた状態を保っている。とはいえ、これは、アイルランド社会がかなり急激な世俗化を経るにつれて、あるいは少なくとも教会が制度としての権力を失うにつれて、変化する可能性がある（Inglis 1998, 2014）。

　イングルハートとバサネスとモレノ（Inglehart, Basanez and Moreno 1998: 20–21）は、宗教の影響が長期的なものであることを発見した。近代化、あるいは世俗化でさえ、どのようなプロセスをたどるかは、その国の具体的な宗教史に左右される、というのである。その例として、歴史的にはプロテスタント国だったドイツとオランダを見てみよう。この二カ国では、今ではプロテスタントとカトリックがほぼ同数であるものの（その理由は二〇世紀のカトリック信者の出生率のほうが高かったからである）、価値観に注目すると、カトリック信者でさえ、カトリック的というよりはドイツ的あるいはオランダ的〔つまりプロテスタント的〕である。つまり、彼らの価値観は、イタリアやスペインのような歴史的にカトリックの国の同宗教信者 co-religionists の価値観と異なる。実際、イングルハートとその同僚たちが、数波にわたって継続している世界価値観調査の分析から作り出した世界文化地図[1]は、大きく見て宗教地図である。それは、彼らが同定したさまざまなクラスターからも明らかである。すなわち、アフリカ的イスラーム、南アジア、儒教、ラテン・アメリカ、英語圏、プロテスタント的ヨーロッパ、カトリック的ヨーロッパ、正教、バルト的などである。そういうわけで、複数的なのは近代性だけでない（Eisenstadt 2000）。世俗化も複数的なのである（Berger 2014）。

　いまだに宗教を迫害しているごく少数の共産主義国を除けば、おそらく世俗化が最も進みやすいのは、歴史的にルター派キリスト教の影響を受けてきた国々である（イングルハートの言う「プロテスタント的ヨーロッパ」に収まる）。一六世紀の宗教改革者であるマルティン・ルターは「二王国」神学を採用した。それは、神の崇拝を特徴とする宗教的領域と、家族・仕事・自然のような事柄に大きな価値を置くが崇拝はしない（するとしたら偶像崇拝になる）世俗的領域とを区別する（Witte 2013）。この神学が神を世俗的事柄から閉め出したために、北欧《スカンジナビア》諸国は、ヨーロッパのカルヴァン派やカトリックや正教会の地域に比べてずっと容易に世俗的制度を発展させることができた。ルター派諸国では、医師のキリスト教信仰とその世俗的な医学実践との間には、緊張関係がほとんどないか、まったくない。セラピストの個人的な死後生信念と悲嘆するクライアントへの心理的ケアとの間にも緊張関係はない。ルター派信者は何の矛盾もなく、宗教的にも世俗的にもなれるのだ。

3　宗教についてどう考えるか

宗教と非宗教が死とその過程と死別にどう影響してきたかをとらえようとするなら、宗教と世俗化のさまざまな側面について考える必要がある。この節では、それらについて見てゆこう。

❶ 三つのレベル

宗教（と世俗化）は、社会全体、特定の社会制度、個人の三つのレベルのうち、一つないし複数のレベルに存在する。社会全体レベル、つまり国民集団レベルの事例としては、共産主義を奉じて無神論を公式に掲げている国、あるいはイランのようなイスラーム神権政治がある。さらにはイングランド国教会を公定教会とするイングランドも含められよう。その最高指導者は君主である（五〇〇年前に国王ヘンリー八世が最初の妻キャサリン・オブ・アラゴンとの離婚を決定したことに端を発する）。実際、ヨーロッパ諸国の多くは、一六世紀から一九世紀に誕生した際に、ある一つの国民的な教会を他のキリスト教諸派より優遇するという宗教的取引をおこなった。そのことは、こうした国々が創設した海外植民地に反映されることもある（Beyer 2013; Gauthier 2019）。迫害されたり、不利な状況に置かれたりした宗教的少数派で、ヨーロッパを離れてアメリカに向かうことを選択する人たちが増えてゆく。当然の成り行きとして、アメリカ合衆国憲法修正第一条は、いかなる一宗教の国教化をも否定した。逆説的なことだが、アメリカ合衆国における教会出席と宗教実践は高いレベルにある。合理的選択理論（Young 1997）の説明によれば、国家による後援がないために、宗教組織は互いに競う必要があり、それが彼らの力を強めたという。そのような国々で、宗教がどのように構造化されているかをたどるためには、国民文化だけでなく国民史も見なければならない。

制度レベルでは、第五章で見たように、教育、医療、家族、法、国家、宗教などの社会活動が別々の制度に分割される分化のプロセスが、通常の近代化には伴う。こうして、宗教的制度は他の諸制度から分離することになる。その結果、宗教組織以外の社会制度が世俗的になるという現象が広まってゆく。神権政治の体制下においてすら、ある程度は社会制度が世俗的になってゆく。たとえばイランの病院や大学は他国の病院や大学とそれほど変わらない。すでに見てきたように、ルター派神学は、法、教育、医療などの社会制度を世俗的なものにすることを積極的に推奨してきた。そのことと、ルター派がスウェーデンやデンマークなどの国で公式宗教になることは完全に両立している。宗教的にプロテスタントとカトリックが混合しているドイツでは、この両派とも学校・幼稚園・病院などを経営している。教会は国民生活に一定の地位を占めており、たとえば国営放送局の諮問委員会に出席したりしている。宗教的に混合しているオランダは、さまざまな信仰や世界観ごとにそれぞれの社会組織（学校やラジオ局など）を創設することを推奨し、創設後は国家によって資金援助するようにした。

個人レベルの宗教的な信念と実践は、社会制度や社会の全体が宗教的かどうかと相関しない。祖国に公定教会があるのに、多くの人が世俗的生活を送っているのが、デンマーク人（Zuckerman 2008）とイングランド人（Woodhead and Brown 2016）である。北朝鮮は世界で最も宗教を敵視する国だが、シャーマニズムや占いが流行っているという報告がある（Kang 2014）。それに加えてどの国でも、民俗宗教が公式宗教の脇で栄えるということは起こりうる（Bowman and Valk 2012）。

混合の多様性

これら三つのレベルは、どう関係し合っているのだろうか。これはそれぞれの国で、あるいは国のまとまりである地域でも異なる。先に述べたように、アメリカ合衆国憲法は信教の自由を擁護し、また学校など国費で設置された諸制度においては、いかなる一宗教も他宗教より優遇されることがあってはならないとする。それでいて、大統領就任演説では、神への言及がなされるのが伝統となっている。定期的に教会に行き、神や天国や地獄を信じる個々のアメリカ人の数を集計すると、その割合は他の高度産業社会から抜きん出て高い。さらに宗教は、妊娠中絶と安楽死をめぐるアメリカ政治を左右している。ここでもイングランドは異質である。イングランド国教会の大主教は英国議会上院に出席、鎮座している。また、学校では日々の集団礼拝が必要とされている。にもかかわらず、定期的教会出席者の割合はとても低く、そして急激に減少している（Day 2017）。

米国のように、社会制度は世俗的だが個人的宗教信仰と宗教実践が盛んな国の場合、宗教的であると同時に世俗的であるという人は多い。深い宗教的信仰や個人的スピリチュアリティを自分自身では持っている人でも、職場の日常や子どもの通う学校や自分の母親が亡くなる病院がまったく世俗的な方針の組織だったら、深く考えずに受け入れるかもしれない。逆に、個人的に神を信じていないデンマーク人は、地元の教会墓地への埋葬の前に、自分の葬儀を教区司祭が執りおこなうとしても、違和感をいだかないかもしれない。

社会全体、制度、個人における宗教と非宗教の混合の度合いは、国によってかなり違う。そのため、読者が外国の宗教と非宗教の双方に誤解を持つのも、まったく不思議ではない。たとえば、アメリカの社会学者であるフィル・ザッカーマンは、世界で最も世俗的な国と彼が考えるデンマークとスウェーデンについて、『神なき社会』(Zuckerman 2008) という興味深い本を書いている。これらの国は、共産主義時代に無神論的だったアルバニアよりも世俗的である。なぜなら、デンマーク人とスウェーデン人は、世俗的な生活を強いられたのではなく、自分で選んだのだから。ザッカーマンは社会統計やインタビューによって、デンマーク人とスウェーデン人の生き様、死にざまが、どの国の人とも同じくらい、いや大部分の国の人より良いことを示している。これは、神なき社会は崩壊し、不道徳になり、死の恐怖に悩まされるというアメリカの一部の保守的なキリスト教徒の主張と矛盾する。

デンマーク人の宗教学者、アンネ・キエルスゴール (Kjaersgaard 2017) は、アメリカ中西部出身のザッカーマンが、宗教を個人的信仰と定期的教会出席によって定義していることに懸念を表明する。そのように定義すれば、デンマーク人とスウェーデン人をとても世俗的な人々として描写することになるだろう、と。しかし、社会全体としても、また政治的にも、北欧諸国は宗教に公的地位を与えており、それは米国にはないものである。一方、デンマーク人とスウェーデン人のきわめて高い割合の人々は、滅多に教会に行かないにもかかわらず、自分たちをルター派教会のメンバーだと自覚している。とくに葬儀や、やや度合いは下がるが洗礼の際にそう自覚する（Woodhead and Brown 2016）。宗教社会学者のグレイス・デイヴィ（Davie 2001）の「信じること」と「所属すること」という用語で言い換えると、北欧人は、たとえ神をそれほど信じていないとしても、教会には所属し、そのことが人生の始めと終わりにおいてはそれなりの重みを持つ、ということになる。それに対して、イングランド人の約半数は神を信じ続けているが、教会メンバーだと主張する人は急速に減少している。また、二〇一〇年代からは、葬儀を執りおこなう聖職者を雇う人も減少している。

❷ 多元主義

アメリカの社会学者ピーター・バーガー（Berger 1969）の一九六〇年代の議論によれば、読み書き能力、テレビ、旅行、移住などが世界を開かれたものにし、自分の価値観と異なる価値観を持った人々を（あるいは人々について）知ることを容易にした。こうした多数の世界観は、宗教の絶対主義的な主張を相対化し、それゆえ世俗化を進める力となった。だが、一九八〇年代末までには、一九七九年のイラン革命もあり、世界中でファンダメンタリズムの台頭が見られ、個人的スピリチュアリティについての議論が勃発した。バーガーは、こうした証拠が自分のテーゼと合わないことを認めた。近代性は世俗化よりむしろ多元主義を作り出す。「競合する信念・価値観・生活様式に囲まれて生活する人がどんどん増えてゆく歴史的に前例のない状況である」（Berger 2012: 313）。このことは、人々が自らの人生のさまざまな領域で、宗教的にもなれば世俗的にもなることを可能にした。同時に、この状況は宗教を相対化し、新しい形に変えた。制度化された宗教は、「私に合う消費者宗教」（Gauthier and Martikainen 2016）の挑戦を受けて衰退している（Bruce 2002）。それは、グローバル・ノースの脱物質主義者にアピールする個人的スピリチュアリティという形をとるかもしれないし、グローバル・サウスで栄えている奇跡を起こす新宗教という形をとるかもしれない。人々は、自分に合う家族生活の形態を話し合って取り決めているが、それとまったく同様に、宗教とスピリチュアリティの混ぜ具合も自分自身で決めている。それを促しているのが、宗教的／スピリチュアルな観念と実践が取引される市場である。この市場は活気に満ちあふれ、ますますグローバルになっている。カトリック信者として生まれ、信者であり続けているブラジルの老人たちは、自分の子どもたちがペンテコステ派になる選択をするのを目の当たりにしている（Martin 1990）。メソジストとして生まれ、メソジストであり続けるカンザス州に住む老人は、子どもたちが「スピリチュアルだが宗教的ではない」と自分を説明するのを目の当たりにしている（Heelas and Woodhead 2004）。おそらく、宗教は衰退したというより、もう一度、進化しているのである（Gauthier 2019）。

ある友人の例を挙げてみよう。友人は名ばかりの聖公会（イングランド国教会）のメンバーだったが、一九八二年、終末期癌で地元の国民保健サービス（ＮＨＳ）の病院に入院した。病棟のシスターは敬虔なキリスト教徒で、「主の祈り」を一緒に祈ろうと、彼が頼んでもいない提案をした。友人はそれを受け入れ、慰めを得た。二〇一九年の今日、たとえキリスト教ホスピスのキリスト教看護師であっても、そのような申し出をすることはないだろう。ＮＨＳの病院の場合、そのようなことをした看護師は、患者に対して権力を行使しうるという自分の立場を悪用したとして解雇されるリスクがある。彼女は、患者を病院のチャプレンに紹介するかもしれない。だが同時に、現在の英国では世俗的な看護師たちも、「スピリチュアリティ」は看護ケアの一部だと教えられている。スピリチュアリティとは、昔ながらの宗教ではなく、人が生と死に与える意味の一切として定義される。現在のイングランドの人生最終段階ケアを一九八二年と比較すると、二つの世俗化が起こっていることがわかる。つまり、伝統宗教が看護実践から排除されるという世俗化と、それが個人的なスピリチュアリティに置き換えられるという世俗化である。

❸ 公式宗教と生きられた宗教

宗教は多面的であり、儀礼、祈り、道徳性、信念、教会信者としてのメンバーシップなどからなる。各宗教は通常、ある側面を他の側面よりも重視する。プロテスタント的なキリスト教とイスラームは、正統の（すなわち適切な）信念を重視する。東洋宗教は、正統教義 orthodoxy より正統実践 orthopraxis、すなわち正しい行為、とくに適切な儀式を遂行することに注意を寄せる。同時に日々の宗教的実践があり、これは時に生きられた宗教（McGuire 2008）と呼ばれたり、時にヴァナキュラーな〔日用の〕宗教と呼ばれたりする。それは、宗教指導者によって教えられる信念や実践と異なる場合もある。

一六世紀から二〇世紀半ばの時代には、ヨーロッパによる世界の植民地化が続いた。この時代のヨーロッパのキリスト教徒たち、とくにプロテスタントたちの通念では、宗教を定義するのは、聖なるテクストから読み取られる信念体系であった。そして、それが世界の残りに押しつけられたのである。このようにして、植民者と宣教師は、きわめて多様な実践と信念を先住民族のなかに見出しながら、概念的にそれらを「世界宗教」というパッケージに入れ直した。この「世界宗教」という概念は、現在では脱植民地主義の宗教研究者によって脱構築されているところである（Masuzawa 2005; Gauthier 2019）。

おそらく、ヨーロッパと北米の教会の権力失墜、スピリチュアル市場の登場、インターネットがスピリチュアルな観念の拡散者として民俗宗教に取って代わった（あるいはそれを増強した）こと、これらが一緒になって、ある種のヴァナキュラーなボトムアップの宗教実践への回帰を可能にしている。それは西洋の植民地主義がいわゆる「世界宗教」を同定する前には普通におこなわれていたものである。リンダ・ウッドヘッド（Woodhead 2012）も次のように述べている。

リアルな宗教、すなわち日常的な生きられた宗教と言われるものが、盛んになり、進化している。一方、階層的で、制度化された、教条主義的な形態の宗教は周縁に追いやられている。宗教は、日常生活を維持し、生者および死者との関係を支え、不運な境遇を切り抜けるという中心的な仕事に戻ってきた。それゆえ、天使、聖堂、巡礼、リトリート〔修養会〕が、いずれも好調なのである。そして、書店では〝心と体とスピリット〟〔スピリチュアリティを含む自己啓発のジャンル〕が神学に取って代わったのである。

これはデヴィッド・ナッシュ（Nash 2013）が「慰め市場 marketplace of comfort」と名づけたものである。亡くなった祖父が自分を見守る守護天使だと想像することが慰めを与えるなら、それは良いことだ（Walter 2016）。輪廻転生の観念が気に入っても、他のヒンドゥー教の教えや実践に帰依せずにすむなら、それは良いことだ（Walter and Waterhouse 1999）。代替療法が、癌に打ち勝つ希望を与えてくれるなら、それは良いことだ。人々は、正式な教会の教えから離れれば離れるほど、ますます「いくつでも信念を持つようになり、全体的に見たら矛盾していようと、多数のさまざまな目的のために多数のさまざまな状況で使おうとするだろう」。死と喪失に直面したときに、それが慰めになるのであれば、なおさらである（Stinger 2008: 32）。リンダ・ウッドヘッド（Woodhead 2012）を再び引用しよう。「民主主義的な消費社会では、私たちは自分自身の選択に責任があると信じている。……私たちは説教されるのはもううんざりだと思っている。物事を自分一人で試してみたいのだ」。これが、西洋の緩和ケアにおけるスピリチュアル・ケアの実践の根底にある。

緩和ケアは、個人的スピリチュアリティが、ポスト・キリスト教の西洋に生きる人々を特徴づけるものだと想定している。だが、キリスト教以外の世界宗教にルーツがある人々に対しては、まったく違う対応をとるかもしれない。たとえば、多文化主義的状況が深まる英国では、医療従事者がさまざまな民族集団の、とくに人生最終段階における宗教的ニーズを理解するのを支援する「ファクトシート」が、医療組織によって制作されている。通常、このファクトシートは、植民地主義的な通念である「世界宗教」別にラベリングされている。たとえば、ムスリムのための人生最終段階ケア、シク教徒のための死別ケア等々について、といった具合である。だが、それは、きわめて多様な人々によるきわめて変化に富む実践と信念を一括りにして、二ページの「ファクト」に押し込める恐れもある。別の場所で論じたことがあるが、装備品として役立ちうるのは、いわゆる集団についての、いわゆる「ファクト」ではない。医療従事者が関わりを持つ個別具体の患者や家族のニーズを理解するのに役立つような質問項目のセットである (Walter 2010)。

生きられた宗教と関連する概念としては潜在的宗教 implicit religion がある。すなわち、表面的には世俗的に見えるが、宗教と類似の機能を果たすような実践である (Bailey 1997)。同時に、宗教的に見えるが、最終的コミットメントとしては世俗的な実践もありうる。たとえば、司祭が悲嘆に暮れる家族を司牧の一環として訪問する場合である。これは表面的には宗教的に見える。しかし、その訪問が世俗的な悲嘆心理学の知識にもとづいており、死者よりも生者の支援が目的なら、世俗的なカウンセラーによる訪問と区別することは難しいだろう。それは潜在的に世俗的なのである。

実践によっては、顕在的、潜在的を問わず、宗教的か世俗的かを区別することが難しい場合もある (Day, Vincett and Cotter 2013)。たとえば英国では、葬儀の後しばらくしてから、遺灰処理の小さな儀式を独自に編み出す家族もいる。儀式は個性的で民主的で創造的なものになる。形式的な宗教制度も職務担当者も介在しない。制度的にも形式的にも、この儀式は世俗的である。だが、人間の遺骸に特別な意味を込め、単なる廃棄物の塊ではなく聖なるものとして扱う点を鑑みるなら、この儀式は、個人レベルや家族レベルでの聖なる行いとして定義できるだろう。それをどのようにカテゴライズするかは、読者諸氏の宗教観による。つまり、人間的事象のなかで宗教に価値があると見なすかどうか、そして／または、制度的宗教を重視するかどうか、生きられた宗教体験を重視するかどうかによる。

❹ 迷信

植民地主義は「世界宗教」を「あるべき」宗教として認定する一方で、テクストにもとづかない実践は、「民俗宗教」「迷信的なもの」「非合理なもの」として低く見る。プロテスタントのキリスト教は、イエスが処女から誕生し、十字架にかけられた後に復活したなどと超自然的な出来事を信じるのに、それ以外の点ではかなり理性的な宗教である。プロテスタンティズムにおいて、世界は通常、理性的な原則に従って動いている。ほんのごくたまに（主にイエスの生涯の間だが）、奇跡的な出来事が挿入されるだけである。この世界観は、科学を容易に受け入れるし、一七世紀には科学の基礎を築いたりもした（Hooykaas 1972）。だが、超自然的なものと非合理的なものが毎日の生活に充満していることを前提とするような呪術的慣行とは争う構えを見せる。この姿勢は、今日も、死とその過程の領域で呪術的慣行をどう見るかに影響している。慣行をそのまま素直に受け入れることはせず、あれやこれやと良し悪しの判断を下すのである。

第一に、それらの慣行は「古代的」「異教的」「文明化されていない」「非キリスト教的」なものとして定義されることがある。第二に、「迷信的」というラベルを貼られることもある。西洋によってかつて植民地化された国々で生活している人々によって、このラベルはいまだに用いられている。たとえば、シンガポールの中国人は、広範な死の慣行に「迷信的」というラベルを貼るが、その意味するところは、彼らが今なお関わっている先祖関連の慣行である。にもかかわらず、彼らは、西洋科学の「合理性」や世界宗教の教説の観点から、それらの慣行は正当化しがたいと見なしている。第三に、そしてこれは西洋における死の認知運動の支持者の間ではとても流布しているのだが、産業革命前の死の慣行へのノスタルジアがある。かつての死の慣行は、死にゆく過程や故人の悲嘆を共同体内に位置づけ、近代性の機械論的医学にはない意味を提供していたと考えられている（Walter 1995）。第四に、このノスタルジアは先祖慣行、とりわけキリスト教に先行する先祖慣行をロマン化する。これは現在だと多くの人が、家父長制的でヒエラルヒー的と見なすようなものである。たとえば、ドルイド的、シャーマニズム的、アニミズム的な死の儀式などだが、これらがすべて、キリスト教の儀式、さらには医学的実践と比べても、健全だと見なされている。植民地主義的な世界宗教であるキリスト教の覇権から、「迷信」と「民俗宗教」の排除が生じたとしたら、類似の観念や実践へのロマン主義的熱狂は、キリスト教の覇権が衰退したから生じたのだろう。どちらのアプローチも、そうした慣行を純粋に理解したいと思う社会学、宗教学、死生学の学徒にとっては役には立たない。[2]

❺ 宗教と文化

宗教はつねに文化と相互作用している。それは生の分野だけでなく、死の分野にも当てはまる。ウィカン（Wikan 1988）の古典的な論文は、ムスリムの死にまつわる儀式がエジプトとバリとでいかに異なるかを示してくれる。同様に、スコットランド長老派と米国長老派の葬儀は、長老派的要素と同じくらい、少なくともスコットランド的要素や、アメリカ的要素を有する。すでに言及したように、オランダとドイツのカトリック信者の価値観は、イタリアやスペインのカトリック信者の価値観と異なる。また、仏教は、国が違うとまったく異なる様相を呈する。

もう一つの事例はホスピスである。いくつかの英国のホスピスは、福音派キリスト教徒によって創設された。とりわけ象徴的な存在であるのは、ロンドンのセント・クリストファーズ・ホスピスである。そのため、今日の英国の福音派信者の多くは、ホスピスを熱狂的に支援している。侵襲的な医学的治療が無益と見なされる状態でも、効果的で安らぎをもたらすケアをホスピスが提供していることを支持している。それとは対照的に、米国の福音派は、神が治療効果のある医学を創造したと力説する傾向がはるかに強い。そのため、治療医学を放棄して緩和ケアを望むことは、安楽死と変わらないとされる(Long 2004: 921)。この違いは、宗教的差異より文化的差異によって説明できるだろう。多くのアメリカ人は、自分たちの社会は「できる」社会で、どんな問題でも「落ち着かせる fix」[*3] ことができる、とりわけ病気を落ち着かせることができると信じている。その延長で、「できる」アメリカ人たちは、「できる」神を躊躇なく信じる。それに対して、多くの英国人たちは、生に関してずっと運命論的であり、それゆえ死についても運命論的である。この文化的差異は、大西洋を挟んだ両サイドのさまざまな神学においても表明されている。また、ある政治的問題も米国では介在してくる。ホスピス・ケアは治療の希望を一切諦めるのだから、患者を殺すことであり、したがって中絶と同じくらい罪深いというのが、多くのアメリカ人福音派の判断である。このように、ホスピスはアメリカ特有の、中絶をめぐる二極化された政治的問題に絡め取られてしまった。大西洋の両サイドで、ほとんどの福音派は安楽死に反対しているが、米国ではホスピス・ケアも安楽死と同等のものと見なされている。だが、それとは対照的に、英国ではホスピス・ケアが安楽死に代わるポジティヴな選択肢だと見られている。

4 宗教と死の慣行

本章の最終節では、社会における死の慣行と宗教が相互作用するさまざまな形を紹介する。まず、宗教が特定の死の慣行に対して推奨したり、反対したり、適応させたり、修正したり、意図せずに影響したりする例を見る。次に、死に際や死後に、社会で主流の宗教が与えられないものを、時に死の慣行が補償する様を見てゆく。

❶ 推奨

宗教は、土葬や火葬などといった特定の死の慣行に関して、明確に推奨したり反対したりすることがある。歴史的には、ユダヤ教は死者を土葬していた。キリスト教はこの慣行を継承した。遺体を焼くことは、キリスト教徒の殉教を連想させ、また中世では地獄の炎を連想させるようになった。キリスト教徒は異端者や魔女を焼くことにこだわった。土葬は肉体で復活するという教理に合致しており、中世のキリスト教美術では、死者が復活の日に墓から出てくるところが描かれている。イスラームも、肉体での復活を教え、同様に土葬を推奨する。これに対して、ヒンドゥー教とシク教は輪廻を教え、〔霊を肉体から解放するために──後述〕火葬をおこない、一方、仏教は業〔行為の傾向性〕が〔輪廻を可能にする〕道徳的エネルギーを留めると教え、一般的には火葬をおこなう。土葬と火葬は時に共存するが、全体的なパターンとしては、伝統的にキリスト教、ユダヤ教、イスラームの共同体が死者を土葬し、ヒンドゥー教、シク教、仏教の共同体が死者を火葬した。どの共同体でも内部の宗教的少数派は、共同体の規範に同調しなければならないこともあった。よくある理由は、それ以外の葬法のための設備がないからというもので、時に彼らは独自の設備を作った。このパターンが、二〇世紀の多民族、多文化、多宗教の社会で〔葬法の〕複雑さを増す。そうした社会の多くで、土葬か火葬かを選択することが可能になったのである。デンマークでは、ルター派教会が火葬を推奨するということが現実のものになった。とりわけ、いくつかの火葬場をいったん建設した後は、その動きがはっきりした（Kjaersgaard 2017）。しかし、東方正教会は、いまだに火葬に強く反対しているので、ギリシア正教会やルーマニア正教会には、火葬場がほとんどまったくない（Davies and Mates 2005; Rotar 2015）。

ロング（Long 2004）は、いかにして良く死ぬかについて、アメリカ人と日本人にインタビュー調査をおこなった。それによると、数多くの日本人が、「親族がゆっくりと徐々に死につつあるのを、先祖になるプロセスと結びつけている。また、老いて認知症になっている人は、この世に完全に存在していると言えないのだから、すでに神のような存在かもしれないという一般通念がある」（p. 923）という。日本人は認知症を受容するために、それを肯定的な意味での甘え、すなわち赤ん坊のように面倒を見てもらう喜びと結びつける。同じ認知症を、多くのアメリカ人は受容するのに苦労している。というのも、死にゆく人は能動的な個人として巡礼におもむくのだというキリスト教の考えの影響を受けているからである（Maruyama 1997; Baugher 2008）。

❷ 反対

社会で主流となっている死の慣行に宗教が反対する例は多い。本書でも何度か言及してきたが、一神教は先祖祭祀に反対する。今日、キリスト教やイスラームに回心した東アジア人は、彼らにとっては新しい宗教から、先祖祭祀を拒絶するよう圧力をかけられている。回心していない家族は、これを家族の拒絶として受け止める（Park 2010）。こうした普段の対立が、誰かが亡くなった後には激しい争点として浮上する。マダガスカルではペンテコステ派が、聖書に先祖が占める場所などないと説いているため、今日のマダガスカルの家族のなかに先祖が占める場所はなくなっている（Phillips 2006）。

検死および医学的な教育や手術のために死体やその一部を使用することも、宗教からの反対を招いてきた。一六世紀から一九世紀のヨーロッパでは、死体を切り刻むと復活の可能性が閉ざされると信じるキリスト教徒が多かったため、解剖学の学校は学生用の遺体を仕入れるのに悪質な手段に頼らざるをえなかった（Richardson 1989）。今日でも正統派のユダヤ教徒とムスリムが、遺体を切り離すことについて懸念をいだき続けている。遺体を医学的教育・研究の目的で部分保存しておくことは、二四時間以内の土葬を命じる彼らの伝統に反するというのが、大きな理由である。また、服喪者が涙を流すことを望ましくないとする宗教の事例は多い。その理由は、涙が神への信頼の欠如を意味するから、というものだ。とはいえ、そのような禁止は、宗教と同じくらいに文化の影響によるところも大きい（Wikan 1988）。

多くの国で、安楽死と幇助死への反対の根拠となっているのは宗教的見解であり、それによれば、生命は神によって与えられたものであるのだから、人間にそれを奪う権利はないとされる。これは、個人的態度と組織的反対の両方の根拠となっている（Cohen et al. 2006）。ベークとウィルスとブレケアート（Baeke, Wils and Broeckaert 2011）は、ユダヤ教徒女性の調査研究のなかで、信者がファンダメンタリズム的であるほど、反対の仕方が教条的になることを発見した。米国では、保守的なアメリカ人キリスト教徒が中絶と安楽死に反対している。それは、キリスト教徒としてのアイデンティティと「世俗的ヒューマニズム」への反対の象徴となっている。
宗教的なアイデンティティ・ポリティクスのもう一つの例としては、ネパールにおけるキリスト教への回心者があげられる。ネパールは八一％がヒンドゥー教徒、九％が仏教徒であるため、通常は火葬がおこなわれている。この国の一・五％を占めるキリスト教徒のほとんどはプロテスタントである。だが、西洋で多くのプロテスタントが火葬をおこなっているのに対して、ネパールではそうではない。キリスト教徒たちは、自分たちの独自性を主張するために土葬を実践している（Sharma 2011）。

火葬はヒンドゥー教徒にとっては必要である。それを通して、霊が解き放たれ、輪廻することができるからだ。葬儀の薪山に息子が火を付けることになっているのは、確実に来世の輪へ乗せるためである。家族の意見が分かれているときは、痛ましい口論の種となる。たとえばキリスト教徒の息子は、ヒンドゥー教徒の父親の葬儀で薪山に火を付けるのを拒むかもしれない。この息子は、同じくキリスト教徒である母親を土葬することにこだわるかもしれない。それに対して、ヒンドゥー教徒である家族は、母親を土葬ではなく火葬にしたいと頑なに主張する。共同体は、浮遊霊を恐れてキリスト教徒たちの墓園ができるのを嫌がるかもしれない。（Tori 2014）

アメリカ人ファンダメンタリストは、中絶に反対することで、キリスト教徒として世俗的ヒューマニズムに対して生命重視の立場を示そうとする。ならばそれと同様に、ネパールのキリスト教徒の一部も、火葬を拒むことで、ヒンドゥー教徒の国であっても自分たちがキリスト教徒であることを示そうとしているのだ。それに反発して、ヒンドゥー教徒の急進派はキリスト教徒から土葬の権利を奪おうとしてきた（Sharma 2011）。

宗教間対立と同様に、宗教内対立もありうる。それが現れるとしたら、異なる家族成員がその家族の信仰の異なる型を信奉している場合である。米国の多くの自由主義的なキリスト教徒は、中絶や安楽死に関して、同じ教団内のファンダメンタリストたちに賛同しない。アフリカのペンテコステ派とメソジストは、伝統的な先祖儀式について考えが一致しないかもしれない。

❸ 適 応

社会に広まっている死の慣行への宗教的反対は、遅かれ早かれ緩んだり途絶えたりするかもしれない。その場合は適応に至る（Bowker 1991; Firth 1997; Garces-Foley 2006a）。ネパールでは、土葬か火葬かの対立を解消するために、妥協点を見出そうとする家族もいる。火葬はキリスト教と両立可能だという神学を発展させたキリスト教指導者もいる（Sharma 2011）。すでに述べたように、イングランド国教会は一九四〇年代に火葬に適応するに至った。カトリシズムは、そこから二〇年かけて適応するに至ったが、イングランド国教会と比べて大きな抵抗が伴った。だが、東方正教会と異なり、カトリックの聖職者たちからはあからさまな反対が出てこなくなった。

サハラ以南のアフリカでは、ペンテコステ派が先祖崇拝に激しく反対しているかもしれない。だが、他の多くのキリスト教徒は、何とかして家の先祖への敬意と、たとえばメソジストやカトリックであることとを組み合わせようとしている。マダガスカルでは、人口の四一%がキリスト教徒だが、五二%が先住民の儀式、すなわち先祖の骨を折に触れて取り出して曳き回すという儀式をおこなう。ある若いカトリック司祭は、地域の先祖をカトリックの聖者のようなものと見なし、その骨を多くの教会で保管されている聖遺物のようなものと見なした（Phillips 2006）。アメリカ大陸では、ヒスパニックの死の儀式――最も有名なのはメキシコの死者の日——が、先住民の慣行・信念とカトリックの慣行・信念とを総合している。カトリック流の死者への祈りは、亡くなった家族が生きている家族の一部であり続けるという先住民の信念と組み合わせやすい〔Davis 2006〕。

❹ 修正

宗教は既存の実践を調整したり、修正したりするかもしれない。たとえばボーアー〔Baugher 2008〕によれば、主流派キリスト教の影響を受けた世俗的ホスピスで重視されている「そこにいること〔存在感〕presence」や「寄り添い being with」の実践が、サンフランシスコの禅ホスピス・プロジェクトではまったく異なる形を取る。アメリカの主流派〔キリスト教徒〕によるホスピスでの「寄り添い」は、ボランティアが死にゆく人に人生の振り返り《ライフ・レビュー》を促すのだが、その手段は彼らの感情について話すことである。一方、仏教徒によるホスピスでの「寄り添い」には、マインドフルに今この瞬間に起きていること一切に注意を向けるということが伴う〔話すことや感情の探索は伴わないかもしれない〕。当事者が認知症を抱えていたり、人生のまさに最終段階にあるために、話ができなかったり、したくなかったりする場合、主流派アプローチのボランティアは無力感を感じるかもしれない。この時点に至ったら、ボランティアは訪問をやめるだろう。ボーアーは次のように結論づける〔p. 279〕。「死にゆく人の体験談を深く傾聴すべしという主流派ホスピス組織における道徳的命法は、期せずして善意のボランティアを死にゆく人から引き揚げさせるであろう」。すでに詳述したが、死にゆく人を能動的な巡礼者としてとらえるキリスト教の考えは、個々人の自律という西洋的通念とまったく同様に、昏睡状態や認知症の患者を深刻な問題としてしまう。

宗教が主流派の〔死の〕慣行を修正しうるなら、その逆も言える。たとえば、宗教によって考え方が違うのに、法的あるいは資金的な制約のせいで、慣行が似たようなものになってしまうことなどである。

❺ 影　響

時に、宗教は意図せずして特定の死の慣行に影響を与える。第八章で論じたエミール・デュルケムの有名なテーゼ（Durkheim 2002［1897］）によれば、ヨーロッパではカトリック信者よりプロテスタント信者のほうが自殺率は高い。これは、プロテスタンティズムが自殺を説いたり推奨したりしているからではない。事実はその正反対だ〔厳しく自殺を禁止している〕。プロテスタントの自殺率の高さは、カトリックが提供している社会的統合を、プロテスタントが提供できていないことによる。

より新しい統計的相関に関する事例として、キエルスゴール（Kjaersgaard 2017）は、ヨーロッパのカトリック国とプロテスタント国とで死後の臓器提供率が異なることを挙げている〔プロテスタント国のほうが低い〕。[*4] 教会の正式な教説に、これを説明できるような違いは確認されない〔いずれも許容ないし推奨している〕。[*5] したがって、キリスト教のこれら二つの流れが、臓器提供率に影響を与えているのが事実なら、自殺率への影響と同様、因果関係は間接的で非意図的なものになる。デュルケムの自殺研究と同じく、キエルスゴールの研究も統計的である。どのように影響が及んでいるのかを明らかにするためには質的研究を要する。第一三章ではいくつもある有力な影響のうちの一つを提示する。

❻ 埋め合わせ

最後に残るのは、社会の死の慣行が、主流宗教に欠如しているものを埋め合わせる可能性である。第一次世界大戦後、イングランド国教会は、戦争という暴力による死と死別の規模があまりにも大きかったため、それをうまくコーピングすることができずにいた〔Wilkinson 1978〕。その失敗がきっかけとなって、スピリチュアリズムのリバイバルが起こった。息子や夫や兄弟を亡くした死別経験者である母や妻や姉妹は、霊媒のもとを訪れるようになった。彼らの遺体は木っ端みじんに吹き飛ばされ、墓などあったとしてもわからない状態である。それにもかかわらず、霊媒のもとへ行けば、彼らが霊として良い場所にいるという確信を得ることができた〔Winter 1995; Hazelgrove 2000〕。

埋め合わせのもう一つの例は、自然界から安らぎを得る服喪者たちである。ヨーロッパでは何世紀にもわたって、とくに歴史的にプロテスタントだった国において、埋葬地は、緑——樹木、灌木、植えられた花、芝生——にあふれた場所と決まっていた。二〇世紀、二一世紀になると、林地、自然葬地が、カトリック国よりプロテスタント国のほうで際立って顕著となる。対照的に、オーストリアやイタリアやスペインなどのカトリック国の場合、農村地域の共同墓地ですら、墓が建つ表面は固く〔草や土ではなく石やコンクリートなどで〕、明らかに都会風なものも珍しくない〔Goody and Poppi 1994〕。東アジアでは、慰めとしての自然は、それ自体でさまざまな宗教文化的な連想を誘うものとなっている〔Boret 2014〕。

埋葬地が、プロテスタントでは緑でカトリックでは固い表面という違いは、どのように説明したらよいだろうか。私の説明〔準備中の論文〔Walter 2022〕の主題〕は、ドレイパー〔Draper 1967〕の一八世紀イングランドの墓地の詩文の分析に依拠するものである。ドレイパーによると、プロテスタントには、死者を助けるための儀式も祈りもないので〔Gittings 1984〕、悲嘆を宗教的に表現する手段が欠如していた。そこで、慰めのために自然へ向かったという。一方、革命期のフランスでは、カトリックを否定した世俗主義者たちが、慰めと希望を求めてアルカディア〔理想郷〕と呼ばれる庭園墓地に向かった。

今日、米国やカナダや英国では、故人についての回想録というジャンルが定着している。だが、この現象は、カトリックのポーランドや正教会のルーマニアではほとんど見られない（Malecka 2012）。もしかしてこれは、プロテスタントが喪失をコミュニケートするための宗教的儀式を持たないせいで、代わりに言葉に頼ってきた（詩であれ、それ以外の慰めの文学であれ）からではないか。儀式ではなく言葉で悲嘆を援助するのを常とする死別カウンセリングも、歴史的にプロテスタントであった社会だからこそ、より大きな反響を得られているのではないか。この仮説は今後検証すべきだろう。

この節では、社会の死の慣行と諸宗教が応答し合う六つの様態（推奨、反対、適応、修正、影響、埋め合わせ）を概説した。このリストは網羅的なものではない。別の可能性としては操作がある。たとえば、危篤の政治指導者を、もう何時間か何日間か生命維持装置で生きながらえさせ、大勢の弔問客が駆けつけることができるようにし、かつユダヤ教やイスラームの死後二四時間以内に埋葬すべしという義務を果たせるようにする、などといったことである。

5 結論

第二章で示したように、近代の世俗的医療が死にゆく過程にどう影響するかはかなり予測がつく。だが、本章で例証してきたように、死にゆく過程の管理、遺体処理、悲嘆、希望への、宗教の影響の仕方は、幅広く多様である。また、長い諸宗教の歴史は、どの国でも世俗化に微妙な違いをもたらしている。この章の例は、著者自身の知識と関心を反映しているため、ヨーロッパのキリスト教に関するものが多い。とくに歴史的プロテスタント国と歴史的カトリック国の違いに関する例が多い。だが、キリスト教を強調した理由は、それだけではない。キリスト教が、一六世紀から二〇世紀にかけて世界を植民地化したヨーロッパ人たちの宗教であったということも理由の一つである。彼らは「近代的な」「文明化された」「合理的な」とは何かを定義するに至った。そして、すべての宗教実践を、自分たちが作ったキリスト教のイメージに合わせて、あるいはそれとは対照的なものとして定義するようになった。その遺産は現在、脱植民地的状況の世界のいたるところで、脱植民地の宗教学によって解きほぐされている。本章もその一環として書かれたものである。

読書案内

- Baeke, G., Wils, J.P. and Broeckaert, B.（2011）'We are (not) the master of our body: elderly Jewish women's attitudes towards euthanasia and assisted suicide', *Ethnicity and Health*, 16:259–78.
- Berger, P.（2012）'Further thoughts on religion and modernity', *Society*, 49: 313–16.
- Garces-Foley, K.（2006）*Death and Religion in a Changing World*. Armonk, NY: M.E. Sharpe.
- Goody, J. and Poppi, C.（1994）'Flowers and bones: approaches to the dead in Anglo and Italian cemeteries', *Comparative Studies in Society & History*, 36: 146–75.
- Moreman, C.（2018）*Beyond the Threshold: Afterlife beliefs and experiences in world religions*（2nd edn). Lanham, MD: Rowman and Littlefield.
- Parkes, C.M., Laungani, P. and Young, B.（2015）*Death and Bereavement Across Cultures*（2nd edn). London: Routledge.
- Stringer, M.D.（2008）'Chatting with gran at her grave', in P. Cruchley-Jones（ed.), *God at Ground Level*. Oxford: Peter Lang, pp. 23–39.

- Walter, T.（2017）'How the dead survive: ancestor, immortality, memory', in M.H. Jacobsen（ed.）, *Postmortal Society*. Farnham: Ashgate, pp. 19–39.
- Wikan, U.（1988）'Bereavement and loss in two Muslim communities: Egypt and Bali compared', *Social Science & Medicine*, 27: 451–60.

議論のための問い

- 宗教は、あなたの社会が死とその過程と死別をどう扱うかに、直接、間接を問わず、どのような影響を与えているだろうか。
- あなたの文化では、死者の世話をするという規範があるだろうか。その死者は、代わりにあなたの世話をしてくれると考えられているだろうか。それとも、死者は単に生きている人の記憶のなかに存在するものなのだろうか。
- 文化的な規範、宗教的な教え、そして／または個人的な経験の間に、差は認められるだろうか。

第四部　国民

第三部では、死とその過程と死別とが、どのように想像され、組織され、管理されているかに関する文化的差異を見てきた。この第四部からは、国民集団ごとの違いを見てゆく。それぞれの国民国家には、独自のきわめて特殊な近代化の歴史がある。この近代化には死のシステムの近代化も含まれている（第一一章）。戦争への関与は、死とその過程を管理するための技術や政策が新たに作られるきっかけとなった。また、人々が喪失に対してどのようにコーピングするか、過去や死者をどう記憶するかに影響を与えた可能性もある。戦争ごとの違い、そして同じ戦争でも国民集団ごとに関わり方の違いがある。加えて、内戦などに見られるように、一つの国民集団のなかにも違いがあるだろう（第一二章）。最後に、第一三章では、法律、社会制度、イデオロギー、そして偶発的な出来事に注目する。それらは、一つの国民集団内での死と喪失に影響を与えている。したがって、第四部は、国民集団の歴史と、それが今日の死と喪失の形にどのような影響を与えてきたかを扱うことになる。

各章では経路依存性 path dependency という概念を用いている。つまり、ある集団（この場合は国民集団）

が何かをおこない始めたり考え始めたりしたときの様態が、その後も長く続く行動や思考のパターンの端緒になるということである。[*1] グローバル化（第一四章）が国民国家をある程度まで弱体化させたとしても、国民の行動様式は何世代にもわたって継続する。それは国民集団の制度や記憶が継続するのと連動する。したがって、ある国民集団がなぜ現在のように行動するのかを理解しようとするなら、歴史感覚が重要になってくる。

死とその過程に関する国民性の違いは、文化的な違い（たとえば Parkes, Laungani and Young 2015）に比べて研究対象として注目されることがはるかに少ない。これはなぜだろうか。一つの理由は、人類学者が伝統的に研究してきたのが、国民性を共有する集団ではなく、文化を共有する集団だったからだろう(Rosenblatt, Walsh and Jackson 1976)。社会学的、心理学的研究に目を転じると、米国では、他地域より多くの研究がおこなわれている。アメリカ人は、米国を近代性と同一視するか、米国は例外的で他国と比較するべきではないと考えるかの、いずれかに偏る。そのため、米国の何が特殊アメリカ的であるかは、アメリカ人研究者にとって未探索のまま放置されやすい。それに対して、米国内の文化的差異は、研究者の注目をかなり浴びている。移民の地である米国は、多くのさまざまなハイブリッド的アイデンティティを包含し、賞賛すらしている。すなわちメキシコ系アメリカ人、ヴェトナム系アメリカ人、アフリカ系アメリカ人、中国系アメリカ人、イタリア系アメリカ人、ユダヤ系アメリカ人などなどである。誰もが、自由と機会にあふれているという国民的神話を支持することを期待されている。そして、誰もが同じ制度や政治的構造の恩恵を受けたり、束縛を受けたりしているという自覚を持っている。にもかかわらず、アメリカ人は自分の家族の出身国の文化的側面を保持することが許されているし、それを推奨されている。というわけで、アメリカは、文化と文化を次から次へと比較する研究にはおあつらえ向きである。いくつかの研究は、アメリカ的生活様式や制度を自明視しつつも、米国内の異なる民族集団・文化集団を取り上げ、緩和ケアを重視したり、葬儀を実践したり、あるいは悲嘆を表明したりする様子を比較している（Kalish and Reynolds 1981; Cann 2016）。また、アメリカの死生学 thanatology の教科書は、文化的差異を非常に上手に取り扱っていることが多い。たとえばメキシコ系アメリカ人とヴェトナム系アメリカ人の葬儀、ヒスパニック系アメリカ人とアングロ系アメリカ人の悲嘆を比較するといった具合である。しかし、アメリカ的な死に方を他国での死に方と比較する研究はまれである（Harper 2010）。

❶ 諸国民集団

とはいえ最初に考える必要があるのは、「国民集団 nation」という観念である。国民集団はアイデンティティの枠組みとして自明視されるようになった。すなわち誰が「私たち」の一員で誰がそうでないかを判定したり、包摂したり排除したりするための枠組みとなった。それは、いつ、どのように、自明視されるようになったのだろうか。国民国家が政府や法律の枠組みとして自明視されるようになったのは、いつ、どのようにしてだろうか。

これは必ずしも自明ではなかった。中世ヨーロッパ都市の多くは、所在地の国の影響下で形成されたわけではない。むしろ、イスラーム、ユダヤ、キリスト教の文化の混合によって成立した。一九世紀から二〇世紀にかけての国民主義の台頭によって、この混合状態はかすんでしまった（Kwon 2008）。デリダ（Derrida 2001）によれば、旅人を歓待する伝統的な倫理が、前近代の都市の多くに、また砂漠のオアシスなどに見られた。それと対照的なのが、近代国民国家の政治的主権である。主権国家によって、この歓待の倫理は弱まってしまった。人々の意識と忠誠心は、かつては地方的であると同時に世界市民的であった。

つまり、国民的アイデンティティは重要ではなかった（Gillis 2000）。一九世紀になっても、ヨーロッパ中をパスポートなしで旅行することができた。その次の世紀になって初めて、身分証明書、パスポート、国境管理が普通のことになったのだ。

❷ 国民主義

だが、フランス革命から第二次世界大戦の終わりまで、国民主義《ナショナリズム》は次第に勢いを増していった。そのため、人々は次第にパリ人というよりはフランス人、プロイセン人というよりはドイツ人、カスティーリャ人というよりはスペイン人だと、仮にそこまで行かないとしても、同程度には感じるようになった。近代国家は、国民国家という形で発生することが多い。都市国家でもないし（シンガポールのような数少ない例外を除いて）、欧州連合のような国際国家でもない。一九世紀から二〇世紀初頭にかけての植民地主義は、利潤追求と資本主義の拡大を原動力としていた。だが、それは同時にヨーロッパ諸国間の政治的権力をめぐる競争をも原動力としていた。それを通じて、ヨーロッパの国民主義は地球全体に輸出されていったのである。モロッコ人はいまだにフランス語を話している。ナイジェリア人はいまだに英連邦に属している。モロッコやナイジェリアの法律や制度はかつての植民地支配者の法律や制度を反映している。

ベネディクト・アンダーソンは、国民主義が一八世紀啓蒙主義による宗教への懐疑から生じたものだと見る。かつて宗教は、苦しみに意味を与え、救いと（来世では）天国を約束していた。だとすれば、楽園の崩壊〔宗教的思考の退潮〕「以上に運命を不確実にするものはない」（Anderson 1991: 11）。この空隙に踏み込んできたのが、国民集団《ネーション》という観念である。それは、友愛の感覚と「運命から持続性への世俗化による転換」を提供する。持続性とは、個人が死んでも国民集団は持続するということである。個人が国民集団のために〔代わりに〕死んだとしても〔死ぬことで〕、国民集団の持続性は確実になるだけでなく、個人は特別で永続的な地位を国民の記憶のなかに占めることになる。個人の可死性は国民集団の不死性のなかに組み込まれる。ゆえに、私は一章分をまるごと戦争に捧げたいと思う。

❸ 今日の諸国民集団

ファシズムと二つの世界大戦が明らかにしたのは、国民主義によって作り出された「集合的な自己崇拝」の恐るべき結末である（Gillis 2000: 19）。部分的な修正は、国際連合や欧州連合などといった機構の国際主義に見出される。その後、「人種的、性的なマイノリティ、女性、若者、そして何十もの新たに主権的地位を目指す国民集団・民族集団」、これらの一員だというアイデンティティを発見する人々が出てきた。これも国民主義の部分的修正だ（p. 19）。だが、マイヤーら（Meyer et al. 1997）の言う「世界社会」の出現を私たちは目の当たりにしているのに、国民国家はなお存続している。彼らによると、一九四五年以降、世界文化は、（新旧の）国民国家に影響を与え、それらを維持してきた。世界文化は国民国家に対して、次の事柄を整備するよう期待し、また要求さえしてきた。すなわち教育制度、福祉政策、医療制度、大学、市民権、反差別法、専門職者の熟練技能に依拠すること、などなどである。さらに、病院、死亡登録、検死官、解剖医、葬祭ディレクター、共同墓地、火葬場などを包括した死のシステムも、国民国家には期待されている、と私なら付け加えるところである（Kastenbaum 2007）。マイヤーらにとって、これは、国民国家がどれもほとんど同じように見えるようになったということを意味する。理由として小さくないのは、システムや制度を国民国家同士でコピーし合っていることである（Robertson, 1995: 34 も参照）。そういうわけでグローバル化（第一四章）が進んでも、国民国家は主なプレイヤーであり続けている。たとえば、国際組織のメンバーとして、貿易協定の署名者として、犯罪を取り締まる主体として、戦争の遂行者として。

私が本書で示そうと思っているのは、死とその過程と喪失の管理において、国民国家が現に重要な枠組みを提供しているということである。だが、近代の国民集団間のバリエーションはマイヤーらがおそらく認識していたものより幅広い。もちろん、地理的なバリエーションは、人々が自分たちの国民集団の内部に埋め込まれる形を決める。小規模国家と、国境周辺で生活している人々は、いずれも好例である。たとえば、ヨーロッパの極小国であるルクセンブルクは、一九九五年まで火葬場を持っていなかった。したがって、家族の火葬を希望するルクセンブルク人は、ドイツ旅行をしなければならなかった。しかし、ひとたびルクセンブルクに火葬場が建てられると、ドイツ人が、国境を越えてルクセンブルクに散灰をしに来るようになった。というのも、ドイツの法律では散灰が禁止されていたからである。このような死後の国際主義の例ですら、国内の法律や制度が重要であることを示している。[1]

新しい世界市民的アイデンティティが、根強くて新たに復活した国民的アイデンティティと、どの程度まで競合するかは未解決の問いである。その問いには、死が深く絡んでいる。兵士の英雄的な死の顕彰は、少なくともいくつかの国々で、国民的アイデンティティを象徴するのに大きな役割を果たしてきた。その過程については、第一二章で探索したい。しかし、一九七〇年代以降は国民集団を越境したホロコーストの記憶によって、また一九九〇年代以降は人権言説によって、焦点は、国民的英雄の死から世界的犠牲者の死へと移っていった。英雄の死が国民主義を推進するために利用されるとしたら、犠牲者の死は、いまや世界市民主義を推進するのに利用されている。少なくともヨーロッパのコンテクストでは。

読書案内

- Anderson, B.（1991）*Imagined Communities: Reflections on the origin and spread of nationalism.* London: Verso.
- Gillis, J.R.（ed.）（2000）*Commemorations: The politics of national identity.* Princeton, NJ: Princeton University Press.

第十一章　国民集団を近代化する

国民集団は特定の時代に特定の経路をたどって近代化されてきた。近代化には封建制からの解放が伴うこともあるが、それを加速させたのが中産階級の発生である（イングランド、フランス、スウェーデン）。その他、次のような経路がある。外から来た定住者による先住民族の土地の領有と開発（オーストラリア、カナダ、イスラエル）、植民地化（インド、モンゴル、チベット）、植民地化からの解放（米国、フィンランド、インド、南アフリカ）、国民的アイデンティティを優先させるための民族・部族・氏族のアイデンティティの統制ないし均衡（ナイジェリア、タイ、シンガポール）、統一された国民集団を作り出すための小公国の抹消（イタリア、ドイツ）、革命（中国）。それぞれのケースで、社会経済的変化を引き起こす権力を持っている特定の利害集団や指導者が、新しい制度を作り出したり、古い制度を乗っ取ったりする。その後の数十年間は続く制度的な権力をさまざまなパターンで打ち立てる。この大部分が、比較社会学の古典的研究から明らかになっている。たとえば、カーら（Kerr et al. 1973）は、さまざまな国のさまざまなパターンの産業化の分析をおこない、産業化を進めたエリートには五種類があると特定した。すなわち、中産階級、王家出身の指導者、植民地の行政官、革命知識人、国民主義の指導者である。

つまり、すべての近代国民集団は、死を管理するための近代的なシステムを持っているが（Kastenbaum 2007）、その死のシステムは、さまざまな変革の主体によって、さまざまな時期に、さまざまな方法で近代化されているのである。本章では、近代的な死のシステムの構造と運用にかなりの差異があることをいくつか例証し、その説明を試みる。一例だけ言及すると、セルビアとルーマニアの葬儀がある。第二次世界大戦後、ユーゴスラヴィアの連邦共和制の共産主義体制は、無神論イデオロギーを採用した。セルビア社会主義共和国において、このイデオロギーは反キリスト教的で、それまで大きな権力を行使してきたセルビア正教会と対立するものであった。しかし、異教〔キリスト教以前の先住民の宗教〕に起源を持つ儀礼はイデオロギー的に危険とは見なされず、そのおかげで葬送儀礼のなかでセルビアの民俗伝統は生き残ることができた（Pavicevic 2015）。これに対してルーマニアでは、ニコライ・チャウシェスクの一九六五年から八九年の体制下で、独特な国民主義型の共産主義が奉じられた。ルーマニア正教会はそれに奉仕する形で一定の役割を（統制を受けながら）演じ続けた（Coleman 2016）。

近代化を決定づけた重要な時期に権力を掌握していたのは誰か。どのような目的を持っていたのか。そのとき、宗教はどのような役割を果たしたのか。そしてその結果、死のシステムはどのように変わったのか。本章を通して、読者はこうした問いを自分の国に向けるよう促されるだろう。

国によっては、近代化を決定づけた重要な時期が一つだけ際立っているように見える。英国の産業革命、一七八九年のフランス革命、日本の一八六八年の明治維新などだ。（これはもちろん単純化である。イングランドの産業革命を駆動したのは、勃興する中産階級の需要だが、中産階級はその前に二世紀にもわたって貴族や君主の権力に挑戦していたので、それ自体が革命だった。）他の国、とくに政治的革命や植民地化を経験した国々では、決定的な時期が複数あるかもしれない。たとえば中国では、一九四九年の共産主義革命、一九五八～六一年の大躍進、一九六六～七六年の文化大革命、そして二一世紀に入ってから社会主義国家中国が資本主義を奉じるようになったときである。それぞれが、人生最終段階ケア、相続、先祖祭祀、葬儀に重大な結果をもたらした。

以下、さまざまな国の死のシステムの諸要素が近代化される過程を例示するが、これは体系的な例示を目指していない。それぞれの例によって示したいのは、むしろ個別の社会的、歴史的なプロセスである。

1 近代化

❶ 埋葬を営む――ヨーロッパと北米

第一章で見たように、産業化と都市化によって人口変動が生じた。人口変動によって産業化と都市化が生じたとも言える。西洋社会が一八世紀末から都市化・産業化するにつれて、人口は急増した。だが、死亡率は一九世紀後半になってやっと低下し始めた。ヨーロッパでは市街地が拡大するにつれて死者数も段階的に拡大したため、由緒あるヨーロッパ式の遺体処理法――小さな教会墓地で墓をその場しのぎで再利用すること――は機能不全に陥り、改革の必要性が叫ばれた。埋葬の危機は、あらゆる産業化する社会で都市が抱える大きな社会問題となった。各国は対策として、もっと合理的に死者を扱う方法を開発した（第二章）。公衆衛生上の観点からの要望に直面して、〔教会墓地への〕宗教的関心は尻すぼみになったが、そこに必ずしも葛藤がなかったとは言えない。さらに、地方から市街地へ、あるいはヨーロッパからアメリカへという人口移動が起こると、服喪者たちは、臨終や葬儀にまつわる伝統的習慣から切り離されてしま

制度的統制	国の例	主要な特徴	関係性
商業的	米国	葬祭業も共同墓地も所有権が商業的企業に属する	セールスマン／客
自治体的	フランス	葬祭業も共同墓地も所有権は自治体のコントロールに服する	自治体役人／市民
宗教的	スウェーデン	教会が共同墓地・火葬場・死亡届け（1991年まで）を所轄	司祭／教区民

表11・1　葬祭業の統制――３つのパターン　　出典：Walter (2005)

った。そのため、彼らは、医師や葬儀屋 undertaker に指示を求めるようになった。いたるところに、二つの連携した技術革新を見出すことができる。第一に、技術上の合理性、とくに医学上の合理性を駆使する傾向が増した。第二に、新しい専門家が台頭した。戸籍係、病理学者、葬祭ディレクター、共同墓地の起業家、管理人などである。

とはいえ、一八五〇年から一九五〇年の間に、正確に誰が専門家として自分の身を立てることに成功したかは、国によって異なる。産業化する西洋諸国のすべてで、死体が公衆衛生上のリスクだと案じたのは国家だった。だが、国家が誰に死者の管理を委ねたかは、国によって変わってくる。たとえば新しい共同墓地が、衛生、合理性、美学という新しい基準にもとづいて建設されるのは各国共通だが、それを誰が建てて管理したかになると、実業家（一般的には男性だったが、現在では変わりつつある）、自治体役人、近代化した宗教的官僚制とさまざまである。その結果、死の合理化は、たとえば米国、フランス、スウェーデンの間でまったく異なるものとなった。**図表11・1**は、この三つの類型をまとめたものである。

喪に服す家族は、やりとりする相手がセールスマンなのか、役人なのか、司祭なのかによって、パターンごとに異なる役を当てられる。商業的な葬祭ディレクターや共同墓地の経営者は、家族に客という役を当てる。客は商品をすすめられ、選択することができるが、その選択は誘導の結果かもしれない。自治体の役人は利益より効率的管理に関心があり、家族に市民という役を当てる。市民には、葬儀や埋葬の公的サービスを受ける資格がある（必ずしも無料ではないが）。司祭や宗教者は、家族を教区民として扱う。伝統的に民族教会が独占的地位を占める地域としては、北欧（ルター派）や地中海（正教会、カトリック）があるが、そこでは単に地域住民だというだけで家族は教区民になる。このように、三つの関係性の類型、すなわちセールスマン／顧客、自治体役人／一般市民、司祭／教区民が考えられる（Walter 2005）。

三つの類型

そういうわけで、近代西洋の死者をルーティン的に遺体処理する際に依拠する基本的モデルには、商業モデル・自治体モデル・宗教モデルの三つがある。気をつけてほしいのは、これらは制度のモデルであり、モデルと文化との関係はまちまちだということである。カンザス州の商業的な葬祭ディレクターが家族と話すとき、その言葉づかいはストックホルムのルター派牧師より宗教的であるかもしれない。宗教的象徴が、アメリカの商業的な葬儀場、英国自治体の火葬場、イタリアの自治体運営の共同墓地に飾られているのはよくあることだ。だが、スウェーデンやデンマークでは、教会所有の墓地にある墓でも、宗教的な図像は最小限のものしか付いていない。

三つの制度的類型――宗教型・自治体型・商業型――は社会学的な理念型であり、純粋形態で機能することは、理論上は可能だが、実際にはあったとしてもまれである。これらの類型の目的は、現実世界を特徴づける複雑性と変化を記述し、説明することにある。ある国で一タイプの主要特徴が顕著であっても、純粋にそれだけになることはまずない。たとえば、組織的には宗教的なスウェーデンにおいても、葬祭ディレクターの仕事は商業化されている。

他の国々ではもっと徹底的に混ざり合っている。ドイツでは、自治体によって管理された共同墓地と、国家によって強力に資金援助された教会とが共存している。イングランドも混合例の一つである。二〇世紀末のイングランドの葬儀の典型例を挙げよう。商業的な葬祭ディレクターは、自治体の火葬場に遺体を持ってゆく。そこで、教会に通っていなかった故人の葬儀のための礼拝がイングランド国教会の牧師によって執り行われる。ところが、二一世紀になると私立の火葬場や自営業の司式者との競争が加わってくる。他方、農村地域ではイングランド国教会が今なお教会墓地を統制しているが、そこでは、火葬された遺骸が埋葬される件数が増加している。イングランドは、宗教的であると同時に世俗的であり、商業的であると同時に自治体的なのである。

さまざまな説明

どの国で、どの組織類型が優勢になるのかを、どのように説明すればよいだろう。デヴィッド・マーティンの『世俗化の一般理論』(Martin 1978) は、各国で民主主義革命が起きた重要な時期に、教会がどのように位置づけられていたかを指摘したものである。私は、これを葬儀に広げてみたい。フランスのように、カトリックの独占的支配と結びついた絶対王政が内乱に端を発する革命で打倒されたところでは、近代国家はきわめて世俗的なものとして出現した。一八〇四年のナポレオン勅令は、ナポレオン帝国の全自治体に共同墓地の開発を要請した。その結果、一九〇四年には自治体が葬儀を統制するようになった。しかし、民俗的カトリシズムが強かったため (Badone 1989)、共同墓地の場合でも、はっきりと目に見える形でカトリック的な上部構造が、文字通りこの自治体の土台の上に建てられることになった。イングランドのようにプロテスタントの多様な教派を寛容に扱っている国では、国教会への反対意見は諸教会を通じて出されるので、フランスのように世俗主義が足場を固めることは決してなかった。そして（アイルランド、フィンランド、デンマークのように）民主主義革命が鍵となって外国による支配を排した国では、「国民」教会が解放者と同一視された。こうしたことは、のちにポーランドでも起きた。どのケースでも協力的な政教関係の進化が可能となった。それは、いくつかの国家（とくに北欧の）にも反映された。すなわち、教会が国家の代わりに埋葬を組織化できるよう、国家が教会に対して権限と資金を与えたのである。

地中海のカトリック諸国とルター派の北欧は、互いに鏡像をなしている。地中海諸国ではきわめて宗教的な人々でも、その地域の国家による共同墓地の所有と経営を受け入れている。またフランスとスペインでも、葬祭ディレクターの仕事にかなりの統制が及んできたと言えるが、受け入れられている。北欧では世俗的な人々でも、教会が、キリスト教徒か無神論者かシク教徒かなどと区別することはまったくなく、全市民のために土葬・火葬を整えてくれていることを受け入れている。

公営墓地の提供は、独占的教会と連携する絶対王政に対抗する世俗的な革命に端を発すると言える（フランスとロシア）。だとすれば、一九世紀イングランドでの自治体による提供の背景は何だろうか。それは、強い国家（メソジストなど他の宗教的な非国教徒の影響下にある）が独占的地位を失ったイングランド国教会に財源を提供してまで、都市で急増する死者を埋葬させるのは不適当と見たことにある（Rugg 1997）。二〇〇〇年までのスウェーデンのように、独占的プロテスタント教会が存在する国では、教会が実質的に国費による公共事業となり、葬儀、土葬、火葬を含む幅広い福祉サービスが提供されるようになったのである（Davie 2001）。

米国では、宗教的競争、弱い中央政府、法律上の政教分離のため、一八世紀の少数の町を除けば、北欧ほどの規模で教会が埋葬に関わることは歴史上ありえなかった。その結果残った空白を容易に埋め合わせたのが、民間の起業家たちである。彼らは法的制約を相対的に受けなかった。なぜなら、経済的に軌道に乗っている取引へ政府が介入することに対して、この国では不信感が強いからである。

近年の改革

一九世紀に葬送の改革を実質的に推し進めたのは、公衆衛生への懸念だった。それに対して、二〇世紀後半からの改革を推し進めたのは、豊かさと個人主義である。社会が近代化し、豊かになると、人々とその人間関係はより個人主義的になるのかというのが、第八章で探究した問いである。実際、葬儀と遺体処理を個人的にコントロールし、選択の幅を広げたいと考えている服喪者は、世界中で増えているようだ（Garces-Foley and Holcomb 2005）。この個人性がどのように獲得されるかは、葬祭業を統制する制度が宗教型か自治体型か商業型かで異なってくる。宗教モデルが強いところでは、なぜ家族が既成教会や国教会と異なる宗教を持っていたり、無宗教だったりするのに、死者や葬儀をそれらの教会（あるいは日本における国家に認可された葬式仏教[*1]）に委ねなければならないのか、と改革者は問い続けてきた。商業モデルが優勢なところでは、金銭あるいは少なくとも過剰な利益を死者から引き出してはならないと感じる人々から、批判が寄せられることが多い。チャールズ・ディケンズ、マーク・トウェイン、ジェシカ・ミットフォードらは、みな葬儀の商業化を批判してきた。現代日本では、僧侶が戒名を売って財をなしていることへの批判が聞かれることもある。

自治体モデルが支配的な地域では、改革者たちは異なる懸念をいだく。英国では一九九〇年代に、故人に一度も会ったことのない司祭が自治体の火葬場でおこなう二〇分間の礼拝は、個性を重んじる社会にしてはあまりにも人間味がないと感じられるようになった（Walter 1990）。フランスの変革は、一九八〇年代にミシェル・ルクレール Michel Leclerc のような起業家から始まった。一九〇四年の国家認可制度から生まれた地域葬祭業の独占を打破するために、彼は、葬儀スーパーマーケットを導入した。実際、葬祭業の自治体運営化は、一世紀以上もフランスの批評家たちの関心を集めた（Kselman 1993: Ch.6）。ソヴィエト時代のロシアでは、自治体の葬儀制度は、機能不全と財源不足のため利用されず、家族や隣人が自分たちの責任で葬儀をおこなった。一九九〇年代以降、地方国家による葬儀の統制は正式のものではあるものの絶望的に資金不足のまま続いてきた。そこでいくつかの正式ではないアクターたちが、非公式の商業的提供者に転じ、影の経済を作り出した（Mokhov and Sokolova 2020）。

世界の先進国地域のすべてで、改革者たちは皆、後期近代特有の個人化された関係性やアイデンティティを葬儀に反映させようと志した。とはいえ、彼らが異議を申し立て、対決しようとする制度的権力は、歴史的堆積物の体系であり、それは〔国が異なれば〕根本的に異なる。それゆえ、彼らの運動もきわめて異なった様相を呈するのである。

❷ 模倣——日本における火葬

前節では、特に中産階級による内需が産業化を進めた西洋諸国を取り上げた。しかし、日本の近代化の筋書きは、これと大きく異なる。日本は二五〇年にわたって封建的鎖国を自らに課してきたが、一八五三年に重武装した米国から貿易のための開国を迫られることになる。このことがきっかけとなって、一八六八年に明治維新が起こり、封建的な幕府権力が廃止され、明治天皇に権力が集約されたのである。天皇は、日本が西洋から近代的な、とくに技術的な進歩を模倣し、それを東洋の価値観と融合させるよう指示した。そのため、一八七〇年代に米国やヨーロッパに特使を派遣し、最新の技術を研究させ、日本に持ち込ませた。たまたま一八七〇年代には、イタリア、ドイツ、英国などの国々の進歩的知識人の間で、火葬の可能性が流行の話題になっていたところだった。火葬炉のデザインが、広く読まれている雑誌に掲載されていた。特使たちにとって、火葬は日本が取り入れることのできる近代技術の完璧な例であるように思われた。一、二度の中断を経て（Bernstein 2000）、火葬場は日本で順調に建設されていった。火葬は少数派の宗教的実践から、公衆衛生上の対策として求められるものに変わった。そして、二〇世紀後半までには日本の火葬率は一〇〇％近くとなり、世界を大きくリードするようになった。

これは明らかに模倣の過程なのだが、バーンスタイン（Bernstein 2000）は、興味深いねじれがあることを明らかにしている。一八七〇年代には確かにヨーロッパと北米において火葬をめぐってかなりの議論が交わされていたのだが、火葬場はまだ一つも建てられていなかった。英国では一八八五年に初めて火葬がおこなわれ、一九四七年にやっと火葬率が二桁に達した。[1] イタリアの地方部では、一九世紀後半と二〇世紀初めにかなりの数の火葬協会が設立されたが、カトリシズムが家族・社会・政治にわたる生活面に影響を及ぼしていたため、イタリア人の火葬率は二〇〇七年にやっと一〇％に達したくらいである。[2] そして、アメリカ人の相当数が土葬をやめて火葬に転じたのは、一九九〇年代のことであった。日本人は西洋を真似しているつもりで実際には、こと火葬に関して言えば西洋をリードしてきた。戦後日本の自動車産業と似ているとも言える。[*2]

この話に言及した目的は単純である。それは、組織的手続き、専門分化、科学技術などの模倣が、往々にしてある国の近代化の過程そのものになることを例示するためである（Beckfield, Olafsdottir and Sosnaud

2013)。模倣されるのはつねに想像上の近代性であり、模倣者が近代的あるいは進歩的であると思うものである。グローバル化について扱う第一四章では、もう少し解説を加えたい。模倣は意図した結果をもたらさないかもしれない。また、模倣はつねにその国の文化に——多かれ少なかれ——適応させられる。日本の火葬では、家族は遺体が火に入るのを見届けると、軽食して一時間後に箸を持って戻り、磁器のような白骨をつまんで、埋葬用の壺に入れる。骨壺を埋葬する墓の維持管理は、先祖代々受け継がれてきた厳格な約束事で規定されている。これは、欧米でおこなわれている火葬とはかなり異なる(いずれにせよ国によって異なるのだが)。

❸ 国民集団の形成と埋葬

新しい国民集団は通常、異なる部族、氏族、地域、言語、宗教、階級、民族のグループを一つの国民集団にまとめなければならない。そのためには、これら既存のアイデンティティと共存したり、それらを支配し、弱体化させ、時には破壊したりするような国民的アイデンティティを生成する必要がある。死の床、葬儀、服喪の儀式は(デュルケムの古典的な分析に見られるように)故人が属する民族集団や部族集団を肯定する機能を持つ。そうである限り、これらの儀式は新しい国民国家への抵抗として機能する可能性がある。それに対して、国家はこれらの儀式の弱体化を目指すかもしれない。

シンガポールの例はそれに当てはまる。英国植民地政府は、多数派の中華系の埋葬を、親族関係によって定義されるさまざまな中華系移民共同体を代表する氏族連合に委ねていた。各氏族は、それぞれが所有する共同墓地で独自の葬儀をおこなった(Hui and Yeoh 2002)。シンガポールは一九六五年に独立した国民集団となり、小さな島の経済と人口は急速に成長した。多数派の中華系だけでなく、無視できない少数派のマレー系、インド出身の臨時建設労働者、世界各地から来たハイテク企業や商社の駐在員を、シンガポールは包摂している。そのため、政府は、いくぶん権威主義的だが独自の政策を適用することで、集団間の対立を抑え、都市国家を継続的に安定させ、国際企業に開くのに成功している。一九七二年、政府は都市近郊の共同墓地をすべて閉鎖して土地を守ると宣言した。その理由の一つとして特にあげられたのが開発である。民族のための土葬用地をこのように一掃したのは、単なる実用的理由によるのではない。というのも、それは土葬用地を運営してきた氏族・民族ベースの連合組織から国家組織へと権力を移行するものだったからである（Yeoh and Kong 2003）。シンガポール国家はさらに火葬を推奨し、遺灰を保管したり先祖祭祀をしたりするための納骨堂を推奨した。

アメリカ人が（ごく最近まで）土葬を好んだことは、高度に都市化した西洋社会では珍しい。これは国民統合の観点から解釈することもできるだろう（Walter 1993a）。もちろん、シンガポールのような中央集権的な管理ではない。故郷と国を離れ、海を渡って約束の地である米国に勇気を出して踏み込んできた移民が、煙に乗って上昇するよりも土葬されることを望むのは理解できる。一家のなかでも米国での一世、二世を約束の地とされる土地に土葬することには意味がある。土地は、一家がそこに辿り着き、いまもここに留まっていることを示すシンボルとなっているのだ。なるべくなら高価な石で目印をつけたいという希望があるようだ。共同墓地の区画が民族ごとに用意されている場合は、それがシンボリズムを完成する。というのも、私たちの家族はイタリア系アメリカ人だとか、ギリシア系アメリカ人だとか、中国系アメリカ人だとかを示すことになるからである。

❹ 革命——強制された近代化

ソ連や中国で共産主義革命が目指したのは、農業中心の経済からの転換だった。そのために、労働者の方向づけ、土地や工場の共有、産業化の強制がなされた。どちらの国でも、人口の大規模な配置換え、反体制派の投獄、飢饉が起こった。メリデイル（Merridale 2000: 11）の算定によれば、一九一四年から一九五三年の間、少なくとも二五〇〇万人のソヴィエト人が暴力、飢饉、伝染病で亡くなったが、その直接、間接の原因は、国家の政策だった。もう二五〇〇万人の死は、大祖国戦争（第二次世界大戦）の結果生じた。

この節では、強制された近代化がこれら二つの国で多くの死者を出し、伝統的な死の儀式に変更を迫った過程を描写する。依拠するのは、歴史家キャサリン・メリデイルの書いたロシアにおける死と記憶に関する素晴らしい著作（Merridale 2000）、それに次いでレイン（Lane 1981）、そして一九四九年中国共産主義革命後の四〇年にわたる葬送の変化についてはホワイト（Whyte 1988）の説明である。

共産主義革命は全体的変容を求める。「政治経済構造だけでなく、人々の生活様式そのもの、すなわち家族生活、儀礼と慣習、そして価値観」を変えようとする（Whyte 1988: 289）。中国共産党（ＣＣＰ）は権力につくやいなや、中国伝統の死の儀式のほとんどあらゆる側面に問題があり、改革の必要があると見なした（pp. 292–4）。第一に、精霊や幽霊などの慰霊という観念は、死後に超自然的なものは存在しないというＣＣＰの見解に異を唱えるものだった。第二に、死の儀式は、党や国民集団への忠誠以上に、親族の絆を強化するものであった。第三は具体的な問題で、故人〔となる人〕は、男性の子孫に供養してもらいたいと要求するため、息子がほしいという希望が強まるが、これは、国家による産児制限計画と逆行してしまう。最初に生まれたのが女児だった場合、その家族は男児が生まれるまで子どもを作ろうと努力し続けるからである。第四に、墓の場所を決めるのに風水を用いるので、合理的な土地利用を妨げてしまう。第五に、豪華な葬儀は家族を貧しくし、経済発展のために有効活用されたはずの資源の流れを滞らせてしまう。

こうした問題にもかかわらず、中華人民共和国（ＰＲＣ）では、葬儀改革はすぐに実現しなかった。実現したとしても、中止されたり、再開されたり、といったプロセスをたどった。一九五〇年代には土地の集産化が、間接的に先祖儀式を衰退させた。というのも、もはや男系での遺産相続に与れるかどうかで運命が左右されるようなことはなくなってしまったからである。一九五八年から六一年にかけての大躍進は、産業化を推し進めようとして悲惨な失敗に終わった。その結果、飢饉が発生して一六〇〇万から四〇〇〇万人が死亡した。また、大躍進は火葬を推奨したため、伝統的な儀式は直接的な打撃をこうむった。この火葬の推奨は、大躍進が崩壊すると勢いを失ったが、一九六六年から七六年にかけての文化大革命のときに息を吹き返した。文革は追悼会を推奨して、伝統的な習慣や階級にもとづく葬儀の贅沢さを排した。改革が再び緩められたのは、一九七六年に毛沢東が亡くなったときである。凄惨な苦しみには触れないことにしよう。ともかく結果として、親族や血縁集団よりも個人・工場・党・国家が重視されるようになった。「個人と家族は、亡き祖霊から得る恩よりも、労働単位当局から得る恩に依存する。子孫は、故人から受け継ぐ財産ではなく、国家が管理する仕事、住宅、その他の資源に依存する」（Whyte 1988: 310）。地方部よりも都市部において、この傾向ははるかに顕著であった。農村部は火葬場に行きにくいためにとり残されたというのが大きな理由である。中国では共産主義のもとで都市と農村の格差が拡大するが、それは生の領域だけでなく、死の領域でも進んだのである。

権威主義体制によって強制された近代化には、記憶のコントロールが付きものである。とくに誰が記憶してもらえ、誰が記憶してもらえないかのコントロールである。前述のように、中華人民共和国では、一部は私有財産と相続の廃棄によって、もう一部は葬儀改革によって、記憶の消去が達成された。中国の葬儀は伝統的に、穢れた死体を祭祀される先祖へと転換する。そうすることで、父系の血筋を永遠のものとして強化し、子孫の繁栄を促す（Watson and Rawski 1988）。第九章では、家の先祖祭祀が、革命や党へのコミットメントを弱めるさまを示した。それによって、社会主義者の葬儀はより簡素になった。職場の同僚に、家族同然の敬意が払われるようになった。それ以後、葬儀の目的は、故人が勤勉な労働者であり、忠実な党員であることの顕彰になったのである。しかし伝統は、とくに地方部では、しぶとく残ることがある。文化大革命の間、サクストン（Thaxton 2008）が調査したある村では、不適切に埋葬された死者が「餓鬼」となって遺族に禍《わざわい》をもたらすのではないかと、村人に恐れられていたという。

ソ連では、祖国のため、あるいは革命のために死んだ栄誉ある死者は、敬意をもって偲ばれた。一方、一九三二年から三四年の飢饉の犠牲者、労働キャンプや刑務所で死んだ人たちは、言及してはならない存在であった。英雄を共同追悼する場合でさえ決められた方法があり、回想録や歴史書を書く場合でさえ決まり切った文体があった。公的な記憶をこのように体系的に操作することは、私的な記憶や家族の記憶を弱める恐れがあった（Merridale 2000）。それは、家族に対して、愛する人が悲嘆に値しない人間だと断定的に知らしめることによって（Butler 2009）、悲嘆から公民権を剝奪した（Doka 2002）。

生き残ること

多くの、実に多くのソ連市民は、死者の記憶だけでなく、残虐行為やトラウマの記憶も抑えつけるしかなかった。彼らは、残虐行為に加担したかもしれないし、家族が行方不明になったかもしれない。個人的記憶が公認された過去のイメージに合わないかもしれないし、それを表現すると家族に迷惑がかかるかもしれない。情報提供者がどこにでもいるというのは、無視できない理由である。生き残るために、人々は自分たちの記憶を公認された型へとはめ込むしかなかった。グラグ〔ソ連各地にあった強制労働収容所〕の生存者であるヴァーラム・シャラモフ Varlam Shalamov は次のように述べている。「人間は忘却する能力によって生き残る」(Merridale 2000)。二つの世界大戦に参加した民主主義社会の元兵士にもこれが当てはまる人はいる。まして、普通のソヴィエト市民ならなおさらである。ストローブとシュットの悲嘆の二重過程モデル (Stroebe and Schut 1999) に当てはめると、喪失の苦痛を感じることと生き残る術《すべ》を学ぶこととの間で健全な揺れ動きが起こる見込みはほとんどなかった、と言える。つまり、トラウマの記憶や喪失は、無際限に抑制されなければならない。何よりも大事なのは生き残ることなのだ。これは単に個人個人に影響を与えただけではない。文化全体にも影響を与えた。ストイシズム〔感情にとらわれず運命を受け入れる態度〕は、かつても今も規範であり続ける。ロシア人にとって「涙は恥ずべきこと」である (Merridale 2000 : 240)。

忍耐

とはいえ、ソヴィエト期の前も途中も後も、祖国を守るために、大部分のロシア市民は権威主義的リーダーシップを受け入れていたし、今も受け入れている。この国はナポレオンにもヒトラーにも侵略され、壊滅的な打撃を受けた。侵略に反撃するために、数百万ものロシア市民が計り知れないほどの苦しみを代償として経験した。そのおかげで生まれた文化とは、苦しみ、特にソヴィエト期の苦しみを、忍耐や英雄的行為として進んで受け入れようとする文化である。キャサリン・メリデイル（Merridale 2000: 417）のインタビュイーの一人は彼女にこう語った。「お嬢さん、ここはあなたのイングランドとは違うんだから！……そりゃあ、もちろんひどい目に遭いましたよ。でも、自分たちの街は自分たちの手で復興しなければならないしね。どんなものでも自分たちで背負っていかなければならない。そうするしかないでしょ。私たちはファシストを打ち負かした。今度はまさにその場所で、社会主義を建設しようとしているんだ、というわけです」。生き残り、復興することが集団の目標になり、希望を与えていた。たとえそれが多くの物事に目をつぶることを意味していたとしてもである。メリデイルによれば、これこそ多くのロシア人たちが死と喪失とを経験する枠組みであった。

生き残り、忍耐し、希望を共有するという心理政治的プロセスと類似のものが毛沢東の中国でも機能していたのは間違いない。だが、それだけではなかった。中華人民共和国の劇的な経済発展は、ソ連よりもはるかに大きな成功となったが、実質的には人口増加のコントロールに依存していた。つまりその大成功は、一人っ子政策によって収められたものだった。第九章で論じたように、このことはのちに、一人っ子を亡くした老人特有の問題を引き起こすことになった。

❺ 移 住

産業化には労働力を機械で置き換えるプロセスが付きものである。とはいえ、これまでの近代化のどの例でも、産業が起きている場所へ労働力を移住させる必要も同時に生じてきた。国が近代化する際の労働者の供給源は三つある。第一は国内の農村地帯であり、農業労働者が新興産業都市に移り住むというものである。これは英国、すなわち最初に産業化した国で一八～一九世紀に起こり、現在は中国で起こっていることだ。中国は、今日産業化を遂げつつある経済圏では間違いなく最大のものだろう。第二は外国人労働者であり、ほとんどの場合、農民だった人々が、たとえば米国、オーストラリア、シンガポールなどへ移住して来る。第三は、強制されたり（一九三〇年代のソ連のある場所で見られたように）、奴隷にされたりして（アメリカの南北戦争前の綿花栽培地で見られたように）、労働者が連れて来られるというものもある。

移民は新たな試練に直面する。一八四五～六二年の大飢饉に続く一世紀半で、数百万人ものアイルランド人が祖国を離れて移住した。その過程で彼らが思い知ることになったのは、移民特有の悲嘆の実態である。ポツンと立っている移民の墓、遺体を祖国に送る煩雑さ、そうかと思えば今日の服喪者にとってはソーシャル・メディアという思いがけない恩寵 godsend もある（Ryan 2016）。どこの国から来たにせよ、移民は死の慣行に修正を加えるよう迫られる。帆船の時代には、祖国からの知らせを伝える手紙がアイルランドからオーストラリアまで届くのに数ヶ月かかることもあった。こうした手紙は悲喜こもごもの反応を引き起こすことがあった。というのも、孤立した移民にとって家族とのつながりを保つのに役立つと同時に、両親や兄弟姉妹の遅すぎる訃報を携えてくることもあったからである（Fitzpatrick 1994）。

西アフリカからアメリカ南部の綿花畑に乱暴に運ばれて来た奴隷は、手紙から安らぎを得ることなどなかった。アフリカでの家族とのつながりは突然絶たれ、パターソン（Patterson 1982）が「社会的死」と記述するような出生地からの疎外を経験した。肉体的な死はあまりにもありふれていた。それでも、時には奴隷が自分たちの死体を主人の目に触れず、主人のコントロールを受けることもなく埋葬することが許容された。こうした葬儀が提供したのは、喪に服す家族が慰められ、理解される空間だった。それは支配への抵抗の機会を幾分か提供した。葬儀は「里帰り」と見なされるようになったし、今でも黒人共同体ではそう見なされている。そこで故郷として思い描かれているのが、キリスト教でいう天国であれ、先祖のいるアフリカであれ、あるいはその両方であれ。こうした奴隷の葬儀から、多くの歌と即興の祈りが発生した。それらは今でもアメリカの黒人教会に残っている。

移民にとって、臨終や葬儀や服喪に関する自らの伝統を受入国の伝統と組み合わせることは珍しくなかった。だが、移民が受入国の死の慣行に影響を与えることは滅多になかった。とくに「古い」国ではそうだろう。それに比べて米国のように「新しい」国は、移民からの影響にオープンだったと言える。先に、奴隷の葬儀が、どのような形で現代黒人の葬儀のルーツになっているかを示した。付け加えると、奴隷の料理の習慣は、アメリカ南部の白人の葬儀慣行にも影響を与えてきた。南北戦争前の裕福な家庭で調理をしていた奴隷のコックは、自分たちに馴染みのある食材や調理法を使った。それが時を経るうちに「南部料理」となったのである。今日の南部の白人たちは、隣人や同じ宗教の信者が悲嘆していると、その家に食事を料理して持ってゆく。時にはそれが死後数ヶ月にわたって続くこともある。持ってゆく料理はいかにも南部料理といったものである。つまり、奴隷の料理が、二一世紀の白人の葬儀料理にまで影響を与えている（Graham 2018）。葬儀の前の数日間に遺体と公開対面するのはアメリカらしいと思われているが、これもアイルランド移民によってもたらされた可能性はある。

このように「新しい」国が近代化する際に、その国民特有の死の慣行となったものが移民の慣行に影響されている場合がある。他方、移民の死には、より多くの国に共通している様相もある。第三章では、ある地域から別の地域（国内外を問わず）への移住が葬儀の商業化と価格上昇の両方をいかに推進したかを論じた。それに対して、第一四章では、グローバル化した二一世紀における移民の死の諸側面をさらにいくつか論じたい。

2　植民地主義

これまでのところ、本章が見てきたのは、近代化がある国民集団の死のシステムと死の文化にどう影響するかであった。それはその国民集団に特有の経過をたどっていた。本章の残りの部分では、植民地化と脱植民地化を見てゆく。この二つの過程は、国民集団の創造にとっても、その経済機構と政治形態の近代化にとっても、決定的に重要なものであり続けた。国が違えば、植民地化と脱植民地化の実現過程も異なる。それはさらに各国の死のシステムに識別可能な影響を与える。ここでも、私の議論は体系的ではなく、こうしたことが起きた種々の様態を具体例によって説明するものでしかない。これから見てゆくのは次の事柄である。植民地主義が死亡率にもたらした帰結、植民地の死の慣行を形づくろうとする試み、それまでの慣行を植民地化しようとすることへの抵抗、植民地化と脱植民地化における宗教の役割、ニュージーランドのワイタンギ条約という特異な事例、脱植民地期の土地再配分の際に果たした先祖の役割などである。

❶ 死を植民地化する

植民地化は、先住民の死亡率を劇的に上げてしまうことがある。その理由は、陰に陽になされる殺戮行為、先住民が免疫を持たない新しい感染症、民族が受け継いできた土地から追い出されることなどである。それによって、彼らの文化はむしばまれ、絶望と失業とアルコール依存症がもたらされた。ネイティヴ・アメリカン、カナダのファースト・ネーションの諸民族、オーストラリアのアボリジニー、アオテアロア／ニュージーランドのマオリの住民たちなどの寿命は、土地没収後の一世紀あまりで、植民前よりは改善したかもしれないが、全国民の平均と比較するとかなり低い水準に留まっている。さらに、脱植民地化後（たとえばジンバブエ）や共産主義崩壊後（たとえばロシア）のインフラの崩壊によって、それまで順調に伸びていた寿命が短くなることもある（Seale 2000）。

植民者は、往々にして自分たちのほうが植民地支配下にある人々より文明化されているとし、彼らを「文明化」〔市民化〕しようとする。すでに述べたように、キリスト教宣教師は、アフリカ植民地やその他の地域で先祖祭祀を破壊しようとした。とはいえ、今日の世界を見渡すと、葬儀や服喪慣行は、先祖祭祀とキリスト教を統合したようなものになっていることが多い（Park 2010）。英領インドでは、ある異質な慣行が受け入れがたいものとして認識された。サティーの慣行だが、これは未亡人が〔生きながら焼かれる〕殉死を選ぶというものである。そうしなければ社会的死が彼女の運命として待ち受けていた。当初、これは英国東インド会社によって許容されていた。しかし、キリスト教宣教師とブラーマン階級のヒンドゥー改革者たちが運動を起こし、こうして焼かれる未亡人たちは、生きながらの死を超克した勝者ではなく、犠牲者だと捉え返された（Leslie 1991）。この慣行は、次第に一八二九年から一八六一年にかけてインド全土で禁止され、ネパールでは一九二〇年に禁止された。

植民地経営をしていた列強には、シンプルに土地を領有し、資源を抜き出していった国もあったが、宗主国を富ませることを目的として経済を近代化した国もある。その例の一つが、日本による朝鮮の植民地化である。これは一九一〇年から一九四五年まで続いたが、この時期に、朝鮮は、アジアで日本に次いで最も産業化が進んだ国民集団となった。一九二〇年代から一九三〇年代にかけて、日本当局は〔本章のはじめで見たように〕火葬を近代的なものと見なしただけでなく、土葬のために利用制限されていた朝鮮の土地を、農業、鉱業、都市拡張のために利用したいと考えた。その結果、一九二三年から一九三五年にかけて、ソウルの火葬率は五・八％から七六・一％へと目覚ましく上昇した。しかし、一九四五年の独立後は火葬率が低下し、一九九〇年には二二％まで落ち込んだ。独立後に火葬を推奨する試みが失敗したのは、火葬が日本統治時代と結びついていたからである。韓国人が環境を見直すようになり、統治時代の記憶を直接持つ韓国人がほとんどいなくなった一九九〇年代に、ようやく火葬は再び増加し、二〇一〇年には七〇％に上昇した（Aveline-Dubach 2012 : 207–8）。

❷ 植民地主義とそれに抵抗する

植民地主義とそれに対する抵抗に巻き込まれた死体処理の方法の一つが火葬だとすると、もう一つの方法は臓器提供である（Hamdy 2016）。植民地の医学校は、上流階級の医学生を教育するために、しばしば犯罪者や困窮者の死体を使っていた。エジプトでは（他の場所と同様に）「植民地主義を経験したせいで……科学と技術の潜在力について明るい展望をいだく人はきわめて少数だった。科学・技術の発達は、植民地支配を強固なものとし、エジプト人住民の文化的劣等性を示すために活用されることが多かったからである」（p. 225）。イスラーム学者たちが臓器の死後利用を承認したにもかかわらず、国家公認の医師を信用しないエジプト人の多くは、死者の医学的利用に強く抵抗し続けた。これを変えたのは、二〇一一年のアラブの春であった。多くの抗議行動参加者が目を負傷したため、死後の角膜提供を呼びかける運動が、この年は前例のない成功を収めた。圧政ではなく解放のためという理由によって、やっと死者の利用が可能となった。

江戸時代の日本（一六〇三～一八六七）は、外国、とくに西洋からの影響、とりわけ貿易と宗教を極度に警戒した。植民地化を目指すいかなる新旧の列強に支配されることにも断固として反対し、とくにカトリック宣教師たちの活動に対して懸念をいだいていた。一七世紀半ばまでにはキリスト教徒たちは追放されたり、殺されたり、棄教させられたりした。そして、すべての日本人は各地の仏教や神道の寺に登録することが求められた。こうして「葬式仏教」として知られるものが始まった。[*3]それは今日もなお機能しており、日本の葬式のほとんどで、地域の仏教寺院と僧侶は重要な役割を果たしている。

❸ 宗教と植民地主義

植民地特有の死の慣行の推奨、またそれへの抵抗の例をいくつか挙げてきたが、これらからわかるのは宗教の重要性である。デヴィッド・マーティン（Martin 1978）の世俗化論[*4]は、国内の民主主義革命だけでなく、植民地支配に対抗する革命にも当てはまる。植民された国で植民者の宗教と異なる宗教が主流である場合、その昔ながらの宗教が国民集団と同一視されたり、国民の解放を目指す闘争と一緒のものだと見なされたりする可能性がある。アイルランドは正式にはイングランドの植民地でなかったし、ポーランドもロシア・ソヴィエトの植民地ではなかったが、いずれのケースでも、宗教は植民地的な支配に抵抗する原動力となった。すなわち、アイルランド人もポーランド人も、カトリック教会を国民的アイデンティティの旗印として掲げたのである。アイルランドは一九二二年に独立し、ポーランドは一九八九年に独立を取り戻したが、その後も一般的にはカトリック教会への支持が続いた。そこには、カトリック式の臨終、葬儀、その後の儀式も含まれる。ここ最近の数十年間でやっと、アイルランド人のアイデンティティに変化が生じた。それまでは英国との対立関係のなかで形成されていたのが、欧州連合との連携関係のなかで形成されるようになった。また、多くのアイルランド人は、中絶と同性婚に関するカトリックの教えを拒絶するようになり、幼児に対する司祭の性的虐待の発覚に憤慨し、呆れている。その結果、アイルランドはいまや急速に世俗社会になりつつある。とはいえ、これが葬儀の領域に波及するのはずっと後のことだろう。

ポーランドやアイルランドの例と著しい対照をなすものとして、江戸時代の日本以上のものはない。というのも、日本では、カトリシズムが国を揺るがす外来宗教としてとらえられたからである。

❹ 二文化主義

植民地を支配する列強のほとんどが、先住民の根絶か「文明化」を試みた。文明化とは、植民者の「優れた」やり方に適応させる文化変容を指す。それに対し、アオテアロア／ニュージーランドは二文化主義の珍しいケースで、先住民文化を植民者の文化と少なくとも理論的に同等のものと認めた。一八四〇年に締結されたワイタンギ条約は、マオリの土地の所有権を認めるものだった。その後の数十年、白人入植者はこれを組織的に無視して定住を進めた。だが、一九五〇年代以降、次第にマオリが自分たちの権利を取り戻すために、条約を利用するようになった。今では条約はニュージーランドの二文化社会の基盤として広く認識されるようになった。先住民が依拠することができるような条約を持ち、それをもとに発展してゆけるような社会など、他にはほとんどない。

二〇一四年に私がニュージーランドで参加した緩和ケアの学会で、パーケハー（ヨーロッパ系の子孫）の参加者がマオリのやり方に敬意を払っていたことに、私は感銘を受けた。それはたとえば、世俗的な会議のなかでマオリの宗教儀式を実演することだったり、パーケハーの医療スタッフが患者個人よりもマオリのワナウ（大家族）とやりとりする様子だったり（第八章で記述）、学者として良い調査実践をどうとらえるかだったりする。マオリ族は自分のワカパパ whakapapa（系譜）によって定義されるため、初対面の人同士が会うときは（臨床でも研究でも）、まず各人がどこ出身か（出身地と出身親族の両方）を説明する。個人は集団の一員であることによってのみ、一人の人間となる。臨床上の出会いでも、学会発表が個人ではなく集団でなされる場合でも、ニュージーランド版の聖公会の葬儀での祈りでも、ラグビーの試合前のハカ haka〔手を叩き、足を踏み鳴らして自らの力を誇示する舞踊〕でも、パーケハーはマオリが認識している集団の力強さを無視できない。実際、看護師として、研究者として、ラグビー選手として、彼らは参加を求められるかもしれない。多文化社会における支配集団のメンバーは、その社会の少数派の文化の一部または全部を意のままに無視することができる。二文化社会の支配集団は、少数派の文化を尊重すること、またそれに参加することさえ求められる。パーケハーのスピーチで、この段落のようにマオリの言葉を頻繁に挿入するのはほんの一例にすぎない。

❺ 植民地化後の土地の再分配

脱植民地化の過程では、植民者によって奪われた土地が元の所有者に戻されることがある。南アフリカでアパルトヘイト後に土地の権利を主張する助けとなったのが、その土地に鎮座する先祖の墓という明確な証拠だった。そのため、家族が集団で白人の所有する農地に出かけ、先祖の墓所で儀式を執りおこなうことが増えた。言い換えると、権利主張者であるなら、ここが自分たち家族の死者の安住する地だと示さなければならなかった。その際、それは「私の」土地ではなく、「私たちの」先祖の土地とされた（James 2009）。ジンバブエ独立後のショナ人の友人は、「私の先祖たちの土地を取り戻した」と喜んでいた。彼が味わっていた帰属感は、私のような都市在住の西洋人が決して体験したことのないものであり、また体験できないものである。英国の場合、貴族なら幾世代にもわたって自分たちの土地が家に属するため、こうした感情をいだくかもしれない。だが、南アフリカやジンバブエでは、それを広範囲の人々が感じている。おそらく、最も強く感じるのは、先祖の土地の返還を要求する人たちだろう。以上の例において、脱植民地化は、先祖の墓と先祖に関わる儀式の重要性を高め、さらにそれが脱植民地化の実行過程にも影響を与えている。

このようにアフリカの例では、土地の権利主張の根拠が、先祖の遺骸が置かれている場所となっていた。これと対比できるのが、ポスト社会主義の国民集団における改葬である。それに関するヴァーデリー（Verdery 1999）の研究によれば、バルカン諸国では土地の所有権をマーキングするために遺骸が改葬されたということである。「国民国家は新たな後継者であることを示そうとした。そのために、集合墓にいる「我々の息子たち」を発見して「我々の土地」に正式に埋葬した。そうすることで、領土を「我々のもの」としてマーキングしようと意図した。このようにして、それぞれの空間を「我々のもの」として聖別したのである」（p. 98）。墓を領土のマーキングのために利用する行為は、数千年前にさかのぼることもできる。西欧の青銅器時代の風景のなかで円墳はきわめて目立っていたはずだが、一部の考古学者によれば、まさしくこうしたメッセージを発していたと考えられる（Whitley 2002）。

3　結　論

本章では、数多くの国民集団の事例を通してその経路依存性を示した。近代化は、たいてい死のシステムの変更を伴い、それを要求することもしばしばである。たとえば、伝統的な埋葬は、近代の百万都市では不可能である。近代化の過程で死のシステムがどう変更されたかが、その後のパターンを決める。それは、法律や物理的風景（病院や火葬場の建物）や文化的規範の修正に具体化され、その後の幾世代にもわたって、国の死の慣行を形づくる。病院で死ぬことなどは、近代性の及ぶ地域すべてに類似するパターンかもしれないが、それ以外は特定の国にしかないパターンもある。韓国のような国の場合、近代化がまず植民地化で始まり、次いで脱植民地化が起こった。その結果、死にゆく過程、死、喪失の管理の仕方において、植民地期特有のものと、脱植民地期特有のものからなる国民史的な経路が成立した。

次章では戦争について見てゆく。これもまた、各国独自の死者と悲嘆を扱うパターンの成立につながる重要な歴史的過程である。

読書案内

- Bernstein, A. (2000) 'Fire and earth: the forging of modern cremation in Meiji Japan', *Japanese Journal of Religion Studies*, 27: 297–334.
- Hamdy, S. (2016) 'All eyes on Egypt: Islam and the medical use of dead bodies amidst Cairo's political unrest', *Medical Anthropology*, 35: 220–35.
- Martin, D. (1978) *A General Theory of Secularization*. Oxford: Blackwell.
- Merridale, C. (2000) *Night of Stone: Death and memory in Russia*. London: Granta.
- Verdery, K. (1999) *The Political Lives of Dead Bodies: Reburial and postsocialist change*. New York: Columbia University Press.
- Walter, T. (2005) 'Three ways to arrange a funeral: mortuary variation in the modern West', *Mortality*, 10: 173–92.

議論のための問い

● あなたの国を産業化、都市化、そして／または民主主義へと促した革命（政治的革命、そして／または経済的革命）の時代はどのようなものだったのか。重要な役割を担った人物は誰だろう。この時期の前と後とで、制度的宗教の位置づけはどう変わっただろうか。これによってどのような〔宗教の位置づけの〕パターンが成立し、今日のあなたの国における死とその過程と喪失の管理の仕方に影響を与えているか。

● あなたの国が植民地化／脱植民地化を経験したのであれば〔そのような国が出身地である人への質問〕、そのことは死とその過程と喪失の管理にどのような影響を与えただろうか。

第十二章　戦　争

本章では戦死者について考察する。焦点は次の三つである。⑴戦死者は国民的アイデンティティを形づくるためにどのように利用されたか。⑵公認される戦死と認識されない戦死とがあるのはどうしてなのか。⑶戦時中の死の経験と戦死者の処遇は、平時における死とその管理をめぐる経験に、どのように影響しうるか。同じ戦争でも各国それぞれに異なる経験をするため、戦後の経路依存性にもさまざまなものがありうる。とりわけその国が勝利を経験したのか、敗北を経験したのかは大きな違いをもたらす。一国のなかでも同様で、共同体や家族や個人の違いによって、同じ戦争が違ったものとして経験される。数年あるいは数十年もかけて表面化するような長期的影響にもさまざまなものがある。本章では、とくに血なまぐさい三つの過去の戦争、すなわち南北戦争と、二つの世界大戦から、いくつかの事例を取り上げる。

第二章では、近代において死がどのように医療化されたかを示したが、戦死と戦死者の集合的記憶とは、高度に政治的な事柄とされる。平時において、国家は生と死を統治する権力を有する（Agamben 1998）。その手段としては、安楽死、中絶、死刑に関する法律、医療資源の配分がある。他方、戦時下では、死に対する国家の統治が大々的に誇示される。戦争行為がそもそも権力誇示の手段だが、それだけではない。軍のあの部隊は犠牲にし、この部隊は犠牲にしないなどの決定、都市に民間人が詰まっているのに、あの都市は犠牲にし、この都市は犠牲にしないなどの決定を国家は下す。それを通して死を統治する権力が誇示される。

この章では近代の戦争を取り上げる。一九世紀より前には、戦争は支配者間で交わされるものであり、民衆は戦いにさしたる関心もいだかなかった。傭兵や強制徴用された民間人が、戦闘に駆り出されることが多かった。しかし、フランス革命が市民という観念を導入した結果、民衆は自分たちの国や国民的アイデンティティに感情移入するようになる。さらにその結果、帝国の栄誉ある拡大によっても、祖国への攻撃によっても、人々の情熱はかき立てられるようになる。つまり少なくともごく最近まで、近代世界を特徴づけていたのは、人民の戦争だった。いやむしろ、民衆に支持され、国家によって遂行される戦争というべきか（Pajari 2015）。国家は強制的徴用兵や傭兵を否定し、新種の市民兵は、正規兵という形であれ徴集兵という形であれ、そのような国家と道徳的契約を交わした。フォースト（Faust 2008：269）は、アメリカ南北戦争（一八六〇～六五年）におけるこの新しい態度について次のように書いている。「兵士は……戦争（ますます産業化されていたが）をおこなう機械の単なる歯車ではなかった。市民は、身体を持ち、自らの死を超えて残る名前を持った自己であり、国民集団にとって文字通り生き血であるような個人であった」。いまや将校だけでなく、すべての兵士の死が記録され、時間が経つと記念されるようになったのである。

しかし、ヴェトナム戦争（一九五五～七三年）以降、西洋の国民集団は、軍事衝突で多数の自国市民を犠牲にすることを次第に嫌うようになった（Smith 2005）。後述するように、新たな共同追悼のための像が登場している。それは戦争による世界中の犠牲者のための像である。だが、これは戦争と暴力の終結を意味しない。なぜなら「問題は、いかにして暴力をなくすかでは決してなく、どの殺害ルールのセットに従うか」であったからだ（Marvin and Ingle 1999: 313）。

1　国民集団のための犠牲

❶ 犠牲の論理

先史時代から人間は象徴体系を創造し、それによって死に意味を与えようとし、多かれ少なかれ成功してきた（Berger 1969; Seale 1998）。たとえば死後生、死者の共同追悼、子孫の繁栄、個人的充足などの宗教的な概念規定がある。戦争の際には、国家が意味形成の仕事に参入したが、その手段として導入されたのが、祖国のために死ぬという新しい象徴である。市民兵士によって闘われる戦争で最も受け入れられやすいのは、国民集団のための兵士の犠牲という象徴である。実際、犠牲が国民集団を設立し、創造したとされる。フランス革命から第二次世界大戦に至るまで、西洋の戦争は国民主義《ナショナリズム》と深く関わっていた。つまり、国民集団を建設したり防衛したりすることや、国民的アイデンティティの感覚を確認することと深く関わっていた。戦争と国民集団とを象徴的につないだものを、フィンランドの歴史家イロナ・パジャリ（Pajari 2015）は「犠牲の論理」と呼ぶ。アーネスト・ベッカー（Becker 1973）は、文化そのものが、死の恐怖を和らげる英雄的役割を通じてそのメンバーに意味を提供するシステムだと考察した。この見方によれば、戦争における英雄的な犠牲は、文化というものにとっては例外どころか、その延長線上にある代表例ということになる。

マーヴィンとイングル（Marvin and Ingle 1999）によると、今日ですら、つまり平時においてすら、アメリカの国民主義を心理・政治面で突き動かす鍵となっているのは、暴力的犠牲の神話である。彼らの主張によると、この神話を暴露するのはタブーである。というのも、アメリカ人は民主主義が暴力に根ざしていることを認めたがらないからである。アメリカ人にとって、故意の犠牲は未開社会や、今日なら宗教的動機を持ったテロリスト集団の特徴であり、自分たちの社会の特徴とは見なされない。「非暴力を奉じてきたという伝統的評価はミスリーディングだ。……それは犠牲を要求する暴力的権威を覆い隠してきた。……私たちは気づかないことになっているのだ。その秘密が、つねに私たちを結束させてきた」（p. 315）。

ロシア人たちは確かに気づいていて、一九四一年から四五年にかけての大祖国戦争で戦死した多数の人々をほめたたえている。だが、アフガニスタンのムジャーヒディーン〔聖戦兵士〕との戦い（一九七九年から八九年）で死んだ人々をほめたたえることはない。これはロシア人のほとんどがよく理解していない戦争だったし、母国防衛にもほとんど関係なかった（Merridale 2000）。ナチ・ドイツは「血と土」というスローガンで〔犠牲と国土との〕結びつきを明確にした。ナチスは死を自然のサイクルの一環と見なした。そのサイクルにおいて、土葬された遺体はドイツの土の肥やしとなる。ドイツ人の遺骸は適切な儀式とともに土葬されることで、その土地をドイツのものとしたのである（Black 2012）。このような通念は先史時代から歴史時代に至るまで多くの共同体に見出される。故人が祖国のために戦って死んだのであれば、象徴体系は完成となる。問題は、ユダヤ人のような非アーリア人をドイツの地に埋葬することである。というのも、第二次世界大戦が進むにつれて、ドイツ人の兵士や民間人を丁重に埋葬できなくなるという問題が生じていたからである。棺なしの集団埋葬にとりあえず切り替えるということも、ごく頻繁に起こっていた（Black 2012）。[*1]

第二次世界大戦へのフィンランドの参戦に関するパジャリ〔Pajari 2015〕の記述によれば、犠牲の論理は服務中の兵士に当てはめられただけではなかった。犠牲の論理は、この若くて壊れやすい国民集団の生存闘争に女たちを巻き込んだ。息子を育て上げることで、そしてしかる後に戦地で死んだ息子を弔うことで、母親たちもまた国のために、愛する土地のために、その身を犠牲にしたのである。そして、女性が男性的職業に就いたのも、犠牲の論理によれば、「女性が非女性化して〔男性のように働いて〕いるというのではなく、祖国のために真の自己を否定していたのである」(p. 183)。とはいえ、犠牲の論理が初めて創られたのはどちらかと言えば平和だった一九世紀であり、それを実際の戦争中に維持するのは難しかった。死別経験をした母親たちにとって、この論理は表面的に受け取られるか、たとえ深く受け止められたとしても、悲嘆を緩和しないことが多かった。

❷ 情念の動員

市民兵士とその家族にとって、死と喪失は深い情動を喚起するものであった。それは犠牲の論理による死の意味づけと結びついて、政治的かつ個人的に重大な結果をもたらしうる。それを私が実感したのは、一九八二年に英国政府が特別部隊を八〇〇〇マイル南へ送り、当時フォークランド/マルヴィナス諸島を占領したアルゼンチン軍から島々を取り返そうとしたときである。多くの英国人と同様、私は島々についてほとんど何も知らなかった。取り急ぎ『ブリタニカ百科事典』を引いてみると、島々の所有権をめぐって入り組んだ植民の歴史があることがわかった。海軍が南下するにつれて、この作戦の合法性についての疑問が私のみならず多くの同胞市民の脳裏に浮かんできた。すべてが一変したのは五月四日である。この日、英国の駆逐艦であるHMSシェフィールドがエグゾセ・ミサイル〔フランス製対艦ミサイル〕で撃たれて、二〇人の水兵が亡くなった。その二日前には、英国潜水艦がＡＲＡヘネラル・ベルグラノを魚雷で攻撃し、何百人ものアルゼンチン人の命が失われていた。この攻撃は議論を呼んでいたが、シェフィールド艦上で英国人が死ぬと、私の国の心理・政治的な文脈は様変わりした。五月四日の後には、戦争を批判することがかなり難しくなった。英軍の隊員の死は、彼らが崇高な大義のために死んだのであれば正当化することができた。あまり崇高な大義などないと示唆することは、せいぜい良くても悲嘆する家族にとって不謹慎だとされ、悪ければ裏切りだとされる。

もちろん、これは、軍人の死がきっかけで世論が反戦に転じることなどありえないと言いたいわけではない。というのも、ヴェトナム戦争とアフガニスタン戦争に西洋が介入したときには、そうしたことが起こったからである。しかし、そのような転換が起こるのは通常は事後である。つまり、戦争に勝てないこと、あるいは何年もの消耗を経なければ勝てないことが明らかになったときである。そしてフォークランド紛争は、ヨーロッパの植民地主義にとって最後の英雄的な戦争であり、かつ成功した戦争だった。それ以降は戦死に対する寛容さが薄れ、その正当化に成功するためには、より熟練した仕事が必要となっている。ベン＝アリ（Ben-Ari 2005）は、二一世紀のイスラエルでそれがどのようになされているかを見抜いた。また、キング（King 2010）はアフガニスタンのヘルマンド州で戦死した英国兵についての公式およびメディア上での共同追悼について分析している。これらの兵士は、軍の部隊員ではなく個々の人格として認識された。「戦没兵士のために悲嘆することで、公衆は自分たちの重要な価値観である人格という概念を称える」（p. 14）。兵士の家族との関係は詳細に語られる。それまでだったら、軍事行動を正当化してきた愛国心は揺らぐところである。ところが、メディアの視聴者は、兵士ではなく個人として、誰かの家族として服喪するのに引き込まれてゆき、次第に反対意見を言いだしにくくなる。それまで戦死者に服喪する公の場に姿を見せなかった反戦の立場の人々でさえ、〔アフガニスタンの〕ヘルマンドで英国人が死んだときは、服喪の思いへの共感を自覚した。キングによれば、英国人は「もはや国民国家に住んでいるのではなく、特異な個性をもつ人物たちからなる共同体に住んでおり、国内の共有領域を通してまとめられている」(p. 22)。これが正しいとすると、後で見るように、英雄のイメージは犠牲者のイメージに置き換えられたか、少なくとも犠牲者のイメージによって補われているように思われてくる。国民国家は、兵士が戦場で死ぬことを通じて強大化していったかもしれないが、家族と個々人は失うばかりで何も得られない(Walklate, Mythen and McGarry 2011)。

ストイシズム

パジャリが見抜いたように、犠牲の論理はさほど深く浸透したとはまったく言えないだろう。確かに、第一次世界大戦の徴募運動は男たちを入隊させるために英雄主義《ヒロイズム》に訴えた。また母、妻、恋人が男たちに入隊を思い留まらせようとするのを防ぐために、犠牲の尊さに訴えた。さらに戦地での埋葬の儀を司った神父は、兵士たちの犠牲的な死をキリストの死と結びつけた(Wilkinson 1978)。だが、塹壕のなかにいた男たちの間で主に見られた態度は運命論とストイシズムだった。欠乏、シラミ、病気、湿気、寒さ、爆撃、方向感覚喪失など、これらはどれ一つとして英雄的ではなかった。そして、苦笑するか呪いの言葉を吐くか、それとも両方おこなうなどして、ストイックにそれらを耐え忍ぶのが、あの戦争に従軍した多くの兵士の反応だった。それはこれまでの歴史を通して繰り返されてきたことである。犠牲とヒロイズムの通念は、ひとたび前線に立つや速やかに忘れ去られた。実際に小さな犠牲的行為が日常茶飯事だったにもかかわらずである。耐え忍ぶこと、我慢すること、進み続けること、仲間の世話をすること、これらは明らかに英雄的ではないかもしれないが、社会的に正当化された。とりわけ流行歌などである。たとえば英国の第一次世界大戦の歌、「悩みは雑嚢《ざつのう》にしまい込んで、笑おう、笑おう、笑おう」とか、第二次世界大戦の「家の火を絶やさぬように」〔息子たちが戻ってくるまで〕などである。今日のロシアでは、ヒロイズムの物語が、個人レベルのストイシズムや記憶の拒否と共存し、戦争が実際にどうであったかは語られない（Merridale 2000）。

これ以上進むことができなくなるケースもある。たとえば、兵士が心理的に崩壊し、もはや役に立たなくなるときなどである。第一次世界大戦当時だと、上官から臆病者だと罵られがちだったが、一九一五年に英国の医師チャールズ・マイヤーズ Charles Myers によって「シェル・ショック」と認定され、一九八〇年代にアメリカの精神科医によって「心的外傷後ストレス障害（ＰＴＳＤ）」というラベルが貼られる。これは、動員解除後も数年にわたって生存者を苦しめる可能性がある病態である。しかし、シェル・ショックやＰＴＳＤと診断された兵士の多くは、数ヶ月前までは模範兵であり、英雄的でさえあった。つまり、私たちはここで、異なる人々を対比しているのではなく、異なるコーピングの仕方、あるいは放置の仕方を対比していることになる。長期間のＰＴＳＤに苦しむ退役軍人のなかには、まさしく国のために人生を犠牲にしたにもかかわらず、精神科の治療はおろか、社会的認定もほとんど、いやまったく受けていない人もいる。永遠に続く苦痛から逃れようとして、彼らがアルコールや薬物使用や自殺を試みる例は、あまりにも多い。戦争被害者であるこうした生ける屍には、戦場で死んだ英雄に与えられるような名誉が与えられない。これはＰＴＳＤが認識されていないロシアではなおさらである（Merridale 2000）。

抵抗

古代ギリシアを専門とする博学なゲイル・ホルスト＝ウォーハフト（Holst-Warhaft 2000）は、戦争・内戦における喪失の苦痛に対するもう一つの反応を同定した。彼女によれば、とりわけ人為的な死への悲嘆は、「情念を刺激する合図《キュー》」となる。あまりにも強力なので、当局（政府や教会）はそれを規制しようとし、悲嘆の情念を和らげようとする。だが、服喪者のなかには、自らの感情を絶やさぬようにしようと決意する人もいる。彼らは、当局に抵抗するのに集団で感情を動員する。ホルスト＝ウォーハフトは、古代ギリシアから〝五月広場の母たち〟に至る事例を挙げている。母たちは、ブエノスアイレスの大広場にある大統領官邸前に毎日集まり、アルゼンチン軍事独裁政権の期間中の一九七六年から一九八三年までに起きた子どもたちの失踪に抗議した。〔米国における公的追悼を研究した〕ドス（Doss 2010）の記述によると、女性、民間人、少数民族、その他の認められていない集団は、死や喪失に対するさまざまな感情的反応に突き動かされて、自分たちの集団を、万神殿《パンテオン》（さまざまな集団の死者を追悼している）に加えるよう求めてきたという。ドスによれば、同時にそうした行為は、政府や他の利益団体に吸収合併されるリスクがあるともいう。

2　記憶すること、忘れること

次にこの節では、戦死者がどのように記憶され、あるいは記憶されないかについて見てゆく。とくに一九四五年以降の、なかでも欧州連合における国民主義の変わりやすい運命について考察する。また、このことが集合的記憶の形態の変わりやすさとどうつながるかを考察する。私が依拠するのは、集合的記憶研究という学際的分野である。この分野は、過去三〇年間にわたって、集合的記憶がいかに集団の同一化に影響するかを研究してきた。とりわけ、戦争と戦死者の集合的記憶の影響が大きい。それは、戦争記念館や戦争博物館の進化し続けるデザインに、また歴史教育に表れている。ブルとハンセン（Bull and Hansen 2016）に依拠しつつ、私は、敵対的《アンタゴニズム》、世界市民的《コスモポリタニズム》、闘議的《アゴニズム》という三種類の記憶と、四つ目の許されない記憶について略述する。

❶ 敵対的記憶

愛国心が自国を愛することだとすれば、国民主義はそれに加えて自国のほうが他国より優れているという意味を含む。国民主義には、私たちと彼らが対峙するような型の敵対心が含意される。そして戦争は、この対抗心を吊り上げてゆく。ほとんどの近代的国民集団は、自由と独立のために流された血の上に自らを築いたと神話化し、国民の栄光を称えるパンテオンに闘争で死んだ者を迎え入れる。そのため、エイブラハム・リンカーンは評価の分かれる政治家だったが、暗殺されるとアメリカの聖なる象徴に転じた（Schwartz 1991）。敵は、通常の戦争のように外部に存在することもあれば、内部に存在することもある。後者の例は、アメリカ南北戦争である。これは、膨大な流血の末に北部諸州が奴隷を所有する南部諸州に最終的に勝利した戦争であった（Faust 2008）。あるいは、ナチ・ドイツのように、国家の一方的な行動によって、内部の敵があからさまに、あるいはひそかに排除されることもある。「国民集団内では、人種の均質化のために、退化した要素が追跡され、無力化されたり、殺されたりすることもある。汚れを殺すことは、死を殺す〔死を食い止める〕ことにもなる。衛生上の根拠やメタファーが、そのような行動を正当化するために呼び出される」（Seale 1998 : 55）。

包摂

軍事的な闘争と勝利の歴史は、伝統的な学校の歴史の授業で習うことそのものである。一九五〇年代と六〇年代に学校に通っていた私は、イングランドが存在するのはアジャンクール（一四一五年）で没した人々のおかげであり、トラファルガー海戦（一八〇五年）でネルソン提督が死んだおかげであり、ブリテンの戦い（一九四〇年）で私の国を守ってくれた勇敢な飛行士のおかげだと教わった。何千人ものイスラエル人の若者がアウシュヴィッツに巡礼に出かけているが、その多くはロシア系移民の子として生まれており、先祖は死の収容所に送られていない。アウシュヴィッツで、彼らが学ぶのは、イスラエル人としての共通の国民的アイデンティティの礎がショアー（一九四一年から四五年にかけてナチ政権下で起こったヨーロッパ系ユダヤ人の大量殺人）にあるということだ（Feldman 2008）。イスラエルの国民共同体としてのアイデンティティは、紀元七〇年にユダヤ人が故郷から追放されたことを何度も何度も語ること、そしてショアーを何度も想起することにもとづいている。このような歴史語り、このような巡礼は、後続世代を国民集団に包摂するための儀式であり、死はこの目的のために役立つ。国民集団が存在するのは、それのために死んだ人たちのおかげだというのである。

排除

包摂の儀式は、同時にたいてい何かを排除している。アメリカの南北戦争後、誰をどのように共同追悼するかは、複雑で矛盾した問題だった。六〇万人以上の死は、割合で言うと現在の六〇〇万人の死に相当する。その戦争を生き抜いた人々にとって、その大権のほとんどを占めていたのは「死」であった。「終戦のときには、この共有された苦しみが、人種、市民権、国民の地位の意味についての根強い食い違いを乗り越えようとした。その結果、犠牲とその記念追悼が、南北の最終的再統合の土台となっていった。……犠牲と国家は、解きほぐすことができないほど絡み合っている」(Faust 2008 : xiii)。一八六二年に議会は、国立墓地の土地を購入する権限を大統領に与える。この国立墓地では、あらゆる墓が同等の重要性を持っていた。すべての市民兵の死に功績を認める点で、それは世界的に見ても革新的であった。それなのに、である。これらの共同墓地は北軍の死者のためにしか使われなかった。戦後、南部人たちは公的資金が四〇〇〇万ドルも北軍戦死者のために五年にわたって使われていたことを知り、憤慨した。連邦政府が、南軍の墓の管理費に資金を提供したのは、一八九八年になってからのことである。その間は仕方なく、南部の町の多くでは、地域の婦人たちが、自らの亡き息子たちを埋葬するための協会を設立していた。

今日ですら、アメリカ南北戦争の遺産が何なのかについては意見が分かれている。現在では北軍と南軍両方の死者が称えられている。一方、南北戦争の成果と言えば奴隷制廃止だが、今なお公式の共同追悼で取り上げられることはめったにない。南部諸州がアフリカから輸入した何百万人もの奴隷は、しばしば若くして無残な死を遂げた。その死者たちが南北戦争の戦死者のような功績を認められることはまったくない(Warner 1959)。今日でも、米国にはほんの一握りの公民権博物館しかなく、奴隷制博物館はほとんどない。まして、アメリカ先住民はほとんど民族虐殺《ジェノサイド》と言えるような目に遭ったのだが、それを認めている博物館などない。[*2] 対照的に、米国は自由のためのグローバルな十字軍であり、世界の虐げられた人々や貧しい人々が安らげる避難所だという国民的神話のために、米国五〇州のうち少なくとも三〇州にホロコースト博物館が存在する。つまり、ある死者は共同追悼され、ある死者は無視されるということが、いずれも同じ政治的事業の名の下におこなわれているのだ。この事業のイメージを損なうような死者は無視され、イメージを高める死者は追悼される。いや、無視するのは特定の人々だろうか。ワシントンDCでは最近

（二〇一六年）、国立アフリカ系アメリカ人歴史文化博物館が開館した。ほとんどのアメリカの博物館は黒人来館者がいないので、彼らが来ると目立つ。それと異なり、この博物館はアフリカ系アメリカ人の来館者でごった返している。

国の政治体制がどうであろうと、戦死者は象徴的な包摂か排除に振り分けられる。ヴェトナム戦争はヴェトナム人にとって、

> 国外からの攻撃者に対抗する革命闘争であると同時にむごい内戦であった。……戦争が終わり、革命政権のもとで国民集団が再統合されたとき、「あちら側」（*ben kia* と言い、「アメリカ側」を意味し、「革命側」である *ben ta* と対置される）の死者の記憶は、新政権の国民共同体から排除され、その延長で、家の先祖の崇拝をおこなう道徳的共同体からは外された。（Kwon 2008: 30）

ヴェトナムの革命国家は、先祖祭祀を「封建的」と見なし、それを革命の際に英雄的な死を遂げた死者の共同追悼に転換した。「戦争記念碑と戦争殉難者墓地が、村の聖所となっていた先祖の寺院と墓園に取って代わった」（Kwon 2008: 30）。その結果「戦争幽霊」が発生した。すなわち「根こぎにされ、家から追い出された先祖の群れ」である（p. 31）。新しい革命国家の基礎は、革命側の死者を包摂するのと同時に、アメリカ側の死者を排除することであった。

ヒンドゥー教徒は通常火葬にするが、一九八三年から二〇〇九年のスリランカ内戦において、反政府勢力「タミルの虎」〔主にヒンドゥー教徒〕は自軍の死者を土葬することを選んだ。土葬用地は西部の軍隊墓地をモデルに整備された〔タミルの虎は北部・東部〕。虎たちがテロリストではなく、正規軍、解放軍であると

いう主張を強化するためである。創設者のヴェルピライ・プラバカラン Velupillai Prabhakaran は、「戦死して英雄となった虎たちの墓は、我々の新しい国民集団の基礎となるだろう」(p. 295) という見通しを述べた。服喪者はそれらを追憶の場と見なした (Natali 2008)。しかし、虎たちが最終的に敗北した後、虎たちの共同墓地は政府によって破壊され、虎たちがそれによって象徴しようとしたものは否定され、兵士たちは共同追悼されない状態で放置された。

以上の例すべてから、国民性が包摂と同じくらい排除にもとづいて築かれていることがわかる。〔ある特定の〕死者を名誉あるものと見なすか、不名誉なものと見なすかは、〔ある特定の〕生者を包摂するか排除するかの強力な象徴となっている。

❷ 許されない記憶

アメリカ、ヴェトナム、スリランカの内戦後の出来事を見ると、敵対的記憶によって、敗れた側の死者を集団として共同追悼することがいかに許されないものであるかがわかる。敵対的記憶は、敗者の家族にとっての服喪の市民権を公的に剝奪するのだ (Doka 2002)。第一一章で記述したように、一九一七年から一九八九年まで、数百万のロシア人が死者を放置して闘い続けた。それ以外の選択肢はほとんどなかった。彼らを支えたのは、より良い未来が訪れるという社会主義的な希望だった。スターリンによって殺された家族を服喪する数百万の人々は、一九八九年のソ連崩壊までずっとただ沈黙し続けるしかなかった。「あるものは自らの苦痛を自分の子も含めて誰にも言わずに隠し通した。それがもたらすかもしれないダメージを恐れたのである。つまるところ、人民の敵の逝去を服喪することは危険だったし、関係を持っていることとさえ悪評につながった」(Merridale 2000: 7, 17)。いずれにせよ、物質的な困窮、生き残る上での試練が、こうした服喪者の生活全般のほとんどの場面で、心理的トラウマ以上の圧迫をもたらし続けた。

一九四五年の後は、戦争によって引き裂かれたすべてのヨーロッパ諸国が、打ちのめされたインフラと経済の立て直しを優先課題としなければならなかった。英国の場合、これと並行して、たとえば映画や子ども向けの漫画などといった文化を通して、国の「英雄」的勝利が祝福された。フランスはもっと曖昧な状態に置かれていた。レジスタンス運動の英雄的メンバーよりも、占領したドイツ軍に協力した一般市民のほうが、数的には多かったからである。戦争を記憶することは、家族内であれ、地域共同体内であれ、もめ事を引き起こす可能性があった（Diamond and Gorrara 2003）。

敗戦国のドイツと日本は、米国の経済的、政治的な援助に励まされ、力づけられ、断固たる決意で近代化と民主主義にもとづいた新しいアイデンティティを構築することにした。その結果、集団的な服喪は置き去りにされた。ストローブとシュット（Stroebe and Schut 1999）による死別の二重過程モデルの用語で言うと、服喪を排除して復興が重視されたということになる。問題は、とくにドイツで深刻だった。いまや信用を失ったナチのイデオロギーのために死んだ兵士を、国民集団としてはともかく、家族として、どのように服喪すればいいのだろうか。

また、多くの人にとって、自分たちのスーパーヒーローであったある人物を服喪するという問題もあった。アドルフ・ヒトラーである。一九六七年に初めて出版されたアレクサンダー・ミッチャーリッヒとマーガレット・ミッチャーリッヒの影響力ある本『服喪力の欠如〔邦題：喪われた悲哀〕』（Alexander and Margarete Mitscherlich 1975）によれば、ドイツ社会のすべての層がヒトラーを熱狂的に支持していたが、一九四五年にナチズムが壊滅的な敗北を喫すると、自分たちに責任はないと考えたという。罪悪感や恥に対するこうした防衛反応のために、自分たちの総統を服喪できなくなったというのが、ミッチャーリッヒたちの主張である。敵対的な国民主義の要素は残存していた。わかりやすいのは、多くのドイツ人がロシア人やポーランド人を軽蔑し続けたことである。そして、自分たちには統一ドイツを目指す権利があると考え、それを最終的に一九八九年の後に実現した。ナチズム自体も、もちろん一九一八年のドイツの敗戦から生まれたものであり、それ自体が敗戦の恥に対する防衛と服喪力の欠如として考えることができる。

共同追悼にまつわる論争

戦後の日本は、少し違った立場にあった。ドイツのナチズムは完全に信用をなくしたが、日本は、天皇と、戦争を記憶するための宗教的手段とのいずれをも保持した。天皇のために死んだ人々をカミ（霊）として祀る神道は、敗戦後、国家から切り離されたが、神道の神社は残されている。そのなかには靖国神社も含まれる。靖国神社は、明治天皇によって一八六九年に創建され、戦没者の御霊をカミとして祀っている。この神社は東京の中心にあり、天皇のために戦死した二四六万六五三二人の日本人（戦犯とされた一〇六八人を含む）を合祀しており、毎日多くの参拝者が戦没者を崇敬するために訪れている。閣僚による参拝、加えて二〇〇一年から二〇〇六年までの首相による参拝は、たとえ法律的には個人的な参拝だとしても、論争を呼んでおり、中国、北朝鮮、韓国などから抗議を受けている。戦没者への服喪が戦後ドイツでは抑圧されたのに対して、日本では靖国において認められた。論争を招くことは避けられなかったが。

スペインは第二次世界大戦に参加しなかったため、また別のケースとして扱われる。フランコ時代（一九三九〜七五年）はファシズムの形態の代表格だが、軍事的敗北ではなくフランコの死によって終焉を迎え、平和裏に民主制へ移行した。だが、日本と同様、そしてドイツとは異なり、フランコ主義はその国の主流の宗教（ローマ・カトリックの信仰）と非公式に結びついており、関係は現在も続いている。マドリードから一時間の所にあるヴァレ・デ・ロス・カイドス Valle de los Caídos（戦没者の谷）には、内戦の両軍側から数千の戦死者の骨が納められている。その場所の中心部には、カトリックのバシリカ風の巨大な教会堂があり、内部にはフランコの墓がある。そこに引き寄せられるのは観光客だけではない。毛沢東主義者は、一九九九年にそこを爆撃した。今日でもフランコ主義者は、フランコの墓にひざまずいてキスをし、素早くナチ風の敬礼をしている。日本でもそうだが、宗教は、敗北したイデオロギーとそのために死んだ人々を追悼する手段をそれがどんなに物議を醸そうとも提供してくれる。

❸ 世界市民的記憶

一九八〇年代以降、西欧と北米には新種の記憶が登場した。ブルとハンセン（Bull and Hansen 2016）によれば、この「世界市民的」記憶は、一九七〇年代末に初めて登場した。それは国民集団を横断したホロコーストの想起とともに発生した。たとえば広く視聴された一九七八年のテレビ・シリーズ『ホロコースト』などがきっかけとなった。次いで一九九〇年代に世界市民的記憶を支えたのは、ファシズム、共産主義、植民地主義に対峙する人権言説の台頭だった。この三つのどれもが、さまざまな種類の国民主義的な帝国主義と分かちがたく結びついている。英雄は消え、犠牲者とその子孫に置き換えられた。私がさらに付け加えたいのは、一九八〇年代からPTSDがそれ以前よりも意識されるようになったことである。これによって兵士の役柄は英雄から犠牲者に変わった。敵対的記憶を生んだのは、「第一の近代性」とウルリッヒ・ベック（Beck 1992）が名づけたものであった。第一の近代性が国民国家と領土の境界線によって特徴づけられるとするなら、世界市民的記憶を生んだのは、それと異なり国民集団を横断した第二の近代性である。これはとりわけ欧州連合、もっと広く見ればあらゆる形のグローバル化に、典型的に現れている（Bull and Hansen 2016）。この第二の近代性は、第一の近代性と異なり、勝ち誇る感じではなく、もろく崩れやすい（Latour 2003）。

世界市民的記憶は、包摂だけでなく排除によって作動する。この点は、敵対的記憶と同様である。包摂されたのは、受動的で防衛力のない犠牲者と見なされる一切の人々である。排除されたり、少なくとも最小限に押し留められたりしたのは、国民集団のために兵士が犠牲になったという英雄物語である。また、残虐行為の加害者の共同追悼も排除される。このように、国民集団の英雄から世界中の戦争犠牲者へと記憶の焦点が転換したことによって、ドイツのような加害国でも第二次世界大戦の追悼を開始することが可能になった。9・11同時多発テロ以後は、テロ攻撃で亡くなった人々の追悼も可能になった。というのも、テロ攻撃は、テロリスト側も国民国家側も、グローバルな戦争と見なしているからである。とはいえ、ロシアは、世界中の犠牲者に関しては、共感どころかイメージさえまったく育むことなく、国民的英雄の追悼を続けた（Merridale 2000）。

敵対的記憶の復活

ブルとハンセンの観察では、世界市民的記憶が台頭したからといって、敵対的記憶が終わったというわけではない。ベックの言うグローバル化した第二の近代性は、バウマンにとっては流動的近代性とされる（Bauman 2000: 13）。流動的近代性では「遊牧民的で領土外にいるエリートによって定住者が支配されている」ように見える。このようなエリートには、欧州連合幹部《ユーロクラート》、多国籍企業、国民集団を横断する圧力団体がある。この新しい近代から見ると、何百万もの人々が共同体、つまり彼我を分離する明瞭な境界線（国民主義的か宗教的かを問わない）を求めるのは、不安解消のためである。そのために、ヨーロッパの多くの国々で宗教的ファンダメンタリズムや新国民主義が高まったというのである。それは、二〇一六年の米国大統領選でのドナルド・トランプの当選や、英国の国民投票によるEU離脱に現れているとされる。グッドハート（Goodhart 2017）が言うところの、特定の場所に根を張る〝どこかにいる人 somewheres〟の多くは、脱産業化した共同体のなかで貧困に陥っている。彼らは、どこにでも家がある支配的なグローバル・エリート、つまり〝どこにでもいられる人 anywheres〟に復讐しているのである。年配の〝どこかにいる人〟の多くは、EU離脱に投票した。彼らは、ヒトラーのドイツが支配するヨーロッパに対して英国が単独で立ち向かった先の戦争を、敵対心をもって思い出しているようだ。一方、EU残留に投票した多くの〝どこにでもいられる人〟は、むしろその戦争を汎欧州的な悲劇としてとらえているようで、EUはそのような戦争が二度と起こらないようにするために設立されたと考える傾向が強かった。戦没者の記憶と現代政治は深く絡み合っている。

第一次世界大戦一〇〇周年を記念〔共同追悼〕するために、二〇一四年から二〇一八年の四年間に英国で上映されたテレビやラジオのドキュメンタリーは、私にとって注目すべきものであった。というのも、ほとんど完全に英国人の視点に立って描かれていたからである。なるほど、英国兵は概してその国民主義的な時代の犠牲者として描かれていた。だが、事実上すべての映像、すべての口述史のクリップが、英国兵とその家族によるものであった。ドイツやフランスの兵士とその家族の話を聞きたくて、私はうずうずしながら待っていたが、聞くことはできなかった。国民主義と敵対的な戦争の記憶は、第二の近代性、すなわち流動的近代性における死とは程遠い。一方、政治的な既得権益層は、例年の第一次世界大戦の追悼行事のときよりも世界市民的になった。たとえば一九一八年の休戦一〇〇周年を記念して、ドイツのフランク＝ヴァルター・シュタインマイヤー大統領は、ロンドンで毎年おこなわれるセノタフ〔世界大戦戦没者記念碑〕の記念式典に出席した。また、ドイツのアンゲラ・メルケル首相は、フランスのマクロン大統領とともに、パリ北部の休戦協定締結地で共同追悼のためのプレートの除幕式をおこなった。

❹ 闘議的記憶

ポスト・マルクス主義の政治理論家であるシャンタル・ムフ（Mouffe 2005）は、闘議 agonism を、民主主義の流儀で対立に敬意を払うこととした。対立は、マルクスが希望したように最終的に乗り越えられるものではなく、政治生活の永遠の質料だという。闘議的記憶は、それゆえに英雄・犠牲者・加害者など対立にまつわるすべての立場を認め、同じ出来事に対しても記憶が異なりうることを認める（Bull and Hansen 2016）。世界市民主義《コスモポリタニズム》が犠牲者に焦点を合わせるのは、敵対心が英雄に焦点を合わせるのと同じくらい一次元的である。どちらも犠牲者、英雄、加害者の間にある曖昧さを消去しようとしている。しかし、戦争のもたらす混乱と道徳的ジレンマのなかで、英雄、犠牲者、加害者、傍観者、スパイを区別することは、そうたやすいことではない。すでに見てきたように、英雄にＰＴＳＤがあれば犠牲者に転換しうる。闘議的な映画が観衆を戸惑わせるのは、善と悪、正と邪、法遵守の市民と加害者の分岐点が曖昧であることを露呈するからである。特定の状況下であれば、私も加害者になるのではないか、と。[*3] 実際、英国の英雄とされる戦時中の首相ウィンストン・チャーチルは、時には数千人もの兵士や民間人が不必要な死を遂げることになるような難しい結果を下した。死者は敵側だけでなく連合国側にも及んだ。太平洋戦争が長引けば亡くなったであろう数千もの命を、広島と長崎〔の原爆〕は救ったのだろうか、それともそれは残虐行為だったのか、それともその両方なのか。あまりにも多くのことが、見る人の観点、見る人がそうした出来事をいつどこで見ているのかに左右される。

この曖昧さは、ヴェトナム戦争戦没者追悼壁〔慰霊碑〕があれほど物議を醸した理由を説明するだろう。慰霊碑は一九八二年に、二一歳の中国系アメリカ人でイェール大の学部生だったマヤ・リンの設計で完成した。退役軍人たちは敵対的で英雄的な記念碑を期待していた。そのため、少なくとも数年間は論争が沸き起こった（Wagner-Pacifici and Schwartz 1991）。記念碑は、ヴェトナム戦争で死亡または行方不明になったアメリカ人兵士の名前を、民主的にリストアップした。民間人の死は省き、古典的で国民主義的な戦争記念碑の伝統に従い、兵士一人ひとりを称えている。しかし、「壁」は凱旋するように地上に屹立するのではなく、地下に置かれている。また、連隊名ではなく、死亡した日付の順に名前が並べられている。これを敗北主義的、非愛国的で、軍人の勇気を軽んじていると感じた人は多かった。だが多くの退役軍人や訪問者（私を含む）は、この場所に深い感動を覚えた。ほとんどいつでも訪問者がいて、愛する人の名前を目で追いかけたり、写真を撮ったり、その名前の下に記念品を置いたりしていた。きわめてシンプルに、〝壁〟は、戦争とそれによる人命喪失をどう解釈するかを雄弁に説こうとせず、曖昧さを許容する。対立する歴史解釈、個人的喪失の多様な解釈を許容する。それがマヤ・リンの意図するところであった（Lin 2000）。

〝壁〟は、英雄像や宗教的象徴から抽象表現へ転換を図ったことで、その後の西洋のほぼすべての公的な追悼碑に影響を与えた（Doss 2010）。芸術においては抽象表現をためらう大衆も、一九八二年以降の戦争や災害のための追悼碑では抽象表現を受け入れているようだ。たとえば、一九九五年のオクラホマ・シティのテロ事件で亡くなった人々のための公式の追悼碑を構成した空の椅子がある（Linnenthal 2001）。これらを同じくらい深い意味を持つものとして再展示したものが、二〇一一年にニュージーランドのクライストチャーチで発生した地震で亡くなった人々のための〔椅子による〕即席の追悼碑である。〔椅子による〕追悼碑は、またポーランドの旧クラクフ・ゲットーの広場でも再展示された。追悼碑建設で抽象表現の人気が高いのは、敵対的記憶と世界市民的記憶の双方が否認する曖昧さを許容するからだろうか。あるいはある種の破局は、その恐ろしさを形では表象しきれないからだろうか。だが同時に、敵対的な戦争追悼碑も人気はあり、世界中で建立され続けている。

ヨーロッパの戦争の記憶・記念における闘議に関する、複数の大学による研究プログラムがある。それによると、闘議的な博物館や記念館・追悼碑は、平和と和解に貢献できると考えられている。だが同時に、研究者たちが認めているのは、そのような博物館を建設するためには、まず和解が必要になるかもしれないということである。たとえば北アイルランドでは、二〇年の平和の期間をかけてやっと、博物館学芸員が闘議的なアプローチの展示をおこなうリスクをとることができた。というのも、地域内の分断が続いているのが気にかかっていたからである。これまでは、党派色の強い敵対的展示か、世界市民的な平和賛歌が当たり前だったからである。[1]

スペイン国立研究評議会のフランシスコ・フェランディズ（Ferrándiz 2013）の考察によれば、スペイン内戦が終結して八〇年経っても、スペインでは闘議的記憶に向かう準備が整っていなかった。[2]内戦後のフランコ時代（一九三九—七五年）に、教会の壁は地域のファシストの死者を記載していたが、共和国の死者は記載していなかった。二一世紀になっても、誰をどこで追悼すべきなのかを見直そうとすると、共同体は分断されてしまう。墓地発掘が一般の目に晒されるとともに、いまやソーシャル・メディアが記憶を攪乱するようになった。誰でも電話で遺骸の写真を撮影し、好きなキャプションを何でも選んで付けて、リアルタイムでソーシャル・メディアに投稿できる。世界中の他の発掘現場からの写真も混ざっているので、どの写真が本物で、どれが偽物なのか、誰にもわからない（Ferrándiz 2013; Ferrándiz and Robben 2015）。敵対的なイデオロギーや記憶を拡散する点においては、かつての二〇世紀のファシストや社会主義者の軍隊行進より、ソーシャル・メディアのほうが効果的かもしれない。

戦没者が公的記憶や私的記憶にどう含まれ、あるいはそこからどう排除されるかは、その国が平時の死別についてどう語り、どう管理するかとつながっている。戦争で学んだストイシズムと沈黙は、その後も一世代以上にわたって続く可能性がある（Jalland 2010）。一方、密告者が蔓延する社会で学んだ沈黙は、容易に解かれないが、それは無理もない（Merridale 2000）。戦死者を英雄として称えるにせよ、その兵士を被害者として服喪するにせよ、共同追悼のあり方は、平時における英雄性や被害性の評価ないし軽視のあり方に影響を及ぼす。同時に、被害者性についての新たな概念規定は、戦死者の記憶のあり方に影響する（Clarke 2019）。すべての国民集団の戦争体験がユニークである以上、このようなプロセスは、それぞれの国に固有のものである。

3　戦争は平時の慣行をどう形成するか

❶ 技術革新

戦争中におこなわれた技術的、経済的、社会的な革新は、しばしば戦後の慣行に影響を与える。そして、これは、生の他の側面と同様に、死と死者の管理についても当てはまる。第四章で述べたように、アメリカ南北戦争の裕福な兵士や将校のための防腐処理《エンバーミング》が市場を形成すると、企業家たちはすぐにこれを引き合いに出して、きちんとした葬儀にするならエンバーミングが必要ですよとアメリカ人を説得するようになった。それは、戦時のように故郷までの長旅を可能にするためではなく、死者の公開対面を可能にするためだった。遺体は、このディスプレイ用に設計された飾り棺の中に安置される。これが二〇世紀アメリカの標準的な葬儀となって、何百万人もの人々に受け入れられた。それは、遺族に豪華な金物類を売るのに役立つだけでなく、他のすべての弔問客から将来の売上を生み出すのに役立った。葬儀場へと〔公開対面のために〕参列した人々は、その趣味の良さと平和な雰囲気を目の当たりにした（Farrell 1980）。このようなアメリカ独特の葬儀の伝統は、南北戦争がなければ生まれなかったと言ってもよいだろう。

戦死者に対する平等主義的な敬意が、その後の民間人の埋葬習慣に影響を与えたという国は多い。すでに述べたように、アメリカ南北戦争で死んだ兵士は、その階級に関係なく一人一人に墓が与えられ、それがその後の民間人の埋葬の標準となった。第一次世界大戦後の英国人の死者にも、同じようなことが起こった。一九一七年に設立された帝国戦争墓地委員会（現在の英連邦戦争墓地委員会）は、二万三〇〇〇箇所に眠るすべての帝国（英連邦）戦没者の埋葬と継続的な手入れを管理している。そのなかには、世界一五三カ国にある二五〇〇の戦没者共同墓地が含まれている。それぞれの墓は、階級に関係なく規格化された大きさの白い石灰岩の墓石を特徴とする。墓石には故人に関する簡潔な情報が表示され、上部に連隊章、下部に短い個人的な碑文が刻まれている。石は二年ごとに清掃されるため、新品同様に真っ白で真新しく見える。また、石は刈り取られた芝生の上に、まるで兵士がびっしりと列をなして気を付けしているかのように配置されている。このような縁石のない芝生墓地の形態から明らかにわかるのは、死の平等性であり、芝生の手入れのしやすさである。それは、一九二〇年代から今日に至るまで、英国の市民向け共同墓地の設計に強い影響を与えた。

墓の上にろうそくを立てるのは、ヨーロッパのキリスト教圏ではカトリックと正教会の伝統だったが、今日では〔プロテスタントの〕北欧諸国でも人気である。この慣習は最初、第二次世界大戦におけるデンマークのレジスタンス戦闘員の墓に導入され、その後、普通の民間人の墓に広まった。主流派のデンマーク・ルター派教会は、最終的に一九九〇年代にこの慣行を受け入れた。現在では、ろうそくに火をともす行為は、万聖節の死者のためにおこなわれる共同追悼礼拝にとって不可欠なものとなっている。

❷ 国家の拡大

戦争、とくに総力戦は、大量の資源と人材を動員し、徴用する。その規模は、平時に必要とされるものをはるかに超える。同時に、共通の敵と戦うことによって、民間人からも戦闘員からも強い連帯感、すなわち国を守るために力を合わせ、犠牲を払おうという感情を容易に引き出す。このような連帯感や目的意識は、戦時でなければ許容されないほどの大がかりな国家活動や国家統制を正当化する。この組み合わせは、第二次世界大戦の終わりが見えてくると、英国史でも希有な時期を作り出した、と広く考えられている。この時期、国民の大多数は、福祉国家の創設と、鉄道や石炭などの主要産業の国有化を待ち望んだ。六年の戦争で、国家には大規模な組織化が可能であることが証明されていた。また、ほとんどの英国人は互いに対して十分な連帯感を持っていた。その結果、人々は、国家が組織する福祉を通して互いに支え合いたいと思うようになった。一九四五年の総選挙で、労働党の政治家クレメント・アトリーは、戦時中の指導者だったウィンストン・チャーチルを破る。その後の六年間で実現したのは、主要産業の国有化、国民保健サービス（NHS）の導入、各種福祉給付金、国費での国民全員への中等教育〔日本の高校レベルも指す〕、強力な市街地計画・農村計画の枠組み、国立公園の指定、地方部への交通網の充実などであった。死後については、死亡給付金がアトリー政権によって導入され、基本的な葬儀費用をカバーすることができた。

これは部分的に死にゆく過程と死別に変化をもたらした。ＮＨＳは、万人に医療を提供するが、その費用は税金でまかなわれる。したがって必要なときに無料でサービスを受けられる。それは、病人だけでなく死にゆく人にも、医学的ケアと看護的なケアを提供する。しかも、支払う余裕がある人だけではない。ということは、時間の経過とともに、病院で発生する死者数が増加するということである。多くの人にとって、これは恩恵であったが、そうではないと感じる人もいた。薬学的、また外科学的な技術が進歩すると、入院患者は、保険外診療の余裕がある人に限らず誰もが、英雄的だが無益な医学的治療を、その最後の数週間、また数ヶ月の間、耐え忍ぶリスクを冒すことになった。

戦時の困難と目標を共有した数年に続いて、平和と豊かさの時代が数十年過ぎるうちに、市民の連帯感は薄れていった。その結果、一九八〇年代までには、マーガレット・サッチャーの自由市場イデオロギーが受け入れられやすくなった。それは、国家を縮小する方向に刈り込んでゆき、市民は互いに責任を負わず、何よりも自分と家族に責任を負うという考えを推奨し始めた。その脈絡で、石炭、ガス、電気、水、電信、鉄道は民営化されていった。そして民営化の波はＮＨＳにも及んだ。死亡給付金は廃止され、代替措置は、葬儀費用のごく一部しかカバーせず、低収入家庭にしか適用されなかった。

一九四五年の後に起きたこととしては他に、一九二〇年代にはかなり盛んだった戦没兵士への礼賛がなくなったことがある（Gillis 2000: 12–13）。その理由は、ドイツ、日本、英国では、軍人より民間人の死者数のほうが多かったことにあるだろうか。それとも、この電撃戦と言われた戦争によって、多くの国の都市、鉄道、港、工場が、復興を迫られ、それゆえ復興が最優先になったからだろうか。それとも、死者礼賛の根底にあった国民主義が衰退傾向だったからだろうか。理由が何であれ（またその理由が一つであれ複数であれ）、戦争を戦った多くの国の人は、死者のことはさておいて新しい社会を建設することを望んだ。それは、誰もが、仕事、教育、住宅、十分な生活水準、保障された医療にアクセスできるような社会である。

総力戦への関与によって必要となった国家権力の拡大は、平時も継続し、死にゆくことと服喪することに影響を与えた。これとは逆方向の現象が、アメリカ南北戦争では見られた。連邦政府のプログラムを「ある規模へ、戦前には想像できないレベルへと持ち上げる」ことを必要としたのは死者数であった（Faust 2008: xiv）。連邦政府は戦没者のための国立墓地を発足させ、死んだ人すべての名前を残すために記録をした。そして、南北戦争に関わる恩給を遺族に支給した。大規模な死を管理する必要に迫られた結果、アメリカ人たちは連邦政府の権力拡大を容認することになったのである。

❸ コーピング

戦争によって促された連帯感がその後の一世代にも続いたとするならば、それはコーピング〔ストレス処理〕の様式にも当てはまる。私は別の場所で（Walter 1999b）、幼児期や青年期に学んだコーピング戦略は、しばしば生涯にわたって続く戦略になると論じた。一九一四年から一九四五年の間に大人になった人々は、人格形成期に、戦争そして／または経済不況を経験し、自分の感情を押し殺すことを学んだ。戦うべき戦争があり、なけなしの金で養うべき子どもがいて、心のなかの生き生きとした感情を丁寧に振り返る時間などなかった。この戦時中のストイシズムがおかしいと思えるようになるためには、一九四五年の後に生まれた次の世代を待たなくてはならなかった。すなわち、ベビーブーム世代である。彼らは、平和と豊かさのなかで成長するというまったく異なる経験を持っており、戦中ストイシズムに対して対抗文化をぶつけてきた。対抗文化は、形式張っていないことや豊かな感情表現に価値を置いた。とりわけ緩和ケアや死別カウンセリングには、その影響が現れている。

ベビーブーム世代は、個人の犠牲より自己の発達を優先することでも目立っていると言える。それはおそらく、生産社会から消費社会への転換によって引き起こされた。産業化は、貯蓄・勤労・義務に価値を置くようなプロテスタント倫理（Weber 1930）、あるいはそれに類したものを必要とした。それに対して、脱産業主義が問題にしたのは、人々をいかに働かせるかではなく、基本的な生活必需品がすでにあるにもかかわらず、いかに消費させるかであった。したがって必要なのは、個性的な表現や個人的な充足、家族への献身、快楽追求などに重きを置くような消費者倫理である。産業主義の生産者倫理が、戦時に必要なものに適合することは理解しやすい。それに対して、消費者倫理は、先進国の平時の経済の発展のほうにより適合する。第三章で論じたようにこの二つの倫理は、悲嘆の管理にとってまったく異なる意味を持つ。

『戦争と平和のなかの死――イングランドにおける喪失と悲嘆の歴史、一九一四年から一九七〇年』のなかで、パット・ジャランド（Jalland 2010）は、いくぶん異なったプロセスがあったと論じている。彼女によれば、ストイシズムや連帯は、戦火に焼かれたり爆撃を受けたりしたことから自然な反応として生じたのではない。彼女の説明するところでは、新聞やニュース映画にチャーチルの介入があり、家や市街地を爆撃された英国人たちの〝固く閉ざした上唇〟[*4]が確実に描写されるようにしたのだという。新聞やニュース映画は、国内の主要な情報源となるだけでなく、敵国の監視対象でもあった。チャーチルは、英国人の志気を支えるとともに、英国人を爆撃で屈服させることはできないとヒトラーに思い知らせる必要があった。自分たちが見せられたイメージは本物だと信じて、それに一致するように振る舞った英国人は多かった。その限りにおいて、これは、公衆の態度と行動を操作したメディアのキャンペーンとしては、近代史上もっとも成功したものに数えられる。このように、トラウマに直面しているのにストイックな勇気を見せろと要求するのは、ジャランドにとって不自然なことだった。苦痛と悲嘆の抑圧は、その後の歳月において、心理学的に見れば人々のためにならなかった、というのが彼女の見方である。その結果、当然のことながら、戦後も残る喪失感にまでこのようにストイックな反応をする人が出るのは避けられなかったという。この話が例示しているのは、死別におけるコーピング様式が戦争だけでなく「国民的性格」の知覚（たとえそれが操作されたものであろうと）とも緊密に結びつきうるということである。

これまでの議論によれば（Gorer 1965）、戦後英国は、可死性〔死すべき運命〕というものを直視してこなかった。というのも、打ち砕かれた経済を復興し、よりよい未来に目を向けることに忙しかったからである。とくにそれを表しているのが、〝すべての人に治療医学を〟というNHSの約束である。だが、ドイツとオーストリアは、政治・経済の復興をしなければならないだけでなく、喪失と苦悩に取り組むことをより一層難しくする複合的な罪悪感に悩んでいたのではなかったか。私はすでに戦後ドイツの「服喪力の欠如」という命題に言及した。服喪力の欠如が事実その通りであったなら、戦争で失われた親しい人や理想への服喪だけでなく、戦後の平時における死への服喪にも影響は及んだのだろうか。緩和ケアの確立にドイツ語圏では英国よりも一世代長くかかったが、その理由はここにあるのだろうか。それとも、別の方法でもっと簡単に説明できるのだろうか。たとえば、ホスピス創設者のシスリー・ソーンダーズが、自分の着想と技法を広めるのに英語でのインターンシップに頼っていたことなどもある。

❹ 死後生の信念

自分自身の死や愛する人の死に直面したとき、死後生の信念は不安を引き出したり、あるいは安心感を引き出したりする〔たとえば天国に行けるのかどうかによって〕。ぞっとするような死の現場を目の当たりにした人、たとえば前線や市街地爆撃などで、炎に包まれて死んでゆく人々や、バラバラになった遺体を見た人のなかには、幼児期に死後生について教わった内容に疑いを持つようになる人もいる。死後生の信念を扱った未公刊の博士論文で、一九九〇年代後半のイングランドにおける一〇〇人に対するインタビューを記録したものがある（Jones 2000）。戦火を経験していた人々、多くは第二次世界大戦だが、その経験者は際立った証言を残している。いくつかの事例で、そうした経験は、彼らの信念を変えてしまった。ある人々は、死んだらそれ以上何も起こらないと以前は思っていたが、その感覚が揺らいだ。前述のようなぞっとする体験の後で、何らかの死後生の信念がなければいけないと思うようになったという。メリデイル（Merridale 2000）も、ソ連で起きた類似の事例を報告している。それによると、一九四一年から一九四五年の間に、共産主義に忠実だった兵士の間で宗教回帰が見られた。ジョーンズの研究では、異なる事例も紹介されている。戦時中の経験のせいで、幼児期に受け入れた死後生の信念を持ち続けることができなくなったというものである。同様のことは第一次世界大戦についても記録されていた。ヴィクトリア期の人々にとって、肉体を伴う復活は受け入れやすいものであった。彼らは、自宅での安らかな死を看取ってきたからである。だが、フランダースとガリポリで体がバラバラになるような死に方や、そのような状態になった死体を目撃した人にとっては、肉体を伴う復活はありえないことのように見えた（Knight 2018）。同じ頃、従軍神父たちは、信仰のない人々や清らかと言えない生活を送ってきた人々に、地獄に行くぞと説教することを取りやめた。そのような兵士たちが多数、祖国のために地上の地獄を耐え忍んでいた。彼ら〔のなかの戦死者〕が天国に行っていないとほのめかすことなど、神父たちにはできなかった（Wilkinson 1978）。祖国のために死んだ者は天国に直行すると信じるのは、ムスリムだけではないのだ。

死後生信念について、文化レベルの歴史を書く場合でも、個人的伝記〔生活誌〕レベルの来歴を書く場合でも、いずれにせよ戦争の影響は考慮しなければならない。

❺ 伝 記

私は、戦時中の慣行が、死にゆく人と死んだ人を取り扱う社会制度（ＮＨＳやエンバーミングなど）や、悲嘆とコーピングの文化にどう影響しうるかを例示してきた。また、戦争がさまざまな個人とその家族にさまざまな形で影響することも、戦時中の経験から明らかになった。一九一四年から一九五〇年の間に成長した西欧人は、戦争や経済不況を直接体験し、ストイシズムと、そしておそらくある程度の運命論を学んだ。彼らと、一九五〇年から七〇年の間に育ったベビーブーム世代とでは、生と死の捉え方が大きく異なる。ベビーブーム世代は、豊かさと経済成長をまともに体験し、それでいて核戦争による絶滅の可能性も背後に感じながら育った。後者のコーホートには、絶滅が理論的にはありうるために漠然と不安をいだいてきたという人もいるだろう。だが、そうした不安とはまったく異なり、彼らの両親は、非常に現実的な意味で喪失や剝奪と格闘してきた。また、戦争は個人によってまったく異なるものになりうる。戦場でトラウマになるような出来事を目撃する人もいれば、残虐行為に加担する人もいて、そうかと思えば近親者を失う人もいる。なかには、そうした困難を免れ、戦争から恩恵を受ける人さえいる。たとえば、一九三〇年代に育った若いアメリカ人たちは、この時代の不況による貧困にあえいだものの、第二次世界大戦の兵役義務のおかげで戦後は退役軍人として大学に通える連邦政府のプログラムを受けることができた。戦争であまりにも間近に死を目撃する人がいるかと思えば、映画のなかでしか死を見たことがない人もいる。このことは、可死性に関する個人的感情に影響を与えずにはいられない。

ロシアは一九一七年から一九八九年までずっと、恐怖と残忍さを特徴とする社会だった。一九八九年後も含まれるかもしれない。そのような時代のロシアで成長した人々は、特異な価値観、コーピング戦略、さらには人生哲学まで発達させた（Merridale 2000）。東側のドイツで、一九三〇年代にヒトラー青少年団の忠実なメンバーだった一般人は、一九四〇年代には祖国のために戦い、戦後は共産主義の従順な市民になり、一九九〇年代と二〇〇〇年代には新しい民主主義社会のなかで年をとり、そして死んでいった。そのなかで自分の人生は何のための人生だったのかと不思議に思ったかもしれない。[◉3] マルコム・ジョンソン（Johnson 2016）の言う人生最終段階での「伝記的苦痛」[*5]は、国民史と個人史の交差によって引き起こされるようなものである。グレン・エルダーが『大不況の子どもたち』（Elder 1998）という古典的な研究で示したように、この伝記的苦痛は、いつどこで生まれたかの運不運に左右される。コマロミーとホッキー（Komaromy and Hockey 2018）は、個人的な戦争体験が、家族内で世代を超えて濾過される過程を示している。彼らは、自分の家族の戦争体験に目を向けるよう促す。その際、注意することとして、家族の誰がいつ生まれたか、そのことが喪失やトラウマの体験にどう影響したか、機会に恵まれていたか恵まれていなかったか、そしてそれがその後の当人の人生や、その子・孫の人生にどう影響したか、などを挙げている。

4 結論

本章では、戦争における死と喪失が、個人、家族、国民集団全体の生活を形成するいくつかの道筋について概説してきた。私は戦時中の死が、多くの国民国家と国民的アイデンティティの基礎にどう組み込まれているかに注目した。また、グローバル化によって国民主義が揺らいだために戦争と戦時中の死に関する集合的記憶が再構築された過程にも焦点を当てた。この再構築は、多くの国々で争点であり続けている。とくに内戦の後には争点になりやすい。そして最後に、戦争によってもたらされた革新が、平時における死とその過程の管理、喪失へのコーピングの仕方に関する文化的規範、死後生の信仰にどう影響する可能性があるかを見た。国際戦争は国民集団間でおこなわれ、一方が勝ち、他方は負ける。それゆえ、その帰結は、それぞれの国民集団（単数もしくは複数の）によってかなり違ったものになりうる。

読書案内

- Bull, A.C. and Hansen, H.L. (2016) 'On agonistic memory', *Memory Studies*, 9: 390–404.
- Faust, D. W. (2008) *This Republic of Suffering: Death and the American Civil War*. New York: Vintage.
- Holst-Warhaft, G. (2000) *The Cue for Passion: Grief and its political uses*. Cambridge, MA: Harvard University Press.
- Jalland, P. (2010) *Death in War and Peace: A history of loss and grief in England, 1914–1970*. Oxford: Oxford University Press.
- King, A. (2010) 'The Afghan war and "postmodern" memory: commemoration and the dead of Helmand', *British Journal of Sociology*, 61: 1–25.
- Komaromy, C. and Hockey, J. (2018) *Family Life, Trauma and Loss in the Twentieth Century: The legacy of war*. Basingstoke: Palgrave Macmillan.
- Marvin, C. and D. Ingle (1999) *Blood Sacrifice and the Nation: Totem rituals and the American flag*.

Cambridge: Cambridge University Press.
- Schwartz, B.（1991）'Mourning and the making of a sacred symbol: Durkheim and the Lincoln assassination', *Social Forces*, 70: 343–64.

議論のための問い

- あなたの属する国民集団は、その戦没者をどのように記憶し、そして／または忘れているか。戦没者をどのように包括し、そして／または排除しているだろうか。
- 戦争は、あなたの国の平時の死に関する制度や悲嘆の文化に、どのような影響を与えてきたか。
- 死と喪失に関するあなた自身の考えは、戦時中の経験（あなた自身の経験でも、家族内の前の世代の経験でも）の影響を受けているか。もしそうなら、それはどのような影響だったのか。
- より大きな目で見て、あなたがいつどこで生まれたかは、可死性に関する感情や理解にどのような影響を与えているだろうか。

第十三章　政策と政治

フランスやシンガポールのように高度に中央集権化された国もあれば、スイスのように分権化された国もある。スイスまでは行かなくても、米国・カナダ・オーストラリア・ドイツなどのように連邦制をとる国民集団も分権化している。だが、国民集団がどれほど分権化されようと、数多くの法律・制度・政策、そして（ある特定の国々に見られる）一つの強力なイデオロギーは、全国レベルの影響力を持っている。その影響力は、個人、家族、企業、共同体、地方政府に期待される振る舞い方に及んでいる。生の他領域においてと同様、このことは死の領域にも当てはまる。本章は、イデオロギー、法律、制度、政策のカテゴリーに分けて議論を進める。これらは相互に関連しているので、それを節に分けて論じるのはやや恣意的であるものの、便宜的なものとしてはうまくゆくだろう。

1　イデオロギー

米国は、最初に「発明された」、もしくは「新しい」国民集団であり、際立って強力な国民的イデオロギーを有している。それは、アメリカ例外論、すなわち米国は他国とは違うという考えとつながっている。このイデオロギーが強調するのは、近代民主主義が生まれた場所であるアメリカ、何でも可能な自由と機会の国であるアメリカ、独自の運命を持つ国民集団であるアメリカである（Lipset 1955）。この究極的に政治的なイデオロギーの持つニュアンスのすべてに足を踏み入れるのはやめて、アメリカの死のシステムにとっての含意をいくつか説明してゆこう。

フランスやノルウェーのように、幸せであることより実存的に苦悩するほうがファッショナブルだという国もある。一方、別の国では——最も有名なのは米国だが——一つの国民文化として、人々は明るく、未来について楽観的で、幸せであることを求められる。どちらのアプローチも、いずれ死ぬという人間の条件に対する文化からの応答と見なすことができる。個人が死や喪失にどう対処するか、少なくともそれについてどう語るかが、このような違いによって影響を受けないわけがない。もし何の影響もなかったとしたら、それは驚くべきことである。アメリカの文化史家ローレンス・サミュエル（Samuel 2013: xvii）は、次のように考察している。「死とその過程は、若さ、美しさ、進歩、成功、勝利、楽観、独立、永続性といった、国民性を定義づけるほぼすべての価値観に逆行する」。サミュエルは英国の歴史家アーノルド・トインビーの「死はアメリカ人らしくない」という発言を紹介し、それに同意する。死とその過程の隔離が近代性に一般的な特徴なのか、米国に特有の特徴なのかを見極めようとするなら、この主張は検討しなければならない。あるいは〔その両方で〕米国が極端なまでに勝ち誇った近代主義を持っているのか。その場合、近代性一般において死は隔離されるのだが、米国ではとくにそうだということになる。

いろいろ考えて、実情はこうだろうと確かに言えそうなのは次のことである。アメリカ人は一貫して他国民以上に、楽天的性格や生命力を見せつけようとする。進歩や技術（ハイテク医学を含む）への信仰、自然を人間側の目的のためにコントロールする能力などへの信仰を表明している。これらはいずれも、進行性の虚弱、不治の病、死後における遺体の最終的な腐敗などへの準備をアメリカ人に促そうとしない。科学技術への信仰ゆえに、アメリカ人は、他の多くの国で無益とされそうな人生最終段階での医学的介入を受け入れやすい。また米国では〔遺体の〕超低温保存が開発され、最も盛んに市場に売り出されているが、驚くべきことではない。かなり高い金額で、亡くなった人の頭部や全身を過冷却〔凍結させることなく零度（融点）以下に冷却〕し、顧客の望み通り、死因となったものの治療法が科学によって発見されるときまで保存することができる。そのとき、凍結〔正確には凍結させずに冷却〕された故人は解凍され、治療されるというのである！

また米国には宗教的要因もあり、多くのキリスト教ファンダメンタリストたちは、人間が自然を支配するのは神から託されたからだと見なしている。すでに第一〇章で見たように、このような見方から、ホスピスや安楽死の「死なせる」アプローチよりも思い切った医学的救命努力のほうを、彼らは支持しやすい。*1

それでいて、ことはそう単純でもない。アメリカ人の多くは、社会化された医学（たとえば英国のNHS）に対して嫌悪感をいだいている。それにもかかわらず、連邦政府の資金によるメディケアは一九八〇年代以来、ホスピス・ケアに気前よく財政的支援をおこなっている。それは英国や他の多くの国を上回っている。現在、アメリカ人の過半数は、死期が近づいたら積極的な救命医療のどの種類を拒否するかを明記したリヴィング・ウィルを書いている。そして、もちろん多くのアメリカ人は死刑を熱烈に擁護している。どの点においても死を否認するような社会には見えない。

もちろん、アメリカ人の技術や進歩への楽観と信仰は、課題に直面している。一方では、脱産業化とグローバル化によって、かつて農業や製造業で繁栄していた共同体の多くが荒廃した。そうした地域では、楽観主義はあまり目立たないかもしれない。かつては想像もできなかったことだが、アメリカの進歩が逆戻りしてしまったのだ。その一方で、繁栄を謳歌し、脱物質主義的価値観（第六章）を受け入れた多くのベビーブーム世代は、一九五〇年代の物質主義を拒絶している。そのなかには、キャデラックの霊柩車、マホガニーの飾り棺、死者との公開対面などが含まれている。彼らはその代わりに、シンプルな火葬や太平洋への散灰を選んでいる（Prothero 2000; Sloane 2018）。さらに急進的なものとして、最近では自然葬を選択する人もいる。自然葬では、布で覆われた遺体を、服喪者たち自身が冷たく黒い土のなかへ降ろすだ方法だが、いまやアメリカ人にとっては一つの革命となっている（Kelly 2015）。それは一九世紀も半ばになるまで、多くの開拓者や奴隷が死者を埋葬するのに仕方なく選んだ方法だが、いまやアメリカ人にとっては一つの革命となっている。

二〇世紀半ばのバロック的とも言える「アメリカ的死の様式」は、当時ほとんどのアメリカ人にとって受け入れやすいものであった。その実態は、風刺作家エヴリン・ウォー（Waugh 1948）と批評家ジェシカ・ミットフォード（Mitford 1963）という二人のイングランドから来た外国人によって暴かれた。それは死者を管理するのにも国民独特の方法がありうるということを実証している。同様に、それに反発する二一世紀の反応もまた、アメリカ人独自のものである可能性が高い。たとえば米国における火葬は、シンプルで安いこと、儀式がほとんどあるいはまったくないこと、死後の物質主義的な誇示を拒絶することを意味する。だが他の国々では、火葬はまったく異なる事柄を意味するかもしれない。

この節で私は、アメリカ人特有のイデオロギーのいくつかの側面をスケッチしてきた。また、それらがアメリカ的な死のシステムにとってもつ意味を考察した。このイデオロギーは政治や文化と密接に結びついている。アメリカ文化の核心である規範や習慣の源である感受性、希望、信仰は、このイデオロギーによって提供されている。

2 法律

埋葬、臓器提供、安楽死、中絶、自殺、死刑、これらに関する法律は国によって異なる。このことを考えるだけでも、ある国の死のシステムにおける法律の重要性が認識される。また、死に関する問題のために、特別な法的枠組みを採用している国々もある。

そのような国のなかには、ナポレオン・ボナパルトがヨーロッパに築いた帝国に一八〇四年に帰属した国々が含まれる。その数年前の革命期のフランスは、教会の権力を弱体化させるために、カトリックの死者崇拝を、国家を中心とした新しい崇拝に取り替えようとしていた。しかし、一七九〇年代末になると、ほとんどのフランス市民にとって、それが行き過ぎた行為であることが明らかになる。商業的な事業者が登場するとともに、国家は葬儀や埋葬を合理化する必要があると認識した。それを実現したのが、一八〇四年六月一二日の勅令だった。これは、当時広大だったフランス帝国全体で施行された。この勅令は、教会墓地への埋葬を廃止した。それを実行すべく、自治体に世俗的な共同墓地を設立し、管理し、規制することを求めた。この共同墓地では、どの墓も借りられるのは五年から一〇年の間で、その後は〔別の家族によって〕再利用される。もっと長い期間、あるいは永久に占有するためにお金を払いたいと希望する家族は、そうすることができる。このシステムの原則は今でも残っている。フランスだけでない。イタリア、ドイツ、オーストリア、ギリシア、スペイン、ポルトガルなど、当時ナポレオンが（部分的または全体的に）保有していた領土にも残っている（Kselman 1993; Goody and Poppi 1994）。

❶ 国家に対する市民の義務

市民が自律した個人としての自分自身への義務よりも、国家への義務を負うと考える度合いは、国によって異なる。これは言い換えれば、個人の自由と国民共同体への忠誠心のバランスである。このことは、臓器提供に関する国の法律にも影響する。ドナー自身がドナーになることを選択するオプトイン（インフォームド・コンセント）方式を採用している国もあれば、本人やその家族がとくに断らない限り、ドナーになることに同意したと推定されるオプトアウト（推定同意）方式を採用している国もある。ヨーロッパ内だと、カトリックが大多数を占める国は推定同意法を採用し、歴史的にプロテスタントが多かった国はインフォームド・コンセントを求める傾向がある。その背景には、カトリック諸国が市民の国家に対する義務のほうを伝統的に強調してきたことがあるかもしれない。それに対して、プロテスタント神学は個人的自由と個人の諸権利を古くから重視してきた（Kjaersgaard Markussen 2013）。とはいえ、カトリック教徒のバチカンに対する忠誠心は、祖国への忠誠心を相対化する（一九三〇年代にはドイツのカトリック教徒の間ではナチズムへの抵抗がより強かった）。それゆえ、カトリックの国家への義務には限界がある。*2

安楽死や幇助自殺を合法化する国としない国があるのはどうしてかを説明する理論については、現在も模索中である。だが明らかに、アメリカの死のシステムの法的側面における顕著な特徴は、この国country の国家 state というものに対する嫌悪感から来ている。とくに連邦政府が、必要以上に組織化したりコントロールしたりすることへの嫌悪感である。ここから、医療の社会化へのイデオロギー的な反発も出てくる。また、銃の所有権への広範な支持も出てくる（決して全員一致ではないが）。新自由主義（第八章参照）のもとでは、市民は消費者になる義務があり、その死の瞬間に至るまで自律的な意思決定者でなければならない。新自由主義が広まると、〔上記の〕アメリカ的な考えはさらに広がり、多くの国で法律とまでは行かなくても政策（たとえば事前意思決定などの）に影響を与える。

もう一つの種類の義務もある。それは、自己や国家に対してではなく、地域共同体に対する市民の義務である。米国が好例だが、個人的な慈善行為は、自由市場のイデオロギーと両立する。国家が市場の失敗を埋め合わせるよりも、慈善行為のほうが望ましいというのである（Esping-Andersen 1990）。インドのケララ州では、膨大な数のボランティアを活用した慈悲的共同体による人生最終段階ケアが先駆的におこなわれているが、そこでは、共同体に対する義務はむしろ社会主義やキリスト教に根ざしているように見える（Santhosh 2016）。

❷ 市民に対する国家の義務

今日、「人間」「人権」という概念は、理論上は、国籍、民族、ジェンダー、能力に関係なく、すべての人間に及んでいる。人間であることの一要素として、共同体の他のメンバーから適切な死の儀式を与えられることが挙げられる。他の生物がそのような儀式をしてもらうことはまずない。◉1 人間は人生最終段階において適切なケアを与えられる。国家は一人一人の死を記録し、死因を確定する。葬儀が執り行われると、遺骸を安置する場所が用意される。こうした事柄を差し控えることは、故人が「われわれの一員ではない」ことを表明し、共同体から排除されたことを象徴するための強力な手段となる。

だが、誰もがこうした事柄への権利を受け取っているわけではない。というのも、民主的国家は他国の市民ではなく、それに属する市民を保護するものであるからだ。また、法律は何よりも国民国家が、人間一般ではなく、その国の住民のために制定し、施行するものである（Králová 2019）。したがって、国民としての市民権を持たない人々、あるいは市民権を完全には持っていない人々は、自分の人権が尊重されるようにするために苦労を強いられることもある。世界で最も暴力的で不安定ないくつかの国々には、国家なき者、そして／または市民権を完全には持っていない人々がいる。そこには、内戦で敵とされた人、失踪者、民族虐殺の犠牲者などが含まれる。たとえばナチスは、ユダヤ人が公営墓地に埋葬される権利を否定し、後には国内に数多くあったユダヤ人の埋葬地を破壊した。ドイツの地は、「アーリア人」のためにあるというのだ（Black 2012）。だが平和な民主的社会にも、権利が完全に認められていない人々がいる。難民、亡命希望者、非正規移民、囚人、住所不定者（ジプシー、他の旅行者、ホームレス）、胎児、意思能力を欠くと見なされた人々など。彼らの死は数えられ、顧慮されることもあるが、彼らはまた、国家やメディアによって無視され、スティグマ化され、操作される存在でもあり、その死は悲嘆されることがない状況である（Butler 2004）。

たとえば囚人は多数の市民権を失うが、特筆すべきは、最高度の緩和ケアを利用したり家族の葬儀に参列したりする権利を失うことである。米国は他の西洋民主国よりずっと多くの囚人を抱えている。その次に囚人が多い英国では、幼児虐待歴のある加害者たちが収監されるようになったため、刑務所で自然死を遂げる老人男性の数が明らかに増えた[*3]（Turner and Peacock 2017）。米国の非正規移民は、国境の向こうのラテン・アメリカにいる親の死に目に会いにゆくためには、子どもを米国に残して数日間留守にしなければならないが、そうすると米国に再入国できないというリスクを冒すことになる（Bravo 2017）。危篤の親の求めに応じることと、自分自身の子どもの養育を続けることとのどちらかを、彼らは選ばなければならない。

意思能力のない人、とりわけ昏睡状態の人や認知症の人の権利は、各国の法律で規定されている。それは胎児の権利と同様である。死と市民権は密接に結びついている。事実上の市民権が誰に与えられ、誰に与えられないかを、死の慣行に関する法律と政策は暗黙のうちに定義すると同時に、逆にその影響を受ける。

3 制度

医療費の調達手段には、課税、保険（強制加入か任意加入か）、慈善的寄付などがある。どれが採用されているかによって、死にゆく過程の管理と経験は影響を受ける。高価な積極的治療法が、ある資金体制では推奨されるが、他の体制では推奨されないこともある。その結果、同じ容態でも、国が違うと、まったく異なるレベルの治療がおこなわれることになる。生命を脅かす病気の患者の場合、治すための処置にもはや価値がなくなっていないかを、医師が確かめるべき時が訪れるだろう。医学は精密科学より職人技に近づくことがしばしばあるが、このような瞬間には、専門職者としての判断が下されなければならない。仮にそのような判断が、意識的であれ無意識的であれ、資金体制や他の組織的制約（待ち時間、病床・手術室の都合など）に影響されないとしたら、そのほうが驚きであろう（Kaufman 2005）。

❶ 資金

死にゆく過程

一九八二年にアメリカのメディケアが拡張され、ホスピスが資金援助を受けることになったとき、驚くことに反対はほとんどなかった。米国では一般的に、ホスピスとは在宅ケアを意味する。結果として、死にゆくアメリカ人全体の三分の一が、現在ではホスピス・ケアの恩恵に与っている。[◉2] ところが、メディケアがホスピス本来のホリスティックな目標を損なっているのではないかという疑問が提起されている。メディケアは、患者一人一日あたりの費用を支払い、与えられるサービスの内容は考慮しない。そのため、より多くの患者を相手にして、一人あたりのケアをより少なく提供しようという経済的インセンティヴが、ホスピス・サービス側に与えられてしまう（Abel 1986; Livne 2014）。また、メディケアがホスピスに資金援助できるのは、半年以内に亡くなるという予後が下された場合に限られる。そのため、予後が予測できることが紹介を受け付ける条件になっているホスピスもある。臨床的に〔ホスピス・ケアが〕必要かどうかではないのである。資格を満たすために、末期患者はメディケアが補助してくれる他のサービスを一切やめなければならない。たとえば介助付きの生活や、自らの末期疾患のために病院で治療を受けることなどである。そのせいで、ホスピスは他の医療から切り離されるだけでなく、治療的な処置と並行して提供されうるような緩和ケアからも切り離されてしまう。ということは、ホスピス・ケアと緩和ケアは、いくつかの国で同義と見なされているのに、米国では分けられていることになる。同じ言葉が国によって違う事柄を意味するというのは、国をまたいだ比較にとっては厄介だ。そしてその理由は、単に資金体制が違うということにあるのだ。[*4]

一九八三年、メディケア診断関連グループ Medicare Diagnostic Related Groups（DRGs）が法律に規定された。その目的はメディケアの支出を減らすことにある。支出を減らすために、特定の疾患に特定の額だけ払うようにしたのである。結果として、患者が何かのために治療された場合にだけ、病院での介護費用の払い戻しが可能になった。人類学者のシャロン・コフマン（Kaufman 2005: 91）の記すところでは、これによってかつては一般的だった病院死が排除されることになった。その頃は、患者はなかなか死なず、家族と病院はその時を待つ状態になった。何人かの若い医師たちはコフマンに、「死にゆく過程に対する費用は請求できない」と語った。積極的治療と緩和ケアなら費用を請求できるが、待つことで費用を請求することはできない、ということである。

一方、米国では学校や社会的介護《ケア》が地域単位で組織化され、分担も調整されているのに、医療に関してはそうなっていない。どのようなサービス提供者でも市場に参入できる。その結果、ある地区のなかに、末期患者とほとんど同数のサービス提供者がいるという事態も起こりうる。それによって、家庭訪問〔訪問医療・看護・介護〕がとても非効率的になる。とはいえ、地域レベルで設計図を描く実験もなされている(Lynn 2016)。

悲嘆すること

アメリカ精神医学会の『精神疾患の診断・統計マニュアル(DSM)』は、国際的な評価を確立しているが、版を重ねるごとに、ますます多くの人間らしい経験や行動が精神医学的な障害としてラベリングされるため批判がなされている。フロイトが服喪とうつ病を区別した一九一七年の論文(Freud 1984)以来ずっと、(専門職者による心理学的援助を必要としない)正常な悲嘆と(心理学的援助を必要とする)大うつ病とをどう区別するかについて論争が交わされてきた。DSMのそれぞれの新版を改訂した人々は、死別経験から間もない人々を、臨床的な抑うつ診断から外すべきかという問いと格闘している。なぜなら、そのような抑うつ状態は、悲嘆の一時的で正常な表れであるかもしれないからだ。また、特定の悲嘆の現れを精神障害として分類するべきか、分類するとしたら、症状がどの程度の長さ、また重さであれば、精神障害として定義するべきか、という問いとも格闘している。一方の立場の論者は、正常な悲嘆を医療化したくないと思っている。それに対してもう一方の論者は、たまたま死別経験をした精神病患者や、死別によって異常な反応を示している人まで専門職者の支援から外されてしまう事態は避けたいと思っている。これは米国では重大な問題となっている。というのも、心理療法の費用が、患者の保険会社を通じて払い戻されるのは、きちんと定義された精神障害のために治療がなされた場合に限るからだ。私たちはまた、抑うつが、アメリカの精神科医に紹介がなされる最も一般的な理由であることにも注意を留めたほうがいい。仮に、抑うつ状態にある死別経験者が専門職者による援助を受けられないということになると、精神科医たちは仕事を奪われる立場になる。これは、どの国でも争点になるわけではない。それが争点になるかどうかは、資金体制に左右される。これ以外に、『国際疾病分類』（ＩＣＤ）の改訂でも同じような論争が巻き起こっている。というのもいまや、その第一一版には「遷延性悲嘆障害」の診断が含まれるようになったからだ（Killikelly and Maercker 2017）。

各国に、独自の医療システムがあり、それが独自の制約条件と意図せざる結果を生み出している。何が資金援助され、何がされないのか。医療・社会的介護の市場はどう機能しているか。この市場は、誰がケアを受けられるのか、またどのようなレベルのケアを受けられるのかに影響を与えるか。死と悲嘆の過程のどの側面が医療化されているか。また、そこにはどのような帰結が伴うのか。

宗教的制度

宗教への資金援助がどのようになされているのかも、同じように分析することができるだろう。米国の教会は会員制の組織で、会員から資金を得ている。それゆえ、非会員向けに葬儀を提供することにほとんど関心がない。既成宗教であるはずのイングランド国教会にも、この傾向は見られるようになってきている。というのも、福音派の神学と会員制の教会モデルを支持する聖職者の数が増えているからだ（Woodhead and Brown 2016）。これと対照的に北欧諸国では、定期的教会出席率が西洋世界では最低レベルなのに、ほとんどの市民が、国家の税制を通じて組織的に献金することでルター派教会を支えている。その結果、教会は十分な資金を得て、牧師は理にかなった時間ならいつでも対応し、自分には良質な葬儀のケアを誰にでも提供する義務があると感じている。それが、教会税をオプトアウト〔払いたくない場合は意思表明して離脱〕しないという市民側の動機となっているのである。

❷ 閉鎖的組織

ザマン他（Zaman et al. 2018）は、医療組織外の人々による日常的な慈悲の行為が、近代医療組織によって邪魔されていることに困惑した。第一に、ある国が「発展」すればするほど、その国の医療は専門職化される（第二章）。それゆえ、非専門職者による医療的ケアは次善の策と見なされる。これを変えるには、新しい思考態度《マインドセット》が必要である。第二に、専門職者の倫理は、患者についての守秘義務を要請する。そのため、患者（場合によっては家族）以外の他者に情報が広まるのを制限する。医療の専門職者は、自分たちの組織の防火壁《ファイアウォール》〔ネットワーク用語で外部からの不正なアクセスや攻撃を拒否する仕組み〕で守られたＩＴシステムの内部では、患者についての知識を他の専門職者と共有している。他の医療組織との情報共有は必ずしも容易ではない。そして、患者の友人や隣人へオンラインで情報を共有することはタブーである。どのみち、ソーシャル・メディアを使うことで、そうした友人・隣人が正式ではないケアについて打ち合わせすることは、どんどん容易になってきている。守秘義務などほとんどお構いなしのやりとりである。これらの点でも他の点でも、専門職化した医療組織は、閉じたシステムとなっている。

第三に、高度な訓練を受け、多額の〔賠償責任〕保険に加入している専門職者は、訓練を受けず、保険も未加入の非専門職者が非公式のケアをおこなうことに神経をとがらせるおそれがある。専門職者、さらにはその管理者であればなおさら、衛生安全法にもとづく訴訟に不安を覚えるだろう。不安のレベルは国によって異なる。それは、人々がどの程度容易に訴訟を起こすか、また、衛生と安全に関する法律がどの程度真剣に受け止められているかによる。社会によっては、他の社会以上にリスク忌避的になることがある。だが一般則として、脱産業化が進むほど、リスク忌避の傾向は強まる。その結果、たとえば患者に関する守秘義務への強迫的なとらわれが生じる。それは利益より害をもたらす（第六章）。

❸ 経路依存性

ある制度や施設の創設期の状況は、その後の対象範囲や展開に影響を与えることがある。ホスピス・ケアは、一九五〇年代末に英国の癌患者たちとともに開発されたものである。その結果、現在グローバルに普及しているホスピス・ケアの実践は、アングロサクソン的価値観と癌患者特有の死に至る軌跡という二つの要因によって形成されている。

第一に、英語圏の主な国（第八章）は個人主義の風潮が強く、個人の自律に重きを置いている。これを反映しているのが、ホスピス・緩和ケアの目的である。すなわち、十分に情報を与えられた患者が最後の数週間・数ヶ月を望み通りに生きられるようにすることである。緩和ケア医は、診断・予後を家族ではなく患者に告知することを強く勧奨する。家族への告知は、五〇年以上前までは伝統的だったし、現在でも集団主義と家族指向がより強い文化では一般的である。第二は疾病である。心臓病や高齢者の虚弱と違って、癌の最終ステージは、確認することが相対的に容易だし、また相対的に予測可能な時間枠に沿って進行する（図表1・3）。（これは、メディケアがホスピス入所者の資格を時間の観点から定義する一因であろう。）さらに、癌患者のほとんどは、最後の数日まで、あるいは数時間前までも意識があり、十分な認知能力を有する。そのため、ケアについての意思決定は患者と一緒におこなうことが可能であり、誰かが代理することはない。これは、個人の自律という文化的な価値観と一致している。

緩和ケアの支持者たちは、そのメッセージと実践を他国に広めるのに熱心であった。そして、癌以外の疾病にも広げようとした。文化の違い、医療費の調達方式の違い、疾病のたどる軌跡の違いを考慮に入れて、小さな修正が施された。支持者たちは、この英国モデルがどの場所でもうまくゆくだろうと想定しているが、疑わしい（Zaman et al. 2017b）。

仮に緩和ケアが最初に開発されたのが別の場所だったらどうなっていただろう。これは一考の価値がある。私がオランダの緩和ケアに初めて遭遇したのは、一九九〇年代初頭で、高齢者向けの介護施設というコンテクストにおいてだった。緩和ケアがオランダで始まっていたとしたら、オランダ的価値観だけでなく、高齢者ケアの具体的内容によっても影響を受けていただろう。現在の状況からもわかる通り、安楽死に関するオランダのスタンスは、英国のホスピス運動のスタンスと異なる。スイスにおける緩和ケアにも、また少し異なるエートスがある。導入されたのは一九八〇年代だったが、当時の人生最終段階に関する大きな問題は、エイズで亡くなる人々だった。その数は減少してきたものの、いくつかの個別の慣行は、この初期の頃からずっと続いている。

したがって、緩和ケアにも、本書で繰り返されているテーマ、経路依存性を見て取ることができる。つまり、最初にたどった経路によって終着点が決まってしまうということである。だがそれは、もう一度やり直せるなら行きたくないような場所であるかもしれない。

4 政策

組織は、実情はともかく建前としては目標設定型であるべきだというのが、後期近代の合理性が要求するところである。それは、明確な基準によって定められた目標への到達手段を備えていなければならない。これを推し進めているのが、財務上の説明責任である（Power 1997）。そのため、政府をはじめ製造業の会社から大学、病院に至るさまざまな組織に、さまざまな政策・方針が充満している。法律や制度と同様、人生最終段階に関連する政策・方針、たとえば忌引きの休暇（Cann 2014: 10）なども、国によってかなり異なる可能性がある。

死に関する政策のなかには、シンプルに、つらい時期にある市民の苦しみを和らげることを目的としたものもある。しかし、忌引、緩和ケア、遺体処理などを、別の目的のための手段として用いる政策は多く見られる。公的支出の削減、国家への忠誠心の喚起、医学的専門職や組織宗教の権力の統制など、その目的はさまざまである。たとえば、シンガポールの死の儀式は、過去一世代で根本的に変化した。葬儀は簡素化され、伝統的な喪服は着られなくなり、火葬が土葬に取って代わり、先祖代々の仏壇が家から撤去された。どうしてだろう。人類学者のルース・トゥールソン（Toulson 2015）によれば、これらの変化は、近代化によって自動的に生じたものではない。これらは「宗教的信念そのものに由来する形式を変異させるため政治的に仕組まれた大々的な転換の一部である。つまり、道教の影響を受けた先祖への強迫観念を、無味乾燥で、よりコントロールしやすい「プロテスタント」仏教に変容させることである」。

❶ 推奨／反対

国家の政策は、宗教と同様に（第一〇章）、特定の死の慣行について推奨したり、あるいは反対し、弱め、制限し、コントロールしたりすることを目指すかもしれない。すでに見てきた通り、メディケアは米国のホスピスの士気を確実に高めた。ナポレオンの民法は、ヨーロッパの広い範囲にわたる土葬慣行に改革をもたらした。一八七〇年代の日本と一九九〇年代の韓国では、政府が首尾よく火葬を推奨することができた。英国では、国の政府ではなく地方の政府によって一九四〇年代から一九六〇年代にかけて、火葬が静かに、しかし着実に推奨された。（ナポレオンのヨーロッパとは異なり）恒久的な墓を維持するコストを負わされたため、英国の地方当局は財政的に実行可能な代替案として火葬場を建設することを選んだ（Jupp 2006）。

もしかしたら、服喪者は自分たちの世界がたとえ死によって引き裂かれたとしても、できるだけ同じであってほしいと願っているのではないか（Marris 1974; Winter 1995）。こうした保守主義のせいか、革命政府がまったく新しい葬法や追悼方針を推奨しても、全面的に成功するとは限らない。それは、フランス、ロシア、ヴェトナムの革命政府のさまざまな例を通して、この章までに見てきた通りである。

ある政策を推奨した結果、既存の慣行が弱体化することは多い。これまで見てきたように、中国の毛沢東政府は、家よりも社会主義・国家・職場への忠誠心を引き出そうとした。そのため、とりわけ社会主義葬を導入するなどして、先祖祭祀の切り崩しを図った。時代を下って最近の中国は、デジタル追悼を推奨している。その目的は、清明節（墓掃除の日）[*5] に起こる交通渋滞のコントロールである。この渋滞は、何百万もの人が家族の墓に参るために移動することで発生する（Cann 2013: 106）。東アジアのもう一つの政府である台湾は、先祖に紙で供えたもの〔「紙銭」と呼ばれるが貨幣の形態以外のものも含まれる〕を燃やすのを制限しようとしたが、その理由はエコロジー的なものであった。

5 政治

制度と施設は、一回限りしか起こらない目立った事態からさまざまな形で発生しうる。だが、政策と法は、政治的利害や圧力団体のロビー活動と、より直接的に結びついていることが多い。

今日、癌で亡くなる人は約三分の一しかいないが、二〇世紀半ば以降の西洋諸国では、癌は死にゆく過程と同義のものとなった。緩和ケアは癌患者に向けて作られたものである。癌以外の原因で亡くなる人、とくに後期高齢者で亡くなる人よりも癌患者のほうに、より豊富な資源を割り当ててケアする国もある。中年期に幼い扶養家族を遺して癌で亡くなる人は、無視できないほどたくさんいる。そのため、早すぎるし、悲劇的だと考えられている。癌は、加齢によって体が自然に衰えるのではなく、不自然な細胞増殖によって内側から侵略されることだと見なされている。癌で死ぬ人はたいてい自分が死につつあることを自覚しており、自分のことを話すことができる。死にゆく人々の自伝的な本やブログは、圧倒的に癌患者によって書かれたものが多い（Hawkins 1990）。政府は、他の命にかかわる疾患よりも癌の治療やケアに多くの資源を投入しているが、さほど驚くことではない。癌のなかにすらヒエラルヒーが存在しうる。乳癌は、養うべき子どもを残して四〇代の母親の命を奪ってしまうかもしれない。それゆえ、希少な癌や老年期に発生しやすい癌に比べると、人々の意識の面でも医療資源の面でも、より重大なものとして受け止められているように見える。

しかし、二一世紀に入る頃には、多くの癌の治療はうまくゆくようになり、寿命も延び続けている。いくつかの高度産業社会では、市民の多く、あるいは大部分が、他人に依存する時期（平均では二年）を経て八〇代、さらには九〇代まで生きて亡くなるものだという認識が、一般的にも公的にも、広く見られるようになった。周知の通り、ベビーブーム世代は、自分の親が癌ではなく、認知症を何年間か患った末に虚弱な高齢者として死ぬ姿を看取っている。ベビーブーム世代のなかでも、とくに自分の人生をコントロールすることに価値を置いてきた人々にとって、認知症を発症するかもしれないという恐怖は、いまや癌の恐怖を上回っているように思われる。さらに、ベビーブーム世代が年をとると、老人の数が増加する。彼らのなかから、高齢者向けの政策に投票する人がより多く出てくる。その一方で、就労人口が減るため、納税者と保険支払い者の数が減り、結果として高齢者ケア、つまり人生最終段階ケアに使える資金は減る。したがって、ある国の「老人ロビー活動 grey lobby」の影響力は、とくにベビーブーム世代の占める人口の割合が大きくなると、多方面で重要になる。同様に重要なのは、健康で活動的な「若々しい」老年期〔健康寿命の延伸〕を推奨するのと、虚弱で命を脅かされている「老いた」老年期における介護に資金援助するのとで、どちらのほうに、どの程度、このロビー活動が重きを置くのかである。

米国の連邦制では、連邦政府から州議会に多くの権力が委譲されている。そのおかげで、死に関するロビー活動は、州レベルで成功することができた。このことは、ジェシカ・ミットフォード（Mitford 1963）の記録に残っている。彼女の観察によれば、地域の葬祭ディレクターや共同墓地所有者は、州レベルの政治家を説得し、死体管理を専門職者、つまり自分たちに限定するのに成功した。その結果、人間の遺骸をどこでどう扱うべきかを規制する法律が、さまざまな州で定められた。それに対して英国では、葬儀業界のロビー活動があまり組織化されていない。英国議会は、ロビイストが飛び越せないような高いハードルを設けている。そのため、このような規制はほとんどまったく存在しない。英国の家族は、望めば死者に対してほとんど何でも合法的にできる。もっとも、このことを知っている家族はほとんどいないのだが。

米国では州議会がロビー活動にオープンなので、死に関する他の分野でも国民集団内に多様性が生じている。死刑は三一の州で依然として合法であり、一九の州では違法である。[*6] 二〇一八年現在、医師幇助自殺は次の州で許されている。カリフォルニア州、コロラド州、コロンビア特別区、ハワイ州、モンタナ州、オレゴン州、バーモント州、ワシントン州である。[*7] こうした多様性から、各州における支配的集団の価値観や利害関心がわかる。同時に、自殺幇助法がアメリカで実際にどう機能しているかモニタリングすることが可能になる。これは、他の州への導入の可否の議論に反映させることができる。同様に連邦制のオーストラリアでは、ノーザン・テリトリー〔北部準州〕で一時的に幇助死が合法化されたのに対し、ヴィクトリア州では健康促進緩和ケア[*8]が州の政策となっていた。つまり、連邦制の国々における立法は、こうした実験をする機会のない中央集権国家よりも、証拠にもとづいたものとなりうる。他国で幇助自殺がどう機能しているかは、自国の他地域でどう機能しているかと比べると、エビデンスとしてははるかに弱い。

❶ 原則 vs プラグマティズム

議会での議論が、人々の理解を得ている原則にどれくらい強く訴えるかは、国民集団によって異なる。またその議論が、現行法によってもたらされる〔生死についての〕望ましくない結果をどれくらい際立たせるかも、国民集団によって異なる。原則も結果も、生死の問題では重大なものとして取り沙汰されることがある。米国は伝統よりも原則に立脚した国民集団である。そして、このことは法体系と政治的議論の用語との双方に反映されている。アメリカの政治家と圧力団体は、安楽死、中絶、死刑といった問題について、原則と権利の観点から議論しがちである。中絶に関しては、一部のヨーロッパ諸国との違いがきわめて著しい。米国では、反中絶論者が、胎児の「生きる権利」を主張する一方で、中絶の合法化に賛同する人々は「女性の選択の権利」を主張する。それと対照的に、英国で中絶を合法化した一九六七年の法律の支持者は、根本的な権利に訴えたのではなかった。下手な闇中絶によって命が脅かされているということに訴えたのである。それに対して、反対者たちが訴えたのは「滑り坂」であった。つまり正当と認められる限りで中絶を許すと、時間の経過とともにずるずると、希望すれば中絶できるようになってしまう、ということである（C. Davies 1991）。

二一世紀の英国の幇助死に関するメディア報道は、死の権利を求める悲劇的な症例に光を当てている。このことからわかるように、報道は圧倒的に肯定的で、原則を掲げる傾向がある（Hausmann 2004）。だが、議会での議論はよりプラグマティックである。たとえば、合法化が医師たちに課すかもしれない困難さを指摘したり、起こりうる滑り坂（またもや）を指摘したり、といった具合である。上院には宗教指導者やキリスト教徒の医師がいるため、このような議論は宗教的原則を守るための最前線となるが、プラグマティックでますます世俗的になっている英国で、宗教的原則に訴えるのは逆効果なのだろう。米国では政治的な私利私欲を原則で粉飾しなければならないときがあるが、英国では、原則をプラグマティズムで粉飾しなければならないのである。

6　チャンス

ある慣行や政策の成立を左右する要因には、タイミングの一致、政策形成時に権力を握っていた政党、既存の慣行の特異性、情報不足、歴史的出来事などがある。言い換えると、チャンスと偶然性である。一八世紀、二〇世紀、二一世紀から、ほんのいくつかの事例を挙げよう。

デンマークのルター派教会は長く権力を握っていたが、それがデンマークの埋葬地に影響を与えた唯一の要因ではない。一七七二年に国王クリスチャン七世は、モラヴィア人の宗派〔ルター派のモラヴィア兄弟団〕をデンマークに招待した。彼らは、デンマーク国内にクリスチャンスフェルドを創設した。これは計画的な定住で、モラヴィア人たちがプロテスタント都市の理想だと思うものを表現することが目的だった（現在ではユネスコの世界遺産となっている）。この街の埋葬地が、後にデンマーク全土の教会墓地政策に影響を与えた。このように、モラヴィア人たちが受けた招待は、まったく普通には起こらないような特別な歴史的出来事であった。それがデンマークの墓園の形態を今日に至るまで形成してきたのである（Kjaersgaard 2017: Ch. 4）。

台湾初の在宅ホスピス・ケアのプログラムができたときには、「在宅死を円滑にする」ことが目的となっていた。なぜなら「台湾人末期癌患者の大半が、儒教の孝の義務 filial duty の教えと結びついた根強い文化的慣行である「落葉帰根〔落ち葉は根に帰る〕」を望んでいる」[3]ためである。だが、香港では孝の義務の通念が同じくらい強いのに、在宅死する人はほとんどまったくといっていいほどいない。なぜだろうか。香港では、医師が家に来て遺体を検分して死因を確定するということはない。ということはつまり、遺体は病院に搬送されるものであり、医療スタッフが患者を事前に治療したことがなければ、死後解剖しなければならないということである。それは遺族にとって好ましくない。したがって、死んでからではなく、死に近づいた段階で病院に行き、死後解剖が必要にならないようにしたほうがよい。これとは対照的に、シンガポールでは、在宅死した人[4]のために医師が家に来て死亡診断書を発行してくれる。それゆえ、より多くの人が在宅死している。以上からわかるように、一つの事柄に関する、あるローカルな慣行（死亡診断）が別の慣行（死ぬ直前の時間をどこで過ごすか）に大きな帰結をもたらすことがありうる。
もう一つの事例は、日本とシンガポールという、どちらも高度に都市化された超近代的な東アジアの国民集団に対するホスピス・緩和ケアの導入についてのものである。日本への導入はゆっくりだった。というのも、ホスピス推進派は、英語圏の慣行に従って、オープンな告知にこだわったからである。これは日本文化になじまないものだった。それに対して、シンガポールのホスピス推進派は、病気が末期にあるかどうかを知りたがる患者や家族もいるが、そうではない人もいるということを認識していた。[5]
英国を構成する四カ国（イングランド、ウェールズ、スコットランド、北アイルランド）の人生最終段階ケアの政策は類似しているが、たとえばイングランドとスコットランドの間には微妙な違いもある。どちらの政策も、アメリカのメディケアとは違って、臨床的な必要性を、死の推定上の切迫性よりも重視する。だが、イングランドの政策は、人生最終段階ケアが適切となる死にゆく局面を同定しようとするのに対して、スコットランドの政策は、治療のための処置と並行して緩和ケアの可能性を模索しようとする。これは、各国の専門職者がいつどのように人生最終段階の計画についての話を切り出すかに関わってくる（Teggi 2018）。両国の緩和ケア専門職者の、緩和ケアの理解自体は似ているのだが、それが同一の政策には翻訳されていないのである。

7 結論

ひとたび、ある通説、法律、施設や施設の慣行、政策が存在するようになると、未来世代のための経路が設定されてしまう。それは、人生の最終段階についても、またそれ以前の人生についても当てはまる。

本章では、この「経路依存性」について検討し、国民集団内に見られる通説、法律、制度や施設、政策の事例を挙げながら、それらがどのようにして市民の人生最終段階の経験を形成してきたのかを見てきた。もちろん、政策、法律、制度や施設の慣行は、決して固定的ではない。国民的通説も衰退することはあるし、政策のなかには覆されるものもある（ノーザン・テリトリーが短期間だけ幇助自殺に手を出したように）。また、官僚制が十分に機能していない国ほど、公式の政策や慣行は個人の生活に影響を与えにくい。ソ連および旧ソ連社会の人々は、往々にして目的にそぐわない公的システムに出くわし、自分なりに対処する方法を模索している（Mokhov and Sokolova 2020）。

読書案内

- Abel, E. K. (1986) 'The hospice movement: institutionalizing innovation', *International Journal of Health* Services, 16: 71–85.
- Davies, C. (1991) 'How people argue about abortion and capital punishment', in P. Badham (ed.), *Ethics on the Frontier of Human* Existence. New York: Paragon, pp. 103–37.
- Hawkins, A. H. (1990) 'Constructing death: three pathographies about dying', *Omega*, 22: 301–17.
- Parsons, T. and Lidz, V. (1963) 'Death in American society', in E. Shneidman (ed.), *Essays in Self-Destruction*. New York: Science House, pp. 133–70.
- Zaman, S., Whitelaw, A, Richards, N., Inbadas, H. and Clark, D. (2018) 'A moment for compassion: emerging rhetorics in end-of-life care', *Medical Humanities*, 44: 140–3.

議論のための問い

- あなたの国で、老年期や死とその過程への態度を形成しているイデオロギーがあるとすれば、それはどのようなものだろうか。
- あなたの国では、どのような政治、制度・施設、国の施策が、人々の死に方に影響を与えているだろうか。
- あなたの国では、医療その他の機関の資金体制は、人生最終段階でのケアや慣行にどのような影響を与えているだろうか。
- あなたの国の市民権の現状は、悲嘆されない死にどのように現れているだろうか。

第五部　グローバル化

近代世界には、国や文化の境界線をものともしない重要事象が数多く存在する。たとえば感染症、地球温暖化、海洋プラスチック、放射性降下物などがあるが、これらはほんの一部でしかない。このような生死にかかわる問題をコントロールできなければ、全人類が共通の問題によって種として絶滅することになりかねない。それらをコントロールするためには、グローバルな視点と国民国家間の協力の双方が必要である。国民国家による支配は相対的に短命で、グローバルなプロセスによって衰退しつつあるという議論がある。環境問題は、この議論を導く重要な根拠だが、唯一の根拠ではない。多国籍企業は、賃金が最低水準であればどんなところへでも店を構える。コンテナ輸送のおかげで、全地球をめぐる海上輸送は前例がないほど安く、効率的になった。情報通信技術は、アイデアやニュースや音楽を、瞬時にグローバルに広める。グローバル・サウスでは、出生率が高く、仕事が少ない。このことが、移民労働者をグローバル・ノースへと駆り立てる。そこはオートメーションが進んでいるにもかかわらず、〔出生率が低いため〕労働力が不足しているからだ。航空機の運賃が安くなると、経済移民は、結婚式や葬儀のために母国へ旅行しやすくなる。観光は、地元の海辺への日帰り旅行から、別の大陸への一四泊旅行へと変わった。要するに、商品、サービス、人々、アイデア、微生物、汚染が、世界中を飛び回っている。このようなことは今までなかった（Ritzer and Dean 2015）。

そうは言っても、グローバル化の新しさは、誇張されているきらいもある。少なくとも過去三千年間、さまざまな帝国が人種や文化を結びつけてきた。宗教の観念と実践は、大陸を横断して、また大陸を越えて別の大陸へと広められた。陸と海の「シルクロード」は、東アジアの経済とヨーロッパの経済を二千年以上も結びつけてきた（Frankopan 2015）。大陸間の奴隷貿易は数百年と続いてきた。情報のグローバルな即時伝達に向かう単一の飛躍として最大のものは、一八四四年の電信の発明である。グローバル化に関して新しいのは、その規模と迅速さであり、さらに近代世界のコアな政治単位として多くの人々が自明視してきた国民国家を動揺させていることである。

第五部では、このことが全体として、死とその過程と死別にどのようなインパクトを与えるのかを見てゆく。

第十四章　グローバルな流通

本章では、死に関連する商品・サービスのグローバルな流通、また人や情報や慣行のグローバルな流通を見てゆく。とくに興味をひかれるのは流通の方向性である。また、どの程度、近代西洋の死の道筋がグローバル化したか、あるいはグローバル化によって弱体化させられたかにも、とりわけ興味をひかれる。

1　商品とサービス

❶ 葬儀

最近、私の国、イングランドで葬祭ディレクターをしている知人に電話をかけた。てっきりオフィスにいるものと思ったら、何のことはない、西アフリカのガーナにいるという返事だった。そこで葬儀社を立ち上げたというのである。インターネットの普及で、特注のガーナ棺は世界的に有名になったが、格調高い輸入ものの飾り棺も需要があるとのことだった。今では中国メーカーがアメリカ式の飾り棺を製造しており、アメリカのメーカーに対抗して安売り攻勢を仕掛けてきた。そこで、あるアメリカの会社が、製造拠点をメキシコにアウトソースし、そのメキシコ製のアメリカ式飾り棺をガーナで売り出すのを手伝ってほしいと、私の友人に頼んできたのである。つまり、アメリカの会社がイングランド人を使って、アフリカで中国と競争するための手助けをしている。一つの製品に四つの大陸が関わっているのである。

これが、葬儀業界のような伝統的に保守的な業界にも起こる事業の形なのだろうか。そうとは限らない。一九九三年、北米最大の葬儀・共同墓地サービスの会社であるサービス・コーポレーション・インターナショナル（ＳＣＩ）は、「オーストラリア、英国、フランスの大手葬儀会社、およびその他のヨーロッパ諸国と南米の中小企業を買収した。一九九九年末には、同社のグローバルネットワークは、二〇カ国において四五〇〇以上の葬儀場、共同墓地、火葬場を数えるまでに至った[1]」。しかし、その後の一〇年間で、ＳＣＩは海外に保有するすべての資産を売却してしまった。同社のウェブサイトは、さまざまな経済的理由を挙げているが、文化的な感受性の違いもあったのだろう。

❷ 医療

保健医療分野は、葬儀業界以上にグローバル化が進んでおり、医療関連企業は複数の国で契約を獲得し、医薬品は世界規模で販売されている。しかし、人生最終段階ケアは例外のようだ。英米の緩和ケアの理念が世界の多くの国々へ伝わるのにある程度成功できたのは、少なからず国境を越えた医療者のインターンシップによる。だが、緩和ケアのサービスにグローバル市場というものがあるとは思われない。これは、緩和ケアが比較的ローテクなので、さほど利益を上げられないからだろう。それに、人生最終段階ケアは、何が文化的に受容可能なのかによって明確に規定されている（Zaman et al., 2017b）。

多くの国が、人生最終段階ケアでモルヒネを使うことに制限をかけ続けている。疼痛コントロールをモルヒネに頼るような西洋的な訓練を受けた緩和医療の専門家が不満に思うところである。医療用モルヒネ生産量の九二%は、世界人口の一七%しか占めていない高所得国で消費されている。残りの八三%の世界人口は、モルヒネの総消費量のわずか八%を占めるにすぎない。二〇〇〇年代の医療用モルヒネの消費の大幅な増加は、ほとんどすべて北米、西欧、中欧、オセアニアでの使用増によるものである。モルヒネ使用の阻害要因として報告されているのは、供給体制、重い規制、嗜癖への恐怖、財源不足、専門職者の認知不足、訓練不足などである（Berterame et al. 2016)。オピオイド系の薬物の処方が違法ユーザーに転用されるかもしれないという恐れもある。とはいえ、これが重要な問題となっているのは、米国のように消費量の多い国だけである。こうして、緩和ケアの一領域をなす大手製薬会社は、グローバル市場の力で活気づくと期待されるにもかかわらず、文化や組織的な問題のために厳しく制限されることになる。

❸ 臓器

臓器に関しては、生体移植であれ、死体移植であれ、事情が異なる。たとえ故人やその遺族などの関係者が無料で臓器提供すると言っても、臓器はグローバルに広がりゆく市場に取り込まれる。マクマナス（McManus 2013）によると、医学はもはや死を失敗とは見なしていない。むしろ、グローバル市場を通じて臓器を斡旋するための管理されたプロセスだというのである。

死は、不可逆的な生物学的プロセスというよりも、潜在的に利益を生み出す複数の方法で管理される先行条件として理解されている。……原材料〔臓器〕は、より貧しい国々から、高度な技術を持った西洋の国民集団へと絶え間なく流通している。西洋諸国には、その技術の高さに比例して高い割合で裕福な老人たちがおり、彼らの医学的状態は悪化しつつある。（p. 56）

臓器は「それを取り上げられた人々よりも価値があるものになりつつある」（p. 59）という。このことから下したマクマナスの結論は、「高度近代性のための新たな死のパラダイムが現れた」というものだ。すなわち、「死の否認よりも、むしろ商品化と商業化によって駆り立てられた死のパラダイム」（p. 61）である。彼女は、どれくらいの割合の死がこの新しいパラダイムに影響されているのかは述べていない。もちろん可能性としては「健康」な臓器を持った貧しい若者の死が第一の候補となりそうだが、そればかりとも言えない。ジャーナリスト、アラステア・クック Alastair Cooke が二〇〇四年に亡くなったとき、その身体の部位が、ブルックリンの悪徳葬儀屋によって無許可で抜き取られ、移植用に売られた。このときクックは九五歳だった。遺体の部位を扱う犯罪者たちの市場は何百年も前からある（Richardson 1989）。新しいのは、この市場がグローバルに拡大したことである。

遺体の全体と部位は、医学教育や、博物館・展覧会における展示のためにも用いられている。これに関しては、二つの相反する潮流が見られる。第一の潮流は、一九世紀の植民地列強国出身のコレクターが、先住民の遺体やその部位を持ち去り、西洋の博物館の展示に用いたのに対して、反対の声が上がったことである。反対の声は先住民族自身からも（Fforde 2004）、西洋の博物館関係者からも出た（Jenkins 2010）。その結果そのような部位の多くが本国へ返された。他方、ドイツの解剖学者、グンター・フォン・ハーゲンス Gunther von Hagens が、一九八〇年代以後、プラスティネーションという処理法を開発した〔水分や脂肪分を合成樹脂に置き換えることで、腐敗を防ぎつつ血管や神経も含めて遺体を固体化させる処理法〕。これは数多くの展示会を産み落としていった。展示会では、プラスティネーションを施された遺体が展示された。その供給チェーンはグローバルである。たとえば、フォン・ハーゲンスの「身体の世界」組織はドイツに本拠地を置きながら、世界中から寄付された遺体を活用している。[2] 彼は中国の大連に工場を設立し、通常の医療報酬よりも高い報酬を払って腕利きの中国人医師を雇い、高度な技能を要するプラスティネーション処理をおこなえるようにした。現在、大連には複数の工場があり、グローバルに展示会をおこなっているいくつかの組織のために、プラスティネート製品を生産している。プラスティネートされた遺体のすべてが寄贈されたものなのか、それとも一部は処刑された中国人死刑囚のものなのかは、論争を呼んできた。そのような疑問が事実にもとづいているのか、それとも死体を営利目的で使用するような団体に人々がいだく不信感にもとづいているのかは、定かではない。

要するに、人類学的関心をひく先住民の遺骸は例外かもしれないが、遺体とその部位はかつてないほどグローバルに流通しているのである。寄贈された遺体でさえ、グローバル市場のなかでは素早く商品化されてしまう。それが合法であれ、違法であれ、また倫理的であれ、非倫理的であれ。

❹ 災害対応

災害はその直接的影響としては、きわめて多くの場合ローカルだが、通常はナショナルな政府が生存者の救急対応、遺体の回収、長期的な復興を補助するための資源を提供するものだと見なされている。二〇〇五年にハリケーン・カトリーナによってニュー・オーリンズが壊滅状態に陥った後、ワシントンの米国連邦政府は、対応不足について批判を受けた。だが、マクマナス（McManus 2013: Ch. 7）の見るところでは、大災害の場合、ほぼつねにグローバルな、あるいは少なくとも複数の国が関わる緊急対応もなされている。

豊かな国が被災したときでさえ、そうだという。ナオミ・クライン（Klein 2008）は、彼女の「災害資本主義」テーゼのなかで、さらに一歩進んだ議論をおこなっている〔第七章参照〕。それによると、災害〔または戦争〕によるインフラ破壊からもたらされる投資の機会を、多国籍企業は素早くとらえる。その結果、物理的破壊だけでなく、復興事業のせいで、伝統的な文化や共同体や経済が壊されてしまうという。二〇〇四年のボクシング・デイ津波〔スマトラ島沖地震津波〕[*1]で破壊された波打ち際のカフェは、多国籍企業の所有するホテルに置き換えられた。カフェの自営業者オーナーとその家族〔生計の手段を絶たれただけでなく、愛する人をも失ったかもしれない〕は、新しいホテルの従業員にならざるをえなかった。死別経験をした生存者とその国の政府は、事態に必死に対応しようとしている。どちらも食い物にするのにちょうどよい熟した作物のようなものである。彼らを食い物にする者たちは、ノウハウを提供し、投資をしてくれる「救世主」として現れる。こうしたことのすべてが、「開発」がおこなわれていることの指標としてポジティブに示される。

しかし、レベッカ・ソルニット（Solnit 2009）は、クラインが悲観的なのに対して、それと同じくらい楽観的である。ソルニットは、『地獄に建てられた楽園――災害のなかで立ち上がる非凡な共同体』〔邦題は『災害ユートピア――なぜそのとき特別な共同体が立ち上がるのか』〕という本を書き、そのなかで次のように論じている。人々は、共同体や生きがいや有意義な仕事に憧れをいだいている。通常それらは満たされないが、災害時にはそれらが満たされることが多い。この機会に対して、被災者は喜んで立ち上がることがある。ソルニットにとって、これは社会の潜在的可能性の新しいヴィジョンを体現している。つまり、権威主義的でなく、恐怖支配ではない、より協力的でローカルな社会である。アン・アリソン（Allison 2013）によると、二〇一一年の福島原子力災害は日本を再び活気づけたという。「サラリーマン」の経済秩序が一九九〇年代に崩壊した後、日本は方向感覚を失っていた。福島の事故により、多くの人が原子力発電に反対する抗議活動をおこなった。一年ほどの間に日本のすべての原子力発電所が停止した。日本は電力消費量を一五％削減した。多くの人が被災地にボランティア活動のために駆けつけたが、そのなかには周囲から孤立して社会に幻滅した若者もいた。みんなと力を合わせるなかで、若者たちは生きがいを感じた。人々は希望について語り合った。

クラインが正しければ、災害はグローバル資本主義が付け入る隙を作り出し、さらに生と死のいずれをも商品化してゆく。ソルニットが正しければ、災害は脱商品化と共同体再生の鍵となる。いやおそらく、状況はもっと絡み合ったものだろう（Gill, Sterger and Slater 2013）。

この節をまとめよう。死にゆく者のための商品（たとえば麻薬）については、明らかにグローバル市場が存在するが、サービスに関してはそれほどでもなかった。また、死んだ者にとっての商品（飾り棺など）や、死者から抜き取られた遺体の部位については、グローバル市場が存在することがわかった。さらにグローバル経済のアクターたちは、全面的成功を収めるとは限らないものの、ローカルな災害に素早く食い入ろうとしていた。こうした市場のうち、いくつかは問題視され、なかには明らかに違法なものもあった。だが、私たちはグローバル化を誇張するべきではない。死とその過程に関する経済市場は依然として国民集団、さらには地域社会に根ざしている。また、文化はさまざまな慣行を根本から形づくり、また規制しているが、それは商品やサービスについても当てはまる。だからこそ、それらは人生最終段階において受容可能となるのである。この章の後のほうでさまざまなアイデアの流通について論じる際にも、このことは確認されるであろう。西洋が優越しているという植民地主義的な思い込みが、緩和ケアのグローバルな拡散を推進し続けてきたが、その一方では、脱植民地主義の政治が、先住民の遺体を博物館で展示するヴィクトリア期のグローバルな取り引きを逆転させてきたのである。

2 民族

❶ 移住

移住は新しいものではなく、帝国、都市化、産業化とは切り離せない。百万の人口を抱える古代ローマは、ヨーロッパと北アフリカの大部分から労働力（自由民と奴隷両方の）を引き寄せた。産業化は、農村労働者を工場労働者に変えたが、それは多くの場合、移動しなければならないということを意味する。労働者の移動は次第に国際的なものになってゆく。一九世紀から二〇世紀にかけて「新世界」と言われた北米とオーストラリアでは、労働力をヨーロッパの旧世界から輸入することが必要となった。その供給元は次第にアジアを含むようになる。二一世紀になると、労働力の移動は本格的にグローバルなものとなり、ほとんどすべての国が労働力を輸出するか輸入するかし、その規模もかなりのものとなった。しかしながら、中国では労働力は自給自足だった。というのも、巨大な人口ゆえに、その目覚ましい経済的拡大を国内労働者で支えることができたからである。また、新しい仕事が十分にあるため、中国人は外へ移住する必要がなかった。だが、国内での地方から都市への移住が大規模であったため、家族の関係性や高齢者および死にゆく人の世話に大きな影響が及んだ。

貧困国出身の移民の大部分が仕事を探すために移住するのだとしたら、富裕国出身の移民の多くは、退職してもっと物価が安く、気候の良い場所で暮らすために移住する。その移住先は国内かもしれないし、国外かもしれない。夫婦で国外に移住した場合は、遅かれ早かれ一方のパートナーが他方と死に別れる可能性がきわめて高い。そして、帰化した国に留まるか、本国へ帰るかの決断を迫られる（King, Warnes and Williams 2000）。成長した子どもが本国に帰っている場合、パートナーを失った人は孤立感を深め、帰化した国で虚弱状態になったときへの備えがないことに気づく。新たに学習した言語のスキル（おそらく拙い）は、認知症が進むと衰えてしまう。帰化した国で生き抜く能力も減退してしまう。とはいえ、本国へ戻った場合にも問題はつきまとう。もはや良い家を買う余裕がなく、そこに住んでもよそ者であるように感じてしまい、どこへ住んでも本当に落ち着いて家にいるような気持ちになれない。

働くために移住してきた人の一部は、退職後は結果的に本国へ帰るかもしれない。トロントで、六〇代のギリシア人タクシー運転手と話したことがある。三〇年以上前にカナダに移住し、そこで家庭を持って子どもたちを育て、子どもたちは現在、全員がカナダに定住している。この家族と生涯を彼は誇りに思っている。それがこの北米サクセス・ストーリーの絶頂と言うべきか。彼はギリシアに戻って、そこでオレンジ園の手入れをしようとしていた。そこは日差しが強く、物価が安く、そして彼の目には故郷のように思えていたのである。退職のためではなく、死ぬために帰国する移民もいる。これについては、また後ほど触れよう。

本書の恵まれた読者は、グローバルなバックパッカーの旅に慣れた学生かもしれないし、国際会議に出席することに慣れた大学教員かもしれない。いずれにせよ、グローバルな人々の移動が絶えないことを過大評価し、国境の実在性を過小評価しがちである。豊かな国の恵まれない人々は、移民の労働力に憤慨し、「移民の洪水」とされているものに懸念をいだいている。これも、国境はたやすく越えられるものなのだと過大評価している。もっと豊かな西洋諸国に移住しようとする貧しい国の人々は、国境とそれを越えることの難しさ、そして危険性を、十分すぎるほど認識している（Gunaratnam 2013）。

移民はどのように介護しているか

テクノロジーが自動化に苦労している労働の一形態が、対人サービス、とくに他者の身体のケア〔介護〕だ。ヤッピー〔若い裕福なエリート〕のコーヒーショップであれ、高齢者介護《ケア》であれ、対人サービスは必要である。これは、製造業を自動化したり、東アジアにアウトソーシングしたりしている多くの脱産業諸国にとっては成長分野である。こうした国では高齢化が急速に進んでおり、老人の面倒を見る若者は少なくなっている。そのため、虚弱な老人や死にゆく老人の介護をする賃労働の需要がある。私の母は、九〇歳で倒れた後も自宅で暮らせるよう、最後の数ヶ月は一チーム三人の住み込み介護《ケア》者〔介護士〕を交代制で派遣する介護事業者に頼った。そのうち二人はジンバブエ出身だった。彼らは、英国で介護《ケア》者として稼いだ分を本国のジンバブエに送金し、自分たちの子どもの寄宿学校の費用に充てていた。そうすることで、不安定になりつつあるジンバブエで、子どもたちは安全に保護を受けつつ、自分を向上させる何らかの機会を得ることができた。介護《ケア》者たちは年に一度、家族に会うために帰国していた。これは、商品化されたケアの典型的な連鎖である。この連鎖のなかで、人々は他人の子どもや親の世話をすることで賃金を得ており、それによって、人生の始まりと終わりの枠組みが形づくられる。◉[3]

ヤスミン・グナラトナムは、著書『死と移民』(Gunaratnam 2013) のなかで、こうしたグローバルなケアの連鎖のプラス面とマイナス面を概説し、この連鎖から逃れることはできないとしている。マンチェスターにいるマラウイ人医師の数は、マラウイ全土の医師数を上回っていると推定されており、専門知識の流出がマラウイでの超過死亡を招いている。四〇年以上前から、NHSの医師の四分の一から三分の一は、英国以外の国で資格を取得している。そして、NHSはヨーロッパのどの機関よりも多くの外国人労働者を雇用している。英国人が人生最終段階ケアを必要とするとき、それは「部分的に、移民やマイノリティ集団の労働者によって」提供される。「この介護《ケア》提供者たちは、私たちの子どもの出産を助け、両親や祖父母の世話をし、私たちの食事を作り、病院を掃除し、私たちの赤裸々な心痛を見届ける」(p. 14)。

移民が、受入先の国の住民に有償のケアを提供することが多いとするなら、彼らも同様に自分の家族が人生最終段階に近づいたときには、ケアを希望したり、必要としたりするだろう。ヴァネッサ・ブラボー(Bravo 2017)は、ラテン・アメリカ出身の一二人の非正規移民に話を聞いた。彼らは米国に住んでいるが、母国にいる出身家族の誰かが死を迎えるとき、また死んだ後、それに対処しなければならなかった。彼女たちは故郷に帰ることができない。なぜなら、夫と子どもがいる米国に戻れなくなるかもしれないからだ。ラテン・アメリカに戻ったとしても、賃金はアメリカの家族を養うのに十分ではないし、死を前にした故郷の親を支えるのにも足りない。(政治亡命を認められた米国への合法的移民にも、同じような状況に直面する者がいる。というのも、逮捕されることが予想されるので、死にゆく親の世話をするために故郷に帰ることができないからである。)「その場にいる」ことに代わる次善の策として、これらの移民はデジタル・メディアを熱心に利用する。フェイスブック、ワッツアップ、そして——とくに死期が近い人の場合は——スカイプが、一種の仮想的な存在感を作り出してくれる。とはいえ、これは実際にそこにいて、触ったり抱きしめたり、ましてや食事やトイレを手伝ったりできるようなものではない。そのため、デジタル・メディアは天の恵みではあるが、悲しみや罪悪感を誘発するものでもある。

正しい場所で死ぬこと

死にゆく人自身が移民である場合、本国で死んだり、埋葬されたりすることを望むかもしれない。グローバル・サウスで育った人々の多くは、家族、土地、村、国への帰属意識を強く持っている。それは、グローバル・ノースで育った人々の多くがとても重視する自律を凌駕する。故郷に帰って死ぬこと、あるいは故郷に戻されて埋葬されることは、このことからも大事な夢だと言えよう。末期患者を飛行機で何千キロも移動させることは、すんなりとはいかない。しばしば飛行機を二～三機も乗り継がなければならない。それが都合よく接続しないこともある。空港までの移動、そして空港からの移動だけでもすんなりとは行かない。とくに医師の忠告に反して強行する場合はなおさらである。生者（たとえどんなに重病であっても）の航空運賃と比べて、死者の航空運賃は一〇倍にもなる。このことが死ぬ前に患者を帰国させなければならないというプレッシャーを強める。こうした人生最終段階ケアの計画を、きわめて柔軟なホスピスにも隠し、当人を生前に帰国させる手配を自分たちだけですることを選んだ家族もいる（Gunaratnam 2013）。

移民が、出身地の家族を訪れている間に、死に至る病気にかかったり、死んだりした場合、正しい場所で死んだかも問題になりうる。このような状況では、何を「家」にカウントするかについて家族全員が一致するとは限らない。民族誌学者イヴォン・ファン・デル・ペイル（Pijl 2016）は、南米スリナムで、ある家族と一緒に暮らしていた。そんな折、その拡張家族の男性メンバーであるランドが心臓発作で倒れた。彼は数十年前にトロントに移住しており、待望の帰国を果たしたばかりだった。ファン・デル・ペイルは人類学の文献を読み、「良い死」という通念がほぼ普遍的に存在することを知った。それは、長く成功した人生の後、痛みも暴力もなく、自宅で、家族に囲まれ、別れを告げる機会があり、自分の土地に埋葬されるような死である。しかし、ランドの場合、家はどこにあったのだろう。彼が育ったスリナム、つまりかつて「家族の家」があった場所、そして彼が思いもかけずに死んだ場所だろうか。それとも、大人になってからずっと住んでいて、いまや未亡人となった新妻と夫婦で家を構えていたトロントだろうか。家族のなかには、ランドの突然死は痛みも暴力もなく「家で」起こったのだから、良い死だと解釈する人もいた。他の人たち、とくにトロントにいた未亡人は、家から遠く離れた場所での悪い死、悲劇的な死だと見なした。ファン・デル・ペイルは「複数の、交差する脚本《スクリプト》と語り」を観察した（p. 162）。しかし、どの脚本においても、家と死に場所は、それがどのように解釈されようとも重要であった。

正しい場所に埋葬すること

ランドの死は、移民をどこに埋葬すべきかという問題を提起する。ハンター（Hunter 2016）は、英国、デンマーク、スウェーデンに現在住んでいる中東出身のキリスト教徒六七人に、彼らが望む埋葬の場所についてインタビューをした。彼は、移民がさまざまな懸案事項を抱えていることを見出した。実用面のこと、家族のこと、土地のこと、宗教のことなどである。これは、移民が新しい国に長く住めば住むほど、そこに埋葬される可能性が高くなるというシンプルな仮説に疑問を投げかける。確かに、移民のなかには「新しい最初の先祖」、つまり家族のなかで最初に新天地に埋葬される人もいる。この最初の先祖は、後の世代を近くに埋葬するよう引きつける磁石となる。ハンターがインタビューした他の人たちにとって、居住国での埋葬を後押ししたのは同胞たちの「圧倒的な存在感」であった。生者と死者を合わせると近くに住む同胞の数のほうが多かったのである。だが、より安価で官僚的でない葬儀ができるなら、遺体を本国に運ぶための費用や手間をかける価値はあると考える人もいる。

セルビア出身の経済移民は概して帰国することを想定しているので、フランスや米国などで死ぬつもりはないが、結果的にそうなることは珍しくない。あるアメリカのセルビア人のための弔辞が雄弁に語るところによれば、「彼の体はこのアメリカの土地にあたたかくもてなされて眠るが」、彼の魂は「セルビアの天国に行く」という（Pavicevic 2009: 239）。私が別稿で書いたように、アメリカ人、とくに一世や二世にとって「アメリカの地」に埋葬されることは、「自由の国」「機会の国」に埋葬されることを象徴する（Walter 1993a）。それを彼らは本当にやり遂げたのだ。たとえ魂は、セルビアやイタリアやヴェトナムの天国に行ったとしても。モーリス・ブロック（Bloch 1971）によるマダガスカルでの死の儀式の研究は、マダガスカル人がいかにして二つの世界――グローバル資本主義の日常的世界と先祖の象徴的世界――のなかで生きているかを示している。ブロックの元の文脈を超えて、これを一般概念として拡張するなら、移民もまた二つの世界を生きているのが常である。生活に役立つ経済面・教育面での機会を提供する移住先と、家族やルーツを象徴する出身国である。ギリシア系カナダ人のタクシー運転手が私に雄弁に語ってくれたように。

火葬を一つの可能性として受け入れている移民家族で、複数の場所に愛着がある場合や、遺族が異なる大陸に住んでいて各人が故人のための特別な場所を望む場合には、火葬後の遺灰の分配が解決策となる。たとえば、おばあさんの遺灰は、三つに分けられるかもしれない。三分の一はスコットランドの家族墓に埋葬され、もう三分の一はオーストラリアのパースに住む娘が海へ散骨する。残りの三分の一は、東へ三〇〇〇マイル離れたニュージーランドのオークランドの暖炉の上に置かれる。それを置いた孫は、遺灰をどうするか、依然として決めかねている。遺灰の処分への規制が英国より強い国では、制限を受けるかもしれない。たとえばノルウェーでは、遺灰の分配が許可されていない。

移動性の限界

移民は健康な若年成人であることが一般的だが、すべての人間と同様にやがては死ぬべき運命にある。

彼らは移住の旅を生き延びて、自分自身と子どもたちのために、身体的安全と経済的安定性が保障された新しい生活という希望を叶えるかもしれない。しかし、遅かれ早かれ、彼らが二つの世界で生きるために培ってきたスキルは、自分自身や家族の虚弱、死にゆく過程、そして死によって脅かされるだろう。かつては格安航空券で簡単に家族に会いに帰ることができた身体が、やがてどんな旅にも適さなくなるだろう。まして大陸をまたぐような旅には、とても耐えられない。急に衰弱した親を介護したり、親に別れを告げたりするために、別の大陸に行こうとしている人たちがいるとする。彼らは、国境、ビザの不備、金銭、旅の複雑さや疲労などの障害に遭遇するかもしれない。他にもケアしなければならないことがある。親が最終的に亡くなるまでに、何度か誤報が届くのは言うまでもない。確かに移民はますますグローバル化する経済の一部ではある。しかし、国境や障壁——経済的、政治的、行政的、身体的——は、とくに人生最終段階では移民のそれ以後の移動を制限する（Gunaratnam 2013; Hunter and Ammann 2016）。

そうした現実的な問題や複雑な家族の力学だけでなく、個人と集団のアイデンティティの問題がある。死の過程の様式、葬儀の種類、埋葬の場所などはすべて、その人のアイデンティティを示す。それは、出身国に由来するもの、新しい国の居住者・構成員であることに由来するもの、あるいはその二つの国との関係の融合などである（Reimers 1999）。そして、移民世代に属する最後の人が亡くなる。その子どもたちは新しい国で育っている。彼らは、両親のように、出身国の文化を直接には知らないので、それを拠り所とすることができない。必然的に、彼らはそれぞれ異なる個人的な目標を持つようになる。自分のアイデンティティを構築するための文化的知識の源泉も異なる。

危険な旅

これまで私は、有給の雇用と関連した移住、つまり雇用を見つけるための移住か、雇用から引退したための移住かのいずれかを考えてきた。それに対して、難民の場合は、迫害からの避難先を見つけるため、戦争や内戦の暴力から逃れるためという、政治的な理由で逃げてくる。彼らの出発、旅、到着は、どれも緊迫したものとなる。おそらく法外な費用をふっかけられ、また危険が伴う。このような経験をする人の多くは安全と庇護を求める難民だ。だが、一部の経済移民も同様のリスクに直面する。この原稿を書いている時点で、ヨーロッパ人は、アフリカからの経済移民や中東からの難民が、地中海を渡ろうとして溺死していることを、メディア報道から嫌というほど知らされている。一方、アメリカ人は、メキシコとの陸路国境を越えて入国しようとする人々が直面するリスクについて、ある程度は認識している。つまり、死は、新しい国への移民として成功を収めた数十年後に訪れるのではなく、まさに移住しようと努力している最中に訪れるかもしれないのだ。地中海横断溺死の際に起こったように、遺体がまったく発見されない場合、生存者は親族や友人が生きているかどうかが、いつまでもわからないまま残される（Perl 2016）。遺体が発見された場合、現場周辺の住民が丁重に埋葬しようとして、普通では考えられないような努力をすることもある（Stierl 2016）。

パールとストラッサー（Perl and Strasser 2018: 507）は、暴力や迫害から逃れてきた難民が直面するそのようなリスクは、「組織的無責任」から生じたものだと主張する。すなわち、戦争遂行を含む外交政策が、その後の混乱を収拾する計画も、そこから逃れた人々を支援する計画もないまま着手されるという組織的無責任である。国や地方の政府は、生き延びた人々のために難民キャンプや一時避難キャンプを提供し、生き延びられなかった人々の遺体を（一部）引き取るかもしれない。しかし、これは前向きというより後ろ向きの責任を取っているのである。死者が出ることは、一国または多国間の無責任な政策から予想できた結果なのだから。

❷ 観光

一八世紀には、英国の若い紳士と少数の婦人が自分たちの教育の総仕上げとして、イタリアを目的地とするヨーロッパ大紀行 Grand Tour に旅立った。しかし、近代的な観光の誕生は、一八四一年にさかのぼるとされるのが通例である。この年、トーマス・クックがレスターからラフバラまでを一人頭一シリングで日帰りする鉄道旅行を企画した。距離はたった一一マイルである。二一世紀までには、何百万人もの人々が、短期間の都市滞在型休暇や一～二週間の休暇のために、国から国へと飛行機で移動するようになった。彼らは太陽とエキゾチックな場所を求めている。そして、一年にわたるグローバルなバックパック旅行が、大紀行の近代版となっている。観光はまさにグローバルとなっている。

だが、このような旅行と観光が、いったい死と何の関係があるというのだろう。その鍵は、初めて飛行機を旅客運送に転換したことにある。それはまた、初めての観光用の飛行であった。一九一九年には、改造された爆撃機に肘掛け椅子が設置され、終わったばかりの大戦の戦場を空から見るパリ発の便として宣伝された。録音技術と同様に（第四章）、近代観光は死者とつながりたいという願望から始まった。あるいは、そこまでではないとしても、人々が戦い、死に、埋葬された場所を見たいという願望はあっただろう。だからこそ、それは続いたのである。世界でも有数の観光地であるインドのタージ・マハルは、ムガール帝国の皇帝最愛の妃の墓を安置した霊廟として建設された。したがって、「死の観光」のいくつかは、不気味なものへの好奇心やのぞき趣味と程遠い、美の極致の体験と結びついている。言うまでもなく、そこでは写真を撮ることができる。それらを、別の大陸にいる友人や家族に、ソーシャル・メディア上で即座に共有することもできる。

追悼のための観光

今日のグローバルな観光のなかには、日差しを求める観光や「遺産」を消費する観光に交じって、死と死者の記憶に関わるような観光が、明確にある一角を占めている。それは英国のアカデミックな観光研究のなかでは「ダーク・ツーリズム」として大まかに括られることが多い（Lennon and Foley 2000）。フランス語圏やヒスパニックの観光業界では「追悼ツーリズム」とも呼ばれている（Vázquez 2018）。たとえば、戦没者墓地巡礼や戦場観光などである。これらは空よりも地上から見られることが多い。たとえば、ゲティズバーグ、ノルマンディーの浜辺、ヴェト・コン〔越共＝ヴェトナム共産〕のトンネル網などである。民族虐殺の追悼施設としては、アウシュヴィッツやホロコースト博物館などがある。死や惨劇の場所としては、広島やグラウンド・ゼロがある。戦争慰霊碑としては、ワシントンDCのヴェトナム戦争戦没者慰霊碑がある。また、人間の遺骸や死者とともに埋葬された物品を展示している考古学遺跡も多い（これはおそらく考古学的遺物全体の半分を占める）。時には、そのような場所を訪れることが旅の主目的である場合もある。海外の戦没者墓地巡礼などはそうだろう。だが、それより多いのは休日の一コマとして訪れる場合である。その主な目的は死を意識したものではない。たとえば、バックパッカーの旅でタージ・マハルを訪れたり、ニューヨークで都市滞在型休暇をとっているなかでグラウンド・ゼロを訪れたり、アムステルダムを散策していたらアンネ・フランクの家に出くわしたり、フランス・アルプスをトレッキングしていたらレジスタンス戦士の慰霊碑を通過したり、といったものである。気軽な気持ちで訪れた観光客は、思いがけず、生と死について、ユダヤ人やアルメニア人やアフリカ人であることの意味について、人間のあり方について考えさせられることになる（Walter 1993b）。

ギリス（Gillis 2000）によれば、一九世紀から一九七〇年頃まで、こうした共同追悼施設はもっぱら国内向けのものであった。だがその後、一方ではグローバルなものとなり、他方ではローカルなものとなってきたという。広島、チェルノブイリ〔チョルノービリ〕、アウシュヴィッツ、南京など、国際的な意味を持つ出来事や場所は、それに責任を負う国民集団が忘却を願っても、世界中の人々が関心をいだく。ウィリアムズ（Williams 2007）が「追悼博物館」と呼ぶものは、「人々がかつてないほど国境を越えて移住し、通信するにつれて、多国籍機関、企業、個々人のアイデンティティが国境を無効化した世界でも有意味であるような過去像を再構築する」（McManus 2013: 171）。同時に、人々は地方や民族や家族の記憶に、より多くの時間を割くのを好むようになった。地方史、家族の系譜、地方の民俗、民族の伝統、これらは皆ブームとなっている（Gillis 2000: 14）。

こうした（Gillis と McManus が指摘する）傾向は確かに顕著なのだが、追悼博物館や追悼ツーリズムにとって、国民集団は依然として不可欠な要素であることを私は指摘しておきたい。確かに、有名な追悼施設を訪れる人のうち、かなりの割合（時には過半数）が海外からの訪問者である（たとえば Mantei 2012 を参照）。だが追悼施設そのものは、多くの場合、退役軍人会など国内組織の任意団体や、国の政府によって建立・維持されている。主な慰霊碑や追悼博物館のフレームは、国民目線で作られている。たとえば、ヴェトナム戦争戦没者慰霊碑に記載されているのは亡きアメリカ軍人だけである。すべての戦争の悲劇を想起する訪問者もいるだろう。だが、リストにヴェトナム人やオーストラリア人は見当たらない。広島は、核兵器の惨禍という恐怖を世界中に喚起する。だが、それが描き出しているのは、広島に留まらず日本の進路をも変えたという点で特異な悲劇である。ホロコースト博物館は、陰に陽に、イスラエル建国の根拠を示している。フランス、スロヴェニア、ドイツ、ポーランドの第一次および第二次世界大戦に関する博物館を対象とした多国間研究プロジェクトが進行中である。それを通じて、同じ戦争でも描かれるフレームが国によって大きく異なることがわかってきた。これらのフレームに反映されているのは、紛争経験の違い、国境争いの言い分の違い、当時から今に至る国内の民族集団の混ざり具合の違い、勝利・敗北・占領などといった固有の経験、言うまでもないが博物館展示の伝統の国による違い、などである。[4]

私が最近 Google の検索エンジンで「追悼博物館 memorial museum」という語を入力したところ、最初に出てきたのは『文化旅行 Culture Trip』というウェブサイトであった。これはグローバルな旅行者と観光客のためのアイデアが掲載されているウェブサイトである。「世界十大追悼博物館」のリストは次のようなものであった。

- 日本：広島平和記念資料館
- チリ：記憶と人権の博物館
- ポーランド：アウシュヴィッツ＝ビルケナウ強制収容所
- カンボジア：ツオル・スレング民族虐殺《ジェノサイド》博物館
- アルメニア：アルメニア民族虐殺博物館
- イスラエル：ヤド・ヴァシェム〔ホロコースト記念館〕
- 中国：南京大虐殺記念館〔侵華日軍南京大屠殺遭難同胞記念館〕
- 南アフリカ：アパルトヘイト博物館

• アメリカ合衆国：9・11同時多発テロ追悼博物館
• セネガル：奴隷の家

各項目は、その博物館が所在する国の名前を示すことから始まる。それはこれから旅しようと思っている人の助けになるだけでなく、それぞれの残虐行為が強い国民性を帯びたものであることを示す。つまり、その国と人民が被害者になったという意味で（日本、ポーランド、アルメニア、）イスラエル、中国、アメリカ合衆国、セネガル）、またその国民の時の政府が加害者になったという意味で（カンボジア、チリ、南アフリカ）、国民性を帯びているのである。ある国から来た旅行者は、対象となる目的地を訪問するためのビザを取得するのに苦労するかもしれない。やはり国境はなお重要なのだ。同時に、この十大追悼博物館は、グローバルな観光客に向けたある一つのウェブサイトで宣伝されているわけだ。それぞれの博物館には、訪問者に内省と感動を呼び起こす力がある。その源泉は、国を挙げての残虐行為や戦争へのグローバルな関心に対する博物館独自の応答である。つまり、そのなかで人間性と非人間性について何を語っているか、殺されたり、悲嘆されたりする人々について何を語っているかである（Butler 2004）。

3 情報

貿易商や帝国建設者たちは、何千年もの間、世界のある地域から別の地域へと思想や慣行を伝えてきた。そして、受け取る側の人々は、自分たちのニーズや状況に、その思想や慣行を適応させてきた。このプロセスはここ数世紀で加速したが、その要因としては、印刷技術や読み書き能力が発達したことと、旅が安く、また速くなったことがある。そしていまや、マス・メディアとソーシャル・メディアは、情報伝達の量とスピードの両面で飛躍的な進歩を遂げている。

以下の節では、死とその過程に関する情報と慣行のグローバルな流通を、それを阻む障壁とともに見てゆく。私はまた、こうした流通が「近代的な死に方」をますます均質化するのかを問う。あるいは受け入れ側の社会によって思想や慣行がどれくらい修正されるのか、それは根本的に変化するほどなのかをも問う。思想と慣行は世界中を流通するが、これまでにない解釈を施され、さまざまな〝想像された世界〟のものとして読まれる。そのため、土着化〔先住民化〕のあり方もさまざまである（Appadurai 1990）。私はまた、流通の方向性についても考察する。それは、「後発」社会が、死にゆく過程の医療化など、「近代的」（すなわち西洋的）な慣行を取り入れる一方向の流通なのだろうか。それとも、逆方向からの移動もあったのだろうか。近代社会は先住民の慣行から学んできたか。元植民地支配の国々は、かつて彼らが植民地とした国々から学んだか。要するに、その流通は完全に西から東へ、北から南へと進むのだろうか、という問いである。

まず、思想と情報の流通から始めよう。

❶ マス・メディア

スミアラ（Sumiala 2013）は、フィンランドのメディアが一九五〇年代以降の九大災害をどのように報道したかを調べ、他の西欧諸国と同様に、近年のメディアの災害報道は「より感情的で、共感的で、感傷的」になっていることを発見した（p. 110）。悲嘆に暮れるフィンランド人は、他のフィンランド人と同じように、あるいは少なくとも他の西洋人と同じように描かれている。おそらく、公の場での服喪に関する国を超えた文化的トレンドを反映しているのだろう。またおそらくは、グローバルないし準グローバルなメディア産業のトレンドを反映しているのだろう。同時に、他の国々でもそうだが、これらの災害に関するメディア報道では、国民集団が重要な役割を果たすものとして描かれる。それは「教会、警察、官庁などの公的機関の協力を得ながら、人々をまとめ、結束させる中心」として描かれるのだ（p. 12）。こうして、フィンランドのメディアは、他の西洋諸国のメディアと同様、国民が連帯し、国民がリーダーシップをとることが災害後の復興の鍵だと描く。つまり、グローバルに受け入れられている豊かな感情表現を描くだけではないのだ。これは、マイヤーらのテーゼ（Meyer et al. 1997）と一致している。つまり、いまや世界文化と言えるようなものが存在し、そこでは、依然として国民集団が主要なプレイヤーなのだが、すべてではないにしても、ほとんどの国民集団は、きわめて類似した振る舞いを見せるのである。

❷ソーシャル・メディア

とはいえ、マス・メディアやソーシャル・メディアの活用形態は、国によって違う。デジタル人類学者のダニエル・ミラーらは、一連の調査研究を通して、デジタル・メディアとソーシャル・メディアが、異なる国の人々によって異なる使い方をされているのを明らかにした（Miller et al. 2016）。すでに見てきたように、ミラー（Miller 2017）は、現代イングランドの農村部の人々が、末期疾患にかかったときにさまざまな通信メディアを使用する方法が、イングランド特有のものであることを突き止めた。通信技術は無限の可能性を与えてくれるが、どの可能性が取り上げられ、どのように組み合わされるかは、ユーザー個人に大きく依存する。なぜなら、彼らは特定のニーズを持ち、特定文化内の、ある特定の年齢集団や、仲間集団に属しているからである。

❸ 死生学

もう一つの例は、死生学 death studies[*2] という学際的な学問分野である。この分野は、一九五〇年代後半に米国で始まり（Feifel 1959）、一九九〇年代に英国で再興され、現在では世界数カ国で見られるようになった。死生学の大会には、二〇カ国以上、数大陸から、研究者や実践者・開業者が集まることが多い。これは時間の経過とともに普及する流れだろうか。インドやアフリカ、アラブ諸国などでは、現在ほとんどこの分野への関心がないようだが、これらの国もやがては追いつくのだろうか。話はそう単純ではない。関心のある学者たちがいる国、または複数の国からなるグループが、同じような関心を示しているわけではない。米国ではこの分野を、臨床実践に学術研究を組み合わせる心理学者たちが支配してきた。彼らはしばしば標準化された質問票を使って、個人の態度や感情、とくに死の不安に関連したことについて質問する。英国ではこれと対照的に、この分野〔死生学〕は社会科学者や歴史学者によって占められており、民族誌的、歴史学的、考古学的な方法を用いて、人々が実際に何をしてきて、何をしているのかを研究している。デンマーク、スウェーデン、フィンランド、オランダの学者たちは、小さな言語集団の出身だが、英語に堪能で、英国の研究書を読み、英国の学者たちと国内および国際的な学会で英語を用いて交流している。フランス語、スペイン語、イタリア語を母国語とする学者は、英語圏の学会や学術誌ではあまり見かけない。

フランスでは長い間、この分野を歴史学者が支配してきた。英訳されたフランス語の研究は比較するとほとんどなく（フィリップ・アリエスは大きな例外）、英語の研究がフランス語訳されることはほとんどない。このように、フランス語圏と英語圏の死生学は互いに孤立した状態で進行しており、二つの言語集団は互いの文献をほとんど読まず、異なる学会に参加している。しかし、ルーマニアやケベックの学者や学生はしばしばフランス語と英語のバイリンガルであり、ヒスパニックやイタリアの死生学者にはフランス語と同様に英語の文献に精通している者もいる。おそらくこれらの伝統をまとめている一つの学問分野は人類学である。そこでは、アメリカ、英国、フランスの人類学者が世界各地の死の慣行や儀式を研究し、互いの研究を〔死生学者以上に〕よりよく理解している。世界の他の地域で死生学に対する関心が芽生えている場合は、植民地時代の歴史と現代の〔旧宗主国との〕経済的なつながりの影響があるかもしれない。フランス語圏はフランスの知的伝統に、オーストラリアとニュージーランドは英国の伝統に従うようになっており、極東は優秀な学生を博士号取得のために米国に送り出している。

そういうわけで、確かに近代的なメディアと安価な移動手段によって、他領域と同様に学問の世界でも、広くかつ迅速に思想を伝達できるようになっているのだが、流通だけでなく障壁もあり、思想が別々の経路で流通するといった事態も起こる。その結果、多くの場合、言語を基盤とする学者クラスターが出来上がり、他の学者クラスターとは別の方法で思考し、研究することになる。次に、慣行とその流通の方向性について見ていこう。

4 慣行

❶ 西から東へ

医学と食生活

西から東へ、北から南へと流通した、死にまつわる慣行のなかで最もわかりやすいのは、命を救う慣行と命を脅かす慣行に関するものである。一九〇〇年当時、西欧と北米の主な死因は肺炎、結核、下痢症などの感染症であった。それ以来、西洋の科学・医学の知識が世界中に輸出されてきた。そのおかげで感染症との古くからの戦いに効果的に取り組めるようになった国が続出した。下水道システム、きれいな水、細菌理論や環境リスク評価などの科学的知識、安全衛生の手順、西洋医学や薬剤など、これらはグローバル・サウスがグローバル・ノースの影響をますます受けるようになるにつれ、何十億もの命を救い、延ばしてきた。

心疾患、癌、慢性肺疾患といった今日の主要な死因は、近代のライフスタイルに大きく起因している。そして、西洋からこうしたライフスタイルが輸出された結果、多くの国で病気が増え、寿命が縮まっている。魚と植物を中心とした日本の伝統的な食生活は、日本の有名な寿命の長さの、おそらく最大の要因であろう。だが、ここ数十年の間に、多くの日本人の間で食生活が西洋化し、心疾患や各種の癌が増加している。トンガのような太平洋諸島では、地元で獲れた魚を消費せず、ニュージーランドや米国から輸入される飽和脂肪酸を多く含む質の悪い肉へ転換したことで、肥満と早死が劇的に増加した。米国への移民の社会的統合に関する非常に包括的なレビューによると、過去数十年でも現在でも、世界のあらゆる地域から来た移民一世は、アメリカ生まれの人より健康状態がよく、寿命も長かった。ところが一世代か二世代のうちに健康状態や寿命は悪化し、アメリカで生まれ育った人々と同じくらいになる（National Academies 2015）。

健康や寿命の面では、良くも悪くも、世界はますます西洋に似てきている。

ホスピス・緩和ケア

西洋は、死を家庭での人間的な出来事から病院での医学的な出来事に変えることで、世界に大きな影響を与えた（第二章）。だが同時に、西洋の変革者たちは、この変容に疑問を投げかけた。一九五〇年代、イングランドの医師シスリー・ソーンダーズは、人間的で脱施設化された全人格的な緩和ケアという考えを打ち出すとすぐ、ロンドンに最初のホスピス、セント・クリストファーズ・ホスピスを建設した。彼女の生涯の使命は、ホスピスの思想を世界中に広めることであり、この点に関しては驚くほど成功した。世界を変えるという五〇年の人生計画を持つ人はほとんどいないし、それを達成する人はさらに少ない。しかし、ソーンダーズのホスピス概念の普及には濃淡があった。彼女の戦略は、外国人医師がセント・クリストファーズ・ホスピスで研修し、その新たに獲得された技術を本国に持ち帰ることに的を絞ったものだった。そのため、医療専門職者が英語に堪能でない国では、たとえホスピスを採用したとしても、そのスピードは遅かった。その他、文化的規範（第八章）、モルヒネ使用に関する法的規制（前述）、資金体制（第一三章）などの要因により、さまざまな国でホスピスの実施形態に制限や修正が加えられている。

もう一人、ほとんど一人で近代人の死に対する考え方を変えた女性医師がいる。スイス系アメリカ人の精神科医エリザベス・キューブラー＝ロスである。彼女はソーンダーズと同様に、死にゆく人のケアを単なる肉体的な枠を超えて広くとらえた。キューブラー＝ロスは、ホスピスのような組織的なケアのモデルの代替案を示すことで人々に影響を与えたのではない。影響力の源は、著書、とくに『死とその過程について』（邦題は『死ぬ瞬間』）（Kübler-Ross 1969）であった。この本は何百万部も売れ、多くの言語に翻訳された。ソーンダーズが英語教育のなされている国の医師を養成したのに対して、キューブラー＝ロスの多数の翻訳書はより広い影響を多数の読書人に与えた。

ソーンダーズは、神学や哲学の難解な書物を敬遠することなく読むような深い宗教心を持った女性である。また、ソーシャルワークと看護の訓練を受けた上で、医師の資格も取得した。彼女は、人間存在を真にホリスティックな観点から見ていたため、緩和ケアを哲学としても教えたし、かなり実践的な観点からも教えた。片や、キューブラー＝ロスの専門は精神医学だった。それは、感情の状態に着目した五段階モデルに反映されている。このモデルは、死にゆく過程と悲嘆する過程を、本質的に心理的なプロセスとして描いている。それは理解しやすかったので、世界中の専門職者のケアと一般人の心構えとの双方に甚大な影響を与えた。

この二人の卓越した女性と、その多くの弟子たちによって、ホスピス・緩和ケアは英国・米国から世界中の国々に広まった。キューブラー＝ロス、そしてとくにソーンダーズは、植民地時代の宗教的な宣教師のようだった。彼らは、人間味ある人生最終段階ケアに対する自分たちのアプローチが世界中で応用可能だと強く信じていた。それを各国で新たに実装するのに、わずかな調整しか必要ないと考えた。ザマンら（Zaman et al. 2017b）の、サバルタンと脱植民地の視点から書かれた論文は、この信念に当然の疑問を投げかけた。彼らが指摘したのは、「地域が過去から現在にかけて抱える人生最終段階ケアに関する複数の問題や論点」である。彼らはまた、「それらがどのように克服されうるかについての複数の可能性をも指摘した」。「人生最終段階での介入を均質化するのではなく、私たちは、死にゆく者のケアの複数の未来に開かれていいたい」（p. 72）という。

最近、ある調査（Economist Intelligence Unit 2015）が「死の質」という指標で各国民集団を格付けしたが、そのなかで英国は首位であった。このことは、英国の緩和ケア医を喜ばせる一方で、他の分野の医師を困惑させた。というのも、英国は数々の注目される人生最終段階ケアのスキャンダルを経験してきたからだ。

そのため、人生最終段階ケアの質に対してメディアや国民の間には懸念が広がっていたのである(Borgstrom and Walter 2015)。ザマンら(Zaman 2017b)の観察によれば、『エコノミスト・インテリジェンス・ユニット』の指数は、死にゆく人への一般医療と看護ケアの質や、地域共同体のケアへのエンパワーメントよりも、専門家と高度に専門職者によって担われた緩和ケアのサービスを評価している。したがって、この指数が測定しているのは、ある特定のモデルに偏ったケアに国が投入した資源であって、死の過程の質ではない。しかも、そのモデルはグローバル・サウスには当てはまらないかもしれない。

まとめると、西洋の緩和ケアの実践は世界中に広がり、何百万人もの人々に恩恵をもたらしている。しかし、その恩恵を最大限に享受するためには、その実践をまったく別種のケアだと言えるくらい修正する必要があるだろう。そして、西洋は東洋から学ぶことにオープンである必要がある。

❷ 東洋から西洋へ

今のところ、東洋から西洋への死の慣行の流通は、それほど多くはない。

慈悲共同体

東洋から西洋へ、グローバル・サウスからグローバル・ノースへの転移の例として潜在的に重要なのが、草の根ボランティアに根ざした緩和ケア運動である。これは、インドのケララ州で大規模に始まった(Kumar 2007)。このプロジェクトのインスピレーションは、バングラデシュのような貧しい国だけでなく(Zaman et al. 2017a)、英国のように医療制度が高度に発達した豊かな国にも受け入れられている。しかし、前章で述べたように、脱産業社会への移転の成功を阻む社会政治的な構造が立ちはだかる。プライバシーや個人主義への強い意識、高度に専門職化された医療制度、健康や安全に関わる問題を根拠に訴えられるという不安、政治的コンテクストでの不信感の広まりなどである（Zaman et al. 2018）。スウェーデンのような社会民主主義的な脱産業国では、高賃金の雇用によってボランティア人材が減少する可能性がある。税金で有償介護を賄う伝統がある社会では、ボランティアは有償介護《ケア》者の仕事を奪う存在だと警戒されるかもしれない。ザマンらは結論部分で疑問を投げかけている（2018: 142）。グローバル・サウスでは、医療アクセスに多くの障壁があるのに、共同体成員間で慈悲が自在に行き交う潜在的可能性がより高いというのは、事実なのか。そして、それが事実だとして、北が南から学ぶという「逆転学習」が一度でも起こるとしたら、それはどのようなものになるだろうか。

仏　教

仏教の死にゆく過程に対するアプローチは、西洋にも浸透してきている（たとえばRinpoche 1992）。その実践は千差万別だが、基本的に仏教が教えるのは、常住なるものは存在せず、実存の核心には苦があるということだ。つまり、死にゆく過程と喪失は、成長、幸福、繁栄といった西洋的価値観への侮辱ではなく、実在の核心に人を導くものなのである。そのため、西洋のさまざまな個人や団体が、死に関する基本的な哲学と人生最終段階ケアにおける具体的な実践の両方を仏教に求めてきた（たとえば、Levine 1988; Ostaseski 1990）。

死に関する仏教的な実践の米国への伝播に関して、二つの研究がある。これらは、アメリカ化がどのように生じるのかを明らかにしている。ナーロパーという〔仏教系の〕集団は、かなりチベット的な悲嘆感覚を持っている。その一方で、生者と死者の間の継続する絆はつねにポジティブなものだとする。多くの東洋文化が、死者は潜在的に災厄をもたらすものであり、慰撫する必要があるとするのとは対照的だ（Goss and Klass 2005）。もう一つの研究、『未生の死者を弔う——アメリカにやってきたある仏教儀礼』（Wilson 2009）は、水子供養について考察したものである。水子供養とは、中絶された胎児のための儀式で、日本では何百万人もの母親によっておこなわれている。（日本の寺院の入り口には、亡くなった胎児の小さな像〔正確には子どもの姿をした水子地蔵〕が並んでおり、西洋人観光客にとっては目立って見える。）ウィルソンは、過去四〇年以上の間に、水子供養が日系人ではない北米人に徐々に受け入れられてきたことを明らかにした。北米人たちは、その儀礼の意味と目的を再設定した。日本における水子供養の慣行は、祟りをもたらす恐れがあるような怒れる胎児霊の慰撫を目的とする。北米の水子供養は、母親が喪に服し、慰めを受けるための手段となっている。日本人は霊的な行為主体としての胎児に関心があったが、アメリカ人は、母親の心理的な適応に関心を向ける。これは、キュブラー＝ロスが悲嘆を心理化したのと軌を一にする。古代人は、死者を移動する魂だとし、その途中で禍《わざわい》を引き起こすかもしれないと案じていた。それに対して、世俗的な西洋人、とくにアメリカ人は、生きている人の心理的健康を案じるのである。

文化の盗用？

東洋の仏教徒やケララ・プロジェクトのメンバーは、東洋から西洋への〔文化〕移動が促進されることを歓迎するだろう。しかし、西洋に植民地化された人々の子孫の誰もが、植民地時代の主人の子孫による伝統の流用に賛同するわけではない。たとえば、マオリの刺青やメキシコの死者の日（Dia de los Muertos）などには、文化盗用の疑惑があり、スムーズな移転を妨げている。

氷中に保存された二五〇〇年前のシベリアのミイラからは、精巧なタトゥーが発見されている。また、三万五〇〇〇年以上前のヨーロッパ人の遺骸からは、シンプルなタトゥーが発見されている。だが一般的に、タトゥーは、太平洋の島々を数世紀前に訪れた船員がヨーロッパに伝えたものだと認識されている。「タトゥー」という言葉は、ポリネシア語の「tatau」に由来する。ニュージーランドでは、一九八〇年代以降のマオリ文化の復興により、ワカパパ〔系譜、祖先のアイデンティティ〕を体に刻むためのタトゥーの慣行が復活した。「モコ〔マオリのタトゥー〕を身につけるとき、あなたは自分の先祖の顔になるのだ」(Te Awekotuku and Nikora 2007 : 180)。したがって、そうしたタトゥーの一つ一つは、身につける人自身のワカパパの独自な表象である。マオリのタトゥー師がヨーロッパ人の身体に伝統的なデザインを彫ったり、西洋のタトゥー・アーティストがこれらのデザインを使用したりすると、論争が起こる可能性がある。それは先住民のタトゥイストが生計を立てるのに都合の良い方法なのか、あるいはデザインのマナ〔力〕を低下させる脱植民地的な流用なのか、と。モコはそれを身に付ける人の亡くなった先祖を表象しているため、この問題は死とも関連する。西洋人も亡くなった愛する人を共同追悼するためにタトゥーを入れることが多い(Davidson 2017)。とはいえ、これらは通常、着用者の故人に対する個人的な感情や記憶を表象しており、マオリのデザインであることはほとんどない。

死者の日は、メキシコの宗教的、家庭的な祭りで、カトリックの万霊節に由来し、家族の死者を偲び、祈りを捧げるものである。この祭りは、生者に人生の短さを思い出させ、人間の努力の虚しさを強調し、伝統的に政治指導者を風刺する。しかし、「メキシコの死者の日 The Mexican Day of the Dead」としてアメリカのポップ・カルチャーへと変容したら、マオリのタトゥーの流用と同様の問題を引き起こす可能性がある(Cann 2016)。イングランドやオランダでは、死者を共同追悼し、死すべき運命について考えるための、より生き生きとした方法を作ろうとする取り組みがあり、非商業的な方法で「死者の日」を取り入れている。

❸ 想像力

思想や慣行が世界中に流通するかどうか、そしてどのように流通するかは、ある程度は受け手の想像力に左右される（Appadurai 1990）。受け手は、近代性を模倣する価値があると信じるのだろうか（だとして、どの国の近代を模倣するのか）。それとも受け手は、西洋の近代性に幻滅し、先住民の文化やその慣行を、より純粋で健全なものだと考えるのだろうか。あるいは、受け手は複数の近代性が存在すると考え、それぞれの国が独自の発展を遂げる責任を負い、潜在的可能性としては、どこからでも思想を取り入れることができると考えるだろうか（Eisenstadt 2000）。受け手はどのように近代性や先住民性を想像するのだろうか。この「想像された近代性」と「想像された先住民性」という私の概念は、ベネディクト・アンダーソン（Anderson 1991）の「想像された共同体」という概念とアパデュライの「想像された世界」（Appadurai 1990）を参考にしている。

想像された近代性

その典型的な事例が、第一一章で取り上げた明治日本の火葬の採用である。一八七〇年代、近代化を急ごうとした日本は、欧米の近代的な技術や慣行を模倣しようとし、誤って火葬を近代に典型的な慣行と見なし、イタリア、ドイツ、イングランド、米国で広く営まれていると勘違いしてしまったのである。実は当時、これらの西洋諸国は火葬について議論していたにすぎなかった。このようにして、日本は大規模に火葬を展開した最初の近代国家となった。それが日本の想像した近代性の特徴だったからである（Bernstein

2000)。この事例は、想像された近代性の力を示している。

しかし、改革を推進するのに、勘違いの想像が必要だというわけではない。一九八九年の共産主義崩壊後、東欧諸国は資本主義的近代性とはどのような形を取るかについて独自の思想を持ち、それを精力的に追い求めた。シンガポールは独自の超近代化のために東洋と西洋の両方に目を向け、ニュージーランドは英国と北米の両方に目を向けている。一九八七年、火葬場の開発を計画していたニュージーランドの葬祭ディレクターと話したのを思い出す。彼は、米国と英国で火葬のやり方がまったく違うことを知っており、どちらに従うかを決めなければならなかった。情報が十分か不十分かはともかく、思想や慣行の流通の仕方を大きく左右するのは、何をもって進歩だと想像するかなのである。

想像された先住民性

米国、英国、その他いくつかのヨーロッパ諸国では、「自然」死と「自然」葬という思想が力を得てきた。このような思想を持つ人々は、産業革命以前の死の道筋、そして非西洋的な死の道筋、とくに世界宗教以前のものをロマン主義的に描くのが常である。「高貴な野蛮人」と彼（今日の想像されている高貴な野蛮人は彼女が多い）の方法が理想化されているのだ（Walter 1995; Hockey 1996）。家父長制、宗教、産業、都市、近代医学が、われわれ本来のありようとされる自然状態から切り離す前に、われわれ人間はどのように行動していたのだろう。近代的生活および近代的な死とその過程のありように幻滅している人々にとって、それは非常に心を惹かれる問いかけかもしれない。

その前提にあるのが、死は自然なプロセスである、またはあるはずだという思想である。しかし、第二章で見たように、死を自然なプロセスとする思想は、伝統的なものではなく、近代的なものである。シモンズ（Simmons 1945）が再検討した四七の伝統文化のうち、一七は死を不自然なもの、たとえば呪い、妖術、超自然的な介入などの結果だとし、他の二六は、死は自然の出来事だという思想を部分的にしか受け入れていなかった。ムビティ（Mbiti 1970: 203-4）の記録によれば、アフリカ人は死の最も一般的な原因を「呪術、邪術、妖術」だと考えており、自然なプロセスだとは考えていない。それにもかかわらず、自然死と自然葬は伝統的で健康的だとする思想が、さまざまな西洋社会で自然死運動を推進し続けている。明治の日本でもそうであったように、想像力が現実を形づくり、招き寄せるのである。

5 結論

商品、サービス、人の流通は、現代のグローバル化によって大きく促進されたが、同時に障壁にも直面している。移民は国境で文字通りの障壁に直面している。多国籍企業は進出しようと狙っている国で、文化の障壁や消費者の抵抗に直面している。思想は、言葉の障壁に直面している。慣行、思想、人々の流通は、想像力によって突き動かされている。どこか別の場所でのより良い未来、自分の墓の世話をする子孫、「近代的」「自然」「健康」な慣行などに関する想像力である。次の短い最終章では、死と喪失の経験と管理に見られるグローバルな潮流を明らかにし、それをもとに「死の未来」に何が待ち構えているのかを見届けてみたい。

読書案内

- Appadurai, A.（1990）‘Disjuncture and difference in the global cultural economy’, in M. Featherstone (ed.), *Global Culture*. London: Sage, pp. 295–310.
- Bravo, V.（2017）‘Coping with dying and deaths at home: how undocumented migrants in the United States experience the process of transnational grieving’, *Mortality*, 22: 33–44.
- Gunaratnam, Y.（2013）*Death and the Migrant: Bodies, borders and care*. London: Bloomsbury.
- Hunter, A.（2016）‘Staking a claim to land, faith and family: burial location preferences of Middle Eastern Christian migrants’, *Journal of Intercultural Studies*, 37: 179–94.
- Lennon, J. and Foley, M.（2000）*Dark Tourism: The attraction of death and disaster*. London: Continuum.
- McManus, R.（2013）*Death in a Global Age*. Basingstoke: Palgrave Macmillan.
- Ritzer, G. and Dean, P.（2015）*Globalization: A basic text*（2nd edn). Oxford: Wiley-Blackwell.

議論のための問い

- あなたの国の移民家族は、死にゆく過程、葬儀、服喪において、どのような問題に直面しているだろうか。
- あなたの国では、死と喪失を管理する最善の方法に関する思想を、これまでどこ〔地域または情報源〕に求めてきただろうか。また、どこに目を向ける可能性があるだろうか。
- あなたは、さまざまな先住民族が、死とその過程と喪失に対してより健全なアプローチをしていると思うか。

第十五章　死のさまざまな未来

本書の第一部では、各国で近代化が進むにつれて、死とその過程への対応がどのように変化するのかを明らかにした。同時に、第二部、第三部、第四部では、これらの対応が近代世界のなかでも、国民集団、社会階級、民族集団によって、どのように、そしてどうして異なるのかを明らかにした。このことは、医療制度一般について私たちが知っていることと合致する。すなわち、人口動態上の課題を共有し、互いをコピーしたことによって、近代の国民集団の間で医療制度は似通ったものに収斂していった。その一方で、制度上の経路依存性によって発達の方向性は別々のものになっていった（Beckfield, Olafsdottir and Sosnaud 2013）。この結びの章では、次のような問いかけをおこなう。類似点と相違点のこうした混在は、異なる国民集団や文化による死・喪失・悲嘆の管理法が、時が経つと全面的に収斂することを示しているのか（Ritzer and Dean 2015）。あるいは、それぞれの文化や国民集団は、近代性との独特なハイブリッド、他の文献では「グローカル化」（Robertson 1995）として知られているものを作り出しているのだろうか。あるいは、異なるモダニティが異なる道をたどるのか。別のメタファーを用いるなら、いくつかのグルーピングへとクラスター化するのだろうか（Eisenstadt 2000）。どのような答えを出すにしても、現在の潮流と起こりうる未来について調査する必要がある。

1　現在の潮流

❶ 上昇し続ける個人的なもの

社会が豊かになるにつれて、人々が互いを——そしておそらくは神を——必要とする程度は、生き残りや繁栄という目的に関して言えばますます低下している。自家用車、洗濯機、テレビ、タブレット端末が、公共交通機関、洗濯場、劇場、図書館に取って代わっている。これはつまり、伝統的に親族を基盤とし、宗教によって結ばれてきた地域共同体への帰属意識が、世界中で個人の自己充足に道を譲りつつあるということだろうか。あるいは、少なくとも自己充足的な核家族が、親族や隣人、神に頼る代わりに、そのニーズを満たすような商品やサービスを購入しているということだろうか。いずれにせよ、これがホフステード（Hofstede 2001）やイングルハートとヴェルツェル（Inglehart and Welzel 2005）などが、各国の文化的価値観を比較する調査プロジェクトの知見を解釈する際の方向性である。

第八章で紹介した医療作家のアトゥール・ガワンデは、ベストセラー『死すべき定め』（Gawande 2014）のなかで、死とその過程に対する示唆を引き出している。両親がインドから米国に移住したために、米国で育ったガワンデは、世界各地の老いゆく過程と死にゆく過程における社会的潮流に通じている。とくに、グローバルな潮流として、あらゆる年齢層で個人の自立を促す傾向があることを懸念している。なぜなら、人生最終段階にさしかかって衰弱や虚弱に陥っているのに〝いかに自立し続けられるか〟と問題提起してくるからだ。病院での専門職者によるケアは答えにならないだろう。というのも、人生を通じて自立心を養ってきた人々は、人生最終段階で施設に入ることを望まないからである。ガワンデ（p. 192）は、グーら（Gu et al. 2007）による、人々の死に場所に関する三つの歴史的段階を引用している。これは、経済発展の三段階に由来するものである。

- 極度の貧困状態にある共同体では、医療施設がないため、死は自宅で起こる。
- その後、経済が発展すると、個人や国の資源によって、病人は医療に頼れるようになり、病院で死ぬようになる。
- 最後に、発展の末に豊かな社会がもたらされると、「人々は自分の生活の質に関心を持てるほどの資産を持ち、それは病気であっても変わらないので、実際に在宅死が再び増加する」のである。

第六章で私は、このような豊かさと人間らしさを特徴とし、施設から離れようとする死に方を「脱物質的」と呼んだ。どこで息を引き取ろうとも、その前の虚弱や病気の期間の多くは自宅で過ごすことになる。しかし、これを続けるためには、地域共同体が慈悲を実装しなければならないだろう。自分の住むある程度は豊かな街で、私は目撃したことがある。それは、虚弱や重い病気を持つ人が出たことがきっかけで、死にゆく人とその家族介護者《ケア》を隣人が支える行為が復活したということである（Walter 1999a）。だが、前章で述べたように、脱産業社会で、これは常態ではなく、むしろ例外かもしれない。ここに矛盾がある。仮に脱産業社会で自立心を持った人々が自分の家で死ぬとしたら、慈悲共同体が必要となるだろう。だが、この慈悲共同体は、人々が自立心をそれほど重視しないケララのような発展途上社会のほうで、ずっとうまくいくかもしれない。脱産業社会における死の未来は、この矛盾が解決されるかどうか、そしてどのように解決されるかに大きく左右されるだろう。つまり、人生最終段階における慈悲共同体が、予想に反して、脱産業社会で発達しうるかどうかである（Zaman et al. 2018）。

❷ クラスター化

諸個人からなる社会〔個人主義的な社会〕へのグローバルな収斂〔世界全体が同じような社会になること〕が一つのシナリオだとすれば、もう一つのシナリオは、国民集団が地域ごとにクラスターをなすというものである。これは、イングルハートとベイカーの結論だ（Inglehart and Baker 2000: 49）。「経済発展はさまざまな社会を共通の方向に向かわせるが、それらの社会は収斂することがない。あたかも並行した軌道を進むかのようで、その軌道は、文化的遺産の影響を受けている」。これらのクラスターは、隣国同士で構成される。共通点は、宗教史、個人主義あるいは集団主義などの文化、類似した物理的環境、同程度の国民総生産（GNP）などである。ということは、疾病パターンも共通してくる。クラスターの例としては、ラテン・アメリカ、中・東欧、サハラ以南のアフリカ、東アジアなどがある。[1] GNPは他のすべてを凌駕する〔GNPを見れば、その国の特徴はすべて説明できる〕と主張する人もいるが、私の見るところ、この点についてはまだ評決が下されていないようである。

一つだけ例を挙げてみよう。サンタ・ムエルテは骸骨の聖人で、過去数十年にわたって、数百万人のラテン・アメリカ人とその米国在住の移民たちの信仰を集めてきた。この民俗聖人の超自然的なパワーは、主流派教会からは非難されるものの、そのパワーゆえに、彼女にちなんだ小さな彫像と道具類は、もっと古くから受け継がれている民間聖人の品物より多く売れている。彼女のあまたいる信者のなかで最も注目すべきは薬物の密売人である。彼女は、彼らにとっては守護聖人で、売人や取引を守ってくれるという。彼女の祭壇は、薬物密輸業者の隠れ家で発見されることが多い（Chesnut 2017）。サンタ・ムエルテは伝統的な聖人ではなく、近代的な聖人である。というのも、非合法ではあれど高い利益を出しているある産業と結びついているからである。その出自は、明らかにラテン・アメリカのカトリックと先住民文化からなるクラスターである。たとえば儒教的な東アジアやアラブ世界の薬物売人に信者を見つけることは、仮にあったとしてもごくまれだろう。死の文化の各「クラスター」は、グローバルな経済発展によって弱まりつつも、つねに広範囲の諸力によって更新されてもいる。

❸ グローカル化

もう一つの可能性は、ローランド・ロバートソン（Robertson 1995）が、グローバルな均質性とローカルな異質性の両方に注目し、「グローカル化」と呼んだものである。その種の事例を、私は本書でいくつも示してきた。近代性は死の輪郭を変える（第一章）。それはグローバルな医療化・合理化・商品化を死とその過程と悲嘆にもたらす（第一部）。しかし実際に、死はどれくらい医療化されているのか、死のどのような側面が商品化されているのか、どの程度の多様性を示しているのか、これらを左右するのは文化であり（第三部）、国民集団の歴史・法律・制度（施設）であり（第四部）、ローカルな状況とアクターたちである。死に関しては、国民集団がローカルな極とグローバルな極とに引き裂かれる現象は起きていないように思われる。文化、とりわけ民族集団・宗教集団の文化は、国民集団の内外に広がっているが、死にゆく過程と悲嘆する過程の組織化と経験に影響を与え続けている。そして、国から国へと移住する人が増えれば増えるほど、国民集団内の多様性も拡大してゆく。

このことは葬儀についても確認される。グローバル・サウスからグローバル・ノースへと移り住む人々が、受入国の葬儀慣行を変える事例はまれである。移民たちが開店することが多いエスニックなレストランなら、受入国の料理の好みと習慣を多様化させることは多い。また、移住先で生まれた子どもたちは、移民の宗教的実践については学校で学ぶ程度になるかもしれない。だが、その国で生まれたそうした市民〔移民の子ども〕でさえ、移民の葬儀に出席した経験があると、自分たち独自の葬儀慣行を変えようとしない可能性が高い。結果として受入国で起こるのは、葬儀の多様性の増大である。

しかしながら、植民者が移民としてある土地に到着した場合では、事情がまったく違ってくる。植民地化は総じて、ヨーロッパ諸国が他国に先駆けて海外の土地を獲得したいという欲望に駆り立てられた結果だった。にもかかわらず、植民者は歴史の常に倣い、傲慢にも自文化の優越性を誇示してきた。それは植民地化される側の文化に自文化を押しつける力となる。こうした文化のなかには、宗教と宗教儀礼が含まれることが多い。そして、当然のことながら宗教のなかには葬送が含まれる。したがって、植民地化は、控えめに見ても葬送の均質化をもたらす。脱植民地時代における逆向きの移民の場合、それとは正反対に多様化が起こる。

2　未来のシナリオ

❶ 死の未来

要約すると、死とその過程に関する経験と社会的組織化は、文化間で類似する点と相違する点の両方を持っている。

● 類似点のなかでも小さくないのが、死にゆく過程が老年期で起こるようになったことである。類似点は、経済的発展と技術的発展によるところが大きい。また、各国は互いに模倣し合っている。
● 同程度のGNPを持つ国の間に見られる相違点は、文化、国民集団の歴史・制度、物理的環境、不平等の度合いの差によるところが大きい。
● 類似点と相違点は相互作用する。
● その結果、グローバルな収斂がある程度起こるが、地域的クラスター化もある程度は起こり、グローカル化も起こる。

言い換えると、死とその過程の管理法と経験様態に近代性がもたらす帰結（医療化・合理化・商品化）は、ほぼ予測可能である。だが、社会――その文化・法律・制度――がこれらの帰結にどう応答し、それらをどう運用してゆくかは、予測不可能である。アイゼンシュタット（Eisenstadt 2000）が主張したように、近代性は複数あるのだ。

本書で示したのは、具体的な歴史的出来事や法整備が、たまたまタイミングよく起きた出来事と連動して、特定の経路依存性を作り出しているということである。この経路依存性は、特定の文化ないし制度〔施設〕のレールを敷く。その国の内部の死と喪失は、それから数十年はそのレールに沿って組織化される。たとえば英国の場合、第二次世界大戦の特定の経験ゆえに、喪失への英国人らしい反応はストイシズムだという規範が、少なくとも一世代は文化として維持されることになった。戦争の経験は、制度面では福祉国家の形成をもたらした。そのなかには医療の社会化、すなわち国民保健サービスも含まれる。英国ではその後ろ盾もあって、死の医療化と制度化〔施設化〕がきわめて特殊な形態をとっている。

新しい経路依存性を設定する未来の歴史的出来事がどのようなものになるかは予想もつかない。地球温暖化が起こることはわかっている。それが政治的崩壊や新しい戦争をいくつかの国で招くことになりそうだということもわかっている。海に近い低標高の地域からとくに人の移住が増えるかもしれない。殺虫剤と抗生物質を現在のように使い続ければ、つまり減らさなければ、人間の疾患が増加する可能性があることもわかっている。だが予測不能のこともある。リスクを抱えている国や医療制度のなかのどれが崩壊するのか。正確にどこで、そしていつ戦争が起こるのか。どの国が、肯定的であれ否定的であれ、移民増加の影響を最も受けることになるのか、など。また、社会がどのように対応するか、あるいはその初期対応がどのように新しい経路依存性を死の管理に関して設定するかも、私たちには予測不可能である。ある一つのグローバルな巨大災害がすべてを変えてしまうかどうかも予測不可能だ。言い換えると、いくら現代の潮流を理解しても、死の未来は予測不可能なのである。だが、死には複数の未来があるということは言えそうだ。

ある程度確実に予測できるのは（Clark et al. 2017）、グローバルな年間死者数の動向である。現在のところ五六〇〇万人だが、二一世紀中盤までには史上空前の九〇〇〇万人に達する。その後、二一世紀中には減少に転じる。これは、一九七〇年代以来世界中（サハラ以南以外）で続いている出生率低下を反映したものだ。この九〇〇〇万人の死者の高齢化〔若年層の死者数の減少による〕はどんどん進み、何らかの程度の認知症を経験する人も多くなるだろう。死を間近に控えた人々の絶対数と上昇する年齢構成からある程度確実に予測できるのは、これから半世紀後に、死にゆく過程、死体、悲嘆の管理は、新たな課題に直面し、新たな対応を迫られるようになるということである。

❷ 悲嘆の未来

理想の喪失

人間は、大切な人の死による喪失だけでなく、希望や理想の喪失に対しても悲嘆の感情を持つ。後者の悲嘆は、社会全体、あるいは世代全体を苦しめることもある。それは、前者の親密圏での悲嘆にとって、社会政治的な背景を形成している可能性がある。私の念頭にあるのは、一九二〇年代に生まれた二人の友人である。彼らは、一九三〇年代から一九四〇年代にかけてファシズムの災厄を目の当たりにし、社会主義を信奉するようになった。そして、成人を迎えると、彼ら若者世代の多くがそうしたように、英国共産党に入党した。年月が経ち、ソヴィエト社会の問題が西側でも知られるようになると、二人とも党に幻滅し、最終的には党を去った。一人は、自分の理想主義をキャリアの成功につなげた。そのキャリアは、英国人の健康状態を改善することに貢献するものであった。社会民主主義を明るく受け入れ、何が達成できるかを楽観的かつ楽天的に考え続けた。もう一人は、世界と彼女自身の人生、両方の状況に対して辛辣に考えるようになった。共産主義の理想の喪失に対する悲嘆は生涯続いた。そのことが、私生活での喪失の衝撃を増幅することになり、逆に私的な喪失が、理想喪失の衝撃を増幅することになった。心理学的用語で言えば、彼のほうは喪失を徹底操作[*1]することで名声を得たが、彼女は生涯ずっと反芻することから抜け出せなかった（Eisma and Stroebe 2017）。

社会主義の喪失を嘆く者がいれば、ファシズムの喪失を嘆く者もいる（とりわけスペインでは）。帝国の喪失を嘆く者がいれば、欧州市民権の喪失を嘆く者もいる（欧州連合残留に投票した多くの英国人の場合）。他には、雇用の不安定化によって終身雇用への期待を完全に失った人もいる。日本では、同じ会社で終身雇用されることが一九五〇年代以来当たり前だったが、一九九〇年代には、その喪失が痛みをともなって感じられるようになった（Allison 2013）。他には、自分の職業や階級へのリスペクトの喪失を嘆く人もいる。今後は、私たちがかつて知っていた惑星〔地球〕が失われたことを悲嘆し始める人も、どんどん増えるだろう。

評価されることの喪失

一九六三年に、ジェレミー・シーブルックは貧困と社会階級の地位低下についての本を書き、華々しい経歴をスタートさせた。論文「資本主義の生ける屍」（Seabrook 2008）のなかで、彼は、〔労働移動によって〕掃きだめへ廃棄されるという経験が、資本主義特有の風土病であり、今後も数百万人の人々が経験するだろうと主張する。この論文は、資本主義によって生み出され、遅かれ早かれ（早いことのほうが多いが）廃棄されることになった、階級および職業集団それぞれの死に対する称徳の賛辞／哀歌である。それぞれ、上り調子のときには自分たちこそが未来であり、自分自身の運命を切り開いていると感じるのだが、やがて廃棄される番がめぐってくる。つまり、各階級・集団は、個人でコントロールできない力によって生み出され、殺されるのだ。シーブルックは、グラマー・スクール[*2]で優秀な成績を収め、より良い世界を作るためにジャーナリズムの道に進んだ一人の労働者階級の少年として、この論文を書いている――他の生徒はソーシャルワーク、教師、都市計画などの道に進んだという。一九六〇年代、資本主義は労働者階級を管理するために、福祉の専門職者を育てるこの新たな能力主義〔英才教育制度〕を必要とした。だが、まさしく一九八〇年代以降の状況を見れば分かるように、資本主義は彼らを見捨てた。資本主義はかつて、労働者階級の気持ちをエリートに伝えるためにシーブルック〔のようなジャーナリスト〕を必要としていた。しかし、一九八四～五年の鉱山労働者ストライキと一九八九年の共産主義崩壊の後、労働者階級はもはや資本にとって何の脅威にもならなくなった。それ以後、資本は、イスラーム急進派の地下世界について報道するジャーナリストを必要とするようになった。シーブルックが最初に執筆した雑誌『ニュー・ソサエティ』は一九八八年に廃刊となり、彼はますます仕事を見つけるのに苦労するようになった。

しかし、シーブルックに言わせれば、有名人、メディア・スター、億万長者たちの代表する、新たに支配的となった消費者階級の快楽主義的価値観は、それ自体が捨て去られると推測できる。生態学的な生存のために、私たちのライフスタイルは節度あるものにせざるをえないからだ。シーブルックは、他の階級の盛衰も描いている。一九四四年に制定された教育法とそれが生み出した能力主義によって駆逐された独学者層、チェーン店によって駆逐された小売店経営者などである。この永続する喪失感は、資本主義の風土病であるにもかかわらず、そのつど現れる新興階級によって〔悲嘆の〕公民権を剝奪されてしまう。新興階級にとって、「変化の代償の上に安住しているということは、「自分たち」がどこかに向かっているのだという信念を疑わしいものにしてしまう」からである（Seabrook 2008: 31）。

シーブルックの記述はイングランドの視点からなされている。もしポルトガル人の書き手だったら、このテーマについてどのようなことを言うだろうか。一五～六世紀に、ポルトガルは、グローバル帝国を最初に打ち立て、強国となった。だが一八世紀からは衰退し、今では西欧で最も貧しい国の一つである。ポルトガルのファドという音楽は、少なくとも一八二〇年代には存在していたが、今日に至るまで人気を博している。それはメランコリーな調子とサウダージの表現で有名である。サウダージとは、憧憬や憂鬱や郷愁の感情でポルトガル人〔とブラジル人〕の気質の特徴だとされている。◉2 ポルトガルの歌と詩は、失われた過去への憧憬で満たされている。それは、経済的な憧憬でもあれば、ロマン主義的な憧憬でもあり、あるいはその両方でもある。ポルトガルのポピュラー文化はノスタルジアと服喪を基調としている。それはちょうど仏教が苦と喪失を受容するのと似ている。どちらもアメリカ人の楽観主義とはまったく異なる。資本主義は、スキルや職業を次々と生み出しては殺してゆく。それに対して、慢性的な喪失を民衆がどうコーピングするかは、文化・芸術・宗教が、喪失を押さえつけるか表現するかによって異なった様態をとる。社会や国民集団の総体は、希望と喪失、楽観と悲観のコンテクストになっている。だとすると、それは愛する人の死をめぐる個人的な悲嘆にどのような影響を与えるのだろうか。これについては、まだ研究がなされていない。私たちが知っていることと言えば、人生が充足されていないという感覚は、老年期や死の運命への直面を難しくするということである（Johnson 2016）。

社会の加速

ローザ（Rosa 2015）は彼の社会的加速論のなかで、グローネマイヤー（Gronemeyer 1996）の観察を参照している。それによると、創造から最後の審判に至る聖書の時間概念は、人々の想像のなかでは、誕生から死に至る世俗的な時間概念に置き換えられているという。その結果引き起こされたのは、慢性的な時間不足である。よく生きられた人生とは、かつては十戒に従い、神への信仰を貫いた人生であった。それに対して、いまやよく生きられた人生とは、充足された人生となっている。神を敬う人生なら、子どもでも生きられる。また神を敬う人生は実際、子どもの死亡率の高さに脅かされることもなかった。現代のように寿命が延びると、完全な人生 full life が可能となる（自分の潜在的可能性を充足するためには、それなりの年数を生きる必要がある）。そして、それは早死によって脅かされる（Walter 1985）。そのため、現代人は世俗的な選択肢の加速度的享受にふけっているのだと、ローザは主張する。それは自分に割り当てられた時間にあらゆるものをはめ込みたいという希望ゆえに速さを増してゆく人生である。「良い人生とは完全な人生である。……それは、世界が提供してくれるものをできるだけ多く味わおうとする人生である」(p. 182)。不運なことに、資本主義を回していくために、一つの経験や商品を受け取った消費者は必ず、さらにもっと多くのものに誘惑されることになる。経験を追い求める消費者は飽きるどころか、到達可能地点に追いつけず、つねに後塵を拝することになる。その結果どうなるか。前近代で老年期に達することのできた農民は死ぬときに「人生に満足している高齢者であるのに対し、近代人はこの地点に到達することが決してない」(p. 185)。近代人は老年期に達すると、自分が成し遂げていないことについて嘆き悲しみ〔服喪し〕ながら死に直面するのである。

ローザのテーゼに根拠があるかどうかは疑わしい。老年期に達した人々について、二〇世紀の最後の三分の一の期間になされた研究のいくつかは、このテーゼが妥当でないことを示している。とくに北米でおこなわれた調査では、高齢者たちは、自分の人生を満足げに振り返るのが通例だと判明している。そのおかげで、彼らは大きな後悔を持たずに老年期に入り、死を迎えることができるのである(Butler 1963; Marshall 1981)。この史上最大の人口を持つ世代は、上方向への社会移動を経験してきていた。たとえば、工場労働者の減少とともにホワイト・カラー労働者が拡大した。そして、数的には最大の社会階級である労働者階級に、中産階級が取って代わりつつあった。このようなスケールの上方向への社会移動の経験は、今日の脱産業国では二度と繰り返されないだろう(ただし中国ではいま起こっている)。この世代が自分の人生に満足しながら老年期に入るのも驚くことではない。それゆえ、ローザのテーゼは、次の世代で検証される仮説として残される。すなわち、戦後のベビーブーム世代である。この世代は、最初に大衆消費を経験した世代であり、最初に消費者のニーズが基本的欲求を超えて段階的に上昇するのを経験した世代でもある。ベビーブーム世代は、先行世代と異なり、充足されないまま死ぬことになるのだろうか。そして、X世代はどうなるのだろう。彼らはベビーブーム世代の後を追うが、経済的にはより不確実な時代に成長した。あるいはミレニアル世代はどうだろう。その経済面での未来はさらにもっと不安定である。彼らも、人生で達成したことが、いだいていた野心に追いついていないような人生を、おそらく後悔しながら、ひょっとすると嘆き悲しみ〔服喪し〕ながら死ぬことになるだろう。

❸ 死生学の未来

死生学 death studies――米国ではしばしば「サナトロジー」と呼ばれるもの――は、他の学問分野と同様、その時代の社会的コンテクストと政治的コンテクストから影響を受けている。いくつかの時期に分けて略述しよう。

一九五〇年代から一九七〇年代

一九五〇年代と一九六〇年代の戦後期に学者たちを動機づけた二つの特徴は、ここで言及しておいてもよいだろう。まずナチズムとホロコーストが、人間の実存に関する問いを喚起した。平凡な人間がどのようにしてそこまで悪しき存在になりうるのか。人間はどのようにして悪を生き延びるのか。オーストリアの精神科医ヴィクトール・フランクルのカルト的人気を博した一九六〇年代の著作[*3]『人間の意味の探究』〔邦題は『夜と霧』〕(Frankl 1987) は、強制収容所で過ごした時間をもとにしたものである。この本は、ホスピスの創始者シスリー・ソーンダーズに影響を与え、きわめて困難な状況でも意味を導き出すことはできるという確信を彼女にもたらした。権威主義と悪の問題は、アーネスト・ベッカーの心をとらえた。彼は、若きGIとしてナチ強制収容所の解放に携わった異色のユダヤ系アメリカ人人類学者である。その著作『死の否認』〔邦題は『死の拒絶』〕（Becker 1973）は、キューブラー＝ロスの『死とその過程』〔邦題は『死ぬ瞬間』〕（Kübler-Ross 1969）をのぞけば、他のどのサナトロジーの本よりもグローバルな影響を与えたと言ってよい。●3ベッカーによると、人間は、自分の命に意味を持たせられるなら、英雄のように振る舞いたいという欲求を持っており、この欲求は、普遍的かつ無意識的な死の恐怖に突き動かされている。この欲求を方向づけたり抑制したりすることは文明にとって不可欠である。なぜなら、それを行動化することはきわめて危険だからである。たとえば、ナチスは彼ら自身を、そして確実に彼らの総統を英雄と見なしていた。

戦後期のもう一つの特徴は、「豊かな社会」と米ソ冷戦が奇妙に混在していたことである。これはパラドックスを生んだ。一方において、西洋人は総じて、なかでもとくにアメリカ人は、かつてないほどの快適さ、便利さ、安全性を享受しながら、より長寿で健康的な人生を送った。そのため、死について考えることを、かなり気楽に先延ばしにすることができたのである。だが、その裏側には「爆弾」への恐怖があった。つまり、核兵器による滅亡の可能性である。それは一九六二年のキューバ・ミサイル危機で一気に現実味を帯びた。アメリカの心理学者たちが「死の不安」を測る尺度を次々と考案し、「死の否認」という通念を広めた背景には、こうしたコンテクストがあったのである。

二〇〇〇年代と二〇一〇年代

同様の矛盾を、今日の人類全員が経験している。地球温暖化をはじめとする人為的な環境リスクに関する知識が増え続け、文明、そしておそらく人類という種そのものが絶滅するリスクがあるという認識が広がっている。人類の地球上での足場が崩壊する運命なら、文化や文明に何の意味があろうか。この世界に子どもを送り出すことに何の意味があるのか。一九五〇年代の「爆弾」と同様、この大量絶滅の恐怖は抽象的だが、結果は重大である。次のような思考実験をしてみよう。人間が今にも絶滅しそうで、私以外には誰も生き延びないとする。その場合、私の人生にどのような意味があるだろうか（Scheffler and Kolodny 2013）。多くの人は、何の意味もなくなってしまう、と答えるという。このことから、シェフラーは、人間の文明・文化という構築物の全体は、私たちに子孫がいるということに根ざしているのだと主張する。私たちの種が絶滅するという見通しは、意味の危機をもたらすだろう。これは、強制収容所によって引き起こされた意味の危機とは違う意味の危機である。というのも、少なくともフランクルの場合、彼の家族の誰かが生き延びるだろうという希望は存在していたからだ。

一方、英国や米国のように不平等が拡大している西洋諸国では、人々の日常的経験の分断が進んでいる。一方には、経済的に安定した脱物質主義者がいて、リベラルな態度とヒューマニズム的な実践に没頭している。他方には、経済的に不安定な人々がいて、強い政府——多くの場合、右翼的で国民主義的な政府——を評価している（第六章）。このようなコンテクストにおいて、安楽死、幇助死、事前指示などに関する論争は、政治性を帯び、メディアや多くの人々を巻き込んでいる。そして、こうした死は、サナトロジーの研究対象ともなっている。

脱物質主義者たちは、環境問題への漠然とした不安と、目先の個人的充足にまつわるプロジェクトの間を右往左往している。その一方で、経済的に不安定な人々は、権威主義的な政府への希望と、目先の不完全就業（就業しているが賃金が生計を支えるのに不十分な状態）やフードバンクといった経験との間を右往左往している。脱物質主義者たちは、自分たちの安定性や健康なライフスタイルや高い環境意識が、他の人々の不安定性と引き換えにもたらされたものであることに気づかないよう、耳目を塞いでいる。経済的に不安定な人々も、自分たちの日常的な行為が健康や環境にもたらす結果に気づかないよう、耳目を塞いでいる。

そうしている間に、中国が世界でも有力な国になりつつある。その数百万人の市民が、地方から都市へと移住し続けている。孝は、若者の大量移住の後も残るだろうか。先祖祭祀の未来はどのようなものになるか。死にゆく中国人をケア〔供養〕するのは誰だろうか。中国が産業社会から脱産業社会に移行したら、近代的な死に方を問い直す脱物質主義的価値観が、西洋で盛んになったように中国でも盛んになるのだろうか（Gu et al. 2007）。中国は、その市民、およびその愛する人が老い、死ぬ際に直面する新しい課題に取り組めるよう、老いゆく過程と死にゆく過程について独自のアカデミックな研究を展開するだろうか。中国は、北米やヨーロッパに代わる死生学の中心地となるだろうか。

こうしたことが全体として、今から数十年後にどのような結果を出すのかは誰にもわからない。確実なのは、死生学にとってのコンテクスト――グローバル、国民的、ローカルそれぞれの――が、変化し、進化してゆくということである。

読書案内

- Eisenstadt, S.N.（2000）'Multiple modernities', *Daedalus*, 129: 1–29.
- Gawande, A.（2014）*Being Mortal: Illness, medicine, and what matters in the end*. London: Profile.
- Robertson, R.（1995）'Glocalization: time-space and homogeneity-heterogeneity', in M. Featherstone, S. Lash and R. Robertson（eds）, *Global Modernities*. London: Sage, pp. 25–44.
- Zaman, S., Inbadas, H., Whitelaw, A. and Clark, D.（2017）'Common or multiple futures for end of

life care around the world?', *Social Science and Medicine*, 172: 72–9.

議論のための問い

- 死とその過程と死別への応答の仕方に関して、近代社会同士で収斂があるとしたら、どのようなものが見られるだろうか。それでも何か大きな違いが残るとしたら、どのようなものが見られるだろうか。
- 次の世紀には、死に至るパターンにどのような変化が生じると予想されるだろうか。

注

◉は原注を、＊は訳注を示す。

日本語版への序文

＊1　相手を無知な子どものような存在として扱い、慈悲深い父親のように命令を下す態度。死生学や生命倫理では、特に医師の患者に対する態度について用いられる。強権的な権威主義とは区別される。

序論

◉1　例外と言える教科書は、カナダ（Northcott and Wilson 2008）やニュージーランド（McManus 2013）など、より強力な隣国と向きあいながらアイデンティティを維持するのに苦労している国のものである。

＊1　本訳書では「nation」を基本的に「国民集団」（形容詞形の「national」は「国民の」など）と訳し、「国家state」とは区別している。「nation」のほうは、共通の言語や文化や歴史を持ったまとまりとしてとらえられる人々の集団であり、「state」のほうは特定の政府によって支配される政治的なまとまりを指す。日本語の「国民」は単数の一般市民を指すことが多いが、英語の「nation」は集団を単数扱いで指す。「country」は「国」と訳すことを基本とした。ただし、上記の用語で、特別に訳し分ける必然性がなく、日本語として「国」と訳したほうが自然な場合は、「国」と訳す。原文をチェックしたい場合は原書を参照してほしい。

＊2　本書では、「bury」「burial」を基本的には「埋葬する」「埋葬」と訳し、火葬と対比された土葬を指す場合は「土葬

する」「土葬」と訳す。埋葬は、火葬された遺灰（またはそれが入った骨壺）を埋めることも含むので、必ずしも土葬だけを指すわけではない。海への水葬にも使われるが、その場合に日本語の「埋める」は不適切なので、「海に葬る」などと訳す。

第一部　近代性

＊1　平均余命とは、ある年齢に達した集団が、それ以後生存しうる平均年数を、国勢調査などによる年齢別死亡率から統計的に算出したものを指す。〇歳における平均余命を「平均寿命」という。「出生時における平均余命」は「平均寿命」と訳す。

第一章　寿　命

◉1　この図式は単純化したものである。いくつかの太平洋の島々、およびカナダの太平洋岸には、ふんだんな漁獲高にありついて、数千年もの間、定住共同体で生活している漁民たちがいる。

＊1　原書には具体的データがなかったので、著者が参照したと思われる世界銀行のデータを参照した。https://data.worldbank.org/　米国は二〇一二年のジニ係数のデータがなかったので二〇一〇年のデータ（平均余命も）をとった（相関係数は−0.668、一％水準で有意）。なお、原書には日本のデータがないが、ジニ係数のデータが三カ年しかないためだろう。米国と同様に二〇一〇年のデータがあるが、ジニ係数は0.321、平均余命は八二・八歳で、このグラフの近似直線の近くに収まる。

＊2　現在、日本での最新の翻訳は聖書協会共同訳だが、著者の用いている英訳と近い新共同訳を用いた。

＊3　日本では日本老年医学会が「frailty」を「フレイル」と訳すことを提言し、医療者の間で広めようとする動きが見られるが、一般には理解されにくい言葉である。「frail」は形容詞であり、名詞で使う用例は『研究社 英和大辞典』によれば米俗語で「女」「少女」を指すものだけである。女性を蔑視する用例なので、名詞として「フレイル」を使うことは好ましくない。「フレイルに関する日本老年医学会からのステートメント」（二〇一四）によると、「虚弱」

は「身体的、精神・心理的、社会的側面のニュアンスを十分に表現できているとは言いがたい」とある。だが、それがカタカナ語の「フレイル」で表現できているとは言いがたい。先に述べた通り、一般の人にわかりにくいだけでなく、英語文法的に不適切で、誤解を招く意味を含み、問題のほうが多い。そのため、本訳書では「虚弱」と訳すことにする。

＊4　「グローバル・サウス global south」は、直訳すると「地球の南部」になるが、単に地理的な意味での「南半球」を指す言葉ではない。地理的意味での南半球と区別して、国家の力関係によって発展がしにくい状況に置かれ続けている低所得国を指す言葉として南北問題を論じるときに用いられる。しかし、二〇一〇年代から「global south」を論じる文献が急増する。そのなかで、言葉の意味も微妙に変わってきている。冷戦終了後のグローバル化によって新興国が発展する一方で、さらにグローバル化ゆえに劣位に置かれる国が残り、地球規模の格差が固定化した。先進国内部でも経済的格差が進み、反グローバリズム運動が盛んになるとともに、国を超えた連帯が進み、新たな「南」が顕在化した。したがって、「グローバル化以後に新たに定義された南」を指すと言える。原著者にこのことを確認したところ、その意味で使っているとの回答が得られた。

＊5　ブラジルの都市周辺にある小屋の密集している貧民街。

＊6　木や泥で建てられた小屋や仮設テントなどの密集する貧民地区。とくに南アフリカ共和国の黒人貧民街。

＊7　核家族は「一組の夫婦と未婚の子だけから成る家族」を指し、大家族は「子女が結婚後も両親と同居する家族の形態。複数の核家族から成る大家族」を指す（『大辞林』）。

＊8　この「社会性の形成」の原語は「social formations」である。社会学ではアルチュセールが生産様式の複合体などの意味で「社会」の代わりに用い、「社会編成体」などと訳されているが、原著者に確認したところ、関係はないとのことである。ここで取り上げられている人生イベントを一括りするための言葉として用いたとのことである。「社会的形成」ではこの文脈では意味が通じにくいので、著者の意をくんで「社会性の形成」と訳した。この後に出てくる「社会性の編成 social arrangements」も同様である。

＊9　著者の実際の手続きは、おそらく執筆時点の二〇一三年から二〇〇年前にさかのぼって調査年代を設定し、それ以降の死亡年が書かれている墓石を調査対象にしたということになるだろう。

第二章　医学

◉1　https://www.NHS.uk/conditions/Brain-death/（二〇一九年六月三日アクセス）

◉2　不思議なことに、これらの研究者・治療者たちの精神医学・心理学に果たした多大なる貢献は、当該分野ではほとんど認められていない。

＊1　遷延性悲嘆 prolonged grief とは、半年以上も悲嘆が続くことによる抑うつなどを伴う適応障害で、複雑性悲嘆 complicated grief とは、それとほぼ同義で使われているが、表面的な悲嘆の不在や、相反する反応による葛藤を伴う複雑なものと説明されることもある。William C. Shiel Jr., "Medical Definition of Complicated grief," *MedicineNet.* https://www.medicinenet.com/complicated_grief/definition.htm　二〇二〇年一二月一八日アクセス。

＊2　米国における、高齢者と障害者を対象とした公的医療保険制度。

＊3　本訳書で「葬儀場」と訳されているのは「funeral parlour」が多く、「funeral home」は米国でよく使われる表現。日本の葬儀場と異なり、火葬場に付設されている簡易な葬儀がおこなえる場所を指す。なお、この文章の原文は、「a study of low-paid front-of-house funeral home employees」が主語だが、その述語に当たる動詞が出てこない。著者に確認したところ、「a study shows that」に修正して訳してほしいとのことであった。

＊4　事務弁護士 solicitor とは、法廷弁護士 barrister と依頼人との間に立つ弁護士で、法的助言や書類作成や裁判事務を扱う。

＊5　ここではJ・ハーバーマス『後期資本主義における正当化の問題』（岩波書店）の「システムによる生活世界の植民地化」という考えが念頭に置かれているようである。また、「金メッキの檻」はM・ウェーバー『プロテスタンティズムの倫理と資本主義の精神』の専門的官僚制の支配する資本主義社会の「鉄の檻」を念頭に置いていると思われる。前者は道具的合理性、後者は形式的合理性によって人々の生が支配されることを指す。

第三章　商品化

◉1　https://blogs.loc.gov/inside_adams/2019/01/when-a-quote-is-not-exactly-a-quote-the-business-of-america-is-businessedition/（二〇二〇年一一月一一日アクセス）〔原注に示された出典はリンク切れであったため、別のリンクを示した。〕

◉2　www.candikcann.com/saving-and-selling-black-bodies and www.candikcann.com/whiteout-death-in-the-21st-century（二〇一九年六月三日アクセス）

◉3　https://socialwelfare.library.vcu.edu/eras/colonial-postrev/free-african-society/（二〇一九年六月三日アクセス）

◉4　John Harris の情報による（二〇一九年二月）。

＊1　「アメリカ的生活様式 American way of life」を意識した言い換え。

＊2　二〇一七年に発表された日本消費者協会のアンケート調査では一九五万円だった。赤城啓昭「「葬儀の平均費用一九五万円」が怪しすぎる理由――信憑性に欠ける数字を濫用するメディアたち」『東洋経済』二〇一八年三月二七日、https://toyokeizai.net/articles/-/213448　しかし、二〇〇五年では二三〇万円だったという記事もある。下落傾向だと言えるだろう。キリスト教会葬儀研究所「日本消費者協会 第九回「葬儀についてのアンケート調査」報告書を読む」、http://ccfi.jp/contents/lib/nsk_no9.html　いずれも二〇二〇年十二月四日アクセス。

＊3　「stockvel」は、牛のオークションである「stock fairs」に由来すると言われ、本文中にある通り、南アフリカ独特の共済制度を指す。

＊4　この言葉を使う業者は、「グリーン」という言葉で環境への配慮を強調するが、人々をひきつけているのは緑豊かな土地に土葬されるという点であるため、ここでは「自然葬 natural burial」とは区別して、「緑地葬」と訳す。トニー・ウォルター『いま死の意味とは』（岩波書店、一一三頁）。

＊5　金銭が介在する商品化された交流であれば、悲嘆は直接扱われることがないが、間接的に表現する機会が与えられるかもしれない、という曖昧さを意味するものと思われる。

第四章　コミュニケーション

◉1　より詳細に論じたものとしては、Walter（2015b）および Walter et al.（2011-12）を参照。

◉2　https://deathcafe.com〔このリンクのトップページにはいくつかの告知文があり、原著者はそこから引用したと思われるが、時間の経過とともに変わるので、引用元と思われる文章は掲載されていない。細部の表現は違うが同様の文章は次のリンクに見ることができる。https://deathcafe.com/what/（二〇二一年二月七日アクセス）〕

◉3 https://www.dyingmatters.org/（二〇一九年六月三日アクセス）

◉4 Maxim26: https://wikiquote.org/wiki/Fran%C3%A7ois_de_La_Rochefoucauld（二〇一九年六月三日アクセス）〔訳出する際に確認したところ、原書に掲載された右のリンクは不通であった。同様の情報は「https://en.wikiquote.org/wiki/Fran%C3%A7ois_de_La_Rochefoucauld」に存在するが、英訳文は原著者が採用しているもの（Death is like the sun. It cannot be looked at directly.）とは異なり、フランス語原文に近いものとなっていた。Le soleil ni la mort ne se peuvent regarder fixement. Neither the sun nor death can be looked at steadily. フランス語により近く訳すとしたら、「太陽も死もじっと見つめることはできない」となる。しかし、この訳だと原書のここの文脈で問題にしている「直接」という言葉が落ちてしまう。そのため、本訳書では、原書で採用されていた英訳を重訳することとした〕

＊1 「phonography」は通常「蓄音機」と訳されるが、著者は蓄音機に限らない「録音機」一般を指すために、この言葉を使っている。そのため明らかに蓄音機を指す場合を除けば「録音機」と訳すことにする。

＊2 死後の遺体をあたかも生きているかのように盛装させて座らせるなどして撮られた肖像写真。

＊3 ヘゲモニーとは強制や恐怖によって獲得された権力と異なり、合意によって獲得された権力を指す。

＊4 この箇所は原書では「co-respondent」（共同被告）という言葉が使われているが、「correspondent」（書き手）の間違いではないかと原著者に尋ねたところ、「persons」として訳してほしいとの返事を得ている。

＊5 「bit」には小片、断片という意味と、コンピュータの演算処理で使われる二進法のデジタル信号を指す場合とがあり、ここではその二つの意味がかけられていると思われる。

第五章　死の否認？

＊1 アリエスは中世までの、ある程度死期を予想し、家族に見守られながら迎える死を、「飼い慣らされた死」（英訳で tamed death）と呼び、死が慣れ親しまれていた（英訳で familiar）とする。著者は英訳の「familiar」の反対語の「unfamiliar」を用いて、現在では人々が死に不慣れなまま死を迎えるようになったことを記述しようとしている（著者からのメールによる）。

＊2　ハイデガーの用語で、現在から未来へと進む存在が、自分の可能性を未来に投げかけて、それに向かっていこうとすること。

＊3　キェルケゴール『死に至る病』の通俗的イメージを指すと思われる。

第二部

第六章　安定性と不安定性

◉1　恐怖管理理論（第五章参照）にも似たような点がある。というのも、どちらの理論も弱さを感じると人々は自分の文化に以前より強くこだわるようになる、と論じるからである。弱さの主要因として、イングルハートは経済的不安定性を想定し、恐怖管理理論は可死性の切迫感を想定する。経済的不安定性は命に及ぶリスクを増大させ、しばしば命のはかなさへの意識を増大させる。それゆえ、これらの理論を統合することは潜在的に可能である。第三部の導入部分は、これが持つ含意のいくつかを暗示している。

＊1　原文では「それ」に当たる箇所に複数系の「they」が使われているが、文脈的にそれに当たる言葉がないため原著者に確認したところ、「it」の間違いで「his theory」（イングルハートの理論）を指すとの回答を得た。

＊2　「tawdry」には明るくて魅力的に見えるが、上品ではなく、低品質で、安っぽく見えるという意味がある。

＊3　「新植民地主義」とは、過去の植民地が独立国となったのちも、旧宗主国が多国籍企業を通じて経済的に支配的な立場を保ち、旧植民地国の資源を収奪している形態。

第七章　物理的世界

◉1　'Crossing the river: the journey of death in Ancient Egypt and Mesopotamia', http://religionandtechnology.com/2009/08/21/crossing-the-river-the-journey-of-death-in-ancient-egypt-and-mesopotamia/（二〇一九年六月一三日アクセス）〔二〇二一年五月一日時点ではアクセス不能〕

◉2　https://www.anthropocene.info/（二〇一九年六月十三日アクセス）

＊1　原文では「tendai tendenko」となっているが、誤記と思われる。

＊2　「津波てんでんこ」は、津波が起こったら他の人を助けようとせず、「てんでんばらばら」に逃げることを事前に約束することだが、愛する人がきっと逃げているに違いないと確信して各人が逃げることが、かえって愛する人の命を救うという規範である。したがって、事前の相互信頼にもとづき、また逃げた行動は倫理的に正当化されるため、生存者の罪悪感の軽減につながる。このことが、少なくとも東日本大震災後には強調されている。著者ウォルターは、ある日本人の死生学者から、それとは異なって人々の冷酷さを強調する説明を聞いたようだ。その死生学者は日本でも「津波てんでんこ」を冷徹な倫理だと説いている。より正確な研究としては、次の論文を参照。矢守克也、二〇一二「「津波てんでんこ」の四つの意味」『自然災害科学』三一（一）、三五〜四六頁。及川康、二〇一七「「津波てんでんこ」の誤解と理解」『土木学会論文集F6（安全問題）』七三（一）、八二〜九一頁。

＊3　二〇二二年のロシアによるウクライナ侵攻後、「チェルノブイリ」はウクライナ語の発音に近い「チョルノービリ」と表記されるようになっている。だが、歴史的事件としてのソ連時代の原発事故を指す場合は、ロシア語の音写である「チェルノブイリ」が用いられている例が多い（訳出時点では）。そこで本訳書でも「チェルノブイリ原発事故」と表記する。

＊4　二重過程モデルによれば、死別経験者は、一方では喪失に苦しみ、もう一方では生活を再建して変化した世界に適応しようとする。本書の文脈に置き換えると、他人に復興をまかせるなら、被災者自身の再建に向かうエネルギーを生かせず、将来の悲劇を緩和するためにレジリエンスを高めようとする配慮も取り入れられない、ということになる。

第三部

＊1　著者は一三日に迎え盆、一四日に家庭に滞在、一五日に送り盆というパターンを考えているようである。しかし、一六日に送り盆というパターンもあるし、迎え盆から送り盆までの三日ないし四日間が滞在期間という考え方もあるだろう。

第八章　個人と集団

◉1 www.hofstede-insights.com/models/national-culture/（二〇一九年六月一三日アクセス）

◉2 www.hofstede-insights.com/country-comparison/（二〇一九年六月一三日アクセス）

◉3 Ros Taylor からの私信にもとづく（二〇一八年一〇月二六日）。

◉4 Erik Finkelstein, 'The cost of a medicalized death', Lancet Commission conference The Value of Death, Bristol, UK, 26 October 2018.

◉5 Cross-national panel discussion on dependency, Lancet Commission conference 'The Value of Death', Bristol, UK, 26 October 2018.

＊1 この訳者による〔 〕内部の補足は、原著者に確認済である。文脈上、「例外的」なのは日本や中国が小家族を伴うことではなく、近代化して核家族化しているにもかかわらず集団主義的な特徴を持っていることである。

＊2 原書では「Guykurahundi」とあるが、綴り間違いと思われる。

＊3 原書では「It some poorer countries」とあるが、「It」は「In」の間違いであることを原著者に確認した。

＊4 ADというと日本では「事前指示 advance directive」が想起されるかもしれないが、英国ではとくに治療の拒否の条件を示す事前決定と関連づけられている。

＊5 原文は「Funeral directors also have to know who can claim authority to organize the funeral, and they reflect a widespread cultural understanding that this is the right of close family」となっているが、「they」が何を指すかが取りにくい。「Funeral directors」だとすると、「彼らが広範に広がった文化的理解を反映する」となるが、文のなかで主語が共通するなら、「,」と「they」は必要ない。著者に問い合わせたところ、「Funeral directors also have to know who can claim authority to organize the funeral; they generally assume, as do most people, that this is the right of close family」と言ったほうがよかったかもしれない、とのことであった。この箇所は原文と言い換えの両者を踏まえて訳している。

第九章　家　族

◉1 キャン（Cann 2014: 4–10）は、さまざまな国における忌引き休暇の方針を比較している。

◉2 ソ連は、反家族というよりは無神論的な葬儀を推奨することに熱心だったが、レイン（Lane 1981: 82–6）によれば、およそ成功とは言えない結果に終わった。

＊1　「マリア」と「メアリー」は、英語原文ではともに「Mary」である。著者に確認したところ、ここでマリアと同じ名前であるメアリーを出したのは一例にすぎず、祖母の名前が何であろうとマリアへの祈りが亡き祖母への祈りになりうる、とのことである。

＊2　職業団体・企業・労働組合、さらにその連合体などによって、さまざまな利害を調整する体制。

＊3　原文では括弧内は「acting together, rather in the isolation into which modernity usually thrusts them」となっているが、著者に確認したところ、「rather」の後の「than」が抜けているとのことだったので、それを補って訳した。

＊4　原文は「There are also examples of the state imposing a new kind of funeral that does not, as in Japan, support the family but downgrades it and displays instead the political order.」である。「日本のようにas in Japan」とあるが、どの事例を指しているのか問い合わせたところ、「日本のように」は「家族を支える」のみにかかっており、そうせずに新種の葬儀を押しつける事例としては、前述の中国の文化大革命を念頭に置いていたとのことである。著者から「日本のように」は誤解を生むので削除してほしいとの希望があり、訳出していない。

第十章　宗　教

◉1　www.worldvaluessurvey.org（二〇一九年六月一四日アクセス）

＊1　地理的な北半球に限定されないが主に北半球に多い、グローバル化を経た現在において発展をとげている国や地域。

＊2　原文では「Singaporean Chinese」とあるが、著者に確認したところ、これは「シンガポール系中国人」ではなく、「シンガポールにいる中国人」を意味していたとのことである。

＊3　「fix」には物を修理するという意味もある。その場合、機械を「直す」ように体も「治す」ことができるということを含意することになる。しかし、著者に問い合わせたところ、この「fix」は、「repair」（修理）するという意味ではなく、問題を「solve」（解決）するという意味だとのことである。

＊4　Kjaersgaard（2017）の元となった同名の博士論文を参照。Radboud Repository of the Radboud University. https://

repository.ubn.ru.nl/bitstream/handle/2066/178730/178730.pdf, p. 38.

＊5　なお、著者は第十三章第2節❶において、カトリック国は国家への義務を強調し、プロテスタント国は個人の自由や権利を重視するという点から、違いを説明している。

第四部　国　民

◉1　この例は、トーマス・コルンベルガー Thomas Kolnberger（ゲント大学）の教示による。

＊1　この「経路依存性」という概念は、進化経済学や比較制度分析などで用いられる。ある社会システムや社会制度が、異なる国や地域に導入された場合、同一のものに収束することはなく、導入初期の歴史的経緯が、その直接的影響がなくなった後も、システムや制度の発展に影響を及ぼし、人々の行動や決定を制限するという考えである。

第十一章　国民集団を近代化する

◉1　www.srgw.info/CremSoc4/Stats/National/ProgressF.html（二〇一九年六月一七日アクセス）

◉2　www.srgw.info/CremSoc5/Stats/Interntl/2007/StatsIF.html（二〇一九年六月一七日アクセス）

＊1　著者は、おそらく江戸時代の寺請制度のもとに発達したものとして「葬式仏教」をとらえていると思われる。しかし厳密には、「葬式仏教」と呼ばれるものが法制化され、国家の庇護の対象となったことはない。この言葉が使われるときには、寺院がその経済的基盤を葬式や墓地に求めるありようを批判する場合が多い（この箇所の後で著者も紹介しているように）。したがって、葬式仏教が、著者ウォルターの言う宗教モデルに正確に相当するか疑問である。むしろ葬式仏教は、商業化した宗教モデルと言えるだろう。また、今日では葬式や法要に対する布施だけで僧侶の生計を成り立たせることが困難な寺院もあり、兼業も珍しくない。葬儀は葬祭業者がイニシアティブを握り、僧侶はその下請けに近くなっているという状況もある。

＊2　バーンスタイン（Bernstein 2000）によれば、明治政府は当初、火葬を仏教と結びつけて野蛮な風習として禁止した。そこで仏教側は、知識人たちと連携して巻き返しを図り、その結果、本文でも紹介されているように、火葬は文明開

化と結びつけられて広まった。仏教、とくに浄土真宗の多い地域では火葬が推奨され、明治維新前に西日本では火葬が広く見られたこと、しかし火力が弱かったためにここで著者が紹介しているように近代的な火葬炉が注目されたこと、東日本地域で火葬率が大幅に上昇したのは第二次世界大戦後だったことにも注意しておきたい。

＊3　この箇所では、寺請制度が念頭に置かれていると思われる。その任を負ったのは仏教寺院であり、文中の「神道の寺」への言及は標準的な記述ではない。だが、明治の神仏分離令の前であり、ある人がキリシタンではないことをその所属先の寺（檀那寺）が証明する制度である。これは、神道か仏教かが判然としない事例を著者は参照したのかもしれない。

＊4　本章第1節❶の「説明」を参照。民主主義革命前に、ある宗教が独占的地位にあると、革命はその宗教に反対するものになり、革命後の政府は世俗的になる。それに対して、革命前に宗教が多元的である場合、旧体制への批判が宗教を通じてもなされる。そのため、革命後も宗教の多元性は維持される。

第十二章　戦　争

◉1　Chris Reynolds, Nottingham Trent University. Contribution to UNREST seminar, University of Bath, 9 January 2018.

◉2　次のセミナーでの発表。UNREST seminar, University of Bath, 9 January 2018.

◉3　一九九〇年代初頭に東ドイツの心理療法家からそのクライアントについて個人的に聞いたことにもとづく。

＊1　本訳書では形容詞または名詞的用法の単数形である「Nazi」は「ナチ」、党員全体を表す複数形の「Nazis」は「ナチス」と訳している。なお日本では両者を区別せず「ナチス」とする用法もあるが（ナチス・ドイツなど）、本書では「Nazis」より「Nazi」のほうが多く使われているため、「ナチス」で統一することは不適当と判断した。

＊2　テキサス州ヒューストンにアメリカ・インディアン・ジェノサイド博物館がある。https://aigenom.org/

＊3　「アゴーン agon」は古代ギリシア由来で、運動・音楽・詩歌などの懸賞競技、喜劇中の主要人物による言い争いの部分を指す（『研究社新英和大辞典』）。また英語の「agonize」には、困難な状況や問題について思考したり心配したりしながら、長い時間を過ごすことを指す（『Oxford Advanced Learner's Dictionary』）。こうした含意を踏まえて、ここでは「agonism」を「闘議」と訳した。

＊4　原語は「stiff upper lip」でとくに恐怖や悲嘆の感情の表現を自制する様子を指す。イングランド人の美風とされる。

＊5　原語は「biographical pain」。終末期には身体的な痛み pain だけでなく、心理的、社会的、スピリチュアルな痛みからなる全人的痛みがあるというソーンダーズの考えを意識して、提唱されたもの。

第十三章　政策と政治

◉1　これはアニミズム的な社会には当てはまらない。高度に近代的な社会でなお自然界を尊崇する珍しい例の一つが日本である。日本では、人間以外の亡くなった生物だけでなく、処分される無生物に対しても、供養のための儀式がおこなわれる（Kretchmer 2000）。

◉2　NHPCO Facts and Figures 2018. www.nhpco.org/sites/default/files/public/Statistics_Research/2017_Facts_Figures.pdf（二〇一九年六月一八日アクセス）

◉3　International Palliative Care Family Carer Research Collaboration（IPCFRC）Newsletter, September 2016, p. 1.

◉4　Cynthia Goh からの情報による（二〇一五年）。〔注の位置は段落末だったが適切な場所に移動した。〕

◉5　Cynthia Goh からの情報による（二〇一五年）。

＊1　なお、キリスト教ファンダメンタリストだけでなく、ヴァチカンも明確に安楽死、自殺幇助に反対するが、その理由は、治らなくてもケアはできるということと（この点はホスピスと共通する）、生命には神聖不可侵の価値があるということである。教理省書簡「「サマリタヌス・ボヌス」安楽死はいのちに対する犯罪」『Vatican News』、https://www.vaticannews.va/ja/church/news/2020-09/congregazione-dottrina-della-fede-samaritanus-bonus.html（二〇二三年七月七日アクセス）

＊2　ヴァチカンは、臓器提供を愛の行為として推奨している。カトリック国でオプトアウト方式が採用されやすいのは、このようなお墨付きがあるからだと説明してもよいかもしれない。プロテスタントでもこうした考えはあるが、著者が述べるように個人の自由を尊重する傾向もある。一方、日本のカトリック司教団には慎重な姿勢も見られる。臓器提供が愛の行為として認められているとしても、倫理的には数々の留保が付いていることを強調する。そして、身体の一部を部品のように扱うことに疑問を呈し、提供者が死ぬのを待つ社会は健全ではないとする。そして、生と死は

神に委ねられていることを結論とする。臓器を機械の部品のように見なすことへの批判は、国内の反対意見に根ざしている。日本カトリック司教団『いのちへのまなざし（増補新版）』（カトリック中央協議会、二〇一七年）、一〇六～一〇八頁。

＊3　著者が参照しているターナーとピーコックの論文では、「幼児虐待」ではなく「性犯罪」と書かれている。その犯罪歴をさかのぼっての起訴が可能になったため、年老いた囚人が増え、介護が必要になりつつあるという（Turner and Peacock 2017: 59）。

＊4　「緩和ケア」という言葉は、カナダの公立病院にホスピス・ケアを導入しようとしたときに、宗教色のない言葉として採用された。日本でも「ホスピス・ケア」という言葉はキリスト教系の病院で使われているが、公営の病院では使えないので、代わりに「緩和ケア」という言葉が導入された。二つの用語は、どちらも身体的、心理的、スピリチュアルな痛みの全人的ケアを指していた。しかし現在「緩和ケア」は、身体的な疼痛緩和と同義になりつつある。この箇所の記述のように、治療と緩和ケアを並行しておこなうという用語法は、緩和ケアを疼痛緩和ととらえていることの一例である。疼痛緩和なら治療の段階でも必要になる。だが、そのような「緩和ケア」は、米国ではホスピス・ケアの受給対象にならない。治療なしの緩和ケアなら、ホスピス・ケアの枠内でもおこなわれる。「ホスピスは他の医療から切り離されるだけでなく、治療的な処置と並行して提供されうるような緩和ケアからも切り離されてしまう」という文章は、患者が疼痛緩和を受けられなくなると言っているわけではない。「治療付き緩和ケア」が受給の対象外になるということである。

＊5　春分から一五日目に当たる節目の日で、各種行事をおこなう他、家中で墓参りをして、墓前に食事を供える。

＊6　二〇二四年現在では、二七の州で合法、二三の州で違法である。

＊7　二〇二四年現在では、メイン州、ニュージャージー州、ニューメキシコ州が加わっている。

＊8　日本では「緩和ケア」は身体的疼痛の緩和と見なされがちである。しかし、もともとは身体的な痛み、心的な痛み、スピリチュアルな痛みなどの全人的ケアを意味する。同様に、ここで言う「健康」も身体的健康にとどまらず、感情的、社会的、スピリチュアルな健康を含む。加えて、医療者のみで患者個人を治療するのではなく、共同体全体でケアをおこない、それを通じて健康を促進することが目指されている。Allan Kellehear, *Health Promoting Palliative Care* (Oxford University Press, 1999). 以上の点から、患者個人の身体的疼痛を、死なせることによって終わらせる安楽死や

幇助死とは異なる。

第五部　グローバル化

第十四章　グローバルな流通

◉1　www.sci-corp.com/en-us/about-sci/our-business-history.page（二〇一九年六月一八日アクセス）〔リンク変更 https://scw-mag.com/news/860-service-corporation-international/（二〇二三年一〇月二〇日、訳者アクセス）〕

◉2　https://bodyworlds.com/about/faq/（二〇一九年六月一八日アクセス）

◉3　これとは逆に、まだあまり知られていない新しい潮流もある。最近、ドイツやスイスの家族のなかには、虚弱な高齢の親を何百あるいは何千キロも離れたポーランドやタイなどへ移住させる手配をしている人がいる。親たちは、そこで見知らぬ人からの介護を受けることによって、家族の負担を大幅に減らしつつ、余生を過ごすのである（Schwiter, Brutsch and Pratt 2019）。

◉4　www.unrest.eu/work-packages/wp-4/71（二〇一九年六月一八日アクセス）

＊1　ボクシング・デイは、スポーツのボクシングとは無関係で、クリスマスの翌日のことを指す。この日に、郵便配達人や使用人などへの祝儀として箱詰めのクリスマスの贈り物（Christmas box）を与えたことに由来する。

＊2　直訳すれば「死の研究」だが、この文脈では日本で言う死生学とほぼ同じ内容なので、「死生学」と訳す。なお、日本の「死生学」を、日本人が英訳するときは「death and life studies」とすることが多い。また、複雑だが、「thanatology」も「死生学」と訳されることが多い。後に、著者も米国では「thanatology」が使われることが多いと書いているので、ここで一九五〇年代後半に米国で始まったとされている「death studies」も「thanatology」と言い換え可能である。大まかに言うと、「thanatology」も「death studies」も死の研究という点では変わらず、日本では「死生学」と訳して差し支えないが、細かく言うと、「thanatology」は心理学や医学など臨床的なものが多く、「death studies」はその他の広い領域における人文社会系の死の研究も含む。

第十五章　死のさまざまな未来

◉1　これらのクラスターはイングルハート＝ウェルゼルの世界価値観調査マップで図解されている。https://www.worldvaluessurvey.org/WVSContents.jsp?CMSID=Findings（二〇一九年六月二六日アクセス）

◉2　https://en.oxforddictionaries.com/definition/saudade（二〇一九年六月二六日アクセス）〔https://www.oed.com/dictionary/saudade_n?tab=meaning_and_use#24310461（二〇二三年一一月一四日訳者アクセス）〕

◉3　https://ernestbecker.org/about-becker/biography/（二〇一九年六月二六日アクセス）

＊1　「徹底操作 working through」は精神分析用語で、対象喪失の現実を意識的に繰り返し認知することである。そうすることによって、喪失がもたらす無意識的作用である身体的症状や罪悪感や抑うつ状態が緩和されると考えられている。

＊2　英国のグラマー・スクールは、元はラテン語文法を教える学校として始まったが、第二次世界大戦後は中等学校進学適性検査の上位成績者を受け入れ、大学進学の準備教育をする中等学校となった。工業系のテクニカル・スクール、普通教育のモダン・スクールとともに三分岐制の中等教育を構成していた。一九六〇年代から労働党政権は、教育の民主化を推進し、総合制中等学校への置き換えを進めた。

＊3　原著は一九四六年刊行である。Viktor E. Frankl, *Ein Psycholog erlebt das Konzentrationslager*（Wien: Verlag für Jugend und Volk, 1946）. ここで著者が言及しているのは一九六二年刊行の Ilse Lasch による英訳であろう。*Man's Search for Meaning: An Introduction to Logotherapy*（New York: Simon & Schuster, 1962）.

訳者あとがき

最初の本という自負

本書序論の冒頭に「最初の本」というフレーズが出てくる。それを訳しながら、私は著者ウォルターの並々ならぬ自信と、この本の歴史的意義とを確信した。

「近代」という言葉を聞くと、多くの人は物質文明や都市文明、あるいはその中での人々のエネルギッシュな生活を思い浮かべるかもしれない。いずれも「死」とは縁遠いイメージだ。その近代が死という生物学的現象を形づくっているという視点、著者が専門とする「死の社会学」の視点に、読者は新鮮な驚きを覚えるのではないか。

死という現象は、時代によって、そして社会によって異なる形をとるものだ。死は個人にとって不可逆的な一回限りの現象であるが、人間にとっては普遍的な現象であり、類似のパターンを描くことがある。だが、そのパターンは時代や地域によって異なってくることもある。その意味では、可変的な現象とも言える。

では、画一的とも言える「近代」的生活様式が「世界」各地に広まったら、「死」のパターンも画一的になるのか。必ずしもそうはならないことを、本書『近代世界における死』は教えてくれる。本書の利点はそれだけではない。読者は、異なる近代社会における異なる死のありようを学ぶことで、自らの死と生のありようをより深く理解することが可能になるのである。

著者は本書をジグソーパズルの完成図になぞらえる。「近代とは何か」と問われたら、それを最も熱心に議論してきた社会学者でも一瞬答えに詰まるのではないか。それは、ひとことで言い表せない複雑な歴史的過程である。近代そのものが複雑であるなら、それと死との関わりもまた複雑になるはずである。近代性の諸要因と死との関係は、これまで断片的に論じられてきた。著者によれば、それはあたかもパズルのピースのようであった。その近代性の諸要因が、人間の死にどのような影響を与えてきたか。本書は、それを全体的に見渡した、いわばジグソーパズルを完成させた「最初の本」だと、著者は明言する。おそらく、著者ウォルターの死生学者としての人生の集大成——ジグソーパズルのひとまずの完成——とも言えるだろう。

「最初の」という言葉を目にすると、われわれ研究者はすぐに疑ってみたくなる。本当に最初の本なのかと。先行研究としてすぐ浮かぶのは、アラン・ケリヒアの『死にゆく過程の社会史 *A Social History of Dying*』（未邦訳）である。だが、これは近代について、それほど多くのページを割いていない。死生学の古典と言われるフィリップ・アリエスの著作群は、近代における「死の隠蔽」を指摘し、人間が死の主体でなくなり、客体となることを「倒立した死」と呼ぶ。その元となる知見は、社会学者ジェフリー・ゴーラーの調査研究に由来する。ゴーラーは、死の場面から子どもを遠ざける傾向が戦後英国の社会にあることを指摘するとともに、メディア作品では死が過激に描かれていると指摘し、これを「死のポルノグラフィ」と呼んだ。これらの学説は、死生学では半ば定説として語られてきたが、著者トニー・ウォルターは様々な角度からそれらを批判的に検討してきた。たとえば、死のタブーと表現に関する規範は各文化に固有のものがあり、それは前近代社会にもあった、などと指摘してきた。

近代性のなかの死

近代における死をめぐる論点は、死が隠蔽されているか、暴露されているかだけでは尽くされない。本書をひもとけば、読者はただちにそのことを了解するであろう。たとえば死のタブーとポルノグラフィという現象にも、高齢化、病院死の増加、死の医療化、メディアの発達、新しいメディアの死の表象への影響という、近代における複数の変化が入り込んでいる。こうした複数の変化に着目して、死と死にゆく過程と死別への影響を、変奏曲を重ねるように記述してゆくのが、本書の特徴である（そのおかげで、興味のある章をつまみ食いしても興味深い読書体験が得られる）。

近代化の複数の諸相が死のあり方に複雑な影響を及ぼしていることを、国際比較しながら総合的に理解するのが本書の狙いである。そこで、時期区分としての「近代」を自明視せず、地域によって時期が異なる近代化の総体を「近代性 modernity」という用語によって把握するという戦略がとられる。では「近代性」とは何か。それは第一には、一七世紀から二〇世紀前後の近代の西洋に現れた変化とその結果生まれた社会や文化の様々な特徴や状態の集合を指す。近代性は単一のものでなく複合的なものであり、変化し続けるものでもある。それは「西洋近代」というある地域の特定の時期区分を超えて、異なる地域に異なる時期に移植されてきた。これが近代性の第二の指示範囲である。つまり、「近代」が西洋社会におけるある特定の時期を指すのに対して、「近代性」は時代や地域を越えて生起する。

近代性は必ず同じような形をとるとは限らない。社会学では、「近代化」という一方向的な変化のプロセスが、国を超えて起きていると考えられてきた。たとえば産業化、構造的分化、商品化、合理化、世俗化、都市化、個人化などである。

しかし、どの社会もみな同じような近代化のプロセスをたどると仮定すると、今日の「近代化」したと見られる各国社会の多様性や、その内部での複雑性は見落とされることになる。日本社会では、近代化は何よりも「西洋化」としてとらえられ、それに対して複雑な反応がぶつけられてきた。「文明開化」として肯定的に取り入れようとする態度、「近代の超克」などというスローガンのもとで否定的に乗り越えようとする態度などである。他の非西洋諸国も、西洋から押し寄せる近代化の波に対して異なる仕方で応答している。自分たちの社会に合わせて取捨選択をおこない、取り入れたものに対してもローカル化を加えてきた。このような翻案が、近代性の各要素、あるいは近代化の諸側面に対して加えられる。宗教や文化や国民集団によって異なる「複数の近代性」がありうるということは、現代の社会学では共通了解になっていると言えるだろう。

こうした見方を、死に関する現象に当てはめたのが本書の特徴と言える。たとえば本書では、死の商品化（第三章）、死のメディア化（第四章）などが扱われている。これら「〜化」のプロセスは、グローバルに波及するものの、地域ごとの事情に応じて異なる形を取る。その際に、プロセスだけでなく、そこで反復されるモチーフを取り出し、反近代も脱近代も流動的近代性の一変奏としてとらえる。これが本書の基本的なスタイルである。

本書の概要

以下、本書の概要をごく手短に述べる。ただし、著者自身が序論のなかで概要を示しているので、本書で書かれている内容を忠実に要約するものではない。私のほうで事例を補足したり、著者の言葉づかいから離れた概括をしているところもある。

近代性における死と生を記述する上でまず重要になるのは、科学による「自然の制御＝死の制御」（第一章）である。その制御の最も重要な手段は医療（第二章）である。著者は、科学による死の制御を、死にゆく過程の医療化、合理化、専門職化に分けて記述する。死は人生の途上での様々なリスクの帰結としてとらえられるようになる。たとえば癌のリスクを高めるものとして特定の食習慣や生活習慣があることが統計的に知られると、死はそれらの習慣の帰結として生じるのだという観念が広まる。その結果、死をもたらすリスクの管理（第六章、第七章）に人々の注意が向けられる。

死生学では「死の否認」（第五章）が批判され、脱医療化が目指されてきた。たとえば病院死が増えたことによる死の隠蔽やタブー視を批判し、住み慣れた場所で最後を迎えられるようにしようという在宅死運動がある。だが、それらの脱近代化、脱医療化とも見える動きは、個々人の自己決定を強調する（第八章）点で、個人化としても特徴づけられる。この個人化も近代性の一部である。それゆえ脱近代化というよりは近代性の徹底ととらえられる。在宅医療も医療である以上は近代的な制度と無関係ではない。施設ではなく地域共同体でのケアを強調する傾向も、結局はリスク管理の共同体への拡張としてとらえられる。つまり、死の近代化への抵抗もまた、近代性のパズルの一つのピースとして収まる。

読者のなかには社会学理論に詳しい人もいるだろう。著者ウォルターは英国の社会学者であり、同じく英国出身のアンソニー・ギデンズの近代性と再帰性についての理論や、ドイツの社会学者であるウルリッヒ・ベックのリスク社会論から大きな影響を受けている。

ウォルターはさらにS・N・アイゼンシュタットの「複数の近代性」、経済学や比較制度分析で見出された「経路依存性」をも強調する。とはいえ、多様性を強調するだけではない。家族（第九章）と宗教（第一〇章）と国民集団（第一一章、第一二章、第一三章）との緊張関係に注目して分析を試み、それらが各国で異なることを指摘する。その上で、想像された「近代性」のグローバルな流通（第一四章）を見る。最後に、死生学自体もこうした経路依存性に左右されていることを指摘し、その未来をオープンエンドなものとして展望する（第一五章）。

序論でも最終章でも言及されているが、この経路依存性は、各国の死生学の間に壁を作っている。たとえば米国で死生学の教科書が書かれると、米国の社会制度、福祉制度、死をめぐる法制度が自明視されがちである。同様のことは英国の死生学にもありうるだろう。そうした死をめぐる近代的な諸制度を、あたかも「近代」を代表するものであるかのようにとらえてしまう。このような傾向は日本の死生学にもあるかもしれない。

死の歴史を描いたフランスのアリエスは例外的に英語圏でもよく読まれているが、その他のフランス発の研究はあまり知られていないという。近代性と死の関係性という着眼点は、こうした国の壁を越える手段として有効であろう。なぜなら、今日では多くの社会（非西洋を含む）が近代性を何らかのかたちで抱え込み、あるいは近代性と対峙することを迫られているからである。

日本の死生学にとっての意義

この点で、日本の死生学は恵まれていると言える。フランス語圏からは、アリエスだけでなくヴラディミール・ジャンケレヴィッチやエドガール・モラン、またもっと広げればジャック・デリダなどによる死に関する思想も紹介されている。

逆に、英国からはシスリー・ソーンダーズとゴーラーは紹介されているが、死の社会学で重要な著作の日本語への翻訳が進んでいない。たとえば、本書の著者であるウォルターの多くの著作が翻訳されていないし、前出のケリヒアだけでなく、ダグラス・デイヴィス、ジョン・トロイヤーなどもほとんど知られていない。比較的著名なジグムント・バウマンの死に関する著作も未邦訳である。

他方、米国からは死にゆく過程の五段階説を唱えたキューブラー゠ロスをはじめ、死の否認を扱ったアーネスト・ベッカー、医療社会学のバーニー・G・グレイザーとアンセルム・L・ストラウス、死の心理学のロバート・カステンバウム、その他グリーフケア関連の文献が多く紹介されている。

実は死に関する議論は何よりもドイツ語圏から早く出ている。自殺に関してはアルトゥル・ショーペンハウアー、死の欲動や服喪に関してはジグムント・フロイト、死への態度に関してはマルティン・ハイデッガーが論じている。スピリチュアル・ケアの分野でよく参照されるのが、強制収容所のなかでの生と死を描いたヴィクトール・フランクルである。これらの著者はあまりにも有名であり、日本の死生学のみならず、日本人の死生観に直接間接の影響を与えていると言えるだろう。

日本ではアルフォンス・デーケンやカール・ベッカーなどの外国人の日本語での発信に加えて、臨床系の死生学の文献が多かったが、二一世紀に入ってからは島薗進などの人文系の死生学が目立ってくる。葬送研究は層が厚く、多数の研究書が刊行されている。自殺率が高いこともあり、自殺についての研究も他国より盛んだと言えるだろう。

こう見てくると、日本語で読める死生学文献は豊富にあるのだが、ウォルターを含む英国の死生学、または死の社会学だけが穴となっていることが分かる。だが私の見るところ、現在の死生学、特に人文社会系の「death studies」の中心は、まぎれもなく英国にある。とりわけ、ウォルターの所属しているバース大学の死と社会センターには多くの優秀な研究者が集まっている。また、ダーラム大学の死生学センターは、今年に入って全六巻の『死の文化史 *A Cultural History of Death*』をデイヴィスの編集によって刊行した。

本書『近代世界における死』は、自分の国の死をめぐる慣行について自覚することをうながす。章末には更なる議論を喚起するための問いが列挙されている。これらの元になったのは、著者の講義やセミナーに英国外から参加した人々の情報である。彼らが自国の死の慣行について情報提供したことが、英国出身の学生にとって大きな学びになったという。

こうした議論の雰囲気を伝えてくれる本書の訳出によって、日本の死生学にも「国の壁」にとらわれない洞察が生まれることを願っている。訳者のもとにも、中国や韓国からの留学生が集まってくる。本書をゼミで読んだ際には、おのずから自国の状況と日本の状況との比較に議論が向かった。本書の国際比較の問題意識は新しいように感じるが、今日のようなグローバルな大学の環境においては、むしろ自然に生まれてくるものなのかもしれない。

本書の限界

最後に、本書を訳す過程で何度も読み返した訳者として、本書の限界についても指摘しておかなければならない。第一に、本書は新型コロナウイルス感染症がパンデミックとして世界を席巻する直前に書かれたということである。つまり本書は「コロナ禍」を知らない。著者から日本語訳に寄せて新たな序文が寄稿されているが、そこで書かれているように、本書では、コロナ禍どころか感染症一般についても多くのページが割かれていない。

そのことを、私は国際学会において「感染症による死の否認」だと指摘した（Norichika Horie, 'Necropolitics,

Ageism and Naturalization of the Pandemic', CDAS (Centre for Death and Society) Conference, University of Bath, online, 3 May 2023)。実のところ、パンデミックが起こる前から、先進国の高齢者が感染症で亡くなることは珍しくなかった。ただ、亡くなる前に感染症以外の病気で弱るため、そちらのほうが主たる死因として注目されやすいのである。人生最終段階において死をもたらす感染症を、私は「死神の最後の一撃」と表現した。しかし、このことは社会一般で大きく取り上げられない。たとえば、高齢者がインフルエンザで死ぬのは仕方ないなどと受け止められるのである。「死神」が現実にそこに存在するのに、あたかも存在しないかのように社会が振る舞っている。このことは精神分析でいうところの「否認」——不快な、または不都合な現実について、それが存在する証拠は認識しているはずなのに、あたかも存在していないかのように振る舞うこと——に当たるだろう。

二〇二四年現在、新型コロナウイルス感染症は収まったように見えるが、実際には数多くの高齢者がこの病気で亡くなっている。社会はそのことを自然なこととして容認しただけである。これを私は「パンデミックの自然化」と呼んだ。つまり、コロナ禍前からあった「感染症による死の否認」という防衛機制が発動したのである。先進国におけるこうした感染症の問題についての議論が抜けているのは、確かに本書の大きな限界である。

にもかかわらず、本書の方法論は、今後の感染症の死生学にとって有効である。とりわけ、「リスクと不平等のランドスケープ」という観点から近代性のバリエーションを見てゆくという第二部の方法論は有効である。パンデミックとは、あるウイルスがグローバルに蔓延することを意味するので、それに対する科学的な対策が本来はバラバラになるはずがない。しかし、実際には各国の対策は、その国の政治経済的状況に左右されてきた。その中で、高齢者や基礎疾患を持つ人や人口密集地域に住む困窮者の死というリスクは、経済活動の停滞というリスクと天秤にかけられた。政治家の個人的気質にも左右されつつ、各国で異なる対応が取られた。こうした対策についての研究は今後大いに進むと期待するが、本書のような国際比較の視点は不可欠となるであろう（私の研究としては Norichika Horie, 'Beyond the Individualisation of Risk: Lessons from the Japanese Response to COVID-19', in Mallon, S. and Towers, L. (eds.) *Death, Dying and Bereavement: New Sociological Perspectives*, London: Routledge, 2024）。

また著者も述べているが、一見すると死をめぐる状況はパンデミック前の世界に戻りつつあるように見える。それゆえ、本書がパンデミック前に示した見解や知見は、基本的にはパンデミック後の世界にも引き続き適用することができる。

第二の限界としては、著者も断っているように、「近代世界」といっても限られた地域が重点的に扱われていることである。これは著者が実際に行き来し、現地の研究者と交流がある場所が、戦略的に重視されているためだ。とはいえ、イスラームがほとんど扱われていないのは、方法論的限定では説明がつかない（テヘランでの調査は引かれているがイスラームには言及していない）。英国には多くのムスリム系移民がいる。にもかかわらず、著者が英国の移民として注目するのは、ほとんどがヒンドゥー系の移民で、そこに若干のアフリカ出身の移民（ムスリムかどうかは不明）が混ざるくらいである。他方、死生学関係の学術雑誌を見ていると、イスラーム圏での調査研究にもとづいた論文は数多く出されている。もし、本書の後を引き継ぐ本を出版するとしたら、イスラームについての言及は欠かせないだろう。

関連して第三の限界として指摘できるのは、著者が英国以外の地域で綿密な調査をおこなっていないということである。英語で出版された各国の状況についての研究に多くを負っているため、事実認識の精度は高くない。訳者は日本の専門家であるため、日本に関する事実誤認については、訳注で訂正や補足説明を加えた。しかし、日本以外の地域については精通していないので、そのままとなっている。おそらく日本についてと同程度に事実誤認が含まれている可能性はある。

以上のような限界を認識しつつも、私はなお、本書が示した近代性と死をめぐるパースペクティヴには大いに学ぶところがあると考える。むしろ、これまで述べてきた限界を突破する課題を担うのは、各国の死生学者であろう。

翻訳の時間の共有

最後に、訳者の私的な感慨を述べさせてほしい。本書の訳出には、三年半から四年はかかると想定していた。ほぼその通りで、四年あまりの歳月が費やされた。私が訳出の作業に取りかかったのは二〇二〇年の四月であった。それは感染症拡大により、ステイホームが推奨された時期だった。家にこもりきりとなった私は、気分転換に自家用車のなかで本書を毎日四〇〇字ずつ訳すことを日課とするようになった。振り返ると、河原の木陰に駐車して翻訳したり、コンビニで食料と飲料を調達して駐車場で翻訳をしたりした時間が思い起こされる。とくに深夜のコンビニの駐車場には、カフェやファミレスを避けて車内で思い思いの時間を過ごす人が多く見られた。コロナ禍初期の異様な社会の雰囲気の中で、コロナ禍を知らない本書を果たして訳す意義があるのかと疑問に思うこともあった。しかし、時間が経過し、社会がコロナ禍を意図的に忘れようとする過程で、そうした社会の変化に左右されない本書の価値について、少しずつ確信を深めていった。

翻訳の際に生じた疑問をめぐって、著者とは数え切れないほどのメールを交わした。著者はコロナ禍によって、本書の価値が一気に下がったように感じ、かなり落ち込んでいるようだった。また、英国の感染状況は日本よりも深刻であったため、著者自身も十分な医療が受けられずに苦しんでいた。もしかしたら、遠く離れた日本で本書を長い歳月をかけながら訳している人間がいることが、著者にとって幾ばくかの慰めとなったかもしれない。

訳出過程での疑問は、まったく出ない時期もあれば次々に出る時期もあった。著者に質問をするタイミングが、あまり開きすぎないように、またしつこくなりすぎないように、複数の質問が溜まったらメールするように心がけた。それが著者に私が翻訳を進めていることを気づかせ、私が著者を気にかけているというサインを送ることになると期待した。そのように想像を膨らませながら、訳出とメールを通じて著者と対話できたパンデミック期間は、私にとって希有な時間となった。

読者の多くにとっても二〇二〇年からの数年間は特異な時間――人によっては喪失と悲嘆を伴う時間――であっただろう。本書の訳業の背景にコロナ禍という時代があったということ、本書がそれを乗り越えて人間の死と生のあり方を問いかけていることを、日本の読者に感じ取っていただければ幸いである。

著者と本書が与えてくれる恩恵に感謝してばかりではいられない。近代性と死の関係をグローバルに考察した「最初の本」を「最後の本」にしないよう、死生学者は著者の問題意識を引き継ぎ、仕事を紡いでゆかなければならない。この訳書を手に取った学生や読書人にも、こうした問題意識の新鮮さや面白さ、そして切実さを感じ取ってもらえれば、訳者冥利に尽きる。

二〇二四年八月

堀江宗正

文献一覧

文献の引用されている頁を▶の直後に示した。

Abel, E.K. (1986) 'The hospice movement: institutionalizing innovation', *International Journal of Health Services*, *16*: 71–85. ▶383, 397

Agamben, G. (1998) *Homo Sacer: Sovereign power and bare life*. Stanford, CA: Stanford University Press.〔アガンベン『ホモ・サケル――主権権力と剝き出しの生』上村忠男訳，以文社，2003 年〕 ▶138, 194, 340,

Aldrich, D.P. (2012) *Building Resilience: Social capital in post-disaster recovery*. Chicago, IL: University of Chicago Press.〔アルドリッチ『災害復興におけるソーシャル・キャピタルの役割とは何か――地域再建とレジリエンスの構築』石田祐・藤澤由和訳，ミネルヴァ書房，2015 年〕 ▶194

Allison, A. (2013) *Precarious Japan*. Durham, NC: Duke University Press. ▶158, 446, 406

Anderson, B. (1991) *Imagined Communities: Reflections on the origin and spread of nationalism*. London: Verso.〔アンダーソン『定本想像の共同体――ナショナリズムの起源と流行』白石隆・白石さや訳，書籍工房早山，2007 年〕 ▶308, 311, 433

Appadurai, A. (1990) 'Disjuncture and difference in the global cultural economy', in M. Featherstone (ed.), *Global Culture*. London: Sage, pp. 295–310. ▶422, 433, 436

Ariès, P. (1962) *Centuries of Childhood*. London: Cape.〔アリエス『〈子供〉の誕生――アンシァン・レジーム期の子供と家族生活』杉山光信・杉山恵美子訳，みすず書房，1980 年〕 ▶27

Ariès, P. (1981) *The Hour of Our Death*. London: Allen Lane.〔アリエス『死を前にした人間』成瀬駒男訳，みすず書房，1990 年〕 ▶5, 108, 136, 143, 175, 278

Árnason, A. and Hafsteinsson, S.B. (2018) *Death and Governmentality in Iceland: Neoliberalism, grief and the nation-form*. Reykjavik: University of Iceland Press. ▶138

Arney, W.R. and Bergen, B.J. (1984) *Medicine and the Management of Living*. Chicago, IL: University of Chicago Press. ▶62, 67, 128, 138

Aveline-Dubach, N. (2012) *Invisible Population: The place of the dead in East Asian megacities*. Lanham, MD: Lexington Books. ▶333

Avineri, S. (1972) *Hegel's Theory of the Modern State*. Cambridge: Cambridge University Press.〔アヴィネリ『ヘーゲルの近代国家論』高柳良治訳，未來社，1978 年〕 ▶258

Badone, E. (1989) *The Appointed Hour: Death, worldview and social change in Brittany*. Berkeley, CA: University of California Press. ▶317

Baeke, G., Wils, J.P. and Broeckaert, B. (2011) 'We are (not) the master of our body: elderly Jewish women's attitudes towards euthanasia and assisted suicide', *Ethnicity and Health*, *16*: 259–78. ▶ 295, 302

Bailey, E. (1997) *Implicit Religion in Contemporary Society*. Kampen: Kok Pharos. ▶ 289

Bailey, T. (2010) 'When commerce meets care: emotional management in UK funeral directing', *Mortality*, *15*: 205–22. ▶ 52

Barford, V. (2010) '"Secretive world" of suicide websites', *BBC News*. Available at www.bbc.co.uk/news/uk-11387910 (accessed 5/6/19). ▶ 115

Barthes, R. (1993) *Camera Lucida*. London: Vintage. 〔バルト『明るい部屋——写真についての覚書』花輪光訳，みすず書房，1985 年〕 ▶ 109, 132

Basu, M. (2014) 'Hotel Death', *CNN International Edition+*. Available at http: //edition.cnn.com/interactive/2014/04/world/india-hotel-death/index.html?hpt=hp_c4 (accessed 5/6/19). ▶ 278

Baudrillard, J. (1993) *Symbolic Exchange and Death*. London: Sage. 〔ボードリヤール『象徴交換と死』今村仁司・塚原史訳，ちくま学芸文庫，1992 年〕 ▶ 110, 243

Baugher, J.E. (2008) 'Facing death: Buddhist and western hospice approaches', *Symbolic Interaction*, *31*: 259–84. ▶ 294, 298

Bauman, Z. (1989) *Modernity and the Holocaust*. Oxford: Polity. 〔バウマン『近代とホロコースト』森田典正訳，ちくま学芸文庫，2021 年〕 ▶ 52

Bauman, Z. (1992) *Mortality, Immortality and Other Life Strategies*. Cambridge: Polity. ▶ 142, 146, 208

Bauman, Z. (2000) *Liquid Modernity*. Cambridge: Polity. 〔バウマン『リキッド・モダニティ——液状化する社会』森田典正訳，大月書店，2001 年〕 ▶ 357

Bayatrizi, Z. and Tehrani, R.T. (2017) 'The objective life of death in Tehran: a vanishing presence', *Mortality*, *22*: 15–32. ▶ 8, 146, 151

Beck, U. (1992) *Risk Society: Towards a new modernity*. London: Sage. 〔ベック『危険社会——新しい近代への道』東廉・伊藤美登里訳，法政大学出版局，1998 年〕 ▶ 170, 178, 356

Beck, U. and Beck-Gernsheim, E. (2002) *Individualization*. London: Sage. 〔ベック，ベック＝ゲルンスハイム『個人化の社会学』中村好孝ほか訳，ミネルヴァ書房，2022 年〕 ▶ 137, 214

Becker, E. (1973) *The Denial of Death*. New York: Free Press. 〔ベッカー『死の拒絶』今防人訳，平凡社，1989 年〕 ▶ 141, 146, 208, 342, 451

Beckfield, J., Olafsdottir, S. and Sosnaud, B. (2013) 'Healthcare systems in comparative perspective: classification, convergence, institutions, inequalities, and five missed turns', *Annual Review of Sociology*, *39*: 7.1–7.20. ▶ 58, 321, 437

Behringer, W. (2018) *Tambora and the Year Without a Summer: How a volcano plunged the world into crisis*. Cambridge: Polity. ▶ 194

Bellah, R., Madsen, R., Sullivan, W.M., Swidler, A. and Tipton, S.M. (1985) *Habits of the Heart: Individualism and commitment in American life*. Berkeley, CA: University of

California Press.〔ベラーほか『心の習慣——アメリカ個人主義のゆくえ』島薗進・中村圭志訳，みすず書房，1991 年〕 ▶226

Ben-Ari, E. (2005) 'Epilogue: a "good" military death', *Armed Forces & Society*, 31. ▶345

Berger, P. (1969) *The Social Reality of Religion*. London: Faber. ▶137, 142, 208, 276, 285, 342

Berger, P. (2012) 'Further thoughts on religion and modernity', *Society*, *49*: 313–16. ▶276, 285, 302

Berger, P. (2014) *The Many Altars of Modernity*. Boston, MA: de Gruyter. ▶280

Berggren, H. and Trägårdh, L. (2010) 'Pippi Longstocking: the autonomous child and the moral logic of the Swedish welfare state', in H. Mattsson and S-O. Wallenstein (eds), *Swedish Modernism*. London: Black Dog, pp. 11–22. ▶215, 238

Berns, N. (2011) *Closure: The rush to end grief and what it costs us*. Philadelphia, PA: Temple University Press. ▶95, 99

Bernstein, A. (2000) 'Fire and earth: the forging of modern cremation in Meiji Japan', *Japanese Journal of Religion Studies*, 27: 297–334. ▶321, 338, 433

Berterame, S., Erthal, L., Thomas, J., Fellner, S., Vosse, B., Claire, P., Hao, W., Johnson, D.T., Mohar, A., Pavadia, J., Samak, A.K., Sipp, W., Sumyai, V., Suryawati, S., Tougiq, J., Yans, R. and Mattick, R.P. (2016) 'Use of and barriers to access to opioid analgesics: a worldwide, regional, and national study', *Lancet*, *387*: 10028. ▶21, 403

Beyer, P. (2013) 'Questioning the secular/religious divide in a post-Westphalian world', *International Sociology*, *28*: 663–79. ▶282

Black, M. (2012) *Death in Berlin: From Weimar to divided Germany*. Cambridge: Cambridge University Press. ▶343, 381

Blauner, R. (1966) 'Death and social structure', *Psychiatry*, 29: 378–94. ▶26, 37

Bloch, M. (1971) *Placing the Dead: Tombs, ancestral villages and kinship organisation in Madagascar*. New York: Seminar Press. ▶414

Bolton, S.C. and Wibberley, G. (2014) 'Domiciliary care: the formal and informal labour process', *Sociology*, *48*: 682–97. ▶77

Bonsu, S.K. and Belk, R.W. (2003) 'Do not go cheaply into that good night: death-ritual consumption in Asante, Ghana', *Journal of Consumer Research*, *30*: 41–55. ▶89

Boret, S.P. (2014) *Japanese Tree Burial: Ecology, kinship and the culture of death*. London: Routledge. ▶166, 255, 300

Borgstrom, E. and Walter, T. (2015) 'Choice and compassion at the end oflife: a critical analysis of recent English policy discourse', *Social Science & Medicine*, 136–7: 99–105. ▶429

Boserup, E. (1965) *The Conditions of Agricultural Growth: The economics of agrarian change under population pressure*. Chicago, IL: Aldine.〔ボズラップ著『人口圧と農業——農業成長の諸条件』安澤秀一・安澤みね訳，ミネルヴァ書房，1991 年〕▶157

Bowker, J. (1991) *The Meanings of Death*. Cambridge: Cambridge University Press.〔ボウカー『死の比較宗教学』石川都訳，玉川大学出版部，1998 年〕 ▶297

Bowlby, J.（1980）*Attachment and Loss, Vol.3: Loss, Sadness & Depression*. London: Hogarth Press.〔ボウルビィ『母子関係の理論』黒田実郎ほか訳，岩崎学術出版社，1991 年〕 ▶ 45

Bowman, M. and Valk, U.（2012）*Vernacular Religion in Everyday Life*. Sheffield: Equinox. ▶ 283

Bramadat, P., Coward, H. and Stajduhar, K.（2013）*Spirituality in Hospice Palliative Care*. Albany, NY: SUNY Press. ▶ 163

Bramley, L., Seymour, J. and Cox, K.（2015）'Living with frailty: implications for the conceptualisation of ACP', *BMJ Supportive & Palliative Care*, *5*: A 19. ▶ 78

Bravo, V（2017）'Coping with dying and deaths at home: how undocumented migrants in the United States experience the process of transnational grieving', *Mortality*, *22*: 33–44. ▶ 381, 411, 436

Brinkmann, S.（2019）'A society of sorrow: the constitution of society through grief', Distinktion: *Journal of Social Theory*, *20*: 207–21. ▶ 143

Brown, K. and Korczynski, M.（2017）'The caring self within a context of increasing rationalisation', *Sociology*, *51*: 833–49. ▶ 52

Brubaker, J.R. and Callison-Burch, V（2016）'*Legacy Contact: designing and implementing post-mortem stewardship at Facebook*', CHI Conference, San Jose, CA. ▶ 122

Brubaker, J.R. and Hayes, G.R.（2011）'*"We will never forget you [online]": an empirical investigation of post-mortem My Space comments*', CSCW Conference, Hangzhou. ▶ 123

Brubaker, J.R., Hayes, G.R. and Dourish, P.（2013）'Beyond the grave: Facebook as a site for the expansion of death and mourning', *The Information Society*, *29*: 152–63. ▶ 117, 132

Bruce, S.（2002）*God is Dead*. Oxford: Blackwell. ▶ 285

Bull, A.C. and Hansen, H.L.（2016）'On agonistic memory', *Memory Studies*, *9*: 390–404. ▶ 349, 356–57, 359, 372

Burns, S.B.（1990）*Sleeping Beauty: Memorial photography in America*. Altadena, CA: Twelvetrees Press. ▶ 108

Butler, J.（2000）*Antigone's Claim: Kinship between life and death*. New York: Columbia University Press.〔バトラー『アンティゴネーの主張――問い直される親族関係』竹村和子訳，青土社，2002 年〕 ▶ 258

Butler, J.（2004）*Precarious Life: The powers of mourning and violence*. London: Verso.〔バトラー『生のあやうさ――哀悼と暴力の政治学』本橋哲也訳，以文社，2007 年〕 ▶ 381, 421

Butler, J.（2009）*Frames of War: When is life grievable?*, London: Verso.〔バトラー『戦争の枠組――生はいつ嘆きうるものであるのか』清水晶子訳，筑摩書房，2012 年〕 ▶ 326

Butler, R.N.（1963）'The life review: an interpretation of reminiscence in the aged', *Psychiatry*, *26*: 65–76. ▶ 449

Bynum, C.W. (1991) *Fragmentation and Redemption: Essays on gender and the human body in medieval religion*. New York: Zone Books. ▶ 73

Campbell, C. (1987) *The Romantic Ethic and the Spirit of Modern Consumerism*. Oxford: Blackwell. ▶ 93

Cann, C.K. (2013) 'Tombstone technology: deathscapes in Asia, the UK and the US', in C. Maciel and V.C. Pereira (eds), *Digital Legacy and Interaction*. Santa Barbara, CA: Praeger, pp. 101–13. ▶ 130–32, 390

Cann, C.K. (2014) *Virtual Afterlives: Grieving the dead in the twenty-first century*. Lexington, KY: University Press of Kentucky. ▶ 236, 271, 389, 463

Cann, C.K. (2016) 'Contemporary death practices in the Catholic Latina/o community', *Thanatos, 5*: 63–74. ▶ 307, 432

Cave, S. (2012) *Immortality: The quest to live forever and how it drives civilisation*. London: Bite back. 〔ケイヴ『ケンブリッジ大学・人気哲学者の「不死」の講義――「永遠の命」への本能的欲求が，人類をどう進化させたのか？』柴田裕之訳，日経 BP，2021 年〕 ▶ 7, 142

Chakrabarty, D. (2007) *Provincializing Europe: Postcolonial thought and historical difference*. Princeton, NJ: Princeton University Press. ▶ 221

Chesnut, A. (2017) *Devoted to Death: Santa Muerte, the skeleton saint*. New York: Oxford University Press. ▶ 271, 441

Childe, V.G. (1945) 'Directional changes in funerary practice during 50,000 years', *Man, 45*: 13–19. ▶ 83, 99

Christakis, N.A. (1999) *Death Foretold: Prophecy and prognosis in medical care*. Chicago, IL: University of Chicago Press. 〔クリスタキス『死の予告――医療ケアにおける予言と予後』進藤雄三監訳，ミネルヴァ書房，2006 年〕 ▶ 40

Clark, D. (1999) '"Total pain", disciplinary power and the body in the work of Cicely Saunders, 1958–1967', *Social Science & Medicine, 49*: 727–36. ▶ 63, 68

Clark, D. (2018) 'End-of-life care: can it be everyone's business?', *Royal College of Physicians*. Available at www.rcplondon.ac.uk/news/end-life-care-can-it-be-everyones-business (accessed 5/6/19). ▶ 66

Clark, D., Inbadas, H., Colburn, D., Forrest, C., Richards, N., Whitelaw, S. and Zaman, S. (2017) 'Interventions at the end of life: a taxonomy for "overlapping consensus"', "*Wellcome Open Research, 2*. ▶ 3, 444

Clark, N. (2014) 'Geo-politics and the disaster of the Anthropocene', *Sociological Review, 62*: 19–37. ▶ 48

Clarke, D. (2019) *Constructions of Victimhood: Remembering the victims of state socialism in Germany*. New York: Palgrave Macmillan. ▶ 362

Cohen, J., Marcoux, I., Bilsen, J., Deboosere, P., van der Wal, G. and Deliens, L. (2006) 'European public acceptance of euthanasia: socio-demographic and cultural factors associated with the acceptance of euthanasia in 33 European countries', *Social Science and Medicine, 63*: 743–56. ▶ 162, 178, 295

Coleman, P. G. (2016) 'Ritual and memories of ritual in older people's lives: contrasts between Eastern and Western Europe', in M. Johnson and J. Walker (eds), *Spiritual Dimensions of Ageing*. Cambridge: Cambridge University Press. ▶164, 313

Cook, G. and Walter, T. (2005) 'Rewritten rites: language and social relations in traditional and contemporary funerals', *Discourse and Society, 16*: 365–91. ▶85

Curran, J., Fenton, N. and Freedman, D. (2012) *Misunderstanding the Internet*. London: Routledge. ▶114

Davidson, D. (2017) 'Art embodied: tattoos as memorials', *Bereavement Care, 36*: 33–40. ▶432

Davie, G. (2001) 'The persistance of institutional religion in modern Europe', in L. Woodhead (ed.), *Peter Berger and the Study of Religion*. London: Routledge, pp. 101–11. ▶285, 318

Davies, C. (1991) 'How people argue about abortion and capital punishment', in P. Badham (ed.), *Ethics on the Frontier of Human Existence*. New York: Paragon, pp. 103–37. ▶394, 397

Davies, C. (1996) 'Dirt, death, decay and dissolution: American denial and British avoidance', in G. Howarth and P. Jupp (eds), *Contemporary Issues in the Sociology of Death, Dying and Disposal*. Basingstoke: Macmillan. ▶202

Davies, D. (1990) *Cremation Today and Tomorrow*. Bramcote: Grove Books. ▶273

Davies, D. (2015) *Mors Britannica: Lifestyle and death-style in Britain today*. Oxford: Oxford University Press. ▶78, 226

Davies, D. and Mates, L. (2005) *Encyclopaedia of Cremation*. Aldershot: Ashgate. ▶294

Davis, K.G. (2006) 'Dead reckoning or reckoning with the dead: Hispanic Catholic funeral customs', *Liturgy, 21*: 21–7. ▶298

Day, A. (2017) *The Religious Lives of Older Laywomen: The last active Anglican generation*. Oxford: Oxford University Press. ▶283

Day, A., Vincett, G. and Cotter, C.R. (2013) *Social Identities Between the Sacred and the Secular*. Farnham: Ashgate. ▶289

Day, P., Pearce, J. and Dorling, D. (2008) 'Twelve worlds: a geo-demographic comparison of global inequalities in mortality', *Journal of Epidemiology and Community Health, 62*: 1002–10. ▶12, 219

de Tocqueville, A. (1988 [1835]) *Democracy in America*. New York: HarperPerennial. 〔トクヴィル『アメリカのデモクラシー』全4冊，松本礼二訳，2005–2008年〕 ▶211

de Vries, B. and Rutherford, J. (2004) 'Memorializing loved ones on the World Wide Web', *Omega, 49*: 5–26. ▶120, 125

Déchaux, J-H. (2002) 'Paradoxes of affiliation in the contemporary family', *Current Sociology, 50*: 229–42. ▶256, 266

Derrida, J. (2001) *On Cosmopolitanism and Forgiveness*. London: Routledge. 〔デリダ「万国の世界市民よ，もう一努力だ！」港道隆訳，『世界』1996年11月号，岩波書店〕 ▶307

Diamond, H. and Gorrara, C. (2003) 'Facing the past: French wartime memories at the millennium', in S. Milner and N. Parsons (eds), *Reinventing France*. Basingstoke: Palgrave Macmillan, pp. 173–85. ▶354

Dias, K. (2003) 'The ana sanctuary: women's pro-anorexia narratives in cyberspace', *Journal of International Women's Studies*, 4: 31–45. ▶115

Doi, T. (1981) *The Anatomy of Dependence*. Tokyo: Kodansha International.〔土居健郎『「甘え」の構造』弘文堂，1980 年〕 ▶224

Doka, K.J. (2002) *Disenfranchised Grief Champaign*, IL: Research Press. ▶25, 120, 235, 238, 248, 326, 353

Doka, K.J. and Martin, T.L. (2010) *Grieving Beyond Gender: Understanding the ways men and women mourn*. New York: Routledge. ▶30, 241

Doss, E. (2010) *Memorial Mania: Public feeling in America*. Chicago, IL: Chicago University Press. ▶348, 360

Douglas, M. (1966) *Purity and Danger: An analysis of concepts of pollution and taboo*. London: Routledge & Kegan Paul.〔ダグラス『汚穢と禁忌』塚本利明訳，ちくま学芸文庫，2009 年〕 ▶201

Douglas, M. (2004) *Jacob's Tears*. Oxford: Oxford University Press. ▶253

Dowd, Q.L. (1921) *Funeral Management and Costs: A world-survey of burial and cremation*. Chicago, IL: Chicago University Press. ▶90

Draper, J.W. (1967) *The Funeral Elegy and the Rise of English Romanticism*. London: Frank Cass. ▶300

du Boulay, S. (1984) *Cicely Saunders*. London Hodder.〔ドゥブレイ『シシリー・ソンダース――近代ホスピス運動の創始者』若林一美ほか訳，日本看護協会出版会，1989 年〕 ▶21, 62

Dumont, R.G. and Foss, D.C. (1972) *The American View of Death: Acceptance or denial?* Cambridge, MA: Schenkman. ▶145

Durkheim, E. (1915) *The Elementary Forms of the Religious Life*. London: Unwin.〔デュルケーム『宗教生活の基本形態――オーストラリアにおけるトーテム体系』上下，山崎亮訳，ちくま学芸文庫，2014 年〕 ▶258

Durkheim, E. (2002 [1897]) *Suicide*. London: Routledge.〔デュルケーム『自殺論』改版，宮島喬訳，中公文庫，2018 年〕 ▶217, 238, 299

Dye, N. and Smith, D. (1986) 'Mother love and infant death, 1750–1920', *Journal of American History*, *73*: 329–53. ▶23

Economist Intelligence Unit (2015) *The 2015 Quality of Death Index: Ranking palliative care across the world*. London: The Economist.〔エコノミスト・インテリジェンス・ユニット『死の質――エンド・オブ・ライフケア世界ランキング』丸祐一・小野谷加奈恵・飯田亘之訳，東信堂，2013 年〕 ▶428

Edwards, R., Ribbens McCarthy, J. and Gillies, V. (2012) 'The politics of concepts: family and its (putative) replacements', *British Journal of Sociology*, *53*: 730–46. ▶241, 250

Ehrenreich, B.（2018）*Natural Causes*. London: Granta. ▶200
Eisenstadt, S.N.（2000）'Multiple modernities', *Daedalus, 129*: 1–29. ▶149, 280, 433, 438, 443, 453
Eisma, M.C. and Stroebe, M.S.（2017）'Rumination following bereavement: an overview', *Bereavement Care, 36*: 58–64. ▶445
Elder, G.（1998）*Children of the Great Depression*. Boulder, CO: Westview Press.〔エルダー・Jr.『大恐慌の子どもたち――社会変動とライフコース』岡林秀樹ほか訳，明石書店，2023 年〕 ▶371
Elias, N.（1978）*The Civilizing Process: Vol. 1, The History of Manners*. New York: Urizen.〔エリアス『文明化の過程 上　ヨーロッパ上流階層の風俗の変遷』赤井慧爾・中村元保・吉田正勝訳，法政大学出版局，1977 年〕 ▶8, 201, 203
Elias, N.（1985）*The Loneliness of the Dying*. Oxford: Blackwell.〔エリアス『死にゆく者の孤独』中居実訳，法政大学出版局，1990 年〕 ▶55
Endres, K.W. and Lauser, A.（2011）*Engaging the Spirit World: Popular beliefs and practices in modern Southeast Asia*. Oxford: Berghahn. ▶165, 243–44
Esping-Andersen, G.（1990）*The Three World of Welfare Capitalism*. Oxford: Polity.〔エスピン＝アンデルセン『福祉資本主義の三つの世界――比較福祉国家の理論と動態』岡沢憲芙・宮本太郎監訳，ミネルヴァ書房，2001 年〕 ▶70, 73, 216, 257, 380
Fang, C.（2018）'Bereavement and motivation in three contrasting cultures: Britain, Japan and China'. Doctoral thesis, University of Bath. ▶245
Farrell, J.J.（1980）*Inventing the American Way of Death, 1830–1920*. Philadelphia, PA: Temple University Press. ▶107, 363
Faust, D.G.（2008）*This Republic of Suffering: Death and the American Civil War*. New York: Vintage.〔ファウスト『戦死とアメリカ――南北戦争 62 万人の死の意味』黒沢眞里子訳，彩流社，2010 年〕 ▶107, 341, 349, 351, 366, 372
Feifel, H.（1959）*The Meaning of Death*. New York: McGraw Hill.〔ファイフェル編『死の意味するもの』大原健士郎・勝俣瑛史・本間修訳，岩崎学術出版社，1973 年〕▶424
Feldman, J.（2008）*Above the Death Pits, Beneath the Flag: Youth voyages to Poland and the performance of Israeli national identity*. New York: Berghahn. ▶350
Ferguson, R.B.（1997）'Violence and war in prehistory', in D.L. Martin and D.W. Frayer（eds）, *Troubled Times: Violence and warfare in the past*. Amsterdam: Gordon & Breach, pp. 321–55. ▶15
Ferrándiz, F.（2013）'Exhuming the defeated: Civil War mass graves in 21st-century Spain', *American Ethnologist, 40*: 38–54. ▶361–62
Ferrándiz, F. and Robben, A.C.G.M.（2015）*Necropolitics: Mass graves and exhumations in the age of human rights*. Philadelphia, PA: University of Pennsylvania Press. ▶362
Fforde, C.（2004）*Collecting the Dead: Archaeology and the reburial issue*. London: Duckworth. ▶73, 404
Finch, J.（2007）'Displaying families', *Sociology, 41*: 65–81. ▶248
Finch, J. and Mason, J.（2000）*Passing On: Kinship and inheritance in England*. London:

Routledge. ▶ 255–56, 266
Firth, S. (1997) *Dying, Death and Bereavement in a British Hindu Community*. Leuven: Peeters. ▶ 297
Fitzpatrick, D. (1994) *Oceans of Consolation: Personal accounts of Irish migration to Australia*. Cork: Cork University Press. ▶ 107, 329
Fong, J. (2017) *The Death Cafe Movement: Exploring the horizons of mortality. New* York: Palgrave Macmillan. ▶ 127, 175
Foster, L. and Woodthorpe, K. (2013) 'What cost the price of a good send off? The challenges for British state funeral policy', *Journal of Poverty and Social Justice*, *21*: 77–89. ▶ 90
Foucault, M. (1973) *The Birth of the Clinic: An archaeology of medical perception*. London: Tavistock.〔フーコー『臨床医学の誕生』神谷美恵子訳，みすず書房，1969年〕 ▶ 43
Foucault, M. (2003) *Society Must Be Defended: Lectures at the College de France 1975–6*. New York: Picador.〔フーコー『社会は防衛しなければならない――コレージュ・ド・フランス講義 1975-1976 年度』石田英敬・小野正嗣訳，筑摩書房，2007 年〕 ▶ 48
Francis, A. (2019) *Epilogue to Lynn Lofland, The Craft of Dying*. Cambridge, MA: MIT Press. ▶ 176
Frankl, V. (1987) *Man's Search for Meaning*. London: Hodder & Stoughton.〔フランクル『夜と霧』新版，池田香代子訳，みすず書房，2002 年〕 ▶ 450
Frankopan, P. (2015) *The Silk Roads: A new history of the world*. London: Bloomsbury.〔フランコパン『シルクロード全史――文明と欲望の十字路』上下，須川綾子訳，河出書房新社，2020 年〕 ▶ 400
Frayling, C. (2017) *Frankenstein: The first two hundred years*. London: Reel Art Press. ▶ 106
Freud, S. (1984) 'Mourning and melancholia', in S. Freud (ed.), *On Metapsychology*. London: Pelican, pp. 251–67.〔フロイト「喪とメランコリー」『メタサイコロジー論』十川幸司訳，講談社学術文庫，2018 年〕 ▶ 45, 94, 384
Furedi, F. (2002) *Culture of Fear: Risk-taking and the morality of low expectation*. London: Continuum. ▶ 151, 171
Garces-Foley, K. (2006a) *Death and Religion in a Changing World*. Armonk, NY: M.E. Sharpe. ▶ 297, 302
Garces-Foley, K. (2006b) 'Hospice and the politics of spirituality', *Omega*, *53*: 117–36. ▶ 164
Garces-Foley, K. and Holcomb, J.S. (2005) 'Contemporary American funerals: personalizing tradition', in K. Garces-Foley (ed.), *Death and Religion in a Changing World*. Armonk, NY: M.E. Sharpe, 207–27. ▶ 85, 178, 319
Gauthier, F (2019) *Religion, Modernity, Globalisation: From nation state to market*. London: Routledge. ▶ 282, 286–87
Gauthier, F. and Martikainen, T. (2016) *Religion in Consumer Society*. Abingdon: Rout-

ledge. ▶285

Gawande, A.（2014）*Being Mortal: Illness, medicine, and what matters in the end*. London: Profile.〔ガワンデ『死すべき定め——死にゆく人に何ができるか』原井宏明訳，みすず書房，2016 年〕 ▶55, 232, 238, 438, 453

Giddens, A.（1991）*Modernity and Self-Identity: Self and society in the late modern age*. Cambridge: Polity.〔ギデンズ『モダニティと自己アイデンティティ——後期近代における自己と社会』秋吉美都・安藤太郎・筒井淳也訳，ちくま学芸文庫，筑摩書房，2021 年〕 ▶137

Giddens, A.（1994）'Living in a post-traditional society', in U. Beck, A. Giddens and S. Lash（eds）, *Reflexive Modernisation*. Cambridge: Polity, pp. 56–109.〔ギデンズ「ポスト伝統社会に生きること」『再帰的近代化——近現代における政治，伝統，美的原理』松尾精文・小幡正敏・叶堂隆三訳，而立書房，1997 年〕 ▶214

Gilding, M.（2010）'Reflexivity over and above convention: the new orthodoxy in the sociology of personal life, formerly sociology of the family', *British Journal of Sociology, 61*: 757–77. ▶256

Gill, T., Steger, B. and Slater, D.H.（2013）*Japan Copes with Calamity: Ethnographies of the earthquake, tsunami and nuclear disasters of March 2011*. Oxford: Peter Lang.〔ギル，シテーガ，スレイター編『東日本大震災の人類学——津波，原発事故と被災者たちの「その後」』人文書院，2013 年〕 ▶407

Gillis, J.R.（ed.）（2000）*Commemorations: The politics of national identity*. Princeton, NJ: Princeton University Press. ▶308–09, 311, 365, 419

Gittings, C.（1984）*Death, Burial and the Individual in Early Modern England*. London: Croom Helm. ▶300

Gittings, C. and Walter, T.（2010）'Rest in peace? Burial on private land', in A. Maddrell and J. Sidaway（eds）, *Deathscapes: Spaces for death, dying, mourning and remembrance*. Farnham: Ashgate, pp. 95–118. ▶86

Glaser, B. and Strauss A.（1965）*Awareness of Dying*. London Penguin. ▶49

Goffman, E.（1959）*The Presentation of Self in Everyday Life*. London: Doubleday.〔ゴフマン『日常生活における自己呈示』中河伸俊・小島奈名子訳，ちくま学芸文庫，2023 年〕 ▶118

Goffman, E.（1961）*Asylum*. Garden City, NY: Anchor.〔ゴッフマン『アサイラム——施設被収容者の日常世界』石黒毅訳，誠信書房，1984 年〕 ▶57

Goldscheider, C.（1971）'The mortality revolution', in C. Goldscheider（ed.）, *Population, Modernization and Social Structure*. Boston, MA: Little Brown, pp. 102–3, 124–34. ▶33, 37

Goodhart, D.（2017）*The Road to Somewhere: The populist revolt and the future of politics*. London: Hurst. ▶358

Goody, J. and Poppi, C.（1994）'Flowers and bones: approaches to the dead in Anglo and Italian cemeteries', *Comparative Studies in Society & History, 36*: 146–75. ▶300, 302, 379

Gordon, D.R. and Paci, E. (1997) 'Disclosure practices and cultural narratives: understanding concealment and silence around cancer in Tuscany, Italy', *Social Science & Medicine, 44*: 1433–52. ▶ 222, 238, 263

Gorer, G. (1965) *Death, Grief and Mourning in Contemporary Britain*. London: Cresset. 〔ゴーラー『死と悲しみの社会学』宇都宮輝夫訳，ヨルダン社，1986 年〕▶ 30, 94, 368

Goss, R.E. and Klass, D. (2005) *Dead but Not Lost: Grief narratives in religious traditions*. Walnut Creek, CA: AltaMira. ▶ 105, 244, 260, 431

Gott, M., Wiles, J., Moeke-Maxwell, T., Black, S., Williams, L., Kearse, N. and Trussardi, G. (2017) 'What is the role of community at the end of life for people dying in advanced age? A qualitative study with bereaved family carers', *Palliative Medicine, 32*: 268–75. ▶ 238

Gould, H., Kohn, T. and Gibbs, M. (2019) 'Uploading the ancestors: experiments with digital Buddhist altars in contemporary Japan', *Death Studies*, 1–10. ▶ 124

Graham, B. (1987) *Facing Death and the Life After*. Milton Keynes: Word. ▶ 279

Graham, J. (2018) 'Funeral food as resurrection in the American south', in C.K. Cann (ed.), *Dying to Eat: Cross-cultural perspectives on food, death, and the afterlife*. Lexington, KY: University Press of Kentucky. ▶ 87, 211, 330

Gronemeyer, M. (1996) *Das Leben als letzte Gelegenheit: Sicherheitsbedürfnissse und Zeitknappheit [Life as a last opportunity: security needs and time constraints]*. Darmstadt: Wissenschaftliche Buchgesellschaft. ▶ 448

Gu, D., Liu, G., Vlosky, D.A. and Yi, Z. (2007) 'Factors associated with place of death among the Chinese oldest old', *Journal of Applied Gerontology, 26*: 34–57. ▶ 453

Gunaratnam, Y. (2013) *Death and the Migrant: Bodies, borders and care*. London: Bloomsbury. ▶ 409–10, 412, 415, 436

Gurven, M. and Kaplan, H. (2007) 'Longevity among hunter-gatherers', *Population and Development Review, 33*: 321—65. ▶ 14

Gustavsson, A. (2015) 'Death, dying and bereavement in Norway and Sweden in recent times', *Humanities, 4*: 224–35. ▶ 279

Hacking, I. (1975) *The Emergence of Probability*. Cambridge: Cambridge University Press. 〔ハッキング『確率の出現』広田すみれ・森元良太訳，慶應義塾大学出版会，2013 年〕 ▶ 47

Hamdy, S. (2016) 'All eyes on Egypt: Islam and the medical use of dead bodies amidst Cairo's political unrest', *Medical Anthropology, 35*: 220–35. ▶ 333, 338

Hanusch, F. (2010) *Representing Death in the News*. Basingstoke: Palgrave Macmillan. ▶ 110

Harari, Y.N. (2015) *Sapiens: A brief history of humankind*. London: Vintage. 〔ハラリ『サピエンス全史——文明の構造と人類の幸福』上下，柴田裕之訳，河出文庫，2023 年〕 ▶ 7

Harper, S. (2010) 'Behind closed doors? Corpses and mourners in American and English funeral premises', in J. Hockey, C. Komaromy and K. Woodthorpe (eds), *The*

Matter of Death. Basingstoke: Palgrave Macmillan, pp. 100–16. ▶202, 204, 307

Hass, J.K. (2015) 'War, fields, and competing economies of death: lessons from the Blockade of Leningrad', *Poetics, 48*: 55–68. ▶193

Hausmann, E. (2004) 'How press discourse justified euthanasia', *Mortality, 9* (3): 206–22. ▶394

Hawkins, A.H. (1990) 'Constructing death: three pathographies about dying', *Omega, 22*: 301–17. ▶212, 391, 397

Hayes, J.W. and Lipset, S.M. (1993–94) 'Individualism: a double-edged sword', *The Responsive Community, 4*: 69–80. ▶216, 238

Hazelgrove, J. (2000) *Spiritualism and British Society Between the Wars*. Manchester: Manchester University Press. ▶300

Heelas, P. (2002) 'The spiritual revolution: from religion to spirituality', in L. Woodhead (ed.), *Religions in the Modern World: Traditions and transformations*. London: Routledge. ▶210

Heelas, P. and Woodhead, L. (2004) *The Spiritual Revolution: Why religion is giving way to spirituality*. Oxford: Blackwell. ▶286

Herlihy, D. (1997) *The Black Death and the Transformation of the West*. Cambridge, MA: Harvard University Press. ▶204

Hertz, R. (1960 [1907]) 'A contribution to the study of the collective representation of death', *Death and the Right Hand*. London: Cohen & West, pp. 27–86. ▶271

Herzfeld, M. (2014) *Cultural Intimacy*. London: Routedge. ▶207

Hockey, J. (1996) 'The view from the West', in G. Howarth and P. Jupp (eds), *Contemporary Issues in the Sociology of Death, Dying and Disposal*. Basingstoke: Macmillan. ▶434

Høeg, I.M. (2019) 'Religious practices in the framework of ash scattering and contact with the dead', in P. Repstad (ed.), *Political Religion, Everyday Religion*. Leiden: Brill, pp. 67–83. ▶188

Hofstede, G. (2001) *Culture's Consequences: Comparing values, behaviours, institutions and organizations across nations*. Thousand Oaks, CA: Sage. ▶210, 213, 239, 438

Hoggart, R. (1957) *The Uses of Literacy*. Harmondsworth: Penguin.〔ホガート『読み書き能力の効用』香内三郎訳，ちくま学芸文庫，2023 年〕 ▶159, 202

Holloway, M., Adamson, S., Argyrou, V., Draper, P. and Mariau, D. (2013) '"Funerals aren't nice but it couldn't have been nicer". the makings of a good funeral', *Mortality, 18*: 30–53. ▶85

Holmes, S. (2008) 'Free-Marketeering', *London Review of Books, 30*. ▶198

Holst-Warhaft, G. (2000) *The Cue for Passion: Grief and its political uses*. Cambridge, MA: Harvard University Press. ▶258, 348, 372

Honeybun, J., Johnston, M. and Tookman, A. (1992) 'The impact of a death on fellow hospice patients', *British Journal of Medical Psychology, 65*: 67–72. ▶211

Hooykaas, R. (1972) *Religion and the Rise of Modern Science*. London: Chatto & Windus.

〔ホーイカース『宗教と近代科学の勃興』藤井清久訳，すぐ書房，1989 年〕 ▶290
Horsfall, D., Noonan, K. and Leonard, R.（2011）*Bringing Our Dying Home: Creating community at the end of life*. Sydney: University of Western Sydney. ▶82
Horsfield, P.（2015）*From Jesus to the Internet: A history of Christianity and media*. Chichester: Wiley Blackwell. ▶105
Howarth, G.（1996）*Last Rites: The work of the modern funeral director*. Amityville, NY: Baywood. ▶55
Hui, T.B. and Yeoh, B.S.A.（2002）'The "remains of the dead": spatial politics of nation-building in post-war Singapore', *Human Ecology Review*, *9*: 1–13. ▶322
Hunter, A.（2016）'Staking a claim to land, faith and family: burial location preferences of Middle Eastern Christian migrants', *Journal of Intercultural Studies*, *37*: 179–94. ▶413, 436
Hunter, A. and Ammann, E.S.（2016）'End-of-life care and rituals in contexts of post-migration diversity in Europe: an introduction', *Journal of Intercultural Studies*, *37*: 95–102. ▶415
Huntington, S.P.（1993）'The clash of civilisations', *Foreign Affairs*, *72*: 22–49. ▶210
Hutchings, T.（2012）'Wiring death: dying, grieving and remembering on the internet', in D. Davies and C.-W. Park（eds）, *Emotion, Identity and Death*. Aldershot: Ashgate, pp. 43–58. ▶121
Illich, I.（1976）*Limits to Medicine*. London: Marion Boyars.〔イリッチ『脱病院化社会――医療の限界』金子嗣郎訳，晶文社，1979 年〕 ▶41
Inglehart, R.（1981）'Post-materialism in an environment of insecurity', *American Political Science Review*, *75*: 880–900. ▶3, 154, 208, 210
Inglehart, R. and Baker, W.E.（2000）'Modernization, cultural change, and the persistence of traditional values', *American Sociological Review*, *65*: 19–52. ▶440
Inglehart, R. and Welzel, C.（2005）*Modernization, Cultural Change and Democracy*. New York: Cambridge University Press. ▶438
Inglehart, R., Basanez, M. and Moreno, A.（1998）*Human Values and Beliefs: A cross-cultural sourcebook: political, religious, sexual and economic norms in 43 societies : findings from the 1990–1993 World Values Survey*. Ann Arbor, MI: University of Michigan Press. ▶154, 280
Inglehart, R., Foa, R., Peterson, C. and Welzel, C.（2008）'Development, freedom, and rising happiness: a global perspective（1981–2007）', *Perspectives on Psychological Science*, *3*: 264–85. ▶139
Inglis, T.（1998）*Moral Monopoly: The rise and fall of the Catholic Church in Ireland*. Dublin: University College Dublin Press. ▶280
Inglis, T.（2014）*Meanings of Life in Contemporary Ireland*. New York: Palgrave. ▶280
Jacobsen, M.H.（2016）'"Spectacular death": proposing a new fifth phase to Philippe Aries's admirable history of death', *Humanities*, *5*: 19. ▶111
Jakoby, N.R.（2012）'Grief as a social emotion', *Death Studies*, 36: 679–711. ▶234, 239

Jakoby, N.R. and Reiser, S.（2013）'Grief 2.0: exploring virtual cemeteries', in T. Benski and E. Fisher（eds）, *Internet and Emotions*. London: Routledge, pp. 65–79. ▶124

Jalland, P.（2010）*Death in War and Peace: A history of loss and grief in England, 1914–1970*. Oxford: Oxford University Press. ▶112, 168, 362, 367, 372

James, D.（2009）'Burial sites, informal rights and lost kingdoms: contesting land claims in Mpumalanga, South Africa', *Africa*, *79*: 228–51. ▶336

Jenkins, T.（2010）*Contesting Human Remains in Museum Collections: The crisis of cultural authority*. London: Routledge. ▶404

Jindra, M. and Noret, J.（2011）*Funerals in Africa: Explorations of a social phenomenon*. Oxford: Berghahn. ▶89, 99

Johnson, M.（2016）'Spirituality, biographical review and biographical pain at the end of life in old age', in M. Johnson and J. Walker（eds）, *Spiritual Dimensions of Ageing*. Cambridge: Cambridge University Press, pp. 198–214. ▶371, 448

Jolly, H.（1976）'Family reactions to child bereavement', *Proceedings of the Royal Society of Medicine*, *69*: 835–7. ▶63

Jones, B.（2000）'Afterlife beliefs in a secular society'. Unpublished doctoral thesis, University of Reading. ▶369

Jones, G.（2018）*The Shock Doctrine of the Left*. Cambridge: Polity. ▶198

Jupp, P.C.（2006）*From Dust to Ashes: Cremation and the British way of death*. Basingstoke: Palgrave. ▶183, 272, 390

Jupp, P.C. and Gittings, C.（1999）*Death in England: An illustrated history*. Manchester: Manchester University Press. ▶72

Kabayama, K.（2012）'The death and rebirth of society: the consequences of the Black Death and the Lisbon earthquake', in T. Ohtoshi and S. Shimazono（eds）, *Commemorating the Dead in a Time of Global Crisis*. Tokyo: University of Tokyo.〔樺山紘一「文明の死と再生——黒死病とリスボン大震災のあとさき」，大稔哲也・島薗進編著『死者の追悼と文明の岐路——二〇一一年のエジプトと日本』三元社，2012 年〕 ▶195–96

Kalish, R. and Reynolds, D.（1981）*Death and Ethnicity: A psychocultural study*. Farmingdale, NY: Baywood. ▶307

Kang, J-M.（2014）'Ask a North Korean: is religion allowed?', *Guardian*, 2 July. ▶283

Karapliagou, A. and Kellehear, A.（n.d.）*Public Health Approaches to End of Life Care: A toolkit*. London: Public Health England/National Council for Palliative Care. ▶64, 66

Kasket, E.（2012）'Continuing bonds in the age of social networking: Facebook as a modern-day medium', *Bereavement Care*, *31*: 62–9. ▶123, 125

Kasket, E.（2019）*All the Ghosts in the Machine: Illusions of immortality in the digital age*. London: Little, Brown. ▶123, 132

Kastenbaum, R.（2007）*Death, Society and Human Experience*（9th edn）. Boston, MA: Pearson. ▶58, 309, 313

Kaufman, S.（2005）*... and a Time to Die: How American hospitals shape the end of life*.

Chicago, IL: University of Chicago University Press. ▶ 49, 68, 382–83
Kearl, M.C. (2010) 'The proliferation of postselves in American civic and popular cultures', *Mortality, 15*: 47–63. ▶ 208
Kellehear, A. (1984) 'Are we a death-denying society? A sociological review', *Social Science & Medicine*, 18: 713–23. ▶ 145–46
Kellehear, A. (1990) *Dying of Cancer: The final years of life*. Chur: Harwood Academic. ▶ 56
Kellehear, A. (2005) *Compassionate Cities*. London: Routledge.〔ケレハー『コンパッション都市——公衆衛生と終末期ケアの融合』竹之内裕文・堀田聰子訳，慶應義塾大学出版会，2022 年〕 ▶ 65, 100
Kellehear, A. (2007) *A Social History of Dying*. Cambridge: Cambridge University Press. ▶ 5, 15, 19, 21, 37, 52
Kellehear, A. (2014) *The Inner Life of the Dying Person*. New York: Columbia University Press. ▶ 56
Kellehear, A. (2016) 'Current social trends and challenges for the dying person', in N.R. Jakoby and M. Thönnes (eds), *Zur Soziologie des Sterbens*. Berlin: Springer, pp. 11–26. ▶ 19, 40, 56, 59, 191
Kelly S. (2015) *Greening Death: Reclaiming burial practices and restoring our tie to the earth*. Lanham, MD: Rowman & Littlefield. ▶ 377
Kelner, M. (1995) 'Activists and delegators: elderly patients' preferences about control at the end of life', *Social Science and Medicine, 41*: 537–45. ▶ 159–60, 178
Kerr, C., Dunlop, J.T., Harbison, F.H. and Myers, C.A. (1973) *Industrialism and Industrial Man*. Harmondsworth: Penguin.〔カーほか『インダストリアリズム——工業化における経営者と労働』川田寿訳，東洋経済新報社，1963 年〕 ▶ 312
Killikelly, C. and Maercker A. (2017) 'Prolonged grief disorder for ICD–11', *European Journal of Psychotraumatology*, 8. ▶ 385
King, A. (2010) 'The Afghan war and "postmodern" memory: commemoration and the dead of Helmand', *British Journal of Sociology, 61*: 1–25. ▶ 345, 372
King, R., Warnes, T. and Williams, A. (2000) *Sunset Lives: British retirement migration to the Mediterranean*. Oxford Berg. ▶ 409
Kjaersgaard Markussen, A. (2013) 'Death and the state of Denmark', in E. Venbrux, T. Quartier, C. Venhorst, and B. Mathijssen (eds) *Changing European Death Ways*. LIT Verlag: Munster, pp. 165–87. ▶ 379
Kjaersgaard, A. (2017) *Funerary Culture and the Limits of Secularization in Denmark*. Zurich: LIT Verlag. ▶ 284, 294, 299, 395
Klass, D., Silverman, P.R. and Nickman, S.L. (1996) *Continuing Bonds: New understandings of grief*. Bristol, PA: Taylor & Francis. ▶ 226
Klein, N. (2008) *The Shock Doctrine: The rise of disaster capitalism*. London: Penguin.〔クライン『ショック・ドクトリン——惨事便乗型資本主義の正体を暴く』上下，幾島幸子・村上由見子訳，岩波現代文庫，2024 年〕 ▶ 197–98, 205, 406

Knight, F.（2018）'Cremation and Christianity: English Anglican and Roman Catholic attitudes to cremation since 1885', *Mortality*, *23*: 301–19. ▶369

Knoeff, R. and Zwijnenberg, R.（2015）*The Fate of Anatomical Collections*. London: Routledge. ▶73

Komaromy, C. and Hockey, J.（2018）*Family Life, Trauma and Loss in the Twentieth Century: The legacy of war*. Basingstoke: Palgrave Macmillan. ▶371–72

Koslofsky, C.（2002）'From presence to remembrance: the transformation of memory in the German Reformation', in A. Confino and P. Fritzche（eds）, *The Work of Memory: New directions in the study of German society and culture*. Urbana, IL: University of Illinois Press. ▶270

Králová, J.（2019）'Social death'. Doctoral thesis, University of Bath. ▶381

Kretchmer, A.（2000）'Mortuary rites for inanimate objects', *Japanese Journal of Religious Studies*, *27*: 379–404. ▶467

Kselman, T.（1993）*Death and the Afterlife in Modern France*. Princeton, NJ: Princeton University Press. ▶320, 379

Kübler-Ross, E.（1969）*On Death and Dying*. New York: Macmillan.〔キューブラー・ロス『死ぬ瞬間――死とその過程について』改版，鈴木晶訳，中公文庫，2020 年〕 ▶63, 427, 451

Kumar, S.（2007）'Kerala, India: a regional community-based palliative care model', *Journal of Pain & Symptom Management*, *33*: 623–7. ▶429

Kwon, H.（2008）'The ghosts of war and the spirit of cosmopolitanism', *History of Religions*, *48*: 22–42. ▶244, 266, 307, 352

Lagerkvist, A.（2017）'Existential media: toward a theorization of digital thrownness', *New Media & Society*, *19*: 96–110. ▶163–64

Lagerkvist, A. and Andersson, Y（2017）'The grand interruption: death online and mediated lifelines of shared vulnerability', *Feminist Media Studies*, *17*: 550–64. ▶57, 117

Lane, C.（1981）*The Rites of Rulers: Ritual in industrial society—the Soviet case*. Cambridge: Cambridge University Press. ▶324, 403

Latour, B.（2003）'Is re-modernization occurring—and if so, how to prove it? A commentary on Ulrich Beck', *Theory, Culture & Society*, *20*: 35–48. ▶170–71, 204, 357

Lennon, J. and Foley, M.（2000）*Dark Tourism: The attraction of death and disaster*. London: Continuum. ▶418, 436

Leong, C.（2018）'"Too busy, too much pressure": an ageing China and the erosion of filial piety', *Hong Kong Free Press*, 15 April. ▶246

Leslie, J.（1991）'Suttee or Sati: victim or victor?', in J. Leslie（ed.）, *Roles and Rituals for Hindu Women*, London: Pinter, pp. 175–91. ▶332

Levine, S.（1988）*Who Dies? An investigation of conscious living and conscious dying*. Bath: Gateway.〔レヴァイン『めざめて生き，めざめて死ぬ』菅靖彦・飯塚和恵訳，春秋社，1999 年〕 ▶430

Lim, C.（2018）'Death spaces and death practice in the Klang Valley, Malaysia'. Doctoral

thesis, Monash University, Malaysia. ▶96
Lin, M. (2000) 'Grounds for remembering: monuments, memorials, texts'. Berkeley, CA: Occasional Papers of the Doreen B. Townsend Center for the Humanities, no. 3, pp. 8–14. ▶360
Linnenthal, E.T. (2001) *The Unfinished Bombing: Oklahoma City in American memory.* New York: Oxford University Press. ▶360
Lipset, S.M. (1955) *The First New Nation*. New York: Basic Books.〔リプセット『国民形成の歴史社会学——最初の新興国家』内山秀夫・宮沢健訳，未來社，1971 年〕▶375
Liu, H.L. (2015) 'Dying socialist in capitalist Shanghai'. Doctoral thesis, Boston University. ▶260
Livne, R. (2014) 'Economies of dying: the moralization of economic scarcity in U.S. hospice care', *American Sociological Review, 79*: 888–911. ▶383
Lofland, L. (1978) *The Craft of Dying: The modern face of death*. Beverly Hills, CA: Sage. ▶36, 145–46, 176
Lofland, L. (1985) 'The social shaping of emotion: the case of grief', *Symbolic Interaction, 8*: 171–90. ▶26, 37
Long, S.O. (2004) 'Cultural scripts for the good death in Japan and the United States: similarities and differences', *Social Science and Medicine, 58*: 913–28. ▶212, 225, 238–39, 292, 294
Long, S.O. (2005) *Final Days: Japanese culture and choice at the end of life*. Honolulu, HI: University of Hawaii Press. ▶225
Loudon, J.C. (1981 [1843]) *On the Laying Out, Planting, and Managing of Cemeteries and on the Improvement of Churchyards*. Redhill: Ivelet Books. ▶183
Lukhele, A. (2013) 'Stokvels, Death and Society'. Unpublished manuscript, South Africa. ▶90
Lynn, J. (2016) *MediCaring Communities: Getting what we want and need in frail old age at an affordable price*. Scotts Valley, CA: CreateSpace. ▶384
Lynn, J. and Adamson, D.M. (2003) *Living Well at the End of Life: Adapting health care to serious chronic illness in old age*. Santa Monica, CA: Rand. ▶18
Macfarlane, A. (1978) *The Origins of English Individualism*. Oxford: Blackwell.〔マクファーレン『イギリス個人主義の起源——家族・財産・社会変化』酒田利夫訳，南風社，1997 年〕▶256
Macpherson, C.B. (1962) *The Political Theory of Possessive Individualism*. Oxford: Clarendon. ▶227
Makary, M. and Daniel, M. (2016) 'Medical error – the third leading cause of death in the US', *British Medical Journal, 353*. ▶59–60, 68
Małecka, K. (2012) '*Medical, spiritual, and cultural aspects of grief and mourning in modern bereavement memoirs*'. Paper presented at the 12th International Conference on the Social Context of Death, Dying and Disposal, Alba Iulia, Romania. ▶301
Malinowski, B. (1925) *Magic, Science and Religion*. London: Macmillan.〔マリノフスキ

ー『呪術・科学・宗教・神話』宮武公夫・高橋巌根訳，人文書院，1997 年〕 ▶268
Mantei, C.（2012）*Le Tourisme de Memoire en France*. Paris: Atout France. ▶419
Marris, P.（1958）*Widows and Their Families*. London: Routledge. ▶26
Marris, P.（1974）*Loss and Change*. London: Routledge. ▶261, 390
Marshall, M.（1981）*Last Chapters: A sociology of ageing and dying*. Monterey, CA: Books/Cole. ▶449
Martin, B.（1981）*A Sociology of Contemporary Cultural Change*. Oxford: Blackwell. ▶156
Martin, D.（1978）*A General Theory of Secularization*. Oxford: Blackwell. ▶317, 334, 338
Martin, D.（1990）*Tongues of Fire: The explosion of Protestantism in Latin America*. Oxford: Blackwell. ▶277, 286
Maruyama, T.C.（1997）'The Japanese pilgrimage: not begun', *International Journal of Palliative Nursing, 3*: 87–91. ▶294
Marvin, C. and Ingle, D.（1999）*Blood Sacrifice and the Nation: Totem rituals and the American flag*. Cambridge: Cambridge University Press. ▶342–43, 372
Marzano, M.（2009）'Lies and pain: patients and caregivers in the "conspiracy of silence"', *Journal of Loss and Trauma, 14*: 57–81. ▶223
Maslow, A.（1954）*Motivation and Personality*. New York: Harper.〔マズロー『人間性の心理学――モチベーションとパーソナリティ』改訂新版，小口忠彦訳，産業能率大学出版部，1987 年〕 ▶156
Masuzawa, T.（2005）*The Invention of World Religions*. Chicago, IL: University of Chicago Press.〔増澤知子『世界宗教の発明――ヨーロッパ普遍主義と多元主義の言説』秋山淑子・中村圭志，みすず書房，2015 年〕 ▶287
Mathews, G.（2013）'Death and "the pursuit of a life worth living" in Japan', in H. Suzuki (ed.), *Death and Dying in Contemporary Japan*. London: Routledge, pp. 33–48. ▶140
Maxwell, D.（1998）'"Delivered from the spirit of poverty"? Pentecostalism, prosperity and modernity in Zimbabwe', *Journal of Religion in Africa, 28*: 350–73. ▶277
Mbiti, J.S.（1970）*African Religions and Philosophies*. Garden City, NY: Doubleday. ▶435
McCormick, L.（2015）'The agency of dead musicians', *Contemporary Social Science, 10*: 323–35. ▶109
McGuire, M.（2008）*Lived Religion: Faith and practice in everyday life*. Oxford: Oxford University Press. ▶287
McIlwain, C.D.（2005）*When Death Goes Pop. Death media and the remaking of community*. New York: Peter Lang. ▶132
McManus, R.（2013）*Death in a Global Age*. Basingstoke: Palgrave Macmillan. ▶5, 403, 405, 419, 436, 455
Mellor, P. and Shilling, C.（1993）'Modernity, self-identity and the sequestration of death', *Sociology, 27*: 411–31. ▶56, 138–39, 146
Menzfeld, M.（2017）'When the dying do not feel tabooed: perspectives of the terminally ill in Western Germany', *Mortality, 22*: 308–23. ▶42

Merridale, C. (2000) *Night of Stone: Death and memory in Russia*. London: Granta.
▶ 168, 193, 324, 326–28, 338, 343, 347, 353, 357, 362, 369, 371

Meyer, J.W, Boli, J., Thomas, G.M. and Ramirez, F.O. (1997) 'World society and the nation-state', *American Journal of Sociology, 103*: 144–81. ▶ 309, 423

Miah, A. and Rich, E. (2008) *The Medicalization of Cyberspace*. London: Routledge. ▶ 114

Miller, D. (2017) *The Comfort of People*. Cambridge: Polity.
▶ 76, 81–82, 173, 232, 239, 251, 423

Miller, D., Haynes, N., McDonald, T., Nicolescu, R., Sinanan, J., Spyer, J., Venkatraman, S. and Xinyuan Wang (2016) *How the World Changed Social Media*. London: UCL Press. ▶ 423

Miner, H. (1956) 'Body ritual among the Nacirema', *The American Anthropologist, 58*: 503–7. ▶ 203

Mishra, A., Ghate, R., Maharjan, A., Gurung, J., Pathak, G. and Upraity, A.N. (2017) 'Building ex ante resilience of disaster-exposed mountain communities: drawing insights from the Nepal earthquake recovery', *International Journal of Disaster Risk Reduction, 22*: 167–78. ▶ 191

Mitford, J. (1963) *The American Way of Death*. London: Hutchinson.
▶ 84, 100, 165, 377, 392

Mitscherlich, A. and Mitscherlich, M. (1975 [1967]) *The Inability to Mourn*. New York: Grove Press.〔A. & M. ミッチャーリッヒ『喪われた悲哀――ファシズムの精神構造』林峻一郎・馬場謙一訳，河出書房新社，1972 年〕 ▶ 354

Mokhov, S. and Sokolova, A. (2020) 'Broken infrastructure and soviet modernity: the funeral market in Russia', *Mortality, 25*: 232–248. ▶ 320, 397

Moore, J. (1980) 'The death culture of Mexico and Mexican Americans', in R. Kalish (ed.), *Death and Dying: Views from many cultures*. Farmingdale, NY: Baywood, 72–91.
▶ 90

Moreman, C. (2018) *Beyond the Threshold: Afterlife beliefs and experiences in world religions* (2nd edn). Lanham MD: Rowman and Littlefield. ▶ 302

Morgan, D. (2011) *Rethinking Family Practices*. Basingstoke: Palgrave Macmillan.〔モーガン『家族実践の社会学――標準モデルの幻想から日常生活の現実へ』野々山久也・片岡佳美訳，北大路書房，2017 年〕 ▶ 240

Morris, Z.A. (2017) 'Review of Schrecker & Bambra "How politics makes us sick"', *People, Place and Policy, 11*: 125–7. ▶ 220

Mouffe, C. (2005) *On the Political*. London: Routledge.〔ムフ『政治的なものについて――闘技的民主主義と多元主義的グローバル秩序の構築』篠原雅武訳，明石書店，2008 年〕 ▶ 359

Mount, F. (1982) *The Subversive Family*. London: Cape. ▶ 242, 254

Mouzelis, N. (2012) 'Modernity and the secularization debate', *Sociology, 46*: 207–23.
▶ 214

Murray, S.A. and McLoughlin, P. (2012) 'Illness trajectories and palliative care', in L.

Sallnow, S. Kumar and A. Kellehear (eds), *International Perspectives on Public Health and Palliative Care*. London: Routledge, pp. 30–51. ▶18
Nash, D. (2013) *Christian Ideals in British Culture: Stories of belief in the twentieth century*. Basingstoke: Palgrave Macmillan. ▶288
Natali, C. (2008) 'Building cemeteries, constructing identities: funerary practices and nationalist discourse among the Tamil Tigers of Sri Lanka', *Contemporary South Asia*, *16*: 287–301. ▶353
National Academies of Sciences, Engineering and Medicine (2015) *The Integration of Immigrants into American Society*. Washington, DC: National Academies Press. ▶426
Neimeyer, R., Klass, D. and Dennis, M.R. (2014) 'A social constructionist account of grief loss and the narration of meaning', *Death Studies*, *38*: 485–98. ▶194
Nelson, G.K. (1969) *Spiritualism and Society*. London: Routledge & Kegan Paul. ▶106
Northcott, H.C. and Wilson, D.M. (2008) *Dying and Death in Canada*. Toronto: University of Toronto Press. ▶455
Norwood, F. (2007) 'Nothing more to do: euthanasia, general practice, and end-of-life discourse in the Netherlands', *Medical Anthropology*, *26*: 139–74. ▶129
Norwood, F. (2009) *The Maintenance of Life: Preventing social death through euthanasia talk and end-of-life care—lessons from the Netherlands*. Durham, NC: Carolina Academic Press. ▶187, 205, 264
Noys, B. (2005) *The Culture of Death*. Oxford: Berg. ▶138, 194
Ong, W.J. (2012) *Orality and Literacy: The technologizing of the word*. London: Routledge.〔オング『声の文化と文字の文化』桜井直文・林正寛・糟谷啓介訳，藤原書店，1991年〕 ▶104
Ostaseski, F. (1990) 'Living with the dying', *Inquiring Mind*, *6*: 8–11. ▶430
Pajari, I. (2015) 'Soldier's death and the logic of sacrifice', *Collegium*, *19*: 179–201. ▶341–42, 344
Park, C.-W. (2010) 'Between God and ancestors: ancestral practice in Korean Protestantism', *International Journal for the Study of the Christian Church*, *10*: 257–73. ▶253, 267, 277, 295, 332
Parker Pearson, M. (1999) *The Archaeology of Death and Burial*. Stroud: Sutton Publishing. ▶269
Parkes, C.M. (1988) 'Bereavement as a psychosocial transition', *Journal of Social Issues*, *44*: 53–65. ▶24, 194
Parkes, C.M. (2008) *Love and Loss: The roots of grief and its complications*. London: Routledge. ▶45, 152, 248
Parkes, C.M., Laungani, P. and Young, B. (2015) *Death and Bereavement Across Cultures* (2nd edn). London: Routledge. ▶302, 306
Parsons, T. (1966) *Societies: Evolutionary and comparative perspectives*. Englewood , 83Cliffs, NJ: Prentice-Hall.〔パーソンズ『社会類型――進化と比較』矢沢修次郎訳，至誠堂，1971年〕 ▶54

Parsons, T. and Lidz,V. (1963) 'Death in American society', in E. Shneidman (ed.), *Essays in Self-Destruction*. New York: Science House, pp. 133–70.〔パーソンズ，リッツ「アメリカ社会における死」，シュナイドマン編『自殺の病理――自己破壊行動』上下，大原健士郎ほか訳，岩崎学術出版社，1971–1972 年〕 ▶140, 397

Patterson, O. (1982) *Slavery and Social Death*. Cambridge, MA: Harvard University Press. ▶329

Pavicevic, A. (2009) 'Death in a foreign land: entering and exiting the Serbian emigrant's world', in U. Brunnbauer (ed.), *Transnational Societies, Transterritorial Politics, and Migrations in the (Post) Yugoslav Area 19th–21st Century*. Munich: Oldenbourg Verlag, pp. 235–48. ▶414

Pavicevic, A. (2015) *From Mystery to Spectacle: Essays on death in Serbia from the 19th–21st century*. Belgrade: Serbian Academy of Sciences & Arts, Institute of Ethnography. ▶164, 313

Pennington, N. (2013) 'You don't de-friend the dead: an analysis of grief communication by college students through Facebook profiles', *Death Studies, 37*: 617–35. ▶112

Pentaris, P. (2018) 'The marginalization of religion in end oflife care', *International Journal of Human Rights in Healthcare, 11*. ▶164

Perl, G. (2016) 'Uncertain belongings: absent mourning, burial, and post-mortem repatriations at the external border of the EU in Spain', *Journal of Intercultural Studies, 37*: 195–209. ▶416

Perl, G. and Strasser, S. (2018) 'Transnational moralities: the politics of ir/responsibility of and against the EU border regime', *Identities, 25*: 507–23. ▶416

Peters, J. (1999) *Speaking into the Air: A history of the idea of communication*. Chicago, IL: Chicago University Press. ▶108

Phillips, M.M. (2006) 'In Madagascar, digging up the dead divides families', *Wall Street Journal*, 10 October. ▶295, 297

Phillips, W (2011) 'LOLing at tragedy: Facebook trolls, memorial pages and resistance to grief online', *First Monday*, 16. ▶117, 121

Pickett, K. and Wilkinson, R. (2015) 'Income inequality and health: a causal review', *Social Science and Medicine, 128*: 316–26. ▶218

Pinchevski, A. (2016) 'Screen trauma: visual media and post-traumatic stress disorder', *Theory, Culture & Society, 33*: 51–75. ▶113

Pine,V.R. (1975) *Caretaker of the Dead: The American funeral director*. New York: Irvington. ▶88

Pinker, S. (2012) *The Better Angels of Our Nature: Why violence has declined*. London: Penguin.〔ピンカー『暴力の人類史』上下，幾島幸子・塩原通緒訳，青土社，2015 年〕 ▶15, 71, 169

Plokhy, S. (2018) *Chernobyl: History of a tragedy*. London: Allen Lane. ▶196

Pollock, K. and Seymour, J. (2018) 'Reappraising "the good death" for populations in the age of ageing', *Age & Ageing, 47* (3): 328–30. ▶229

Power, M. (1997) *The Audit Society*. Oxford: Oxford University Press.〔パワー『監査社会――検証の儀式化』國部克彦・堀口真司訳，東洋経済新報社，2003 年〕 ▶389
Prior, L. (1997) 'Actuarial visions of death: life, death and chance in the modern world', in P.C. Jupp and G. Howarth (eds), *The Changing Face of Death*. Basingstoke: Macrnillan. ▶140
Prior, L. and Bloor, M. (1992) 'Why people die: social representations of death and its causes', *Science as Culture*, *3*: 346–74. ▶47, 68
Prothero, S. (2000) *Purified by Fire: A history of cremation in America*. Berkeley, CA: University of California Press. ▶165–66, 377
Quereshi, H. and Walker, A. (1989) *The Caring Relationship: Elderly people and their families*. London: Macmillan. ▶250, 256
Raun, T. (2017) 'Vulnerability and emotional self-management in relation to mourning online.' Paper presented at Digital Existence II Conference, Sigtuna, Sweden. ▶118
Reader, I. (2012) 'Secularisation, R.I.P.? Nonsense! The "rush hour away from the gods" and the decline of religion in contemporary Japan', *Journal of Religion in Japan*, *1*: 7–36. ▶165, 277, 279
Reimers, E. (1999) 'Death and identity: graves and funerals as cultural communication', *Mortality*, *4*: 147–66. ▶415
Ribbens McCarthy, J., Evans, R., Bowlby, S. and Wouango, J. (2018) 'Making sense of family deaths in urban Senegal', *OMEGA – Journal of Death and Dying*, 25 October. ▶26, 167, 178
Richardson, R. (1989) *Death, Dissection and the Destitute*. London: Penguin. ▶90, 295, 404
Riches, G. and Dawson, P. (1998) 'Lost children, living memories: the role of photographs in processes of grief and adjustment amongst bereaved parents', *Death Studies*, *22*: 121–40. ▶108
Riches, G. and Dawson, P. (2000) *An Intimate Loneliness: Supporting bereaved parents and siblings*. Buckingham: Open University Press. ▶25, 241
Riesman, D. (1950) *The Lonely Crowd*. New Haven, CT: Yale University Press.〔リースマン『孤独な群衆』加藤秀俊訳，みすず書房，1964 年〕 ▶211
Riley, J. (2001) *Rising Life Expectancy: a global history*. Cambridge: Cambridge University Press.〔ライリー『健康転換と寿命延長の世界誌』門司和彦ほか訳，明和出版，2008〕 ▶37
Rinpoche, S. (1992) *The Tibetan Book of Living and Dying*. London: Rider.〔リンポチェ『チベットの生と死の書』大迫正弘・三浦順子訳，講談社，2010 年〕 ▶430
Ritzer, G. (2018) *The McDonaldization of Society* (9th edn). Thousand Oaks, CA: Sage.〔リッツア『マクドナルド化した社会――果てしなき合理化のゆくえ』正岡寛司訳，早稲田大学出版部，2008 年〕 ▶50
Ritzer, G. and Dean, P. (2015) *Globalization: A basic text* (2nd edn). Oxford: Wiley-Blackwell. ▶400, 437

Roberts, P. (2004) 'The living and the dead: community in the virtual cemetery', *Omega, 49*: 57–76. ▶ 123

Robertson, R. (1995) 'Glocalization: time-space and homogeneity-heterogeneity', in M. Featherstone, S. Lash and R. Robertson (eds), *Global Modernities*. London: Sage, pp. 25–44. ▶ 309, 437, 441, 453

Robson, P. and Walter, T. (2012–13) 'Hierarchies of loss: a critique of disenfranchised grief', *Omega, 66*: 97–119. ▶ 236, 249, 267

Romo, R.D., Allison, T.A., Smith, A.K. and Wallhagen, M.I. (2017) 'Sense of control in end-of-life decision-making', *Journal of the American Geriatrics Society, 65*: e70-e75. ▶ 160

Rosa, H. (2015) *Social Acceleration: A new theory of modernity*. New York: Columbia University Press.〔ローザ『加速する社会――近代における時間構造の変容』出口剛司監訳，福村出版，2022 年〕 ▶ 448

Rosenblatt, P. (1983) *Bitter, Bitter Tears: Nineteenth-century diarists and twentieth-century grief theories*. Minneapolis, MN: University of Minnesota Press. ▶ 23

Rosenblatt, P., Walsh, P. and Jackson, D. (1976) *Grief and Mourning in Cross-Cultural Perspective*. Washington, DC: Human Relations Area Files Press. ▶ 306

Rotar, M. (2015) 'Attitudes towards cremation in contemporary Romania', *Mortality, 20*: 14–2. ▶ 294

Rowe, M. (2007) 'The Buddhist dead', in B.J. Cuevas and J.I. Stone (eds), *Grave Changes: Scattering ashes in contemporary Japan*. Honolulu, HI: University of Hawai'i Press, pp. 405–37. ▶ 255

Royal College of Physicians (2018) 'Talking about dying: how to begin honest conversations about what lies ahead', 19 October. Available at www.rcplondon.ac. uk/projects/outputs/talking-about-dying-how-begin-honest-conversations-about-what-liesahead (accessed 5/6/19). ▶ 128

Rugg, J. (1997) 'The emergence of cemetery companies in Britain', in P. Jupp and G. Howarth (eds), *The Changing Face of Death*. Basingstoke: Macmillan, pp. 105–19. ▶ 318

Ryan, S. (2016) *Death and the Irish: A miscellany*. Dublin: Wordwell. ▶ 329

Sahlins, M. (1974) 'The original ailluent society', *Ecologist, 4*: 181–90.〔サーリンズ「始原のあふれる社会」『石器時代の経済学』山内昶訳，法政大学出版局，1984 年〕 ▶ 157

Samuel, L.R. (2013) *Death, American Style: A cultural history of dying in America*. Lanham, MD: Rowman & Littlefield. ▶ 202, 375

Santhosh, R. (2016) 'Voluntarism and civil society in the neoliberal era: a study on the palliative care movement in Kerala', *Journal of Social and Economic Development, 18*: 1–16. ▶ 308

Santino, J. (2006) *Spontaneous Shrines and the Public Memorialization of Death*. Basingstoke: Palgrave Macmillan. ▶ 97

Scheffler, S. and Kolodny, N. (2013) *Death and the Afterlife*. New York: Oxford Univer-

sity Press.〔シェフラー『死と後世』森村進訳，ちくま学芸文庫，2023 年〕 ▶ 452
Scheper-Hughes, N. (1990) 'Mother love and child death in northeast Brazil', in J. Stigler, A. Shweder, and G. Herdt (eds), *Cultural Psychology*. Cambridge: Cambridge University Press. ▶ 23
Schrecker, T. and Bambra, C. (2015) *How Politics Makes Us Sick: Neoliberal epidemics*. Basingstoke: Palgrave Macmillan. ▶ 12, 219
Schwartz, B. (1991) 'Mourning and the making of a sacred symbol: Durkheim and the Lincoln assassination', *Social Forces, 70*: 343–64. ▶ 349, 373
Schwartz, S.H. (2006) 'A theory of cultural value orientations', *Comparative Sociology, 5*: 137–82. ▶ 210, 212–13
Schwiter, K., Brütsch, J. and Pratt, G. (2019) 'Sending granny to Chiang Mai: debating global outsourcing of care for the elderly', *Global Networks, 20*: 106–25. ▶ 469
Seabrook, J. (2008) 'The living dead of capitalism', *Race & Class, 49*: 19–32. ▶ 446–47
Seale, C. (1998) *Construding Death: The sociology of dying and bereavement*. Cambridge: Cambridge University Press. ▶ 201, 205, 212, 342, 349
Seale, C. (2000) 'Changing patterns of death and dying', *Social Science & Medicine, 49*: 917–30. ▶ 11, 21, 332
Shalamov, V. (1994) 'Dry Rations' in *Kolyma Tales*. London: Penguin, pp. 31–47. ▶ 327
Sharma, B.K. (2011) 'Funerary rites in Nepal: cremation, burial and Christian identity'. Doctoral thesis, University of Wales / Oxford Centre for Mission Studies. ▶ 296–97
Shelley, M. (2010 [1818]) *Frankenstein*. London: Collins.〔シェリー『フランケンシュタイン』芹澤恵訳，新潮文庫，2015 年〕 ▶ 105
Simmons, L.W. (1945) *The Role of the Aged in Primitive Society*. New Haven, CT: Yale University Press. ▶ 435
Sloane, D.C. (2018) *Is the Cemetery Dead?* Chicago, IL: University of Chicago Press. ▶ 92, 97, 100, 236, 377
Smart, C. (2007) *Personal Life*. Cambridge: Polity. ▶ 210, 247
Smith, H. (2005) 'What costs will democracies bear? A review of popular theories of casualty aversion', *Armed Forces & Society, 31*: 487–512. ▶ 341
Smyth, C. (2018) 'Life expectancy falls by a year in some regions of England', *The Times*, 17 January. ▶ 12
Socialstyrelsen (2017) 'Vård och omsorg om äldre: Lägesrapport' [Care of the elderly: progress report]. Available at www.socialstyrelsen.se/Lists/Artikelkatalog/Attachments/20469/2017-2-2.pdf (accessed 9/3/19). ▶ 216
Solnit, R. (2009) *A Paradise Built in Hell: The extraordinary communities that arise in disaster*. New York: Viking.〔ソルニット『定本 災害ユートピア――なぜそのとき特別な共同体が立ち上がるのか』高月園子訳，亜紀書房，2020 年〕 ▶ 199, 406
Solomon, S., Greenberg, J. and Pyszczynski, T. (2015) *The Worm at the Core: On the role of death in life*. London: Penguin.〔ソロモン，グリーンバーグ，ピジンスキー『なぜ保守化し，感情的な選択をしてしまうのか――人間の心の芯に巣くう虫』大田

直子訳，インターシフト，2017 年〕 ▶142, 146, 208

Standing, G. (2011) *The Precariat: The new dangerous class*. London: Bloomsbury.〔スタンディング『プレカリアート——不平等社会が生み出す危険な階級』岡野内正訳，法律文化社，2016 年〕 ▶158

Steadman, L.B., Palmer, C.T. and Tilley, C.F. (1996) 'The universality of ancestor worship', *Ethnology, 35*: 63–76. ▶269

Steffen, E.M. and Klass, D. (2018) 'Culture, contexts and connections: a conversation with Dennis Klass about his life and work as a bereavement scholar', *Mortality, 23*: 203–14. ▶228

Steffen,W, Broadgate, W., Deutsch, L., Gaffney, O. and Ludwig, C. (2015) 'The trajectory of the Anthropocene: the great acceleration', *The Anthropocene Review, 2*. ▶192

Sterne, J. (2003) *The Audible Past: Cultural origins of sound reproduction*. Durham, NC: Duke University Press.〔スターン『聞こえくる過去——音響再生産の文化的起源』中川克志・金子智太郎・谷口文和訳，インスクリプト，2015 年〕 ▶108

Stierl, M. (2016) 'Contestations in death: the role of grief in migration struggles', *Citizenship Studies, 20*: 173–91. ▶416

Strathern, M. (1992) *After Nature: English kinship in the late twentieth century*. Cambridge: Cambridge University Press. ▶255

Stringer, M.D. (2008) 'Chatting with gran at her grave', in P. Cruchley-Jones (ed.), *God at Ground Level*. Oxford: Peter Lang, pp. 23–39. ▶302

Stroebe, M. and Schut, H. (1999) 'The dual process model of coping with bereavement', *Death Studies, 23*: 197–224. ▶46, 168, 199, 327, 354

Stroebe, M., Gergen, M.M., Gergen, K.J. and Stroebe, W. (1992) 'Broken hearts or broken bonds: love and death in historical perspective', *American Psychologist, 47*: 1205–12. ▶94

Stroebe, M. and Schut, H. (2008) 'The dual process model of coping with bereavement: overview and update', *Grief Matters, 11* (1): 4–10. ▶24

Stuckler, D. and Basu, S. (2013) *The Body Economic: Why austerity kills*. London: Allen Lane.〔スタックラー，バス『経済政策で人は死ぬか？——公衆衛生学から見た不況対策』橘明美・臼井美子訳，草思社，2014 年〕 ▶219

Sudnow, D. (1967) *Passing On: The social organization of dying*. Englewood Cliffs, NJ: Prentice Hall.〔サドナウ『病院でつくられる死——「死」と「死につつあること」の社会学』岩田啓靖・志村哲郎・山田富秋訳，せりか書房，1992 年〕 ▶49, 55

Sumiala, J. (2013) *Media and Ritual: Death, community and everyday life*. London: Routledge. ▶422

Taylor, L. (1983) *Mourning Dress: A costume and social history*. London: Allen & Unwin. ▶30, 235, 243

Te Awekotuku, N. and Nikora, L.W. (2007) *Mau Moko: The world of Māori tattoo*. Rosedale, NZ: Penguin. ▶432

Teggi, D. (2018) 'Unexpected death in ill old age: an analysis of disadvantaged dying in

the English old population', *Social Science and Medicine, 217*: 112–20. ▶ 396

Thaxton, R. (2008) *Catastrophe and Contention in Rural China: Mao's Great Leap Forward, famine and the origins of righteous resistance in Da Fo Village*. New York: Cambridge University Press. ▶ 244, 326

Therborn, G. (2013) *The Killing Fields of Inequality*. Oxford: Polity. ▶ 219, 221

Timm, H. (2018) 'It seems people don't fear death, as much as they fear the process of dying', *Discover Society, 53*. ▶ 54, 78

Tinker, B. (2017) 'US life expectancy drops for second year in a row', *CNN*, 22 December. ▶ 12

Titmuss, R.M. (1970) *The Gift Relationship: From human blood to social policy*. London: Allen & Unwin. ▶ 79

Todd, E. (2019) *Lineages of Modernity: A history of humanity from the Stone Age to Homo Americanus*. Cambridge: Polity.〔トッド『我々はどこから来て，今どこにいるのか？』堀茂樹訳，文藝春秋，2022 年〕 ▶ 240

Tong, C-K. (2004) *Chinese Death Rituals in Singapore*. London: Routledge. ▶ 243

Tori (2014) 'How much do you know about Nepali Christian traditions?', *Field Notes*, 28 January. Available at http://tori-fieldnotes.blogspot.co.uk/2014/01/how-muchdo-you-know-about-nepali.html (accessed 5/6/19). ▶ 296

Torrie, M. (1987) *My Years with CRUSE*. Richmond: CRUSE. ▶ 27

Toulson, R. (2015) 'Being a corpse the Buddhist way: scenes from a Singaporean Chinese mortuary', USC US-China Institute, 21 April. Available at https://china.usc.edu/calendar/being-corpse-buddhist-way-scenes-singaporean-chinese-mortuary (accessed 5/6/19). ▶ 389

Townsend, P. (1964) *The Last Refuge*. London: Routledge. ▶ 57

Toynbee, A. (1968) *Man's Concern with Death*. London: Hodder.〔トインビーほか『死について』青柳晃一ほか訳，筑摩書房，1972 年〕 ▶ 143

Trabsky, M. (2017) '*The dead records office*'. Paper presented at CDAS conference Death at the Margins of the State, University of Bath, 9–10 June. ▶ 141

Tsintjilonis, D. (2007) 'The death-bearing senses in Tana Toraja', *Ethnos, 72*: 173–94. ▶ 182, 271

Tsuji, Y. (2002) 'Death policies in Japan: the state, the family, and the individual', in R. Goodman (ed.), *Family and Social Policy in Japan*. Cambridge: Cambridge University Press, pp. 177–99. ▶ 255, 262, 267

Tuan, Y-F. (1974) *Topophilia : A study of environmental perception, attitudes and values*. New York: Columbia University Press.〔トゥアン『トポフィリア――人間と環境』小野有五・阿部一訳，ちくま学芸文庫，2008 年〕 ▶ 181

Turner, B.S. (1990) 'The two faces of sociology: global or national?', in M. Featherstone (ed.), *Global Culture*. London: Sage, pp. 343–58. ▶ 2

Turner, M. and Peacock, M. (2017) 'Palliative care in UK prisons', *Journal of Correctional Health, 23*: 56–65. ▶ 381

Turner, V. (1974) *The Ritual Process*. London: Penguin. 〔ターナー『儀礼の過程』冨倉光雄訳，ちくま学芸文庫，2020 年〕 ▶199
Ulmanen, P. (2015) 'Kvinnors och mäns hjälp till sina gamla föräldrar [Women's and men's filial care]', *Socialvetenskaplig Tidskrift*, *2*: 111–32. ▶216
United Nations (2017) *World Mortality 2017*. New York: United Nations Population Division. ▶10, 37
Valentine, C. (2018) *Families Bereaved by Alcohol or Drugs*. London: Routledge. ▶61
Valentine, C. and Woodthorpe, K. (2014) 'From the cradle to the grave: funeral welfare from an international perspective', *Social Policy & Administration*, *48*: 515–36. ▶257
van der Geest, S. (2000) 'Funerals for the living: conversations with elderly people in Kwahu, Ghana', *African Studies Review*, *43*: 103–29. ▶83, 85
van der Loo, H. and Willem, V.R. (1997) *Modernisierung: Projekt und paradox*. Munich: DTV. ▶67
van der Pijl, Y. (2016) 'Death in the family revisited: ritual expression and controversy in a Creole transnational mortuary sphere', *Ethnography*, *17*: 147–67. ▶185, 205
van Heijst, A. (2011) *Professional Loving Care: An ethical view of the health care sector*. Leuven: Peeters. ▶226
Vázquez, D.G. (2018) 'Dark tourism and memorial tourism', *European Journal of Tourism Research*, *20*: 46–58. ▶418
Verdery, K. (1999) *The Political Lives of Dead Bodies: Reburial and postsocialist change*. New York: Columbia University Press. ▶337
Vijay, D. (2018) 'Being mortal', *Discover Society*, *53*. ▶65
Vitebsky, P. (2008) 'Loving and forgetting: moments of inarticulacy m tribal India', *Journal of the Royal Anthropological Institute* (N.S.), *14*: 243–61. ▶277
Wagner-Pacifici, R. and Schwartz, B. (1991) 'The Vietnam Veterans Memorial: commemorating a difficult past', *American Journal of Sociology*, *97*: 376–420. ▶360
Walklate, S., Mythen, G. and McGarry, R. (2011) 'Witnessing Wootton Bassett', *Crime Media Culture*, *7*: 149–65. ▶346
Walter, T. (1985) *All You Love is Need*. London: SPCK. ▶448
Walter, T. (1990) *Funerals and How to Improve Them*. Sevenoaks: Hodder & Stoughton. ▶2, 320
Walter, T. (1993a) 'Dust not ashes: the American preference for burial', *Landscape*, *32*: 42–8. ▶203, 205, 323, 414
Walter, T. (1993b) 'War grave pilgrimage', in I. Reader and T. Walter (eds), *Pilgrimage in Popular Culture*. Basingstoke: Macmillan, pp. 63–91. ▶419
Walter, T. (1995) 'Natural death and the noble savage', *Omega*, *30*: 237–48. ▶291, 434
Walter, T. (1996) *The Eclipse of Eternity: A sociology of the afterlife*. Basingstoke: Macmillan. ▶273
Walter, T. (1999a) 'A death in our street', *Health and Place*, *5*: 119–24. ▶82, 251, 439
Walter, T. (1999b) *On Bereavement: The culture of grief*. Buckingham: Open University

Press. ▶366
Walter, T.（2005）'Three ways to arrange a funeral: mortuary variation in the modern West', *Mortality, 10*: 173–92. ▶316, 338
Walter, T.（2010）'Grief and culture', *Bereavement Care, 29*: 5–9. ▶289
Walter, T.（2015a）'Communication media and the dead: from the Stone Age to Facebook', *Mortality, 20*: 215–32. ▶32
Walter, T.（2015b）'New mourners, old mourners: online memorial culture as a chapter in the history of mourning', *New Review of Hypermedia & Multimedia, 21*. ▶276, 459
Walter, T.（2016）'The dead who become angels: bereavement and vernacular religion', *Omega, 73*: 3–28. ▶125, 288
Walter, T.（2017a）'How the dead survive: ancestor, immortality, memory', in M.H. Jacobsen（ed.）, *Postmortal Society*. Farnham: Ashgate, pp. 19–39. ▶142, 303
Walter, T.（2017b）*What Death Means Now: Thinking critically about dying and grieving*. Bristol: Policy Press.〔ウォルター『いま死の意味とは』堀江宗正訳，岩波書店，2020年〕 ▶57, 78, 137, 145, 147, 167, 269
Walter, T.（2018）'The pervasive dead', *Mortality*. Available at www.tandfonline.corn/doi/full/10.1080/13576275.2017.1415317（accessed 5/6/19）. ▶141
Walter, T.（2022）'Finding Solace in Nature: A Protestant/Secular Sensibility?', in A. Køster and E.H. Kofod（eds）, *Grief Experience: Cultural, Existential and Phenomenological Perspectives*.（London: Routledge, 2021）, chapter 15. https://www.taylorfrancis.com/chapters/edit/10.4324/9781003099420-19/finding-solace-nature-tony-walter?context=ubx&refId=0710b417-473f-443c-802e-981c2d0d6aa5
Walter, T. and Bailey, T.（2018）'How funerals accomplish family: findings from a Mass-Observation study', *Omega, 82*: 175–95. ▶237, 248, 267
Walter, T. and Waterhouse, H.（1999）'A very private belief reincarnation in contemporary England', *Sociology of Religion, 60*: 187–97. ▶288
Walter, T., Hourizi, R., Moncur, W and Pitsillides, S.（2011–12）'Does the internet change how we die and mourn?', *Omega, 64*: 275–302. ▶101, 117, 132
Wambach, J.A.（1985）'The grief process as a social construct', *Omega, 16*: 201–11. ▶46, 118
Warner, W.L.（1959）*The Living and the Dead: A study of the symbolic life of Americans*. New Haven, CT: Yale University Press. ▶351
Watson, J.L.（1982）'Of flesh and bones: the management of death pollution in Cantonese society', in M. Bloch and J. Parry（eds）, *Death and the Regeneration of Life*. Cambridge: Cambridge University Press, pp. 155–86. ▶243
Watson, J.L. and Rawski, E.S.（1988）*Death Ritual in Late Imperial and Modern China*. Berkeley, CA: University of California Press.〔ワトソン，ロウスキ編『中国の死の儀礼』西脇常記・神田一世・長尾佳代子訳，平凡社，1994年〕 ▶326
Waugh, E.（1948）*The Loved One: An Anglo-American tragedy*. New York: Little, Brown.〔ウォー『愛されたもの』中村健二・出淵博訳，岩波文庫，2013年〕 ▶377

Weber, M. (1930) *The Protestant Ethic and the Spirit of Capitalism*. London: Allen & Unwin.〔ヴェーバー『プロテスタンティズムの倫理と資本主義の精神』大塚久雄訳，岩波文庫，1989年〕 ▶93, 275, 367

Whitley, J. (2002) 'Too many ancestors?', *Antiquity*, *76*: 119–26. ▶269, 337

Whoriskey, P. and Keating, D. (2014) 'Dying and profits: the evolution of hospice', *Washington Post*, 26 December. ▶80

Whyte, M.K. (1988) 'Death in the People's Republic of China', in J.L. Watson and E.S. Rawski (eds), *Death Ritual in Late Imperial and Modern China*. Berkeley, CA: University of California Press, pp. 289–316.〔ホワイト「中華人民共和国における死」，前掲『中国の死の儀礼』所収〕 ▶259, 324–25

Wikan, U. (1988) 'Bereavement and loss in two Muslim communities: Egypt and Bali compared', *Social Science & Medicine*, *27*: 451–60. ▶291, 295, 303

Wilkinson, A. (1978) *The Church of England and the First World War*. London: SPCK. ▶300, 346, 369

Wilkinson, R. and Pickett, K. (2009) *The Spirit Level: Why equality is better for everyone*. London: Allen Lane.〔ウィルキンソン，ピケット『平等社会――経済成長に代わる，次の目標』酒井泰介訳，東洋経済新報社，2010年〕 ▶12, 139, 158, 178, 218, 239

Williams, P. (2007) *Memorial Museums: The global rush to commemorate atrocities*. Oxford: Berg. ▶419

Wilson, J. (2009) *Mourning the Unborn Dead: A Buddhist ritual comes to America*. NewYork: Oxford University Press. ▶431

Wilson, J. (2017) 'A mixed method, psychosocial analysis of how senior health care professionals recognise dying and engage patients and families in the negotiation of key decisions'. Doctoral thesis, University of Bath. ▶40, 264

Winter, J. (1995) *Sites of Memory, Sites of Mourning: The Great War in European cultural history*. Cambridge: Cambridge University Press. ▶300, 390

Witte, J. (2013) '"God is hidden in the earthly kingdom": the Lutheran two-kingdoms theory as foundation of Scandinavian secularity', in J. Casanova, T. Wyller and R. van den Breemer (eds), *Secular and Sacred? The Nordic case of religioni n human rights, law and public space*. Göttingen: Vandenhoeck & Ruprecht, pp. 56–84. ▶281

Woodhead, L. (2012) 'Mind, body and spirit: it's the de-reformation of religion', *Guardian*, 7 May. ▶288

Woodhead, L. and Brown, A. (2016) *That Was the Church That Was: How the Church of England lost the English people*. London: Bloomsbury. ▶283, 285, 386

Woodthorpe, K. and Rumble, H. (2016) 'Funerals and families', *British Journal of Sociology*, *67*: 242–59. ▶256, 267

Worden, J.W. (2003) *Grief Counselling and Grief Therapy*. Philadelphia, PA: Brunner-Routledge.〔ウォーデン『悲嘆カウンセリング――グリーフケアの標準ハンドブック』改訂版，山本力訳，誠信書房，2022年〕 ▶46

World Bank (2013) *Risk and Opportunity: Managing risk for development* (World Devel-

opment Report 2014). Washington, DC: World Bank.〔世界銀行編『リスクと機会——開発のためのリスク管理』田村勝省訳，一灯舎，2014 年〕 ▶ 170

World Health Organization (2019) *International Classification of Diseases* (11th edn). Geneva: WHO. ▶ 60

Wortman, C.B. and Silver, R.C. (1989) 'The myths of coping with loss', *Journal of Consulting & Clinical Psychology, 57*: 349–57. ▶ 168

Yamazaki, H. (2008) '*Rethinking good death: insights from a case analysis of a Japanese medical comic*'. Paper presented at University of Oxford: Uehiro-Carnegie-Oxford Conference on Medical Ethics, 11–12 December. ▶ 225

Yeoh, B.S.A. and Kong, L. (2003) 'Making space for the dead in the body of the living nation', in L. Kong and B.S.A. Yeoh (eds), *The Politics of Landscapes in Singapore*. New York: Syracuse University Press, pp. 51–74. ▶ 323

Young, L. (1997) *Rational Choice Theory of Religion*. London: Routledge. ▶ 282

Zaman, S., Ahmed, N., Ur Rashid, M. and Jahan, F. (2017a) 'Palliative care for slum populations: a case from Bangladesh', *European Journal of Palliative Care, 24* (4): 156–60. ▶ 429

Zaman, S., Inbadas, H., Whitelaw, A. and Clark, D. (2017b) 'Common or multiple futures for end of life care around the world?', *Social Science and Medicine, 172*: 72–9. ▶ 388, 402, 428–29, 453

Zaman, S., Whitelaw, A., Richards, N., Inbadas, H. and Clark, D. (2018) 'A moment for compassion: emerging rhetorics in end-of-life care', *Medical Humanities, 44*: 140–3. ▶ 172, 386, 397, 430, 440

Zivkovic, T. (2017) '*The magical thinking in advance care plans*'. Paper presented at the 13th International Conference on the Social Context of Death, Dying and Disposal, Preston, Lancashire. ▶ 230

Zivkovic, T. (2018) 'Forecasting and foreclosing futures: the temporal dissonance of advance care directives', *Social Science and Medicine, 215*. ▶ 229

Zuckerman, P. (2008) *Society without God: What the least religious nations can tell us about contentment*. New York: New York University Press. ▶ 139, 143, 283–284

人名索引

ア 行

アリエス，フィリップ　Aries, Philippe　5, 24, 136, 143–45, 278, 424
アンダーソン，ベネディクト　Anderson, Benedict　308, 433
イリイチ，イヴァン　Illich, Ivan　41
イングルハート，ロナルド　Inglehart, Ronald　153–54, 156, 158, 168, 174–75, 208, 210, 280, 438, 440, 461, 470
ウェーバー，マックス　Weber, Max　50, 93, 275
エスピン＝アンデルセン，イエスタ　Esping-Andersen, Gøsta　70, 73–74, 216, 257
エリアス，ノルベルト　Elias, Norbert　8, 201, 203

カ 行

キエルスゴール，アンネ　Kjaersgaard, Anne　284, 299
ギデンズ，アンソニー　Giddens, Anthony　137–38, 214
キャン，キャディ・K　Cann, Candi K.　88, 130–31, 236, 271
キャンベル，コリン　Campbell, Colin　93
キューブラー＝ロス，エリザベス　Kubler-Ross, Elisabeth　63, 427–28, 451
クライン，ナオミ　Klein, Naomi　195, 197–99, 205, 406–07
クラス，デニス　Klass, Dennis　226
グラハム，ビリー　Graham, Billy　279
ケリヒア，アラン　Kellehear, Allan　5, 15, 19, 21, 40, 52, 56, 65, 186
ゴフマン，アーヴィング　Goffman, Erving　57
コフマン，シャロン　Kaufman, Sharon　49, 383–84

サ 行

ザマン，シャハドゥッツ　Zaman, Shahaduz　173, 386, 428–30
シュット，ヘンク　Schut, Henk　46, 199, 327, 354
シール，クライヴ　Seale, Clive　201
ストローブ，マーガレット　Stroebe, Margaret　46, 94, 199, 327, 354
ソーンダーズ，シスリー　Saunders, Cicely　62, 64, 173, 368, 427–28, 450, 467
ソルニット，レベッカ　Solnit, Rebecca　199–200, 406–07
スローン，デヴィッド　Sloane, David　97, 100, 236

タ 行

ターナー，ヴィクター　Turner, Victor　199
チャーチル，ウィンストン　Churchill, Winston　198, 359, 364, 367
ディケンズ，チャールズ　Dickens, Charles　84, 319
デュルケム，エミール　Durkheim, Emile　138, 217–18, 258–59, 299, 322
トインビー，アーノルド　Toynbee,

Arnold 143–44, 375
トウェイン，マーク Twain, Mark 319
トランプ，ドナルド Trump, Donald 155–56, 169, 219, 358

ナ 行

ノーウッド，フランセス Norwood, Frances 129, 187–88

ハ 行

バーガー，ピーター Berger, Peter 137–38, 142, 208, 285
パーソンズ，タルコット Parsons, Talcott 140
ハーバーマス Habermas, Jürgen 127
バウマン，ジグムント Bauman, Zygmunt 52, 142, 208, 357
ヒトラー，アドルフ Hitler, Adolf 199, 327, 354, 358, 367, 371
ピンカー，スティーヴン Pinker, Steven 15, 71
フーコー，ミシェル Foucault, Michel 47–48
フランクル，ヴィクトール Frankl, Viktor 450, 452
フリードマン，ミルトン Friedman, Milton 198
プリムソル，サミュエル Samuel Plimsoll 150
フロイト，ジグムント Freud, Sigmund 45, 94, 142, 384
ベッカー，アーネスト Becker, Ernest 141–44, 208, 342, 450–51
ベック，ウルリッヒ Beck, Ulrich 137, 153, 170, 174–75, 214, 356–57
ベラー，ロバート Bellah, Robert 226
ボウイ，デヴィッド Bowie, David 85
ボウルビー，ジョン Bowlby, John 45
ホフステード，ギアート Hofstede, Geert 210, 213, 215, 438

マ 行

マーティン，デヴィッド Martin, David 317, 334
マイヤー，ジョン・W Meyer, John W. 309–10, 423
マクマナス，ルース McManus, Ruth 5, 403–05
マズロー，エイブラハム Maslow, Abraham 140, 156
マリノフスキー，ブロニスラフ Malinowski, Bronislaw 268
マルクス，カール Marx, Karl 153, 359
ミットフォード，ジェシカ Mitford, Jessica 84–85, 91, 98, 165, 319, 377, 392
ミラー，ダニエル Miller, Daniel 81–82, 173, 232–34, 423
メリデイル，キャサリン Merridale, Catherine 324, 328, 369

ラ 行

リンカーン，エイブラハム Lincoln, Abraham 349
ロフランド，リン Lofland, Lynn 145
ルター マルティン Luther, Martin 72, 280

事項索引

あ 行

アイスランド　Iceland　11, 13, 184
愛着　24–25, 28, 36, 152, 247–48, 252–53, 265, 414
アイルランド　Ireland　4, 11, 28–29, 107, 234, 253, 273–74, 279–80, 318, 329–30, 334–35
　火葬　cremation　273–74
　葬儀　funerals　28–29, 235
　世俗化　secularization　280, 334–35
アドバンス・ケア・プランズ（ACPs）　advance care plans（ACPs）　228–31
アフガニスタン　Afghanistan　10–11, 123, 343, 345–46
アフリカ　Africa　11, 83, 89–91, 138, 155, 176, 182, 208–10, 251–52, 280, 297, 312, 329–30, 332, 336–37, 351, 401–02, 408, 416, 419–21, 424, 435, 440
アフリカ系アメリカ人　African Americans　88, 97, 176, 328–30, 352
甘え　amae　223–27, 230, 294
アメリカ　→アメリカ合衆国の意味の場合は「米国」を見よ
アメリカ的死の様式　American way of death　84, 165, 377
アルコール関連死　alcohol-related deaths　44, 60
アルジェリア　Algeria　11
アルゼンチン　Argentina　11, 13, 258–59, 344–45, 348
アルメニア　Armenia　420
安楽死　euthanasia　4, 21, 40, 66, 77, 134, 158, 161–62, 177, 190, 227, 240–41, 264, 283, 292, 295, 297, 340, 376, 378–79, 388, 393, 452
　オランダ　Netherlands　129, 187–88, 263
　死にゆく過程について話すことと～　talking about dying and　128, 187
　宗教と～　religion and　292, 295
　政治と～　politics and　393–94
遺骸　remains　38, 73, 75, 92, 244, 255, 270, 275, 290, 317, 337, 343, 361, 380, 392, 405, 418, 432
医学　medicine　16, 38–68, 277–79
　世俗化と～　secularization and　277
　代替医療　alternative　103
生き残り　survival　24, 154–55, 162–64, 167–68, 175, 177, 186, 190–91, 193–94, 208–09, 313, 327–28, 353, 438
生き残り規範　survival norms　190
生きられた宗教　lived religion　272
イギリス　→「英国」または「イングランド」を見よ
移住　migration　29, 328–30, 408–17, 441–42
　→「難民」も見よ
移植　14–1–3　transplantation　403–05
移植手術　transplant surgery　44–45
イスラーム　Islam　92, 105, 181, 253, 269–70, 280–81, 287, 293, 295, 301, 307, 333, 447
イスラエル　Israel　199, 312, 345, 350, 420–21
依存　dependency　42, 223–27, 387–88
遺体ケア　care of/for the（dead）body

53, 67
遺体処理　disposal of (dispose) the (dead) body　166, 181, 203, 301, 314, 316, 319, 389
イタリア　Italy　11, 13, 222, 263, 273–74, 280, 292, 300, 312, 316, 321, 323, 378, 414, 417, 425, 433
イデオロギー　ideology　375–78
意味の探求　search for meaning　163–65, 451–52
イラン　Iran　8, 11, 151, 190, 281–82, 285
医療化　medicalization　39–67
遺体の〜　of the dead body　44–45, 51
インターネットと〜　Internet and 114
合理化　rationalization　46–52, 60
施設化　institutionalization　55–58
死の〜　of death　41, 114
死のシステム　death system　58–61
死にゆく過程の〜　of dying　39–42, 49–54
専門職化　professionalization　52–54, 58, 62, 81
脱医療化の運動　de-medicalization movements　61–62, 65, 67
悲嘆の〜　of grief　384–85
医療過誤　medical error　59–60
医療従事者　health care practioner　4, 228, 263, 267, 289
医療制度　health care system
家族と〜　family and　222–23, 264–65
合理化　rationalization　49–52
商品化　commodification　70–75
ボランティア　volunteers　65, 74
リスク忌避と〜　risk aversion and 171–73
医療専門職者　health care professional 62–63, 65, 102, 134, 172, 242, 263, 265, 427
イングランド　England　2, 58, 81–82, 91, 94, 98, 124, 169, 173, 195, 202, 229–30, 232–33, 238, 255–57, 264, 274, 279, 281, 283, 286, 300, 312–13, 317–18, 328, 334, 350, 367, 369, 377, 396, 401, 423, 427, 432–33, 447
イングランド国教会　Church of England 272, 281, 283, 286, 297, 299, 317–18, 385
聖公会　Anglican Church　155–56, 286, 336
インターネット　Internet　101–02, 114–15
→「ソーシャル・メディア」も見よ
インド　India　3, 11, 57, 65, 159, 172, 270, 277–78, 312, 323, 332, 380, 417, 424, 429, 438
慈悲共同体アプローチ　compassionate community approach　65–66, 429, 439–40
植民地主義　colonialism　332
インドネシア　Indonesia　182, 189, 271
インフォームド・コンセント　informed consent　379
十分な情報にもとづいた決定　informed decision　222, 264
十分な情報にもとづいた選択　informed choice　77, 228
ヴィクトリア期の英国　Victorian Britain 84, 90, 108, 110, 144, 150, 183, 235–36, 243, 369,
ヴェトナム　Vietnam　244, 259, 352–53, 390, 414, 418
ヴェトナム戦争　Vietnam War　112, 341, 345, 352, 360
ヴェトナム戦争戦没者慰霊碑　Vietnam Veterans Memorial　360, 418–19
ウィドカム教会記録　Widcombe church records　13–14, 22–23,
ウガンダ　Uganda　11
ウクライナ　Ukraine　11–12, 196
海　sea　187–88
運命論　fatalism　159, 162, 202, 292, 346, 370

英国　United Kingdom
甘え　amae　226
ヴィクトリア期の服喪慣習　Victorian mourning customs　235, 243
運命論　fatalism　292
英連邦戦争墓地委員会　Commonwealth War Graves Commission　363
欧州連合国民投票　European Union referendum　33, 219, 358
火葬　cremation　274, 321
緩和ケア　palliative care　387, 396, 425–29
共同墓地　cemeteries　183–84, 363
国民集団のための犠牲　sacrifice for the nation　344–46
国民保健サービス　National Health Service (NHS)　42, 74–75, 78–80, 173, 225–26, 286, 364–65, 368, 370, 376, 410, 443
死生学　death studies　424–25
死亡給付金　Death Grant　90, 364–65
事前決定　advance decisions　228
社会保険　social insurance　90
植民地主義　colonialism　332
人生最終段階ケア　end-of-life care　74, 76, 78–80, 396
ストイシズム　stoicism　241, 366–68, 443
戦争の集合的記憶　collective memory of war　357–59
相続法　inheritance laws　255–56
葬儀　funerals　27–28, 74, 79, 84–86, 249, 252, 256
葬儀支払制度　funeral payment scheme　256–57, 364–65
葬祭業のモデル　funeral industry model　315–17
中絶　abortion　394
福祉国家　welfare state　198–99, 364–66
平均余命　life expectancy　11–12, 218–19
隣人　neighbours　82, 87, 224, 233, 249
幇助死　assisted dying　394
ホスピス・ケア　hospice care　79, 279, 292, 387
リスク忌避の医療　risk-averse health care　171–73
エイズ　AIDs　5, 11, 121, 138, 162, 176, 251, 388
HCP　→「医療専門職者」を見よ
英連邦戦争墓地委員会　Commonwealth War Graves Commission　363
ACPs（アドバンス・ケア・プランズ）　ACPs (advance care plans)　228–31
ADs（事前指示）　ADs（事前指示）　228, 230
エジプト　Egypt　181, 269, 291, 333
エチオピア　Ethiopia　10–11, 112
エンバーミング（防腐処理）　embalming　107, 166, 203, 362
欧州連合，ＥＵ　European Union　33, 308–09, 334, 348, 357, 445
往生術　ars moriendi　20, 36
オーストラリア　Australia　11, 65, 82, 107, 140, 186, 188, 190, 207, 255, 263, 312, 329, 331, 374, 393, 402, 408, 414, 425
ノーザン・テリトリー（北部準州）　Northern Territorry　393, 397
オーストリア　Austria　274, 300, 368, 379, 450
オクラホマ・シティ・テロ事件　Oklahoma City terrorist attack　360
オプトアウト　opt-out　379, 386
オプトイン　opt-in　379
オランダ　Netherlands　3, 5, 11, 13, 129, 187–89, 226, 263, 274, 280, 282, 292, 388, 424, 432
安楽死　euthanasia　129, 187–88, 263–64
死にゆくことについての語り　talking about dying　129, 188
宗教　religion　280, 282

専門的愛情ケア　professional loving care　226
オンライン追悼　online memorialization　121–26
オンライン服喪規範　online mourning norms　118–21

か 行

ガーナ　Ghana　83, 401–02
開業医　general practitioner　49–59, 60–61, 129, 187, 231
介護　care　9, 49, 51, 53–55, 74–77, 79, 82, 111, 161, 216, 222, 230, 250–52, 255–56, 383–85, 392, 410–11, 415, 430, 468–69
介護士　care workers　53, 77
介護施設　nursing homes　55
介護施設　care homes　41, 55
介護と家族　care and family　250–52
解剖　dissection
　解剖学　anatomy　73, 107, 295, 404
　検死官　coroner　43, 58, 60, 140, 309
　死後解剖　post-mortem　43, 55, 395
解剖学　anatomy　73, 107, 295, 404
科学技術　technology　4, 8–9, 106, 181, 321, 376
「餓鬼」　'famine-corpse ghosts'　244, 326
隔離，死の　sequestration of death　56, 137–41
火山　volcanoes　48–49, 184, 186, 188–89, 193
可死性　mortality　115–16, 127, 128–29, 136, 140, 142, 144, 176, 208–09, 268, 309, 368, 370, 373, 461
火葬　cremation　44–45, 165–66, 182, 202–03, 281–73, 293–97, 309–10, 311–25, 377, 390
　朝鮮・韓国における　in Korea　332–33
　日本における　in Japan　320–22, 433
火葬場　crematoriums　45
家族　family　210, 240–67
　医療従事者と～　health care practitioners and　222–23, 264–65
　孝　filial respect　224, 242–46, 251, 253, 395
　国家と～　state and　242, 254–62
　宗教と～　religion and　242, 252–53
　葬儀　funerals　84–86, 256–62
カトリシズム　Catholicism　253, 280–81
　遺体と～　dead body and　271–74
　火葬と～　cremation and　271–74, 297
　死者の商品化　commodification of the dead　72–73, 97–98
　自殺と～　suicide and　217–18, 299
　葬祭業と～　funeral industry and　317–18
　万霊節　All Souls' Day　209, 432
カナダ　Canada　11, 255, 300, 312, 331, 374, 409, 455, 456
癌　cancer　5, 17–18, 20, 40, 48, 50, 60, 63, 78, 80, 117, 150, 174, 176, 203, 227, 263, 288, 387–88, 391, 392, 426
環境リスク　environmental risk　5, 150, 185, 426, 451
観光　tourism　417–21
韓国　South Korea　130–31, 231, 243, 277, 333
感染症　infectious diseases　1, 14–17, 20, 36, 39, 59, 149, 151, 174, 331, 399, 426
カンボジア　Cambodia　420–21
官僚制　bureaucracy　49–52
官僚的　bureaucratic　8, 26, 49, 67, 134, 140, 175, 177, 200, 413
緩和ケア　palliative care　20–21, 40, 53–54, 61–62, 65, 78, 138, 156, 168, 172, 175, 177, 223, 226, 240, 263, 307, 335, 367–68, 381, 383–84, 387–89, 391, 393, 396, 407
　グローバルな流通　global flows　402, 425–29
　経路依存性　path dependency　387–88
　宗教と～　religion and　288–89, 292

スピリチュアリティと　spirituality and 163–65
米国における　in USA　292, 383
モルヒネ　morphine　38, 77, 173, 403, 427
リスク忌避と～　risk aversion and　173
記憶 12–2　memory　348–62
世界市民的～　cosmopolitan　356–57
敵対的～　antagonistic　349–53, 357–59
闘議的～　agonistic　359–62
許されない～　disallowed　326, 353–56
希少性　scarcity　155–57, 162, 174, 193
犠牲，国民集団のための 12–1　sacrifice for the nation　342–48
犠牲の論理 12–1–1　logic of sacrifice 342–48
北アイルランド　Northern Ireland　361, 396
北朝鮮（朝鮮民主主義人民共和国） North Korea　283, 355
規範　norms
生き残り　survival　190
オンライン服喪　online mourning 118–21
プライバシー　privacy　231–34
9・11 同時多発テロ　9/11 terrorist attacks 111, 357, 421
キューバ　Cuba　11, 12, 451
共産主義　communism　11, 84, 96, 164, 196–97, 244, 259, 262, 266, 277, 280–81, 284, 313, 325, 332, 356, 369, 371, 434, 445, 447
共産主義革命　communist revolutions 260, 314, 324
強制収容所　concentration camps　138, 420, 450–52
共同墓地　cemeteries　92, 94, 96–97, 183–84, 300, 351, 353, 363
恐怖管理理論　terror management theory 136, 141, 208, 461
拒食　anorexia　114–15
ギリシア　Greece　13, 273, 348, 379
キリスト教　Christianity　105
→「カトリシズム」と「プロテスタンティズム」も参照
火葬と～　cremation and　271–74, 295–97
埋葬／土葬と～　burial and　295–97
緊縮財政　austerity measures　12, 164, 219
近代化　modernization　1, 83, 96–97, 210, 214–16, 277, 305, 312–39, 433–34
近代性　modernity　7–9, 134–35, 149–52, 169–71, 174–76, 185–86
近代性，第二の　356–57
近代性，定義　modernity, Defined　2–3
クラスター化　clustering　440–41
クラスター　clusters　280, 425, 438, 440–41, 470
クルーズ死別ケア　Cruse Bereavement Care　27
グローカル化　glocalization　441–42
グローバル化　globalization　137, 155–56, 169–71, 356–58, 399–400, 401–36
グローバル・サウス　global south　23, 83, 156, 169, 286, 399, 411, 426, 429–30, 442
グローバルな流通　global flows　401–36
移住　migration　29, 328–30, 408–17, 441–42
医療の商品とサービス　health care goods and services　402–03
観光 14–2–2　tourism　417–21
災害対応 14–1–4　disaster response 405–07
死に関する慣行　death-related practices 320–22, 425–32
情報　information　421–25
想像された近代性　imagined modernity 320–22, 433–34
想像された先住民性　imagined indigeneity　433

葬儀の商品とサービス　funeral goods and services　401–02
臓器　organs　403–05
軍隊墓地　military cemeteries　352
介護《ケア》者　carer　51, 82, 102, 114, 228, 231, 252, 256, 263, 410, 430, 439
介護《ケア》提供者　caregiver　411
経済的安定性／不安定性　economic security　154–56, 163–65, 177, 451–53
経済的不平等，平均余命と　economic inequality, Life expectancy and　12, 139, 152, 157, 218–21
継続する絆　continuing bonds　226
啓蒙主義　Enlightenment　70, 308
「解脱の家」ゲストハウス，インド　Mukti Bhavan guesthouse, India　278
ケニア　Kenya　89
ケララ州ボランティア運動，インド　Kerala volunteer movement, India　65–66, 380, 429
献血　blood donation　70, 79
検死官　coroner　43, 58, 60, 140, 309
原子力災害　nuclear disasters　196, 406
原子力発電所　189, 407
チェルノブイリ（現チョルノービル）～　Chernobyl　194, 196, 419, 462
福島（第一）～　Fukushima　406–07
原則 vs プラグマティズム　principles versus pragmatism　393–94
孝　filial respect　242–46, 251, 253, 395
幸福感　wellbeing　139, 155, 174–75, 186–87, 278
公民権を剥奪された悲嘆　disenfranchised grief　25, 120, 235–37, 248, 326, 447
合理化　rationalization　46–52, 60
合理的選択理論　rational choice theory　282
高齢化　ageing　21, 33, 226, 410, 444
コーピング　coping　45, 62, 99, 139, 194, 299, 305, 347, 366, 368, 370–72, 448
コーポラティズム　corporatism　257
国際連合　United Nations　170, 309
黒死病　Black Death　194–96
国民国家　nation-state　2–3, 5, 199, 305–10, 322, 337, 346, 356–57, 371, 381, 399–400
国民集団　nations　305–10
地域的クラスター　regional clusters　440–41
→「植民地主義」も見よ，「国民集団の近代化」も見よ
国民集団の近代化　modernization of nations　213–30
死の慣行の模倣　imitation of death practices　320–22, 433
葬祭業のモデル　funeral industry models　315, 317
→「植民地主義」も見よ
国民集団の地域的クラスター　regional clusters of nations　440–41
国民主義　nationalism　307–09, 343–43, 348–49
国民保健サービス（NHS），英国　National Health Service（NHS）　42, 74–75, 78–80, 173, 225–26, 286, 364–65, 368, 370, 376, 410, 443
国立アフリカ系アメリカ人歴史文化博物館　National Museum of African American History and Culture　352
互恵性　reciprocity　238, 251
互恵的贈与　reciprocal gift giving　79–80, 89
個人主義と集団主義　individualism and collectivism　213–39
依存と関わり　dependency and relatedness　223–27
家族と国家　family and state　215–17
死の過程の管理　management of dying　222–34
死因としての～　as cause of death　217–22
事前決定とケア・プラン　advance

decisions and care plans 228
自立とプライバシー independence and privacy 231–34
悲嘆 grief 234–37
不平等 inequality 218–21
個人的スピリチュアリティ individual spirituality 163–65, 177, 283, 285, 289
個人の自立 personal independence 224, 229, 438
コスタリカ Costa Rica 13
子ども children
～の死の悲嘆 grieving deaths of 22–27
～の死亡率 mortality, death rates 10, 22, 13–15, 34
孝 filial respect 242–46, 251, 253, 395

さ 行

災害 disasters 15, 48, 111, 151, 170, 189–91, 193–94, 196–200, 205, 360, 405–07, 422–23, 444
災害資本主義 disaster capitalism 197–200, 406
再帰性 reflexivity 137–38, 170, 214–15, 217, 222
在宅死 home, dying at 51, 62–63, 67, 97, 183–84, 395, 412, 439
在宅死運動 home death movement 63, 81
死 death
～の未来 future of 442–44
死の定義 defining 42–44
資金援助 funding 283, 317, 382–86, 392
シク教 Sikhism 289, 293, 318
死刑 death penalty 96, 158, 162, 340, 376, 378, 393, 405
死後解剖 post-mortem 43, 55, 395
死後写真 post-mortem photography 108
死後生 afterlife, life after death 102, 105, 124, 142, 180–81, 269, 273, 278–79, 281, 342, 368–70, 372
自殺 suicide
カトリシズムと～ Catholicism and 217–18, 299
個人主義と集団主義 individualism and collectivism 234–37
孝と～ filial respect and 246
ネット自殺（オンライン自殺協定） online suicide pacts 114
プロテスタンティズムと～ Protestantism and 217–18, 299
利他的（集団本位的） altruistic 218
司式者 celebrant 74, 86, 121, 249, 317
死者の日 Day of the Dead 4, 209, 297, 431–32
死者への語りかけ talking to the dead 122–24
地震 earthquakes 188–91, 405–07
死すべき運命 mortality 78, 116, 128, 142, 176, 202, 208, 268, 368, 432
死生学 death studies 424–25
施設化（制度化） institutionalization 55–58
施設（制度） institutions 382–88
経路依存性 path dependency 387–88
資金 funding 382–86
閉鎖的組織 closed organizations 386–87
自然災害 natural disasters 48, 191, 188–90
災害資本主義 disaster capitalism 197–200, 406
災害対応 disaster response 405–07
社会変動と～ social change and 194–200
弱さとレジリエンス vulnerability and resilience 191
自然死 natural death 41, 110, 129, 381, 435
自然死運動 natural death movement 435
事前指示（ADs） advance decisions（ADs）

77, 175, 231, 240, 452
自然葬／緑地葬　natural/green burials
62, 92, 97, 165–66, 300, 377, 435
死体　dead body
～の医学的利用　medical use of　295, 333–34, 404–05
エンバーミング　embalming　362, 370
公開対面　public viewing of　107, 271, 330, 363, 377
宗教と～　religion and　181, 269–73, 272–73
商品化　commodification　71–73, 403–05
臓器移植　organ donation　43–44, 71–03, 299, 333–34, 403–05
死とその過程　death and dying　1, 4–5, 8–9, 62–63, 66–68, 103, 110, 127–28, 133–34, 145, 152–53, 156, 168, 175, 179, 205, 209, 217, 241, 265–66, 268, 276–77, 281, 290, 303, 305–06, 310, 339, 372, 375, 398, 400, 407, 422, 427, 434, 436–38, 441–43, 451
死に至る軌跡　dying trajectories　17–19, 21, 39, 264, 387
死神　Grim Reaper　47, 174
死にゆく過程，死に方，死の過程　dying
3–5, 9, 19–21, 33, 38–41, 52, 54–56, 59, 63–64, 68, 73, 76, 81, 101, 107, 114, 128, 134–35, 143, 149, 160, 174–77, 179–80, 188, 203, 205, 211, 217, 222, 227, 237, 239, 247, 262–63, 266, 275, 291, 301, 307, 338, 365, 369, 382, 384, 391, 398, 415, 422, 428–30, 436, 438–39, 441, 443–44, 453
～のコントロール　control of　159–62
～の医療化　medicalization of　39–42, 49–54
～の商品化　commodification of
74–75, 76–82
～の専門職化　professionalization of
52–54, 58, 62, 81
～の歴史　history of　19–21
「文化からの脱落」　‘falling from culture’　201, 212
リスク忌避と～　risk aversion and
171–73
在宅死での～　at home　183–84, 395, 412, 439
死の認知運動と～　death awareness movement and　168, 174–76
宗教と～　religion and　19–21
脱物質主義と～　post-materialism and
158, 161–62
死にゆくことについて話すこと　talking about dying　128
死の隔離　sequestration of death　137–41
死の可視性　visibility of death　115–17, 135
死の慣行　death practices　2, 135, 188, 242, 252, 254, 262, 266–67, 271, 277, 291, 293–94, 297, 299, 301, 329–31, 334, 338, 382, 390, 425, 429
死の恐怖　→「死の不安」を見よ
死の権利　right to die　175, 240, 394
死のシステム　death system　58–61
死の質　quality of death　428
死の認知運動　death awareness movement
168, 174–76
死の否認　denial of death　134, 141–42, 145, 174, 202, 404, 451
隔離理論　sequestration theory　137–41
恐怖管理理論　terror management theory　136, 141, 208, 461
死の不可視性　111, 135
死への不慣れ　135–36, 139, 175
死の不安　death anxiety　138–51, 141–45, 424
隔離理論　sequestration theory　137–41
恐怖管理理論　terror management theory　136, 141, 208, 461
死の文化　death cultures　108, 209, 331, 441
死の道筋　deathway　3–4, 146, 401, 434

慈悲共同体　compassionate community 4, 62, 64–66, 81, 186, 188, 429, 439–40
死別　bereavement
二重過程モデル　dual process model 199, 327, 354
死別カウンセリング　bereavement counselling 301, 367
死別ケア　bereavement care 27, 64, 74, 156, 168, 177, 226, 289
死別経験者　bereaved, the 1, 4, 8, 27, 30, 60, 67, 107, 117, 152, 179, 194, 260, 300, 385
死への不慣れ　unfamiliarity of death 135–36, 139, 175
死亡給付金，英国の　Death Grant, UK 90, 364–65
死亡診断（書）　certification of death 43–44, 48, 395
死亡診断・死亡診断書　death certification 43–44, 48, 395
死亡率　mortality, death rate 10–11, 22, 25, 29, 32, 34–35, 47–48, 116, 152, 158, 191–93, 195, 217–18, 221, 237, 239, 314, 331, 448
市民権　citizenship 70, 309, 350, 353, 381–82, 398, 445
「締めくくり」　'closure' 95–96, 166, 258
社会科学　social sciences 57, 145, 219
社会関係資本　social capital 186, 194
社会主義的な追悼会，中国　socialist memorial meetings, China 244, 260, 262, 325
社会的介護　social care 49, 75, 77, 384–85
移住と～　migration and 410–11
社会の加速　social acceleration 448–50
社会民主主義　social democracy 74, 216, 219, 222, 430, 445
写真　photography 108–10
宗教　religion 210, 268–303
家族と～　family and 242, 252–53
公式宗教と生きられた宗教　official and lived 287–90
死の過程と～　dying and 19–21
死の慣行と～　death practices and 293–301
死の恐怖と～　fear of death and 141–42
死後生　afterlife, life after death 269, 275
死者の商品化　commodification of the dead 72–73, 97–98
死体と～　dead body and 181, 269–73, 272–73
植民地主義と～　colonialism and 287–89, 334–35
世俗化　secularization 276–80, 317, 334–35
先祖祭祀　ancestor veneration 124, 165, 226, 243–44, 253, 255, 259, 261, 269–70, 295, 314, 323, 326, 332, 352, 390, 453
臓器提供と宗教　organ donation and 333–34
不死性　immortality 269, 275
三つのレベル　three levels 281–85
迷信　superstition 290–91
輪廻　reincarnation 261, 270, 275
宗教改革　Reformation 72, 98, 270, 280
集合的記憶　collective memory of war 340, 348–49, 372
世界市民的記憶　cosmopolitan memory 356–57
敵対的記憶　antagonistic memory 349–53, 357–59
闘議的記憶　agonistic memory 359–62
許されない記憶　disallowed memory 353–56
囚人　prisoners 221, 381
集団主義　collectivism 211–18, 220–21, 231, 238, 387, 440
儒教　Confucianism 207, 210, 242,

244–45, 247, 253, 261, 280, 395, 441
熟練技能　expertise　52–54, 64–66, 68, 80–81, 309
守秘義務　confidentiality　173, 386–87
寿命　longevity, lifespan　1, 10, 12–13, 16, 29–30, 102, 127, 139, 227, 331–32, 391–92, 426, 448
～の社会的帰結　social consequences of 32–35
早死に　premature death　14–16, 22–25, 448
悲嘆と～　grieving and　22–29
平均余命　life expectancy　7–8, 10–13, 15, 426
老年期における死に至る軌跡　dying trajectories in old age　16–19
狩猟採集民　hunter-gatherers　13, 15, 19–20, 157, 186, 191–92
消費者倫理　consumer ethic　93, 95, 367
商品化　commodification　69–100
死にゆくことの～　of dying　74–75, 76–82
生命の商品化と神聖化　costed versus sacred life　69–73
葬儀の～　of funerals　74–75, 83–92, 319
臓器の～　of organs　71–03, 403–05
脱商品化の類型　de-commodification types　73–75
悲嘆の～　of grief　93–98
情報，グローバルな流れ　information, Global flows　421–25
情報通信技術　information and communication technology　101–02, 130, 133, 399 →「通信メディア」を見よ
植民地主義　colonialism　190, 331–37
宗教と～　religion and　287–89, 334–35
植民地後の土地の再分配　post-colonial land redistribution　336–37
葬儀と植民地主義　funerals and　332, 441–42
二文化主義　bi-culturalism　335–36
自立，個人の　independence, personal 224, 229, 231–32, 438–39
自律　autonomy　51, 94, 164, 168, 222, 225–26, 229, 264, 265, 379–80, 412
個々人の自律　individual autonomy　49, 210, 215, 225, 298
個人の自律　personal autonomy　160, 177, 213, 217, 226, 228, 237, 387–88
シンガポール　Singapore　222, 251, 291, 308, 329, 374, 389, 396
建国と土葬　nation building and burial 322–23
在宅死　dying at home　185, 395
想像された近代性　imagined modernity 434
平均余命　life expectancy　11
ホスピス・緩和ケア　hospice and palliative care　396
人権　human rights　70, 310, 356, 380–81, 420
人工知能　artificial intelligence　123
人工妊娠中絶　→「中絶」を見よ
新自由主義　neo-liberalism　69, 76–77, 138, 174, 219, 220, 225, 380
人種差別　racism　88, 208, 221
人新世　Anthropocene　192
人生最終段階ケア　end-of-life care
～の商品化　commodification of　71, 74–75, 76–82
甘え　amae　223–27, 294
慈悲共同体アプローチ　compassionate community approach　62, 64–66, 81, 186, 188, 429, 439–40
宗教と～　religion and　288–89, 292
脱物質主義と～　post-materialism and 158, 161–62
リスク忌避と～　risk aversion and 171–73
人生最終段階の決定　end-of-life decisions 265

医療従事者と家族　health care practitioners and family　222–23, 264–65
人生中心の葬儀　life-centred funeral　249
身体統制　body regime　200–01
心的外傷後ストレス障害（PTSD）　post-traumatic stress disorder（PTSD）　347, 356, 359
神道　Shinto　131, 334, 355
ジンバブエ　Zimbabwe　11–12, 220, 252, 277, 332, 336–37, 410
スイス　Switzerland　5, 13, 127, 211, 274, 374, 388, 469
推定同意法　presumed consent laws　379
スウェーデン　Sweden　11, 13, 57, 74, 124, 154, 164, 207, 209, 215–16, 274, 279, 282, 284, 312, 315–18, 413, 424, 430
火葬　cremation　274
個人主義対家族　individualism versus family　215–17
宗教　religion　282, 284
世俗化　secularization　280
葬祭業のモデル　funeral industry model　315, 317
福祉へのアプローチ　welfare approach　74
プライバシー　privacy　231–34
平均余命　life expectancy　11, 13
スキャンダル　scandals　61, 221, 273, 428
スクリプト（脚本）　script　212, 225, 238
ストイシズム　stoicism　346–47　168, 241, 327, 346–47, 362, 366–68, 370, 443
ストリート追悼　street memorials　236
スピリチュアリズム　spiritualism　104, 106, 300
スピリチュアリティ　spirituality　103, 155, 163–65, 168, 175, 177, 210, 283, 285–89
スペイン　Spain　11, 13, 257, 274, 280, 292, 300, 318, 355, 361, 379, 445
スマートフォン　smart phones　57, 109–10, 128, 130
スリランカ　Sri Lanka　197, 352–53
スロヴェニア　Slovenia　420
正教会のキリスト教　Orthodox Christianity　272, 274, 281, 294
聖公会　Anglican Church　155–56, 286, 336
イングランド国教会　Church of England　272, 281, 283, 286, 297, 299, 317–18, 385
政策　policy　389–90
生産者倫理　producer ethic　93, 95, 367
政治　politics　391–94
脆弱性と認知症　fragility and dementia　17–21, 25, 54
精神疾患の診断・統計マニュアル（DSM）　Diagnostic and Statistical Manual ef Mental Disorders（DSM）　384–85
生の質　quality of life　21, 62, 155, 229
生命の神聖性　sacredness of life　69–73
世界価値観調査　World Values Survey　154, 280, 470
世界銀行　World Bank　170
世界市民主義　cosmopolitan　307, 310, 349, 356–59, 361
世界保健機関　World Health Organization　60
世俗化　secularization　280, 317, 334–35
セネガル　Senegal　26, 167, 421
セルビア　Serbia　3, 164, 175, 262, 274, 313, 413–14
先住民　indigenous people　190, 221, 223, 287, 297–98, 312–13, 331, 335, 351, 404–05, 407, 422, 432–34, 436, 441
全人的ケア　total care　62
→「ホスピス・ケア」も見よ
戦争　war　15–16, 340–73
～の減少　reduction over time　169
～の個人的記憶　personal experiences of　369
技術革新と～　innovation and　362–64
コーピング戦略と～　coping strategies

and　366–68
国家の拡大と～　state expansion and 364–66
国民集団のための犠牲　sacrifice for the nation　342–48
死後生信念と　afterlife beliefs and　370
ストイシズム　stoicism　346–47
世界市民的記憶　cosmopolitan memory 356–57
敵対的記憶　antagonistic memory 349–53, 357–59
デジタル戦争　digital　126–27
闘議（アゴニズム）的記憶　agonistic memory　359–62
マス・メディアにおける　in mass media　112
許されない記憶　disallowed memory 353–56
先祖祭祀　ancestor veneration　124, 165, 226, 243–44, 253, 255, 259, 261, 269–70, 295, 314, 323, 326, 332, 352, 390, 453
戦没者共同墓地　war cemeteries　259, 363
戦没者崇敬　fallen soldier cult　346, 355
戦没者墓地巡礼　war grave pilgrimages 418
専門職化　professionalization　52–54, 58, 62, 81
専門分化　specialization　20, 53–54, 321
創価学会　Soka Gakkai sect　84–85
葬儀　funerals　27–29
移住と～　migration and　328–30, 441–42
家族と～　farmily and　84–86, 256–62
個性重視　personalization　85–86, 249
国家と～　state and　257–62, 314–20
商品化　commodification　74–75, 83–92, 319
植民地主義と～　colonialism and　332, 441–42
地位不安定性と～　status insecurity and 83–84
葬儀場　funeral parlours, funeral homes 52–53, 55, 67, 86, 87, 202, 261, 271, 316, 363, 402
臓器提供　organ donation　43–44, 71–03, 299, 333–34, 403–05
葬儀福祉給付　funeral welfare payments 90, 257, 364–65
臓器不全　organ failure　18, 40
葬儀料理　funeral food　87, 330
葬祭業の商業モデル　comrnercial model of funeral industry　314–20
葬祭業の自治体モデル　municipal model of funeral industry　314–20
葬祭業の宗教モデル　religious model of funeral industry　314–20
葬祭業のモデル　funeral industry models 315, 317
葬式仏教　funeral Buddhism　319, 334
想像された近代性　imagined modernity 320–22, 433
想像された先住民性　imagined indigeneity　433
相続法　inheritance laws　255–56
贈与，互酬的　gift giving, Reciprocal 79–80, 89
ソーシャル・メディア　social media　28, 31–32, 35, 57, 90, 97, 102–04, 107, 110, 115–18, 120, 122–24, 128–30, 139, 152, 162, 232, 236, 329, 361–62, 386, 418, 422–23
移住と～　migration and　410–11
オンライン服喪規範　online mourning norms　118–21
死の可視性　visibility of death　115–17, 135
死後生と～　afterlife and　124–25
死者への語りかけ　talking to the dead 122–24
戦争の集合的記憶と～　collective memory of war and　360–61

デジタル遺産　digital legacy　126–27
悲嘆することと～　grieving and
31–32, 97, 121–26
ソフォクレス　Sophocles　257
ソマリア　Somalia　12
ソ連（ソヴィエト社会主義共和国連邦）
Soviet Union（USSR）　11, 196, 320, 324, 326–29, 334, 353, 369, 397, 445, 463

た 行

第一次世界大戦　First World War　71, 299, 346–47, 358, 362–364, 369
大韓民国　→「韓国」
代替医療　alternative medicine　103
第二次世界大戦　Second World War　10, 112, 169, 218, 308, 313, 324, 342–44, 347, 355, 357, 364, 369–70, 420, 443
太平洋諸島　Pacific islands　223, 426
大躍進（中国）　Great Leap Forward, China　244, 314, 325
台湾　Taiwan　390, 395
脱医療化運動 de-medicalization movements 61–62, 65, 67
脱希少性　post-scarcity　153, 156, 158, 162, 164, 168, 174–75
→「脱物質主義」も見よ
脱産業社会・脱産業化　post-industrial society　5, 27, 30, 66, 151, 252, 266, 358, 367, 377, 387, 410, 429–30, 439–40, 449, 453
脱植民地　post-colonial　164, 287, 302, 331–32, 336–39, 407, 428, 432, 442
脱物質主義　post-materialism　153–79, 177, 438, 452
安楽死　euthanasia　161–62
意味の探求　search for meaning 163–65
価値観　values　154–56
死の認知運動　death awareness movement　168, 174–76
死別 6-1-7　bereavement　166–68
人生最終段階のコントロール　control of end of life　159–61
葬儀　funerals　165–66
中絶　abortion　161–62
タトゥー　tattooing　231, 236, 431–32
地位　status　3, 28–29, 33, 44, 57, 59, 83, 85, 88, 93, 104, 126, 153, 165, 226, 255, 269, 282, 284, 309, 316, 318, 350, 446
地位不安定性　status insecurity　83–84
チェルノブイリ原発災害　Chernobyl nuclear disaster　196
地方部　countryside　8, 47, 84, 191, 224, 278, 321, 325–26, 364
中華人民共和国　→「中国」
中国　China
孝　filial respect　224, 242–46
先祖祭祀　ancestor veneration　242–44, 259
葬儀　funerals　243, 259–61, 324–25
大躍進　Great Leap Forward　244, 314, 325
追悼会　socialist memorial meetings 244, 260, 262, 325
一人っ子政策　one-child policy　33, 245–46, 328
文化大革命　Cultural Revolution　220, 243, 259, 314, 325–26
中国共産党　Communist Party of China （CCP）　259–61, 324
中世　Middle Ages　19–21, 47, 58, 70, 72–73, 75, 98, 144, 183, 293, 307
中絶　abortion　35, 158, 161–62, 177, 227, 240–42, 283, 292, 295–97, 334, 340, 378, 393–94, 431
水子供養　mizuko kuyo　431
チューリッヒ　Zurich　211, 271
長寿　longevity　10–37
長寿の社会的帰結 1–6　social consequences of long lives　32–35
朝鮮　Korea　332

朝鮮民主主義人民共和国　→「北朝鮮」
潮流　trends　437–42
　クラスター化　clustering　440–41
　グローカル化　glocalization　441–42
　個人主義　individualism　438–40
チリ　Chile　189, 420–21
追悼ツーリズム　memorial tourism　417–21
追悼博物館　memorial museums　419–21
通信メディア　communication media　103–05, 173, 423
　写真と録音機　photography and phonography　108–10
　電信　telegraph　104–07, 122, 365, 400
　→「ソーシャル・メディア」も見よ
津波　tsunami　186, 189–91, 194–95, 197, 406
DSM（精神疾患の診断・統計マニュアル）　DSM（Diagnostic and Statistical Manual ef Mental Disorders）　384–85
敵対主義　antagonism　349–53, 357–59
デジタル遺産　digital legacy　126–27
デジタル・メディア　digital media　113, 411, 423
　デジタル戦争　digital war　113
　→「ソーシャル・メディア」も見よ
デス・カフェ運動　death cafe movement　127–28, 175–76
テヘラン　Tehran　8, 151
伝記　biography　140, 214, 370
伝記的苦痛　biographical pain　371
天国　heaven　21, 39, 72, 98, 124–25, 130, 180–81, 270, 272, 275, 283, 308, 330, 369, 414
天使　angels　124–25, 130, 288
電信　telegraph　104–07, 122, 365, 400
電報　telegram　107
デンマーク　Denmark　3, 13, 54, 78, 118, 211, 274, 282, 284, 294, 316, 318, 364, 395, 413, 424
　火葬　cremation　274
　宗教　religion　282, 284
ドイツ　Germany　11, 41, 124, 197, 216, 254, 257, 274, 280, 282, 292, 310, 312, 317, 321, 343, 349, 354–55, 357–59, 365, 368, 371, 374, 378–79, 381, 404–05, 420, 433, 469
　火葬　cremation　274
　個人主義対家族　individualism versus famiily　215–17
　宗教　religion　280, 282
　戦争の集合的記憶　collective memory of war　354–55, 357
　葬祭業のモデル　funeral industry model　317
闘議主義　agonism　359–62
統計的分析　statistical analysis　46–49
同調主義　conformism　210–12
土葬　burials　3, 44–45, 166, 181–83, 203, 272, 293–97, 318, 321, 323, 332, 343, 352, 389–90
土地再配分，脱植民地期の　land redistribution, Post-colonial　336–37
トラジャ，スラウェシの　Toraja of Sulawesi　182, 271
トルコ　Turkey　13
トロール（荒らし）　trolls　121
トロブリアンド諸島民　Trobriand Islanders　268

な 行

ナーロパ　Naropa　430
ナチズム　Nazism　354–55, 379, 450
ナポレオン勅令　Napoleonic decree　317, 378
南北戦争　American Civil War　107, 169, 329–30, 340–41, 349–51, 362–63, 366
難民　refugees　155, 167, 169, 177, 222, 381, 416
二重過程モデル，死別の　dual process model of bereavement　199, 327, 354

二文化主義　bi-culturalism　335–36
日本　Japan
　甘え　amae　223–27, 294
　火葬　cremation　320–22, 433
　個人の自立　personal independence　229
　広島平和記念資料館　Hiroshima Peace Memorial Museum　420
　国家と家族　state and family　254–55, 262
　自然葬　natural burials　166
　植民地主義　colonialism　332, 334
　人生最終段階ケア　end-of-life care　223–27
　世俗化　secularization　276–80, 334–35
　戦争の集合的記憶　collective memory of war　354–56
　想像された近代性　imagined modernity　320–22, 433–34
　葬儀　funerals　27–29, 234, 333–34
　地震　earthquakes　190–91
　津波　tsunami　189–90,
　平均余命　life expectancy　11, 219
　墓石の QR コード　QR codes on tombstones　130–31
　水子供養　Mizuko kuyo　431
ニュージーランド　New Zealand　188–89, 222–23, 331, 335–36, 360, 414, 425–26, 432, 434, 455
乳児死亡率　infant mortality　10, 34, 218
認知症　dementia　17–21, 25, 54, 76, 78, 174, 176, 221, 225, 227, 229, 242, 294, 298, 382, 392, 409, 444
ネット自殺（オンライン自殺盟約）online suicide pacts　114
ネパール　Nepal　10–11, 190, 296–97, 332
ノルウェー　Norway　3, 13, 55, 188, 229, 274, 279, 375, 414

は 行

墓　graves　45
　ろうそく　candles on　363–64
　→「土葬」「埋葬」「墓地」「共同墓地」も見よ
墓リース　grave leases　183
破局　catastrophe　161, 192–99, 361
博物館，追悼　museums, Memorial　351–52, 419–21
ハザード　hazard　150, 185, 192
パターナリズム　paternalism　228, 237
早死に　premature death　14–16, 22–25, 448
バングラデシュ　Bangladesh　11, 224, 429
阪神・淡路大震災　Kobe earthquake, Japan　190–91
万霊節　All Souls' Day　209, 432
東アジア　East Asia　96, 124, 131, 164, 222, 242–43, 295, 300, 390, 396, 400, 410, 440–41
　孝　filial respect　242–46, 251, 253, 395
　先祖祭祀　ancestor veneration　124, 243–44, 253, 255, 259
　墓石の QR コード　QR codes on tombstones　130–31
悲嘆　grief　22–29
　～のヒエラルヒー　hierarchies of　236, 249–50
　～の医療化　medicalization of　384–85
　～の商品化　commodification of　93–98
　～の未来　future of　445–50
　愛着理論　attachment theory　247
　移住と～　migration and　29–31
　個人主義と集団主義　individualism and collectivism　234–37
　ジェンダーによる差　gender differences　241
　ソーシャル・メディアと～　social

media and　31–32, 97, 121–26
公民権を剥奪された～　disenfranchised 25, 120, 235–36, 248, 326, 447
死別倫理　bereavement ethics　91–95
二重過程モデル　dual process model 199, 327, 354
早死に　premature death　22–25
→「服喪」も見よ
非伝染性疾患　non-communicable diseases　17, 174
→「癌」も見よ
一人っ子政策　one-child policy, China　33, 245–46, 328
病院　hospitals
合理化　rationalization　49
病院死　dying in　59, 395, 439
ボランティア　volunteers　75
→「施設化」も見よ
広島　Hiroshima　359, 418–19
ヒンドゥー教　Hinduism　46, 253, 270, 274–75, 288, 293, 296, 332, 352
ファンダメンタリズム　fundamentalism 162, 227, 254, 285, 295, 358
フィンランド　Finland　13, 312, 318, 342, 344, 422–24
フォークランド戦争（紛争）　Falklands War　344–45
福祉国家　welfare states　70, 139, 143, 198–99, 219, 224, 364–66, 443
福祉への社会主義的アプローチ　socialist approach to welfare　74, 216
福祉への社会民主主義アプローチ　social democratic approach to welfare　73–75, 215–17
福祉への自由主義的アプローチ　liberal approach to welfare　74, 216, 257
福祉への保守主義的アプローチ　conservative approach to welfare　74, 216
福島原発災害　Fukushima nuclear disaster 406–07
福祉レジーム　welfare regimes　73–75, 216, 257
服喪　mourning　22–29
～の医療化　medicalization of　45
愛着理論　attachment theory　247
ヴィクトリア期の英国　in Victorian Britain　235, 243
オンライン服喪規範　online mourning norms　118–21
ソーシャル・メディアと～　social media and　31–32, 97, 121–26
早死に　premature death　22–25
→「悲嘆」も見よ
不死性　immortality　115, 127, 142, 144, 208, 269, 275, 309
仏教　Buddhism　84, 131, 253, 257, 261–62, 270, 276, 292–93, 296, 298, 334, 389, 430–31, 448
物理的環境　physical environment　1, 149, 181, 185, 205, 440, 443
遺体　body　201–03
生命への未来のリスク　future risks to life　192–200
土葬慣行と～　burial practices and 180–84
不平等，平均余命と　inequality, life expectancy and　12, 218–21
プライバシー　privacy　231–34
プラグマティズム　pragmatism　393–94
ブラジル　Brazil　11, 286
プラスティネーション　plastination 404–05
フランコ，フランシスコ　Franco, Francisco　355–56, 361
フランス　France　3, 11, 13, 24, 47–48, 128, 169, 201, 215, 222, 257, 274, 278, 300, 308, 312–13, 315, 317–18, 320, 341–42, 344, 354, 358–59, 374–75, 378, 390, 402, 413, 418, 420, 424–25
葬祭業のモデル　funeral industry model 315, 317–18, 320
ナポレオン勅令　Napoleonic decree

317, 378
フランス革命　French Revolution　169, 308, 313, 341–42
プリムソル標　Plimsoll line　150
プロアナ（拒食志向）　pro-anorexia　114
プロテスタンティズム　Protestantism　217, 271, 290, 299
火葬と～　cremation and　271–74
自殺と～　suicide and　217–18, 299
死体と～　dead body and　271–74
プロテスタント宗教改革　Protestant Reformation　70, 72–73, 97–98, 270
プロテスタント倫理　Protestant ethic　93, 274, 367 文化　culture　207–08, 291–92, 335–36, 431–32
身体への態度　attitudes to the body　201–03
恐怖管理理論と～　terror management and　136, 141, 208, 461
文化大革命　Cultural Revolution, China　220, 243, 259, 314, 325–26
平均寿命　life expectancy at birth, average lifespan　5, 8, 10–12, 149
平均余命　life expectancy　7–8, 10–13, 15, 151, 170, 218–19, 426
米国　USA　2–4, 10, 12, 28, 45, 49–50, 60, 76, 78–80, 84–85, 87, 90, 125, 131, 139, 154–55, 159, 162, 165, 169, 184, 188, 197, 202, 207, 211–12, 215–16, 218–19, 223, 227, 235–36, 241, 255, 271, 277, 283–84, 291–92, 295, 297, 300, 306–07, 312, 315, 319–21, 323, 329–30, 348, 351, 354, 358, 374–77, 380–81, 383–85, 390, 392–94, 403, 405, 411, 413, 424–26, 428, 430, 433–34, 438, 440, 450, 452
イデオロギー　ideology　375–78
ホスピス・ケア　hospice care　79, 292, 298, 376, 383
メディケア　Medicare　50, 80, 376, 382–83
火葬　cremation　165, 203, 271, 377
緩和ケア　palliative care　292, 383
共同墓地　cemeteries　92, 97, 183–84, 203, 392, 402
個人主義　individualism　215–17
公民権を剝奪された悲嘆　disenfranchised grief　25, 120, 235–37, 248, 326, 447
国内の文化的差異　cultural differences within　305–11
災害資本主義　disaster capitalism　197
死の不安　death anxiety　138–51, 141–45, 424
死刑　death penalty　96, 376, 393
死生学　death studies　424–25
「締めくくり」　‘closure’　95–96
宗教　religion　227, 282–83, 292, 296
身体への態度　attitudes to the body　201–03
戦争の集合的記憶　collective memory of war　349–50, 362–63, 366
葬儀　funerals　27–29, 83–88, 90–92, 107, 328–30, 362–63, 377
葬儀料理　funeral food　87, 330
葬祭業のモデル　funeral industry model　315–16, 319
中絶　abortion　393–94
追悼博物館　memorial museums　419–21
奴隷　slavery　221, 328–30
南北戦争　American Civil War　107, 169, 329–30, 340–41, 349–51, 362–63, 366
物質主義者と脱物質主義者　materialist and post-materialist values　155, 161
平均余命　life expectancy　7–8, 10–13, 15, 426
緑地葬　green burial　92, 97, 165–66
幇助死　assisted dying　452
ベナン共和国　Benin　11
ベビーブーム世代　baby boomers　33, 158, 160, 165, 177, 366–67, 370, 377, 392,

449–50
ベルギー　Belgium　13, 274
幇助死　assisted dying see euthanasia　21, 40, 66, 134, 161, 187, 295, 393–94, 452
幇助自殺　assisted suicide　242, 264, 379, 393, 397
暴力　violence
　マスメディアにおける　in mass rn.edia　111–12
　歴史的経過のなかでの減少　reduction over time　15, 71, 169
ポーランド　Poland　13, 274, 300, 318, 334–35, 361, 420–21, 469
北欧　Scandinavia　125, 139, 143, 215, 219, 238, 281, 284–85, 316, 318–19, 364, 386
保守主義　conservatism　73, 162, 216, 390
ポスト・キリスト教社会　post-Christian society　124, 130, 279, 289
ホスピス・ケア　hospice care　20, 39, 50, 54–55, 62–65
　～の経済学　economics of　78–80
　～の専門職化　professionalization of　81
　グローバルな流通　global flows　425–29
　経路依存性　path dependency　387–88
　宗教と～　religion and　279, 292
　米国における～　in USA　79, 292, 298, 376, 383
　リスク忌避と～　risk aversion and　173
　→「緩和ケア」も見よ
墓石の QR コード　QR codes on tombstones　130–31
墓地
　ウェブ墓地　web cemeteries　116
　共同墓地　cemeteries　74, 86, 92, 94, 96–97, 99, 116, 131, 144, 183–84, 254, 259, 300, 309, 315–18, 322–23, 351, 353, 363, 378, 392, 402
　教会墓地　churchyard　22, 94, 284, 314, 317, 378, 395
　軍隊墓地　military cemeteries　352
　公営墓地　municipal cemeteries　318, 381
　郊外墓地　out-of-town cemeteries　183–84
　国立墓地　National Cemeteries　351, 366
　芝生墓地　lawn cemeteries　184, 363
　戦争殉難者墓地　war martyr cemeteries　352
　戦没者墓地　war cemeteries　418
　庭園墓地　garden cemetery　300
　墓園　graveyard　296, 352, 395
　墓地産業　cemetery industry　97, 99
ボランティア　volunteering　64–65, 74–75, 79–80, 92, 171–72, 216–17, 233, 238, 298, 380, 407, 429–30
ホリスティックなアプローチ　holistic approaches　59, 63–64, 67, 114, 163, 383, 428
ポルトガル　Portugal　13, 194–95, 274, 379, 447–48
ホロコースト　Holocaust　52, 220, 310, 356, 450
ホロコースト博物館　Holocaust museums　351, 418, 420
香港　Hong Kong　395

ま 行

埋葬　burials　14, 86, 90, 92, 107, 166, 184, 193, 244, 258, 270–71, 284, 301, 314, 316–19, 322, 326, 329, 337, 343, 346, 351, 363, 377–78, 381, 411–18
　自然葬／緑地葬　natural/green　62, 92, 97, 165–66, 300, 377, 435
埋葬クラブ　burial clubs　90
埋葬地　burial grounds　45, 166, 300, 381, 395
マオリ　Maori　222–23, 238, 263–64, 331, 335–36, 431–32

マクドナルド化　McDonaldization　50–51
マス・メディア　mass media　104, 110–11, 116, 139, 422–23
マダガスカル　Madagascar　295, 297, 414
末期癌　terminal cancer　54, 57, 223, 286, 395
末期患者　terminlly ill patients（persons） 62, 66, 212, 383, 384, 412
末期疾患　terminal illness　101, 103, 117, 201, 211, 232, 383, 423
→「安楽死」「ホスピス・ケア」「緩和ケア」も見よ
マラウイ　Malawi　410
マレーシア　Malaysia　95
ミイラ化　mummification　182
水子供養　Mizuko kuyo　431
南アフリカ　South Africa　11, 90, 312, 336–37, 420–21
ミャンマー　Myanmar　220
ミレニアル世代　Millennials　450
民族虐殺　genocide　138, 199, 220, 351, 381, 418, 420
民俗宗教　folk religion　283, 287, 290–91
民俗的記憶　folk memory　189–90
無益な医学的治療　futile medical treatment　62, 115, 265, 292, 365, 376
無神論　atheism　270, 276, 281, 284, 313, 318, 463
明治維新　Meiji R.estoration, Japan　320–22, 433
迷信　superstition　290–91
メキシコ　Mexico　4, 11, 13, 87, 90, 176, 177, 209, 241, 297, 306–07, 402, 416, 431–32
メキシコ系アメリカ人の葬儀　Mexican American funerals　87, 90
メディア　media　→「通信メディア」を見よ
メディケア　Medicare　50, 80, 376, 382–83
メディケア診断関連グループ（DRGs）　Medicare Diagnostic Related Groups（DRGs）　383
モールス式電信　Morse's telegraph　106
モルヒネ　morphine　38, 77, 173, 403, 427

や 行

薬物・ドラッグ　drug　12, 21, 60–61, 94, 176–77, 347, 403, 440–41
靖国神社　Yasukuni shrine, Japan　355
ユダヤ教　Judaism　46, 92, 105, 181, 253, 293, 295, 301
許されない記憶　disallowed memory　326, 353–56
良い死　good death　21, 168, 175, 185, 412–13
抑うつ　depression　384–85

ら 行

リヴァプール・ケア・パスウェイ　Liverpool Care Pathway　61
リヴィング・ウィル（生前意思）　living wills　228, 336
リスク管理　risk management　170, 191
リスク忌避　risk aversion　171–73
リスク社会　risk society　153, 169–70, 174–75, 177
リスボン津波　Lisbon tsunami　194–95
利他的自殺　altruistic suicide　218
緑地葬／自然葬　green/natural burials　62, 92, 97, 165–66, 300, 377, 435
隣人　neighbours　82, 87, 224, 233, 249, 328–30
輪廻　reincarnation　261, 270, 275
ルーマニア　Romania　274, 294, 300, 313, 425
ルター派教会　Lutheran Church　280, 282, 284, 294, 364, 386, 395
冷戦　Cold War　193, 451
レジリエンス　resilience　170, 190–91,

194, 199
レニングラード包囲戦　Leningrad, Siege of　193
連合王国　→「英国」を見よ
老人　old people　16–19
　〜の死への悲嘆　grieving deaths of　25–31
　医療　health care　59–60
　自殺　suicide　246
　死に至る軌跡　dying trajectories　16–19
　葬儀　funerals　27–29
録音　sound recording　108–10
録音機（蓄音機）　phonography　108–10
ロシア　Russia　11–12, 193, 196, 318, 320, 324, 327, 332, 334, 347, 350, 357, 371, 390
　→「ソ連」も見よ
ロマン主義　romanticism　81, 93–95, 108, 144, 186, 279, 291, 434, 447

わ 行

ワイタンギ条約　Treaty of Waitangi　331, 335

《叢書・ウニベルシタス　1174》
近代世界における死

2024 年 11 月 11 日　初版第 1 刷発行

トニー・ウォルター
堀江宗正 訳
発行所　一般財団法人　法政大学出版局
〒102-0071 東京都千代田区富士見 2-17-1
電話 03(5214)5540 振替 00160-6-95814
組版: HUP　印刷: 平文社　製本: 積信堂

Printed in Japan

ISBN978-4-588-01174-0

著　者

トニー・ウォルター（Tony Walter）

1948年生。英国バース大学名誉教授。同大学「死と社会センター」元所長。死の社会学を牽引する存在として，死生学者のあいだで最も評価されている。本書以外の主要著作に，既存の死生学の「死のタブー」言説を問い直す *The Revival of Death*（『死のリバイバル』），悲嘆の比較文化論 *On Bereavement: The Culture of Grief*（『死別について――悲嘆の文化』），邦訳に『いま死の意味とは』（岩波書店）がある。

訳　者

堀江宗正（ほりえ・のりちか）

1969年生。東京大学大学院人文社会系研究科教授。死生学，スピリチュアリティ研究。博士（文学）。著書に『ポップ・スピリチュアリティ――メディア化された宗教性』，『スピリチュアリティのゆくえ』（シリーズ「若者の気分」），編著に『現代日本の宗教事情』，共著に『死者の力』（以上，岩波書店）ほか，訳書にウォルター『いま死の意味とは』（同）がある。

叢書・ウニベルシタスより

(表示価格は税別です)

1090 社会的なものを組み直す アクターネットワーク理論入門
B. ラトゥール/伊藤嘉高訳 5400円

1091 チチスベオ イタリアにおける私的モラルと国家のアイデンティティ
R. ビッツォッキ/宮坂真紀訳 4800円

1092 スポーツの文化史 古代オリンピックから21世紀まで
W. ベーリンガー/髙木葉子訳 6200円

1093 理性の病理 批判理論の歴史と現在
A. ホネット/出口・宮本・日暮・片上・長澤訳 3800円

1094 ハイデガー=レーヴィット往復書簡 1919–1973
A. デンカー編/後藤嘉也・小松恵一訳 4000円

1095 神性と経験 ディンカ人の宗教
G. リーンハート/出口顯監訳/坂井信三・佐々木重洋訳 7300円

1096 遺産の概念
J.-P. バブロン, A. シャステル/中津海裕子・湯浅茉衣訳 2800円

1097 ヨーロッパ憲法論
J. ハーバーマス/三島憲一・速水淑子訳 2800円

1098 オーストリア文学の社会史 かつての大国の文化
W. クリークレーダー/斎藤成夫訳 7000円

1099 ベニカルロの夜会 スペインの戦争についての対話
M. アサーニャ/深澤安博訳 3800円

1100 ラカン 反哲学3 セミネール 1994–1995
A. バディウ/ V. ピノー校訂/原和之訳 3600円

1101 フューチャビリティー 不能の時代と可能性の地平
F. ベラルディ(ビフォ)/杉村昌昭訳 3600円

1102 アメリカのニーチェ ある偶像をめぐる物語
J. ラトナー=ローゼンハーゲン/岸正樹訳 5800円

1103 セザンヌ=ゾラ往復書簡 1858–1887
H. ミトラン校訂・解説・注/吉田典子・高橋愛訳 5400円

叢書・ウニベルシタスより

（表示価格は税別です）

——— 叢書・ウニベルシタスより ———

（表示価格は税別です）

叢書・ウニベルシタスより
(表示価格は税別です)

1162 テスト・ジャンキー
P. B. プレシアド／藤本一勇訳 4000円

1163 文学的絶対 ドイツ・ロマン主義の文学理論
Ph. ラクー＝ラバルト，J.-L. ナンシー／柿並・大久保・加藤訳 6000円

1164 解釈学入門
H. ダンナー／山﨑高哉監訳／高根・弘田・田中訳 2700円

1165 19世紀イタリア・フランス音楽史
F. デッラ・セータ／園田みどり訳 5400円

1167 レヴィナスの論理
J.-F. リオタール／松葉類訳 3300円

1168 古くて新しい国 ユダヤ人国家の物語
Th. ヘルツル／村山雅人訳 4000円

1169 アラブの女性解放論
Q. アミーン／岡崎弘樹・後藤絵美訳 3200円

1170 正義と徳を求めて 実践理性の構成主義的説明
O. オニール／髙宮正貴・鈴木宏・櫛桁祐哉訳 4200円

1172 〈ベル・エポック〉の真実の歴史
D. カリファ／寺本敬子訳 4000円

1173 ロベスピエール 創られた怪物
J.-C. マルタン／田中正人訳 5000円

1174 近代世界における死
T. ウォルター／堀江宗正訳 5000円

1175 詩の畝 フィリップ・ベックを読みながら
J. ランシエール／髙山花子訳 2700円

1176 イスラームにおける女性とジェンダー〈増補版〉
L. アハメド／林正雄・岡真理ほか訳／後藤絵美解説 4700円

1177 ダーウィンの隠された素顔 人間の動物性とは何か
P. ジュヴァンタン／杉村昌昭訳 3600円